KB147864

배트맨과
철학

배트맨과 철학: 영혼의 다크 나이트

초판 1쇄 발행 _ 2013년 3월 10일
초판 2쇄 발행 _ 2013년 10월 5일

엮은이 · 마크 D. 화이트, 로버트 아프
옮긴이 · 남지민, 신희승, 이해림, 차유진
감수자 · 김민훈

펴낸이 · 유재건 | 펴낸곳 · (주)그린비출판사 | 등록번호 · 제313-1990-32호
주소 · 서울시 마포구 동교로17길 7, 4층(서교동, 은혜빌딩) | 전화 · 702-2717 | 팩스 · 703-0272

ISBN 978-89-7682-399-1 03100
이 도서의 국립중앙도서관 출판시도서목록(CIP)은 서지정보유통지원시스템 홈페이지(http://seoji.nl.go.kr)와 국가자료공동목록시스템(http://www.nl.go.kr/kolisnet)에서 이용하실 수 있습니다.
(CIP제어번호: CIP2013000963)

그린비출판사 나를 바꾸는 책, 세상을 바꾸는 책
홈페이지 · www.greenbee.co.kr | 전자우편 · editor@greenbee.co.kr

배트맨과 철학

Batman & Philosophy

영혼의 다크 나이트

마크 D. 화이트·로버트 아프 엮음 |
남지민·신희승·이해림·차유진 옮김 | 김민훈 감수

히스 레저(1979~2008)를
기억하며

감사의 말

조지 클루니는 절대 해내지 못한 오스카 연설문

우리는 이 모든 일을 진행하고 값진 기여를 한 저스티스 리그(에릭 넬슨, 코니 산티스테반, 그리고 다른 와일리Wiley 직원분들)에게 감사의 말을 전합니다. 이 프로젝트는 고든 경찰국장과 고담 시 경찰국(제프 딘과 블랙웰Blackwell)의 지휘 아래 시작되었습니다. 그리고 토머스 웨인(빌 어윈)이 보여 준 끝없는 지원과 영감에 감사를 전합니다(두려워 마세요. 빌은 여전히 살아 있습니다. 그렇지 않다면 누가 『배트우먼과 철학』을 감독할 수 있겠습니까?).

마크는 수십 년간 배트맨을 흥미롭게 만들어 준 수많은 작가, 예술가, 편집자에게 감사의 말을 전합니다. 그리고 로버트는 아내 수전에게 감사의 말을 전합니다(그녀가 배트맨 이야기를 쓴 적이 없음에도 말이죠. 단 한 편도 말입니다!).

서문

이 수수께끼를 맞혀 보라……

우리는 독자들이 무슨 생각을 하는지 알고 있다(왜냐하면 우리는 똑똑하니까. 철학자들이 아닌가). "배트맨과 철학? 장난하는 거야? 무슨 관련이 있다고?"

질문을 했으니 답을 해보자. 우리는 배트맨이 지금까지 만화책과 그래픽 노블에 등장했던 가장 복잡한 캐릭터라고 믿는다. 그를 다루는 이야기들이 지난 70여 년에 걸쳐서 만화책뿐만 아니라, 애니메이션이나 TV 드라마, 영화로도 나왔고, 논의할 만한 풍부한 양의 철학적 소재도 제공했다. 그래서 우리는 약 20명의 다른 배트맨 팬들과 함께 철학적 대화에 대한 사랑과 이 캐릭터에 대한 열정을 합쳐서 당신이 지금 손에 쥐고 있는 이 책을 만들게 되었다(고마워할 필요는 없다. 우리는 이 작업에 만족한다).

배트맨이 전 세계의 그렇게 많은 사람들에게 인기를 끄는 한 가지 이유는 그가 '단지' 한 명의 인간이라는 점 때문이다. 그가 우리들과는 **전혀 다른** 존재이지만 말이다. 고담 시와 그 이상의 것을 보호하기 위해, 배트맨은 목숨을 잃는 위험까지 감수하면서 죽은 그의 부모와 다른 모든 범죄 피해자들을 위한 복수에 평생을 헌신했다. 배트맨은 완벽한 수준까지 몸과 마음을 단련시키기 위해 수년을 소비했고 모든 것을 희생했다. 그는 대단한 부자이지만 결코 달성되지 않을 하나의 목표를 위해 모든 부귀영화를(한 명의 집사를 제외하고는) 버린다. 게다가 그는 이 모든 일을 거대한 박쥐 같은 옷을 입은 채로 한다(음…… 우리도 박쥐 옷이야 입을 수 있지만 그게 전부다!).

무엇이 한 사람을 이렇게 극단적으로 만드는가? 배트맨이 하는 일은 선하고, 옳고, 미덕적인가? 그리고 '임무'에 대한 배트맨의 집착과 헌신은 그의 존재에 대해 무엇을 말해 주는가? 그는 동료, 친구 그리고 적들을 어떻게 대하는가? 실제로 배트맨이 된다는 것은 어떤 것일까? 이것들은 모두 진정한 철학적 문제들이며, 우리는 배트맨 이야기를 읽을 때 이런 생각들을 할 수밖에 없다(그런 다음 우리의 생각들을 기록한다). 이 책에 담긴 20개의 장은 윤리, 정체성, 우정, 정치, 그 밖의 더 많은 주제들을 탐구하며, 다양한 영화들, 애니메이션 시리즈, 그리고 당연히 오랜 친구들인 애덤 웨스트와 버트 워드가 출연한 1960년대 TV 시리즈뿐만 아니라, 유명한 배트맨 이야기인 『배트맨: 다크 나이트 리턴즈』, 『배트맨: 이어 원』, 『배트맨: 무인지대』, 『배트맨: 가족의 죽음』, 『배트맨: 킬링 조크』 등에서 끌어온 사례를 사용한다.

따라서 당신이 제이슨 토드의 최근 부활에 대한 모든 세부사항을 알고 있든, 팀 버튼의 첫 〈배트맨〉 영화에 나오는 잭 니콜슨의 모든 대사를 암송할 수 있든 아니든 간에, 아니면 과거 할로윈에 배트맨의 복장을 한 즐거운 추억들을 가지고 있다면, 이 책에는 당신을 위한 무언가가 존재할 것이다. 배트맨을 찾는 불빛이 비치고 있다. 시작하자!

차 례

| 일러두기 |

1 이 책은 Mark D. White and Robert Arp eds., *Batman and Philosophy: The Dark Knight of the Soul*(John Wiley & Sons, Inc., 2008)을 완역한 것이다.

2 본문 내용 중 옮긴이가 추가한 내용은 대괄호([ ])로 묶어 표시했으며, 인용문에서 지은이들이 추가한 내용은 [—인용자]라고 표시하여 구분했다.

3 학술서적·만화책·정기간행물 등은 겹낫표(『 』)로, 논문 등은 낫표(「 」)로, 영화·애니메이션·TV 시리즈 등은 꺾쇠표(〈 〉)로 표시했다.

4 외국 인명이나 지명, 작품명 등은 2002년에 국립국어원에서 펴낸 외래어 표기법을 따랐다. 다만 관례가 굳어서 쓰이는 것들은 관례를 따랐다.

1부

다크 나이트는
항상 옳은 일만 하는가?

1장

왜 배트맨은 조커를 죽이지 않을까?

마크 D. 화이트

조커를 만나다

지난 몇십 년 동안 조커는 범죄 세계의 광대 왕자the Clown Prince of Crime에서 대적할 자 없는 흉악한 살인마로 변모했다. 무엇보다 악명 높은 일은 그가 두번째 로빈인 제이슨 토드를 피투성이로 만든 다음 폭탄을 터뜨려 죽였다는 것이다. 조커는 경찰국장 짐 고든의 두번째 부인인 세라 에센 경위를, 놀랍게도 수많은 아기들 앞에서 쏴 죽였다. 그것도 에센을 꾀어 내기 위하여 아기들을 죽이겠다고 협박한 다음에 말이다. 이보다 몇 년 앞서, 조커는 바버라 고든(짐 고든이 입양한 딸이자 전 배트걸)의 척추를 쏴 허리 아래를 마비시켰고, 그런 다음 벌거벗은 채 피 흘리며 쓰러져 있는 그녀의 사진으로 짐 고든을 고통에 빠뜨렸다. 조커에게 고통받은 고담 시의 무수히 많은 일반 시민도 잊지 말자. 조커는 심지어 최근엔 부하들도 싹 죽여 버렸다![1]

조커는 아캄 수용소를 탈출할 때마다 타락한 범죄를 저지른다. 그것은 철학자 조엘 파인버그(1926~2004)가 "끔찍하고 끔찍하고 끔찍하다" 혹은 "너무너무 끔찍하다"고 표현할 만한 유형의 범죄다.[2] 물론 배트맨은 예상한 대로 조커를 잡아 아캄의 '회전문'으로 다시 집어넣는다.[3] 그는 조커가 탈출할 것을 알고 있다. 그리고 망토 두른 십자군the Caped Crusader[배트맨]이 막을 수 없다면 조커가 다시 살인을 저지르리라는 것도 알고 있다. 당연히 그도 조커의 범죄를 항상 막을 수는 없다.

그렇다면 왜 배트맨은 조커를 그냥 죽이지 않을까? 그렇게 해서 구할 수 있을 모든 생명을 생각해 보라! 아니 그보다 배트맨이 조커를 수년 전에 죽였더라면, 그의 가장 친한 친구와 동료 중에서라도 구할 수 있었던 모든 생명을 생각해 보자. 고든 경찰국장은 몇 번의 기회에서 조커를 자신이 죽일까 고민했지만, 보통 그를 막는 사람은 배트맨이다.[4] 『배트맨: 허쉬』 이야기 중 매우 인상적인 장면에서 배트맨은 거의 조커를 죽일 뻔했지만, 이 경우 그를 막은 사람은 바로 짐 고든이다. 배트맨은 묻는다. "얼마나 더 많은 생명을 이자가 유린하게 놔둘 겁니까?" 이에 대해 짐은 다음과 같이 답한다. "상관없소. 난 조커가 당신의 생명을 유린하게 놔두지 않을 것이오."[5]

그렇게 배트맨은 여러 차례 조커를 죽일 것을 고민했을지 모르지만, 자신의 결정적인 적인 살인마 조커를 결코 죽이지 않았다. 물론 가장 초

---

1) 제이슨 토드는 『배트맨: 가족의 죽음』(1988)에서, 에센 경위는 『배트맨: 무인지대』 5권(2001)에서 살해당했고, 바버라 고든은 『배트맨: 킬링 조크』(1988)에서 총에 맞았다. 그리고 조커의 부하들 대부분은 『배트맨』 663호(2007년 4월)에서 살해당했다.

2) Joel Feinberg, "Evil", *Problems at the Roots of Law*, Oxford: Oxford Univ. Press, 2003, pp. 125~192.

3) 조커는 정신장애로 인한 무죄의 전형적인 인물이기에 결코 사형당하지 않는다.

4) 예를 들어, 『무인지대』의 끝 장면에서 에센 경위가 살해당한 후.

5) 『허쉬』 2권(2003)에 포함된 『배트맨』 614호(2003년 6월). 아쉽게도 이 장에서는 지면 부족으로 이 문제와 관련된 배트맨의 내적 대화를 원하는 만큼 인용하지 못했다. 그러나 이 대화는 제프 롭(Jeff Loeb) 덕분에 빼어난 글이 되었다.

기의 사례들을 제외하고, 배트맨은 보통 자신이 살인을 저지른다면 그가 싸우기로 맹세한 범죄자들만큼 자신을 악하게 만드는 것이라 말하면서 살인을 전적으로 거부했다. 그러나 이것은 거의 이기적인 행동에 불과하다. 그러므로 다음과 같이 말하는 사람이 있는 것도 당연하다. "이봐, 박쥐 양반! 이건 당신만의 문제가 아니라고!" 아니면…… 그만의 문제인가? 그래야만 하는가? 보통 우리는 사람이라면 많은 사람들에게 이익을 주는 어떤 것을 해야 할 의무가 있다고 생각하지만, 만약 그 '어떤 것'이 살인이라면 어떨까? 선한 일을 하는 것과 잘못된 일을 하지 않는 것 중 어느 쪽이 더 중요한가(헉~ 알프레드, 어서 두통약을!)?

이번 장에서는 미래의 살인을 막기 위한 살인의 윤리학을 다룰 것이다. 이것은 배트맨의 개인적인 도덕률과 그 도덕률을 어겨야 구할 수 있는 수많은 생명 사이의 균형을 생각할 경우, 정확히 그가 직면하게 되는 문제다. 사실 이 문제는 여러 번 제기되었다. 가장 최근에는 악당 허쉬와 (죽음에서 돌아온) 제이슨 토드 자신, 그리고 더 이전에는 장-폴 밸리('나이트폴'Knightfall 배트맨)에 의해 제기되었으며, 이들 중 누구도 배트맨이 고수하는 엄격한 도덕률을 가지고 있지 않다.[6] 이 문제를 위해 나는 몇 가지 유명한 철학적 사고 실험을 도입할 것이다. 이것들은 배트맨이 교묘하게 짜인 범죄 문제를 해결할 때처럼 어떤 상황에서 가장 기본적인 요소들만 남겨 놓음으로써 그 상황과 관련된 윤리학을 추적하게 해준다(음, 꼭 그런 것은 아니지만, 이 정도 희망사항은 괜찮지 않은가!).

---

6) 『배트맨: 고담 나이츠』 74호(2006년 4월)에서의 허쉬, 『배트맨』 650호(2006년 4월)에서의 제이슨 토드, 『로빈』 7호(1994년 6월)에서의 장-폴 밸리를 보라.

배트맨은 공리주의자인가 의무론자인가? (혹은 둘 다 아닌가?)

조커를 죽이는 것에 찬성하는 논증은 매우 명확하다. 만약 배트맨이 조커를 죽인다면, 배트맨은 조커가 죽지 않았을 경우 저지를 미래의 모든 살인 사건을 막게 될 것이다. 이런 정당화는 **공리주의**utilitarianism의 전형이며, 공리주의란 행위의 결과로 우리에게 전체적인 행복, 즉 웰빙well-being을 극대화하기를 요구하는 윤리 체계이다.[7] 단지 한 명을 희생하여 많은 생명을 구한다면 웰빙 혹은 효용의 순 증가가 나타나며, 이러한 선택은 분명히 비극적이겠지만 공리주의자라면 일반적으로 이러한 선택을 지지할 것이다(더 많은 고려사항들, 예를 들어 조커의 과거 희생자 가족 입장에서의 충분한 복수 시도, 혹은 **누군가**가 죽었을 때 이것이 몇몇 사람에게 가져올 불행을 추가할 수 있겠지만, 일단 단순하게 생각해 보자).

하지만 슈퍼히어로들은 일반적으로 공리주의자가 아니다. 당연히 슈퍼히어로들도 보통 사람들처럼 행복과 웰빙을 좋아하지만, 그것들을 얻을 수 있음에도 하지 않는 어떤 일들이 존재한다. 당연히 범죄자들도 이 내용을 알고 있고, 자신들에게 유리하게 활용한다. 결국에는 왜 범죄자들이 죄 없는 사람들을 인질로 잡는다고 생각하는가? 슈퍼히어로들은 (현실 세계의 경찰들처럼) 비록 나중에 악당이 더 많은 사람을 죽이는 것을 막아야 하겠지만, 보통 한 명의 악당을 잡기 위해 죄 없는 생명들이 위험에 처하도록 하지 않을 것이다. 더 일반적으로 대부분의 슈퍼히어로

---

7) 공리주의는 보통 Jeremy Bentham, *The Principles of Morals and Legislation*(1781), Buffalo, NY: Prometheus Books, 1988[『도덕과 입법의 원리 서설』, 고정식 옮김, 나남, 2011]까지 거슬러 올라간다.

들은 다른 많은 생명들을 구할 수 있더라도 살인은 하지 않을 것이다.[8)]

그러나 왜 이러한 경우 슈퍼히어로들은 살인을 거부할까? 공리주의자라면 이런 이야기를 이해하지 못할 것이다. "단지 한 사람을 죽이기 싫어서 더 많은 사람들이 죽도록 허용한단 말인가?" 사실상 이것이 정확히 최근에 제이슨 토드와 허쉬가 배트맨에게 한 말이다. 허쉬는 이렇게 묻는다. "당신이 조커를 살려 두는 바람에 얼마나 많은 생명을 희생시켰고, 얼마나 많은 가정을 파괴시켰는가?…… 도대체 왜? 당신의 의무 때문에? 아니면 정의감?" 제이슨 토드는 더 개인적인 감정을 담아 말한다(당연하겠지만). "브루스, 나를 구하지 않았던 것은 용서할 수 있어요. 하지만 조커가 아직까지 살아 있는 이유는 도대체 뭐죠?…… 그가 과거에 한 짓들은 잊어버렸군요. 그로 인해 빼곡히 채워진 묘지들을, 고통받은 수많은 사람들을…… 불구가 된 친구들을…… 그냥 어리석게도 잊었군요……. 나는…… 나를 죽인 일을 생각했어요. 그리고 조커가 결코 해치지 못하게 하겠다는 사람이 당신에게 있다면 바로 나일 거라 생각했어요."[9)] 이에 대한 배트맨의 전형적인 대답은 언제나, 자신이 살인을 한다면 그가 싸우는 범죄자들만큼 자신을 악하게 만드는 것이며, 혹은 돌아올 수 없는 강을 건너게 되리라는 것이다. 그러나 배트맨 역시 조커를 죽이고 싶은 강렬한 욕망을 조금도 숨기지 않는다.[10)]

공리주의자라면 한 사람을 죽여서 더 많은 살인을 막는 것을 일반적

---

8) 『슈퍼맨: 새크리파이스』 이야기에서 원더우먼은 슈퍼맨에 대한 맥스 로드의 정신적 지배를 끝내기 위해 그를 처형한다. 이것은 중요한 예외이며, 그다음 이야기들에서도 그렇게 다뤄졌다(2005년 9월에 나온 『원더우먼』 219호를 보라. 또한 이 이야기는 『슈퍼맨: 새크리파이스』[2006]에도 담겨 있다).

9) 원문 정보는 주 6 참조.

으로 지지하겠지만, **의무론자**deontologist로 알려진 윤리학파의 구성원들은 그러지 않을 것이다.[11] 의무론자는 행위로 인한 결과와 상관없이 행위 자체에 내재된 특징을 기반으로 도덕성을 판단한다. 의무론자에게 목적은 수단을 절대로 정당화해 주지 못하며, 오히려 수단은 그 자체의 장점으로 정당화될 수 있어야 한다. 그러므로 하나의 살인이 미래의 살인들을 막을 것이라는 사실은 중요하지 않다. 유일하게 중요한 요인은 살인은 틀렸다는 사실이며, 그것이 전부다. 그러나 가장 엄격한 의무론자에게도 예외는 있다. 예를 들어 정당방위를 위한 살인은 의무론자에게 일반적으로 허용된다. 그렇다면 옳은 이유일 때에만 살인을 하는 것은 괜찮을까? 살인광을 죽이는 것은 그런 이유 중 하나가 되지 않을까? 곧 살펴보겠지만 그 전에 먼저 트롤리trolley에 올라타 보자…….

톰슨 교수님, 배트 트롤리로!

철학자들에 의해 많이 논의된 고전적인 도덕적 딜레마 중 하나는 '트롤리 문제'로, 이는 필리파 푸트가 소개했고 주디스 자비스 톰슨이 정교화했다.[12] 철로를 내려오는 트롤리 1대를 상상해 보자. 철로 아래쪽에는 트

---

10) 제이슨 토드와 함께하는 장면에서 그는 털어놓는다. "내가 원했던 것은 오로지 조커를 죽이는 것이다.…… 조커가 죽었으면 좋겠다. 어쩌면 지금껏 살면서 가장 그걸 원했는지도 모른다." 『배트맨: 웃는 남자』(2005)에서 배트맨은 독으로 오염된 고담 시 저수지 위에 조커를 붙잡아 놓고 홀로 생각에 빠진다. "이 물에는 수천 명을 죽이고도 남을 만큼의 독이 들어 있다. 이자를 물속에 떨어트리는 것은 매우 쉬운 일이다. 이 인간 때문에 이미 너무도 많은 사람들이 죽었다.…… [하지만] 그럴 수 없다."

11) 가장 유명한 의무론자는 임마누엘 칸트이며, 그의 영향력 있는 윤리학 저작은 *Grounding for the Metaphysics of Morals*(1785), trans. James W. Ellington, Indianapolis, IN: Hackett Publishing Company, 1993[『윤리형이상학 정초』, 백종현 옮김, 아카넷, 2005]이다.

롤리가 오는 소리를 듣지 못하는 5명이 있으며, 이들은 트롤리를 피할 수 없을 것이다. 유감스럽게도 이들이 트롤리에 치여 죽기 전 트롤리를 멈추기에는 시간이 부족하다. 이 5명을 죽이지 않는 유일한 방법은 트롤리의 방향을 다른 쪽 철로로 전환하는 것이다. 그러나 불행히도 다른 쪽 철로에는 1명이 서 있으며, 그가 죽기 전에 트롤리를 멈추는 것도 너무 아슬아슬하다. 이제 철로 스위치 옆에 선택을 해야 하는 구경꾼이 있다고 상상해 보자. 그가 아무것도 하지 않으면 현재 철로의 5명은 죽게 된다. 그러나 트롤리의 방향을 다른 철로로 전환하면 1명의 사람이 죽게 된다.

이 스위치를 맡은 사람을 브루스라고 부르자. 브루스가 트롤리의 방향을 다른 쪽 철로로 전환하는 것은 도덕적으로 허용되는가 허용되지 않는가? 만일 허용된다면, 사실상 그가 그렇게 하도록 **요구받는다고** 또한 말할 수 있는가? 톰슨은 여기서 브루스가 트롤리의 방향을 전환할 수 있도록 허가받았다고(요구받은 것이 아니라) 결론 내리면서 중간적 입장을 취한다. 전형적인 공리주의자라면 스위치를 내려 더 많은 생명을 구하도록 브루스에게 요구할 것이다. 반면에 의무론자라면 브루스의 행위가 (아무것도 하지 않음으로써 5명이 죽도록 내버려 두는 것보다) 한 생명을 빼앗는다는 점에 문제를 느낄 것이다. 톰슨의 답변은 공리주의와 의무론의 관심사를 모두 결합한 것으로 보인다. 브루스는 트롤리의 방향을 전환해 5명보다는 1명을 죽이도록 허용되었지만(부추김도 당했을지 모른

---

12) 푸트의 논의를 보려면 Philippa Foot, "The Problem of Abortion and the Doctrine of the Double Effect", *Virtues and Vices*, Oxford: Clarendon Press, 2002, pp. 19~32 참조. 톰슨의 판본은 다음을 참조. Judith Jarvis Thomson, "The Trolley Problem", reprinted in her book *Rights, Restitution, & Risk*, ed. William Parent, Cambridge: Harvard Univ. Press, 1986, pp. 94~116. 또한 Thomson, *The Realm of Rights*, Cambridge: Harvard Univ. Press, 1990, Chapter 7도 참조.

다), 브루스가 이것을 자신이 해야 한다는 사실에 문제를 느낀다면 이것 역시 타당하다.

공리주의자와 의무론자의 접근법의 차이를 밝히는 방법 중 하나는 양쪽이 처방하는 규칙의 유형들을 살펴보는 것이다. 공리주의는 '웰빙의 극대화'와 같은 **행위자 중립적**agent-neutral 규칙들로 귀결되는데, 공리주의자는 누가 이 규칙을 따를지는 전혀 신경 쓰지 않는다. 모든 사람이 웰빙의 극대화를 위해 행위해야 하며, 어떤 사람에게도 "하고 싶지 않습니다"라고 말할 이유나 변명은 없다. 이와는 반대로, 의무론은 **행위자 특정적**agent-specific 규칙들을 다룬다. 의무론자가 "살인하지 말라"고 말할 때, 비록 살인이 괜찮아 보이게 만드는 다른 이유들이 있을 때조차, 그들은 "**당신**은 살인해서는 안 된다"는 의미로 말하는 것이다. 이것은 공리주의자가 강조하는 좋은 결과와 의무론자가 중점을 두는 옳은 행동을 대비시키는 다른 방식일 뿐이다. 스위치를 내려서 5명보다는 1명을 죽이는 것이 선일 수도 있지만, (그 특정 인물이 해야 하는 일 때문에) 아마 이는 옳지 않을 것이다.[13]

허쉬는 다음 이야기를 '좋아할' 거야……

톰슨은 트롤리 상황을 외과의사와 5명의 환자가 나오는 이야기와 비교하기를 좋아한다. 이 환자들은 각자 다른 신체 기관의 기능 결함으로 죽어 가고 있으며 이식수술을 해야 살 수 있다. 통상적인 경로를 통해 구할

13) 행위자 관련 규칙에 대한 뛰어난 논의를 보려면 Samuel Scheffler, *The Rejection of Consequentialism*, rev. ed., Oxford: Oxford Univ. Press, 1990 참조.

수 있는 장기들이 없기 때문에, 이 외과의사는 (건강한) 동료들 중 1명을 마취하고 그의 장기들을 제거해서 이식수술에 사용할 것을 고려 중이다.[14] 이렇게 한다면 외과의사는 동료 1명을 죽이겠지만 환자 5명을 구할 수 있을 것이다.

붕대투성이 정신이상자인 우리의 허쉬 박사처럼 이런 일이 가능한 예외적 존재를 제외하면 이런 과감한 계획을 지지하는 사람은 거의 없을 것이다(특히 토머스 웨인 박사라면. 그의 영혼에 가호를). 독자들은 내가 이 예를 통해 무슨 말을 하려는지 알 수 있을 것이다(배트맨 팬들은 매우 똑똑하니까). "트롤리 사례에 나오는 구경꾼과 이식수술 사례에 나오는 외과의사의 차이는 무엇인가?" 두 사례 모두 아무것도 하지 않은 채 5명이 죽도록 내버려 두거나 어떤 행동을 택해 1명을 죽이는 대신 5명을 살릴 수 있다. 톰슨과 그녀 이후의 철학자들이 이 질문과 씨름해 왔지만, 어떤 명확한 해답을 내놓지 못했다. 대부분의 사람들은 트롤리의 스위치를 내리는 것은 정당화되지만 외과의사의 행위는 그렇지 않다는 데에 동의할 것이다. 하지만 우리가 **왜** 그런 식으로 느끼는지에 대해 정확히 말하기는 매우 어려우며, 철학자들도 예외는 아니다!

배트 모빌이 트롤리가 아닌 이유 1위부터 10위까지……

어떻게 배트맨의 상황을 트롤리 이야기(혹은 이식수술 이야기)와 비교해 볼 것인가? 배트맨과 조커와 관련된 어떤 요소들이 이 두 개의 고전적인

14) 그의 동료 가운데 1명이 5명의 환자 모두에게 적합한 장기 기증자일 천문학적 확률은 무시하라!

철학적 딜레마에는 빠져 있는가? 그리고 배트맨이 '그렇게 하는 것'을 거절한다면 이 거절이 그에 대해 말해 주는 것은 무엇인가?

톰슨에 의해 묘사된 두 사례와 배트맨과 조커의 사례가 지닌 한 가지 분명한 차이점은, 톰슨의 사례는 트롤리의 방향을 전환하지 않으면 죽게 되는 5명과 트롤리의 방향을 전환하면 죽게 되는 1명이 도덕적으로 평등하다고 가정한다는 점이다. 다르게 말하면 어떻게 취급받아야 하는지, 어떤 권리를 갖고 있는지의 측면에서 볼 때 그들에게 도덕적인 차이는 없다. 트롤리 사례에서 철로 위에 있는 모든 사람은 도덕적으로 '죄 없는 사람들'이며, 이식수술 사례에서의 환자들과 동료 역시 그러하다.

이것이 문제가 되는가? 톰슨은 그렇다는 것을 보여 주기 위해 몇 가지 수정된 사례들을 소개한다. 만약 그날 아침 일찍 중앙 철로의 5명은 술에 취해 철로 위에 쓰러져 있었고, 다른 철로에 있는 다른 1명은 철로 정비 작업을 하는 수리공이라면? 수리공은 거기에 있을 권리가 있는 반면 5명의 술주정꾼들은 그렇지 않다. 그렇다면 우리는 스위치를 내리는 문제에 대해 마음이 좀더 편할까? 만일 이식수술을 받아야 하는 5명의 환자들이 건강에 대한 그들의 무관심 때문에 회복이 불가능한 상태라면, 그리고 의사의 동료는 건강에 매우 신경 쓰는 사람이라면 어떠했을까? 우리는 두 경우 모두 5명이 그러한 곤경에 처한 것은 그들 자신의 (잘못된) 선택 때문이니, 결과에 대한 책임을 모두 그들이 져야 한다고 말할지도 모른다. 게다가 두 경우 모두, 스스로 책임을 져 왔던 한 사람을 희생시켜서 그들을 살려서는 안 될 것이다.

그러나 조커의 경우는 이와는 정확히 반대이다. 즉, 조커가 다른 철로에 있는, 혹은 수술대 위에 있는 유일한 사람이며, 조커의 희생자(아마도 죄 없는)가 다른 5명의 사람들이기 때문이다. 따라서 위의 논리를 따른다면, 조커를 죽이는 데 **찬성할** 근거가 있을 것이다. 결국에는 왜 조커의 희생자들이 조커를 살리기 위해 본인들의 생명을 희생해야 하는가? 특히 **그가** 살아서 죄 없는 사람들을 죽일 텐데도?

이 사례는 양 집단의 도덕적 차이점을 포함해서 원작의 철학적 사례들과는 또 다른 차이가 있다. 고전적인 트롤리와 이식수술 사례와 달리, 조커는 실제로 다른 사람들을 위험에 **빠뜨린다**. 트롤리의 경우와 비교하면, 이는 마치 조커가 5명의 사람을 중앙 철로에 묶어 놓고 다른 철로에서서 배트맨이 어떻게 할지를 지켜보는 것과 같다(치킨 게임처럼)! 우리가 1명을 죽여서 5명을 살리기로 마음이 기운 경우, 1명 **때문에** 5명이 위험에 처했다는 사실을 안다면 그 마음은 더 강해질 수밖에 없다!

우리는 다른 철로 위에 있는 1명이 비록 5명을 살리는 경우라 해도 죽지 않을 **권리**가 있다고 말할 수 있다. 그가 이러한 희생을 한다면 그 희생은 숭고한 것이겠지만, 대다수의 철학자들(공리주의자를 제외하고)은 그에게 그런 책임이 있다는 것을 부정할 것이다. 이 점은 이식수술의 경우 더욱 분명하다. 분명히 외과의사는 동료에게 기꺼이 본인의 장기들(과 생명)을 포기하고 5명의 환자를 살릴 것인지 물어볼 수 있다. 하지만 그에게 반드시 **그래야 한다**고 말하기는 사실상 힘들다. 다시 한번, 조커의 경우 다른 점은 그가 다른 사람들을 위험에 빠뜨린다는 점이며, 따라서 "당연히 이 인간들을 죽일 계획이지만 **그들을** 살리기 위해서 **내가** 죽임을 당해서는 안 돼!"라고 말한다면 그것은 부조리할 것이다(다르게 말하면, 조커 같은 인간에게나 어울릴 것이다).

이러한 상황을 만들 때 조커의 역할을 인식하는 것은 배트맨이 직면한 책임을 생각하는 데도 또한 도움이 된다. 만일 많은 사람들이 그랬던 것처럼 배트맨에게 "당신이 조커를 죽이지 않는다면 앞으로 조커에게 당할 희생자들의 죽음은 당신 책임이 될 것이오"라고 말한다면 배트맨은 매우 당연하게 "아니지, 조커가 일으킨 죽음은 전적으로 그만의 책임이지. 내겐 내가 일으킨 죽음에 대한 책임만이 있을 뿐이오"라고 대답할 것이다.[15] 이는 우리가 앞서 다룬 행위자 중심적agent-centered 규칙을 보는 또 다른 방식이다. 트롤리 사례에 나오는 구경꾼이 "내가 트롤리로 5명의 생명을 위태롭게 만든 것은 아니지만, 트롤리의 방향을 전환했으면 나는 1명이 죽게 만들었을 것이다"라고 말하는 것은 매우 당연하다.[16]

"내 변호사를 불러! 아, 맞아. 내가 그놈도 죽여 버렸지"

이식수술 사례에서 외과의사가 하는 일은 분명히 불법이다. 하지만 5명 대신 1명이 죽게 만든다는 것을 알면서도 만일 구경꾼이 스위치를 내려 트롤리의 방향을 전환한다면, 그가 한 행위의 합법성 여부는 명확하지 않다. 물론, 배트맨/조커 사례에서의 합법성 여부는 좀더 쉽다. 배트맨이 경찰과 같은 법적 권리와 책임을 가지고 있다고 (당분간) 가정해 보자.

---

15) 『배트맨』 614호에서 배트맨은 생각한다. "나는 조커에 대한 어떤 책임도 받아들일 수 없고…… 받아들이지 않을 것이다." 그러고는 "내가 그를 오래전에 죽였어야 했다는 것을 빼놓고는 말이다"라 말한다. 결국 조커가 또다시 자신과 가까운 사람을 죽일 수 있다는 사실을 고민한 후에 "오늘 조커는 내 손에 죽는다"며, 그를 죽일 수 있는 몇 가지 방식에 대해 생생한 공상을 한다. 짐 고든이 배트맨을 막기 위해 거기에 없었더라면 어떤 일이 생겼을지 궁금해지는 장면이다.

16) 이것은 행위에 의한 죽음과 비행위(inaction)에 의한 죽음의 윤리적 구분에 대한 논쟁을 일으킨다. 보통은 죽음을 방관하는 것은 직접적으로 죽음을 유발하는 것보다는 덜 문제시되는 것으로 여겨진다. 나이트윙이 타란툴라가 자신의 최고의 강적이자 미래에 더 많은 사람을 죽이겠다고 공언했던 블록버스터를 죽이도록 내버려 두는 장면을 생각해 보라(『나이트윙』 93호[2004년 7월]). 그리고 흥미롭게도 배트맨이 그를 다시 살려 내기는 했지만 딕 그레이슨은 실제로 조커를 한 번 죽였다(『조커: 마지막 웃음』 6호[2002년 1월]).

경찰은 (정당방위를 제외하고) 어떤 상황에서 조커를 죽이는 것이 허용되는가? 만일 조커가 곧 어떤 사람을 죽이려고 한다면, 경찰이 조커를 죽이는 것은 (조커를 단순히 무력화하는 것이 불가능하거나 살상 무기만이 효과적인 선택지라면) 법적으로 정당화될 것이다. 그러므로 배트맨이 죄 없는 사람을 곧 죽이려는 조커를 발견했고, 그 사람을 구할 수 있는 유일한 방법이 조커를 죽이는 것이라면, 조커를 죽이는 배트맨의 행위는 정당화될 것이다(배트맨을 알기에, 나는 배트맨이라면 여전히 다른 방법을 찾을 것이라 생각한다).

이 사례를 좀더 어렵게 만들어 보자. 예를 들어 막 누군가를 죽인 조커를 배트맨이 발견했다고 치자. 배트맨(혹은 경찰)은 죽은 사람을 구하기 위해 어떤 것도 할 수 없었지만, 만일 조커를 죽인다면 조커가 아마도 죽일 셀 수 없이 많은 사람들을 구하는 것이 된다. **아마도**라니? 자, 여기서 공정하게 생각해 보자. 조커가 더 많은 사람을 죽일지는 **알** 수 없다. "박쥐야, 이번이 마지막이야. 약속할게!" 조커는 분명히 자신이 바뀌었다고 과거에도 주장했다. 아마 이번에는 진짜일 것이다. 혹은 아마도 조커가 내일 자연사함으로써 다시는 절대 살인을 못할지도 모른다. 그러나 문제는 조커가 다시 살인을 할지 확신할 수 없으며, 그러므로 그의 생명을 빼앗으면 **다른** 생명들을 구하게 될 것이라 확신할 수 없다는 것이다.

주어진 사실로 보면 마치 우리가 트롤리 예시를 다음처럼 바꾼 것 같다. 짙은 안개가 중앙 철로의 시야를 가리고 있지만, 다른 철로에 있는 유일한 1명을 볼 수 있다. 중앙 철로에서 누군가가 위험한 상태에 있는지는 알 수 없지만, 우리는 **때때로** 거기에 사람들이 있다는 것은 알고 있다. 무엇을 해야 하는가? 또는 이식수술 사례를 수정해서 말하면 외과의사는 장기가 바로 필요한 환자들은 없지만, 내일 그러한 환자가 몇 명 있을 거라 추측한다. 그러나 바로 그때는 그의 건강한 동료가 휴가 중일 것이다. 외과의사는 여전히 본인의 동료를 오늘 희생시켜야 하는가?

어떠한 경우에도 다른 사람들을 죽일 **가능성**을 피하기 위해 1명을 죽이면서 편하게 느낄 사람은 우리 중 아무도 없을 거라고 생각한다. (조커가 정신장애로 인한 무죄insanity defense의 전형적인 인물poster boy이 아니라면) 여기에 사형까지도 포함될지 모르지만, 조커에게 그가 죽인 사람들에 대한 책임을 지우는 것과 그가 미래에 죽일지도 모르는 사람들에 대해 고민하는 것은 전적으로 다른 일이다. 의문의 여지 없이 조커는 변하지 않는 행동 습관을 가지고 있고, 심지어 미래에 더 많은 사람을 죽일 것이라 말할지도 모른다. 우리가 조커의 행동을 예상할 만한 충분한 이유를 가지고 있다면(당연히 배트맨도 그렇겠지만) 어떨까? 조커가 다시 살인을 하기 **전에** 그를 처리할 수 있는가?

범죄를 저지르기 전에 사람을 처벌하는 것을 철학자들은 **사전처벌** prepunishment이라 부르며 이 개념은 필립 K. 딕의 1956년 단편소설 「마이너리티 리포트」에 의해 유명해졌다. 이 소설은 최근 스티븐 스필버그 감독, 톰 크루즈 주연의 영화로 만들어졌다.[17] (배트맨에게는 그런 판결을 내릴 법적 권한이 없기 때문에) 배트맨이 조커를 죽이는 것을 엄밀한 의미에서 처벌이라고 볼 수는 없지만, 특히 이러한 경우 사전처벌이 도덕적으로 수용 가능한지 아닌지는 여전히 고민해 볼 수 있다. 어떤 사람들은 만일 조커가 다시 살인을 저지를 의도가 있고 그런 의도를 분명히 진술했

---

17) 필립 K. 딕의 단편 모음집에서 「마이너리티 리포트」("The Minority Report", *The Minority Report and Other Classics*, New York: Citadel, 2002)를 찾아볼 수 있을 것이다. 혹시나 모를까 봐 말해 두자면, 톰 크루즈는 〈배트맨 비긴즈〉의 여배우 케이티 홈즈와 결혼한 사람으로 주로 알려져 있다(내가 알기로, 톰 크루즈에 대해 그 외에 언급할 만한 것은 없다).

다면, 그를 사전에 처벌하는 것에 도덕적 어려움은 없다고 말할 것이다(하지만 여기에는 정보적인, 즉 **인식론적인**epistemic 문제가 있다. 만일 조커가 범죄를 저지를 기회를 얻기 전에 죽임을 당한다는 것을 안다면 왜 미래의 범죄를 자백하겠는가?). 하지만 다른 사람들은 설령 그가 다시 살인을 할 거라 말하더라도, 여전히 자신의 마음을 바꿀 선택권이 있다고 말한다. 우리가 사람을 사전처벌하지 말아야 하는 것은 바로 윤리적 선택을 할 수 있는 이런 역량에 대한 존중에서 나온다.[18] 사전처벌은 우리 모두를 당황하게 만들지도 모르지만, 많은 수의 사람들이 극소수의 사람에게 아주 쉽게 살해당할 수 있는 시대에 사는 우리는 머지않아 사전처벌의 문제에 직면하게 될 것이다.[19]

그럼, 사건은 종결된 거야. 그렇지?

그러니까, 이제 우리 모두는 배트맨이 조커를 죽이지 않았던 것이 옳았다고 확신한다.

뭐? 아니라고?

---

18) 크리스토퍼 뉴(Christopher New)는 “Time and Punishment”, *Analysis*, Vol. 52, No. 1, 1992, pp. 35~40에서 사전처벌을 지지하고, 사울 스밀란스키(Saul Smilansky)는 “The Time to Punish”, *Ibid.*, Vol. 54, No. 1, 1994, pp. 50~53에서 사전처벌에(그리고 뉴의 주장에) 반대한다. 뉴는 “Punishing Times: A Reply to Smilansky”, *Ibid.*, Vol. 55, No. 1, 1995, pp. 60~62에서 스밀란스키에 응답한다.

19) 물론 원더우먼은 슈퍼맨에게 살인을 강제하겠다고 약속한 맥스 로드와 관련된 이 문제를 이미 접한 적이 있지만, 그녀는 이와 반대되는 결론을 내렸다(그녀는 뉴의 논문을 읽은 것이 분명하다). 그러나 아이러니하게도 『인피니트 크라이시스』(2006년 6월)에서 (나이트윙을 거의 죽일 뻔한) 알렉스 루터를 죽이려고 하는 배트맨을 막은 사람은 원더우먼이었다. 더 아이러니하게도 같은 호의 마지막 부분에서 결국 알렉스를 죽인 사람이 누구인지 아는가? 바로 조커였다.

음, **물론** 아니다. 이렇게 보자. 나는 나 자신을 엄격한 의무론자로 여기지만 나조차도 배트맨이 어쩌면 조커를 죽였어야 했다고 생각한다(부디 북미칸트학회 동료들이 이 글을 읽지 않기를. [그들이 이 글을 본다면] 나는 1년 동안 펀치와 프레첼 만드는 일을 맡아야 할 것이다!). 권리가 언제나 선에 우선한다는 우리 의무론자들의 말처럼, 만약 조커의 삶이 수년 전에 이미 끝났다면 엄청난 양의 선이 행해졌을 것이다. 이 주제를 최근의 고문 논쟁과 비교해 보자. 어떤 상황에서든 고문을 열정적으로 반대하는 사람들조차 수천, 수백만의 무고한 생명이 걸린 경우에는 완전히 확신할 수 없기 때문이다.

운 좋게도, 문헌(여기서 '문헌'은 만화책을 뜻한다)은 우리가 이런 주제들을 직접 경험하지 않고도 논의할 수 있게 해준다. 사람들을 속여서 질주하는 트롤리 앞에 서게 할 필요도 없고, [책 속이 아닌] 현실의 배트맨과 조커도 필요 없다. 사고 실험이란 이런 것이다. 사고 실험을 통해 우리는 상상의 시나리오 속에서 놀 수 있으며, 무엇을 하고 하지 말아야 할지에 대해 상상할 수 있다. 배트맨에게는 불운이지만 배트맨 팬들에게는 다행스러운 점은 배트맨에게는 조커가 상상 속의 인물이 아니라는 점이다. 그러므로 나는 배트맨이 앞으로도 수년 동안 이 주제를 가지고 씨름할 것이라 확신한다.

2장

로빈을 만드는 것은 옳은 일인가?

제임스 디조반나

배트맨이라면 무엇을 해야 할까?

배트맨과 로빈, 다이내믹 듀오, 다크 나이트와 보이 원더, 이보다 더 자연스럽게 들리는 말이 있을까? 하지만 이것이 아무리 익숙하거나 어울려 보이더라도, 당신은 이렇게 자문할지 모른다. 배트맨이 위험한 범죄자들과의 싸움에 보내기 위해 어린 소년을 훈련시켜 로빈으로 만드는 일은 정말로 괜찮은가? 이 질문에 답하기 위해 **윤리학**으로 눈을 돌려 보자. 윤리학은 "무엇을 해야 하는가? 어떻게 살아야 하는가? 어떤 사람이 되어야 하는가?"와 같은 질문을 고민하는 철학의 한 분과이다.

예를 들어, 당신이 우월한 지성과 탁월한 무술 실력을 가지고 있으며, 부모가 범죄자에게 살해당하는 순간을 목격했고 그것을 잊지 못한다고 해보자. 당신은 앞서 말한 윤리적 질문들에 대해 이렇게 대답할지도 모른다. "나는 아마도 망토와 복면을 하고 캄캄한 밤에 몰래 잠입해 범죄자들이 악랄한 짓을 못 하도록 폭력으로 막을 거야." 혹은 다음과 같이 답할지도 모른다. "나는 좀 심리 치료가 필요해. 강박증을 더 버리고 더 인간적인 사람이 될 거야. 나는 [로빈을] 돌보는 양육자가 되겠어"(그러나 이렇게 답하면 당신에 관한 만화를 그릴 사람은 거의 없을 것이다).

다음은 어떤가. 당신이 길거리에 살고 있는 고아 소년을 발견하고, 그 아이를 돕고 싶어 한다고 치자. 무엇을 해야 하는가? 아마 이에 대한 도덕적으로 수용 가능한 대답은 소년을 사회복지 시설로 보내거나, 소년을 위한 집을 구하거나, 스스로 소년을 입양해 돌보는 것 등일 것이다. 하지만 소년의 기술과 성격을 가다듬고 향상시킨다는 명분 아래 어떤 복장을 차려입히고, 범죄와 싸울 수 있게 훈련시키며, 소년을 끊임없이 위험에 노출시킨다면? 바로 이것이 배트맨이 로빈에게 한 일이다……. 그것도 두 번씩이나(딕 그레이슨과 제이슨 토드)! 이것이 그 소년을 정부 기관으로 보내는 일처럼 그렇게 도덕적으로 수용 가능한 일인지는 상상하기가 쉽지 않다. 그럼에도 역사를 통해서 보면 많은 사람이 자녀를 기르는 데에 이와 유사한 길을 선택했다. 적합한 성인으로 만든다는 명분 아래 고대 스파르타인, 중세 유럽 왕족, 그리고 뉴기니 전사들은 모두 어린 소년들을 죽을 수도 있는 위험에 노출시켰다. 비록 어린아이들에게 상징이 있는 망토를 입힌 사람들은 중세 유럽 사람들뿐이긴 하지만, 이들 모두의 행동에는 뭔가 배트맨스러운 면이 여전히 존재한다.[1)]

이런 종류의 자녀 양육 방식을 정당화할 수 있는가? 어린 소년들을 데려가 광대처럼 입은 잔혹한 범죄자들에게 던져 넣는 배트맨의 이러한 병적인 기질을 우리는 용서할 수 있을까? 이런 주제들이 윤리학적 질문, 즉 로빈의 적절한 양육과 교육에 관한 질문들의 핵심을 이루며, 또한 이번 장의 근간을 이룬다.

---

1) Barbara Greenleaf, *Children through the Ages: A History of Childhood*, New York: McGraw-Hill, 1978 참조.

슈퍼히어로의 의무

윤리는 규칙이나 의무에 따라 살려는 노력으로 정의될 수 있다. 여기서는 결과에 관계없이 이 규칙들을 준수하거나 의무들을 준수하는 것이 필요한데, 이것은 단지 그 의무 자체가 가장 중요하기 때문이다. 이것을 **의무론적 윤리학**deontological ethics이라 부르며, '의무'를 의미하는 그리스 단어 데온deon에서 유래한다. 가장 중요한 의무론적 윤리학자는 임마누엘 칸트(1724~1804)로, 그는 가장 중요한 의무는 보편적이고 정언적이어야 한다는 믿음을 갖고 있었다. '정언적'categorical이란 말은 '예외 없이'라는 뜻이다. 다시 말해, 나는 어떤 의무를 선택한 다음 이 의무가 적용 안 되는 사례는 생각할 수 없다. 즉 개별적 상황에서 적용되지 않는 의무는 선택할 수 없다는 말이다. 그래서 칸트 같은 경우는 거짓말을 하지 않는 것이 윤리적 의무라고 말한다. 조커가 배트맨을 붙잡아 로빈이 어디에 있는지 알고 싶어 한다고 가정해 보자. 배트맨이라면 틀림없이 아무 말도 하지 않거나 질문을 피해 갈 수 있겠지만, 로빈이 실제로 그 장소에 없을 경우 자신이 조커를 잡기 위해 미리 함정을 설치한 장소에 로빈이 있다고 말할 수는 없을 것이다. 그것은 거짓말을 하지 말라는 의무를 어기는 것이기 때문이다.[2)]

'보편적'universal이라는 말은 그 규칙이 모든 사람에게 적용된다는

---

2) Immanuel Kant, *Grounding for the Metaphysics of Morals*(1785), trans. James W. Ellington, Indianapolis, IN: Hackett Publishing Company, 1993[『윤리형이상학 정초』, 백종현 옮김, 아카넷, 2005] 참조. 칸트는 그의 논문 "On a Supposed Right to Lie from Philanthropic Concerns"(1799)에서 이것과 거의 일치하는 예를 든다. 여기서 칸트는 (당신 집에 숨어 있는) 범행 대상의 위치를 묻는 살인자에게 거짓말을 할 수 없다고 말한다(이 논문은 방금 언급한 *Grounding for the Metaphysics of Morals* 판에 들어 있다).

의미이다. 다시 말해, 우리는 주어진 어떤 행위에 대해 "모든 사람이 그렇게 한다면 어떻게 될까?"라는 질문을 던져야 한다. 혹은 칸트가 말한 것처럼 "행동함과 동시에 그것이 보편적 법칙이 되어야 한다고 바랄 수 있는 [내가 따르기로 한 규칙인—인용자] 준칙maxim에 따라서만 행동하라"고 해야 한다.[3] 칸트는 만일 당신의 준칙이 이러한 방식으로 '보편화'되지 않는다면 윤리적일 리가 없다고 주장한다. 왜냐하면 모든 사람이 당신과 같은 도덕 규칙에 따라 살 수 있어야 하며, 누구도 자신을 예외로 할 수는 없기 때문이다.

그럼 이제 두번째 로빈, 제이슨 토드에 대해 생각해 보자. 배트맨은 제이슨이 배트 모빌의 타이어를 훔치려고 할 때 그를 발견했고 그 후 제이슨을 훈련시키기로 결정했다.[4] 만일 우리가 칸트적 의무론자가 되기를 원한다면 다음과 같은 질문을 해야 할 것이다. "배트맨의 이러한 행위는 정언적(예외가 없고)이며 보편적(모두에게 적용되는)인 규칙에 따른 것인가?" 배트맨의 준칙은 다음과 같은 것일 수 있다. "만일 당신의 휠캡hubcaps을 훔치고 있는 고아를 발견하면, 로빈 복장을 입힌 다음 그를 보내어 악당 펭귄과 싸우게 해야 한다." 이것은 보편적이라고 보기 어렵기 때문에, 아마 칸트라면 이런 행위는 비도덕적이라 주장할 것이다.

그러나 준칙들이 이렇게 구체적인 경우는 거의 없다. 어쨌든, 모든 사람이 "철학자가 돼라"는 준칙을 따른다면 세계는 분명히 [철학적 사유를 하느라] 작동을 급히 멈추겠지만, 그렇더라도 철학자가 되는 것이 비

---

3) Kant, *Grounding for the Metaphysics of Morals*, p. 421.

4) 우리가 제이슨에게 초점을 맞추는 이유는, (적어도 『크라이시스 온 인피니트 어스』 이후와의 연속성에서는) 그가 길거리 좀도둑으로 시작하였고, (1988년 작 『배트맨: 가족의 죽음』에서) 비극적인 결말을 맞이했기 때문이다.

도덕적이라고 보기는 어려울 것이다. "당신 자신이 행복할 수 있는 그런 존재가 돼라" 혹은 "당신의 재능을 활용하라"가 더 일반적이고, 더 쉽게 보편화될 것이다. 이와 비슷하게, 제이슨 토드 준칙을 "고아들을 돕기 위해 당신이 할 수 있는 것을 하라"로 재공식화할 수 있다. 이것은 분명히 보편화 가능하며, 다른 사람을 돕는 일과 같은 칸트의 일반 의무general duty와도 일치한다. 물론, 고아를 돕는 일에 "고아를 보내 할로윈 복장을 한 미치광이 범죄자들과 싸우게 하라"는 것이 꼭 포함될 필요는 없다. 사실, 우리라면 아이들을 돕는 **동안** 그 아이들을 피해로부터 보호하는 것이 보편적 규칙이 되어야 한다고 생각할지도 모른다. 이런 의미에서 아이들을 보호해야 할 의무는 당신이 그들을 돕기 위해 할 수 있는 것을 제한한다. 이를 받아들인다면, 적어도 이 경우에 배트맨은 그리 좋은 칸트주의자는 아니다. 왜냐하면 그는 로빈이 피해를 입을 수 있게 방치하기 때문이다.

일반 선을 위해 로빈을 이용하기

윤리는 또한 우리의 행위 중 어떤 것이 최선의 결과를 낳는지를 밝혀내고, 그런 다음 그 행동 방침을 준수하는 과정으로 정의될 수도 있다. 이는 **결과주의 윤리학**consequentialist ethics이라 불리는데, 왜냐하면 이 입장은 행위들에 내재된 도덕적 옳음보다는 행위의 결과에 더 관심을 두기 때문이다. 제러미 벤담(1748~1832)과 존 스튜어트 밀(1806~1873) 같은 **공리주의자들**utilitarians은 행위는 그것의 결과가 최대 다수의 사람들에게 가장 큰 혜택, 이익, 혹은 쾌락을 가져다주는 한에서만 도덕적으로 선하다고 주장한다.[5] 의무론적 입장이 "아이들을 보호하라" 혹은 적어도 "심각한 피해를 입힐 상황에 아이들을 노출시키지 말라"라고 말하는 것과는 반대로, 공리주의자의 관점은 배트맨이 로빈을 위험에 빠뜨린 것을 정당화하는 데에 사용될 수 있을 것이다. 만약 그렇게 함으로써 고담 시의 일반선을 증진시킬 수 있다면 말이다. 로빈을 훈련시키는 것이 시간, 얻어맞음, 부상에 드는 비용보다도 고담 시의 시민들에게 더 많은 선을 준다면, 공리주의자들은 그 훈련이 정당화될 수 있다고 볼 것이다.

하지만 로빈 본인들은 어떨까? 어쨌든 제이슨 토드가 조커의 흉기에 맞아 죽은 것은 잘 알려져 있다. 아무리 고담을 위해 한 일이 결과적으로 많은 사람들에게 도움이 되었더라도, 그들의 희생은 지불하기에 지나친 비용이 아닐까? 공리주의자는 사람을 다수를 위한 더 큰 선의 수단으로 다루는 것을 정당화한다고 악명이 높다. 그 과정 중에 이용되는 사람들이 피해를 입더라도 마찬가지다. 예를 들어, 어떤 악한으로부터 사람들을 구하는 과정에서 한 명, 두 명, 혹은 심지어 백 명의 사람이 희생된다고 해도 그런 과정을 통해 결과적으로 더 많은 인원의 집단을 구할 수 있다면, 공리주의적 근거에서 이것은 도덕적으로 옳은 것이다. 그러므로 우리는 어린 조수들을 위험에 빠뜨려도 공동체를 위한 좋은 결과 때문에 그것이 정당화된다는 사실에 배트맨이 동의할 것이라 추정할 수 있다.[6] 그러나 우리는 배트맨이 결코 범죄자를 잡기 위해 죄 없는 구경꾼의 목숨을 희생시키지 않을 거라는 사실을 알고 있다. 그러므로 배트맨은 이 논리를 오직 그가 훈련시키는, 그 일을 하겠다고 지원한 이들에

---

5) Jeremy Bentham, *The Principles of Morals and Legislation*(1781), Buffalo, NY: Prometheus Books, 1988[『도덕과 입법의 원리 서설』, 고정식 옮김, 나남, 2011]; John Stuart Mill, *Utilitarianism*(1863), Indianapolis, IN: Hackett Publishing Company, 2002[『공리주의』, 서병훈 옮김, 책세상, 2007].

게만 적용한다(하지만, 다시 생각해 보면 안 그럴 어린 소년이 누가 있겠는가?). 따라서 배트맨의 입장에서 로빈을 훈련시키는 것은 공리주의적 사고방식에 의해 설명될 수 있는 반면, 공리주의가 할 수 있는 부분은 여기까지이다.

범죄와 싸우기, 그리고 성격

배트맨의 윤리적 결정 과정을 이해할 수 있는 또 다른 방법이 있을까? 범죄와의 싸움을 위해 로빈을 훈련시키기로 한 그의 결정은 **덕 윤리학**virtue ethics에서 나온 것일 수 있는데, 덕 윤리학은 (의무론이나 공리주의처럼) 특정 행위에 대해 판단을 내리기보다는 덕, 혹은 탁월함이라고 불리는 일반적 성격character 특질을 강조한다. 또한 덕 윤리학은 차이들, 예를 들어 성격의 차이, 사람들이 수행하는 역할의 차이, 사람들이 살아가는 문화의 차이도 고려한다. 배트맨은 본인이 생각하기에 언제나 옳은 추상적인 도덕 원칙을 지키려고 노력하지만, 서로 다른 성격은 서로 다른 행위를 요구한다는 것도 이해하는 것 같다. 모든 사람이 배트맨이나 로빈이 되어야 하는 것은 아니다. 슈퍼히어로가 되는 데 필요한 특정 성격이 누구에게나 맞는 것은 아니며, 사회는 우리 각자에게 서로 다른 역할을 요구한다.

---

6) 사람을 다양한 수단으로 이용하는 것을 변호하는 공리주의 논증들에 대해서는 Peter Singer, *Practical Ethics*(1980), Cambridge: Cambridge Univ. Press, 1993[『실천윤리학』, 황경식 옮김, 철학과현실사, 1991] 참조. 칸트는 인격을 그 자체 목적으로 고려하지 않은 채 목적을 위한 단순한 수단으로 이용해서는 안 된다고 요구하면서 이러한 입장에 강력하게 반대한다(*Grounding for the Metaphysics of Morals*, p. 429).

배트맨은 누구에게나 맞는 것은 아닌 특정 성격을 로빈에게 가르치기 때문에, 배트맨의 행동 방침은 정당화될 수 있다. 그리고 이 성격은 더 큰 문화와의 관계에 있어 적절하고 필요한 것이다. 다시 말하면 로빈은 세상을 보다 나은 곳으로 만드는 역할을 맡고 있을 수 있으며, 배트맨은 제이슨 토드를 로빈으로 바꿈으로써 그를 더 나은 사람으로 만들고 있을 수도 있다.[7] 박쥐 차림을 한 사람이 타이어를 훔치던 고아를 정의를 지키는 살아 있는 무기로 바꿔야 하는 것이 보편적인 진리는 아니겠지만 말이다.

플라톤(기원전 428~348)은 처음으로 덕 윤리학의 전통에 기초하여 글을 쓴 서양 철학자였다.[8] 그는 사회에서의 역할에 따라 서로 다른 사람들에게 다른 윤리적 규범이 적용되어야 한다고 믿었다. 그럼에도 불구하고 보편적인 윤리 규칙이 모든 사람에게 적용되었고, 어떤 측면에서 보면 사람들은 윤리적으로 동등했다. 반면에 서로 다른 사회적 역할에 대한 특정 윤리적 요구에는 다른 윤리적 명령들이 작동되곤 했다.

---

7) 20세기 덕 윤리학의 주도적인 인물 중 한 명인 알래스데어 매킨타이어(Alasdair MacIntyre)는 그의 영향력 있는 저작인 *After Virtue*(1981), Notre Dame, IN: Notre Dame Press, 1984[『덕의 상실』, 이진우 옮김, 문예출판사, 1997]에서 '성격'을 역할과 인격의 융합물이라 정의한다(p. 28). 다시 말해, 성격 안에는 어떤 사람이 하는 것이 들어 있다. 그것은 그들의 직업, 천직, 혹은 소명일 수도 있고, 전체를 이루는 그들의 근본적인 성향, 욕망, 태도일 수도 있다. 매킨타이어는 '윤리학'의 기초를 형성하는 그리스어 단어와 '도덕성'의 기초를 형성하는 라틴어 단어 양자 모두가 '성격과 관련된'으로 대략적으로 번역될 수 있다는 사실에 주목한다(p. 38).

8) Plato, *Republic*, trans. G. Grube, Indianapolis, IN: Hackett Publishing Company, 1992[『국가·정체』, 박종현 옮김, 서광사, 2005] 참조. 중국 철학자 공자(기원전 551~479)의 작품들은 플라톤보다 앞서 쓰였으며, 덕 윤리학의 영역에서 자주 검토된다. 호메로스(기원전 8세기) 역시 시인으로서 덕 윤리학의 전통에 기여하는 작품들을 썼으나, 덕 윤리학의 입장을 지지하는 철학적 작품의 형식은 아니었다.

덕 윤리학은 근대 초기에는 거의 잊혔다. 그러나 20세기에 마이클 슬로트, 마사 누스바움, 그리고 알래스데어 매킨타이어를 포함한 철학자들은 의무론적 윤리학과 공리주의적 윤리학에 있는 문제점들을 덕 윤리학이 완화시킬 수 있다고 주장하였다.[9] 의무론자와 공리주의자는 옳은 행위에 대해 논의할 수는 있으나, 도대체 어떤 식으로 옳은 결정을 내릴 수 있게 되는지는 말할 수 없는 것처럼 보였다. 의무론적 이론과 공리주의적 이론은 때때로 '행위' 혹은 '규칙' 윤리학이라고 불리는데, 이 이론들이 개별 행위들과 그에 적용되는 보편적 규칙들을 다루기 때문이다. 일반적으로 이 이론들이 다루지 않는 것은 도덕적으로 행위하고 싶어 하는 성격을 창조하는 훈련이다. 의무론과 공리주의는 윤리학적 이론을 **이해하는** 것만으로 충분하다고 암시하는 것 같다. 예를 들어, 가장 많이 알고 있는 사람이 있다면 최선을 행할 것이며, 혹은 행해야만 할 것이다. 그러나 의지의 약함으로 인해 어떤 것이 틀렸다는 것을 알고 있지만 여전히 그걸 하는 경우도 분명히 있다.

게다가 우리가 선이라고 생각하는 어떤 것들이 꼭 모든 환경 속의 사람들에게 선이지는 않다는 점 또한 분명해 보인다. 예를 들어, 경찰관은 사람을 체포할 수 있고, 운송 수단을 압수할 수 있으며, 어떤 상황에서는 살상 무기를 사용할 수도 있다. 그러나 우리는 일반 시민에게 이런 행동을 바라지는 않는다. 궁극적으로 모든 사회적 역할들이 지켜야 하는

9) 매킨타이어의 『덕의 상실』은 근대 세계의 윤리학을 비판하려는 지속적인 시도이다. Martha Nussbaum, *The Fragility of Goodness: Luck and Ethics in Greek Tragedy and Philosophy*, Cambridge: Cambridge Univ. Press, 1986은 덜 논쟁적이며, 인간의 나약함을 존중하는 덕 윤리학이 어떤 모습일지 설명하려 노력한다. Michael Slote, *From Morality to Virtue*, Oxford: Oxford Univ. Press, 1992는 20세기 윤리적 사유에서 덕을 다시 생각해 보려는 움직임을 개괄하고 정당화하려 한다.

어떤 대단히 중요한 규칙들이 있다고 하더라도, 경찰관이 수행하는 특정 역할에 대해서는 약간 특정적인 윤리 규칙이 요구된다. 중요한 것은 경찰관은 그의 역할을 배우기 위한 훈련을 경험하며, 적절한 훈련을 받고, 적절한 성격을 배운 다음에야 원하는 대로 경찰관으로 활동하도록 허용된다는 점이다. 이것이 덕 윤리학의 창시자들인 플라톤과 아리스토텔레스(기원전 384~322)가 단순히 윤리적으로 되는 방식을 **설명**하기보다는 오히려 윤리적으로 되기 위한 **훈련**의 중요성에 주목하면서, 성격을 기르는 것을 강조한 이유이다.

매킨타이어는 자신의 책 『덕의 상실』에서 성격은 우리가 행동하는 방식에 따라 평생에 걸쳐 형성되는 것이라 주장한다. 매킨타이어는 먼저 도덕적으로 행동해야 그다음 도덕성을 배우게 된다고 생각했던 플라톤에 동의한다. 간단히 말해, 우리는 아이에게 윤리를 설명하지 않고, 단순히 안 된다고 말한다. 인간은 나이가 들고 이미 미덕적virtuous 행동을 내면화한 다음에야 비로소 미덕적 혹은 도덕적으로 행동하는 추상적 이유들을 이해할 수 있다. 이 시점에서야 인간은 윤리적 행동에 대한 철학적 사고에 완전히 참여할 수 있게 되고, 의무론자와 결과주의자가 윤리학의 심장이라고 생각하는 윤리적 사고 실험들, 즉 일반 규칙들을 연역해 내고 결과들에 대해 효과적으로 생각하는 일을 수행할 수 있게 된다.

처음에 우리는 잘못 행동했을 때 혼이 나고, 적절하게 행동했을 때 보상을 받음으로써 윤리를 배운다. 만일 우리가 용기와 같은 어떤 특정 미덕을 가르치려 한다면, 먼저 이 성격을 부여받을 사람을 시험해야만 한다. 용기는 위험에 직면하면서 생겨난다. 따라서 어떤 아이가 용감해지기 위해서는 위험과 마주쳐야 한다. 확인해 보니 그 아이가 용기에 대한 본성적 경향을 가지고 있다면, 그 아이는 좋은 군인이나 경찰 지원자가 될 것이다. 그러면 우리는 관대함과 절제를 포함한 다른 미덕들을 추가하면서 기르고자 하는 성격이 천천히 자리 잡도록 용기에 대한 훈련을 증대시킬 것이다.

윤리적인 행동에 대한 경험, 그리고 세계에 대한 전반적인 경험이 없다면 이런 종류의 판단은 잘못 내려지기 쉬우며, 윤리적 사고에 기초해서 지속할 도덕적 성격이 없다면 비효과적인 것이 되기 쉽다. 선한 행동에 대한 바탕 훈련이 없다면 선한 행동에 대한 추상적인 지식의 양만 쌓는 것으로는 전혀 충분하지 않다. 아무리 이론화를 많이 하더라도 행위라는 바탕이 없다면, 미덕virtue 없이 이기적으로 행위하려는 성향이 선해지기 위한 더 나은 방식에 대한 지식을 압도할 것이다.

배트맨은 덕에 기초하여 로빈을 훈련시킬 수 있는가?

배트맨이 로빈을 거두어들였을 때, 그는 로빈에게 슈퍼히어로의 윤리를 단순히 **설명하지** 않는다. 배트맨은 로빈을 **훈련시킨다**. 즉, 예시와 경험을 통해 슈퍼히어로의 방식을 가르친 것이다. 하지만 여전히 이것이 윤리적으로 옳은지에 대한 질문들이 존재한다. 예를 들어, 어떤 사람은 범죄자의 '미덕'을 가르치면서 소년을 도둑으로 훈련시킬 수 있다. 덕 윤리학은 또한 우리가 사용할 훈련법과 만들려고 하는 윤리적 성격을 결정해야 한다고 요구한다. 이를 위해서는 의무론자와 결과주의자처럼 일반 규칙에 의지해야만 할 것이며, 특히 결과주의자처럼 "젊은 사람을 훈련시켜 어떠한 사람이 되기를 원하는가?"와 같은 질문을 던져야 할 것이다.

비록 덕 윤리학이 훈련에 관심을 둔다고 해도 모든 사람이 모든 역할에 대해 훈련을 받을 수는 없다. 누군가가 어떤 미덕들에 대한 타고난 경향성을 보인다면 그러한 미덕들은 연마될 수 있다. 그러나 어떤 미덕들이 크게 부족하다면 그런 미덕들이 필요한 역할을 맡도록 훈련시키는 것이 불가능할 수도 있다. 제이슨 토드의 경우를 생각해 보자. 제이슨은 용기라는 미덕을 가지고 있지만 거칢과 경솔함이라는 악덕들도 가지고 있다. 그는 악당들을 때려잡는 것을 즐기며 배트맨과 자신을 위험에 빠뜨리는 충동적인 판단도 여러 번 내렸다. 제이슨의 윤리적 훈련을 살펴보면, 배트맨은 두 가지 방식에서 실패한 것으로 보인다. 그는 제이슨에게 절제의 미덕을 가르치는 것에 실패했고, 또 이 어린 피보호자의 밑바탕에 깔려 있는 성격을 바꾸는 데에 실패했다.

배트맨은 제이슨 토드를 훈련시킬 때 몇 가지 어려움에 직면했다. 첫째, 토드의 성격은 그가 범죄를 저지르던 시기에 이미 잡혀 있었다. 둘째, 배트맨은 언제나 싸움, 용기, 행동을 취하는 것에 집중했다. 단순히 말해 배트맨은 로빈에게 부드러움, 용기의 절제를 가르칠 준비는 되어 있지 않았다. 아마 이러한 실패들이 결과적으로 제이슨이 조커와의 싸움에 성급히 뛰어들어 죽게 만들었을 것이다. 그리고 이 비극적인 사건은 그 후 계속 배트맨을 괴롭혔다(심지어 최근에 제이슨이 부활한 후에도).

때로는 영웅도 실패한다

하지만 어떻게 했어야 로빈이 구원받을 수 있었을까? 결국 우리의 의도나 우리를 가르친 사람들의 의도가 아무리 선할지라도 도덕적 성격들은 때때로 우리와 어긋날 것이다. 그러나 미덕은 언제나 추구할 만한 가치를 가지고 있다. 예를 들어 배트맨이 강도 높은 단련을 할 때 미덕적인 선택을 하지 않았더라면 결코 배트맨이 될 수 없었을 것이다.[10] 의무론자의 규칙과 결과주의자의 결과에 대한 강조는 도덕적 선택에 도움을 줄 수 있지만, 그들은 마치 도덕성이 단지 옳은 선택의 문제인 것처럼 보이게 만든다. 때로 덕 윤리학은 성격 발달상의 여러 제약들로 인해 최선의 의도로도 도덕적으로 선한 결과를 만들 수 없음을 인정한다. 제이슨 토드가 발견했듯이, 때때로 실패는 도덕적 삶의 어쩔 수 없는 현실이다. 어쩌면 제이슨은 단순히 타고난 경향 혹은 성향이 부족하여 슈퍼히어로의 역할에 안 맞았을 수도 있다(부활한 후 범죄자들을 죽이기로 결심하면서 제이슨이 반反영웅적 인물에 더 가까워진 것은 사실이다). 이 경우 배트맨은 그에게 좀 다른 역할을 맡겼어야 했고, 공교롭게도 배트맨은 제이슨의 슈퍼히어로 훈련을 그의 경력 막바지에 결국 중지시켰다(그때는 이미 **너무** 늦었지만). 어쩌면 제이슨 토드에게는 배트맨이 줄 수 없었던 다른 훈련이 필요했는지도 모른다.

이제 이 장에서 처음 던졌던 질문으로 되돌아갈 수 있다. 로빈을 훈련시키기로 한 배트맨의 결정은 도덕적으로 허용될 수 있는가? 개별적인 윤리적 관점에 기초하여 답하더라도 이 주제의 맥락상 분명해 보이는 것은 배트맨은 그저 그런 의무론자이고, 괜찮은 결과주의자이며, 더 확실한 것은 일종의 덕 윤리학자라는 점이다. 그리고 세상에서 가장 뛰어난 탐정(혹은 철학자)이 존재하지 않는다면 이 문제는 이 정도로 남겨둬야 할 것이다!

10) 배트맨이 되려는 결정에 대한 윤리학에 관해 더 알고 싶으면 마헤시 아난트와 벤 딕슨이 쓴 이 책의 8장 참조.

3장

배트맨의 미덕적 증오

—

스티븐 커슈너

배트맨이 증오하는 것

맞다. 배트맨은 범죄자들을 증오한다. 예를 들어 『배트맨: 다크 나이트 리턴즈』(1986)에서 배트맨은 (살인을 일삼아 고담을 위협하는 10대 갱단의 조직원이었던) 강력한 돌연변이 괴물을 죽일 수 있는 입장에 있었다. 하지만 배트맨은 괴물을 그냥 죽여 버리기보다는 이 괴물을 꺾을 수 있을지 확인하기 위해 괴물과 싸우기로 결심한다. 괴물의 코를 부러뜨렸음에도 배트맨은 전투에서 진다. 부상에서 회복된 후에도 배트맨은 고집스레 그 괴물과 다시 싸우려 한다. 이번에는 양심의 가책을 잊은 채 배트맨은 괴물을 파멸시킨다. 비록 배트맨이 결코 노골적인 기쁨을 얻은 것처럼 보이지는 않지만, 이 경우(그리고 다른 경우들에도) 배트맨은 나쁜 놈들을 압도하고 파멸시키면서 즉각적인 만족감을 얻은 것처럼 보인다.

무엇이 이러한 태도를 설명할 수 있을까? 우선 배트맨은 그의 부모가 살해되는 것을 무력하게 지켜봤던 악몽과 고통스러운 기억에 시달린다(예를 들어 1992년 작품인 『배트맨: 블라인드 저스티스』에서). 또한 그는 집사 알프레드 외에 아무도 없는 외로운 삶을 산다. 물론 배트맨은 고든 경찰국장, 여러 명의 로빈들, 캣우먼 등과도 잘 지내지만 범죄와의 싸움에 집중하지 않는 인간관계는 어색해하는 것 같다. 특히 캣우먼과는 만남과 짧은 관계가 있었음에도(변신을 했을 때와 안 했을 때 모두), 배트맨은 결코 그녀와 삶을 함께하지 않는다. 악인에 대한 배트맨의 증오는 그가 삶에서 여러 아름다운 여자들과 사귈 기회를 평균 이상으로 망쳐 놓는 이유를 부분적으로 설명해 준다. 예를 들어, 줄리 매디슨, 비키 베일, 베스퍼 페어차일드와의 관계는 결코 결혼이나 아이를 갖는 것으로 이어지지 않으며 안정적이지도 않다. 결과적으로, 배트맨의 삶은 다른 사람들에게는 가치 있을지 모르지만 본인에겐 외롭고 불만족스러운 것처럼 보인다.

악덕과 증오

사람이 선한지 악한지를 판단함에 있어 우리는 미덕virtue과 악덕vice이라는 개념을 사용할 수 있으며, 이 개념들은 **덕 윤리학**virtue ethics으로 알려진 도덕철학의 중심부를 형성한다. 덕 윤리학은 한 사람이 어떤 사람이 되어야 하는지에 관심을 두며, 이런 면에서 어떻게 행위해야 하는지에 중점을 두거나(예를 들어, 의무론deontology) 행위의 결과를 어떻게 평가할 것인가에 중점을 두는(예를 들어, 공리주의utilitarianism) 다른 윤리학 학파와는 다르다.

철학자 아리스토텔레스(기원전 384~322)는 덕 윤리학의 가장 유명한 형태를 제시한다.[1] 그가 보기에 덕성moral virtue은 한 사람을 선하게 만들고 그럼으로써 그 사람이 옳은 결정을 내릴 수 있게 해주는 가장 알맞은 성격character 특질이다. 미덕을 행위와 반응이라는 양극단의 중간점이라 생각해 보자. 예를 들어, 어떤 사람이 전쟁에 징집되어 싸워야 하는 상황에 처했을 때, 용기라는 미덕을 가진 사람은 무턱대고 달려들지도(**지나침**의 극단), 겁쟁이처럼 도망치지도(**부족함**의 극단) 않고 꿋꿋이 싸워 나갈 것이다(양극단의 **중간점**). 그 외에 많은 미덕들이 존재하는데, 몇 가지 언급하자면 신중함, 정의로움, 자제력, 상냥함, 자비로움, 너그러움, 참을성 등이 있다. 미덕적인 사람은 도덕적으로 요구되는 일을 하면서 동시에 합리적인 방식으로 적절하고 정확하게 하는 경향이 있으며 이것이 그들을 성장시킨다.

덕 윤리학은 몇 가지 이유로 비판받아 왔다. 첫째, '미덕'이 선한 것을 행하려는 경향이라 정의하면서, 동시에 '선한 것'이란 미덕적인 사람들이 하는 경향이라 정의하는 것은 순환적이라는 비판을 받았다. 둘째, 덕 윤리학은 비현실적이라는 비판을 받아 왔다. 왜냐하면 덕 윤리학은 둘 혹은 그 이상의 미덕들이 충돌할 때는 어떤 지침도 제공하지 않기 때문이다. 예를 들어, 어떤 범죄에 관한 적절한 처벌을 위해 도덕적 결정을 내릴 때마다 정의와 자비는 매번 규칙적으로 충돌하는 경향이 있다. 죄를 뉘우치는 리들러에게 장기 징역형을 선고하는 판사가 정의로운 **동시에** 자비로울 수는 없다. 그리고 덕 윤리학은 판사가 무엇을 해야 할지에 대해선 거의 아무 말도 해주지 않는다(이는 그야말로 수수께끼riddle다!).

하지만 이 두 비판 가운데 어느 것이 성공적인지는 분명하지 않다. 미덕을 선한 것을 행하는 경향이라고 정의할 필요는 없다. 오히려, 미덕은 선한 것을 사랑하고 악한 것을 증오하는 것이라 정의할 수도 있다. 또

---

1) Aristotle, *The Nicomachean Ethics*, trans. J. Welldon, Amherst, NY: Prometheus Books, 1987[『니코마코스 윤리학』, 강상진·김재홍·이창우 옮김, 길, 2011], 특히 Book 2 참조.

한 미덕이 우리의 행위에 대한 지침을 주는 데 별 도움이 되지 않을지라도, 다른 문제들에는 여전히 도움이 될 수 있다. 예를 들어, 미덕은 어떤 사람이 본인이 되고 싶어 하는 바로 그런 사람인지 결정하는 데 도움을 준다. 이러한 의견 차이들에도 불구하고, 덕 윤리학은 의무론과 공리주의와 함께 철학자들이 도덕적 결정을 평가하거나 정당화할 때 사용하는 주요한 윤리적 체계로 어깨를 나란히 하고 있다. 그리고 우리가 배트맨의 증오를 분석할 때 사용할 것도 바로 덕 윤리학이다.[2)]

배트맨이 미덕적인가 아니면 그가 하는 일들이 미덕적인가?

어떤 사람을 미덕적으로(혹은 악덕하게) 만드는 것은 무엇인가에 대한 두 가지 선호되는 이론이 있다. 아리스토텔레스에 따르면 사람 자체는 기본적으로 미덕적이다. 누군가 옳은 일을 하는 경향이 있을 때 [그 사람은] 미덕적이며, 어떤 행위가 미덕적인 사람이라면 할 것 같은 행위일 때에만 [그 행위는] 미덕적이다. 이러한 이론을 '미덕적 사람 이론'Virtuous-Persons Theory이라 부르기로 하자.

예를 들어, 고든 경찰국장이 옳은 일(아내와 자녀를 잘 대하고, 경찰의 과도한 권력 사용을 막는 것 등)을 하려는 경향이 있다면, 그는 미덕적이다. 미덕적 사람 이론에서, 미덕은 사람이 어떻게 행동하는 경향이 있는가라는 질문의 중심에 있다. 『배트맨: 이어 원』(1987)에서 매력적인 여성

2) 덕 윤리학, 의무론, 공리주의, 그리고 다른 윤리학 이론들에 대한 간단한 소개를 보려면 Simon Blackburn, *Ethics: A Very Short Introduction*, Oxford: Oxford Univ. Press, 2003 참조.

경관과 불륜을 저질렀을 때조차도 고든은 죄의식을 느끼고 아내에게 이를 털어놓는다. 이는 아마도 부분적으로는 본인의 결혼 관계를 회복하기 위해서일 것이며 부분적으로는 그 자신이 경찰의 만행이나 부패와 맞서 싸울 수 있기 위해서일 것이다. 이 이론에서는 고든의 행위가 미덕적인 사람이 고든의 입장에서 할 것 같은 행위라면, 그 행위는 미덕적이다.

하지만 미덕적 사람 이론은 몇 가지 우려를 불러일으킨다. 하나는 보통 우리는 누군가를 미덕적인 인물로 만드는 것은 그의 생각이지 행동이나 행동의 경향성이 아니라고 믿는다는 점이다. 예를 들어, 우리는 마비 상태에 빠진 어떤 사람이 비록 행동을 통해 다른 사람에게 영향을 주지는 못하더라도 미덕적이거나 악덕적일 수 있다고 생각한다. 따라서 이 이론은 사람의 마음속 생각이 아니라 행동 혹은 행동의 경향성에 초점을 맞추는 한 부정확하다.

또 다른 우려는 개별 행위는 누가 그 행위를 취하든 간에 미덕적이거나 악덕적일 수 있다는 점이다. 예를 들어 『배트맨: 롱 할로윈』(1988)에서 배트맨과 캣우먼이 진실을 파헤쳤던 마피아 우두머리이자 폭력, 부패, 그리고 죽음의 근원인 카마인 '더 로만' 팔코네를 생각해 보자. 어느 시점에 카마인은 배트맨과 캣우먼의 머리에 백만 달러의 현상금을 걸지만, 그로 인해 결국 팔코네는 죽게 되고 그의 제국도 붕괴된다. 그러나 이런 악한 행위에도 불구하고 팔코네는 아들(하버드 MBA를 다니고 로즈 장학생Rhodes Scholar인)을 진정으로 사랑한다. 그리고 그 자신이 미덕적이지 않다고 해도 이 사랑은 미덕적인 것이다. 나쁜 놈들도 선한 생각과 괜찮은 일들을 할 수 있으며, 이를 반영하기 위한 우리만의 미덕과 악덕 이론이 필요하다.

미덕에 대한 두번째 이론은 사람 자체보다는 사람의 **생각과 행위**가

기본적으로 미덕적(혹은 악덕적)이라고 주장한다. 즉, 누군가가 미덕적인 생각을 하거나 행위를 하는 한에서만 [그는] 미덕적이다. 우리는 이 이론을 '미덕적 생각과 행위 이론'Virtuous-Thoughts-and-Actions Theory이라고 부를 것이다. 이 이론에 따르면 어떤 생각은 그것이 선한 것을 사랑하는 사람(예를 들어 행복하고, 건강하고, 즐거운 삶을 사는 고담 시 거주자들)과 악한 것을 증오하는 사람(예를 들어 조커 혹은 벤트릴로퀴스트 때문에 고통받는 고담 시 거주자들)을 포함할 때 미덕적이다. 누군가가 어떤 일이 일어났을 때 기쁘다면 그는 그 일을 사랑하는 것이며, 그 일이 일어나기를 바라거나 그 일이 일어나도록 자신이 할 수 있는 일을 한다. 그리고 어떤 일이 일어나지 않는 것에 대해 같은 태도를 취한다면 그는 그것을 싫어하는 것이다. 이와 비슷하게, 어떤 사람의 생각이 선한 것을 증오하고 악한 것을 사랑한다면 그 생각은 악덕한 것이다. 이 이론에 따르면 어떤 사람이 많은 악덕한 생각을 한다면, 혹은 미덕적인 생각보다 악덕한 생각을 더욱 많이 한다면 그는 악덕하다.

미덕적 생각과 행위 이론은 매력적이다. 이 이론은 생각과 행위를 소유한 사람에 대한 어떤 것도 파악할 필요 없이 그 사람의 생각 혹은 행위에 대해 판단하게 해준다. 예를 들어, 『이어 원』에서 어린 매춘부가 호객 행위를 잘 못하자 한 포주가 그 매춘부를 거칠게 다루는 장면이 있다. 그의 행동(매춘을 시키고 매춘부를 거칠게 다루는)이 악덕하다는 것을 알기 위해 포주의 동기 외에 그 밖의 어떤 것도 알 필요가 없다. 물론, 이것에 자극받은 배트맨(홍등가를 배회하는 작업 선수로 위장한)은 포주를 도발한 후 팔꿈치로 내려치고 머리에 강력한 발차기를 날린다. 배트맨의 도발은 그가 단지 어린 소녀를 보호하기보다는 매춘업자를 손봐 줄 구실을 찾고 있었음을 보여 준다. 배트맨의 폭력은 그가 가진 악에 대한 증오로부터 나온다.

미덕적 사람 이론과는 달리, 미덕적 생각과 행위 이론은 미덕적인 사람은 선한 것을 사랑하고 악한 것을 싫어하기 때문에 일정한 방식으로 행동하는 경향이 있다고 설명한다. 이 이론에 따르면, 어떤 사람이 미덕적이게 되는지 여부는 그들이 가지고 있는 미덕적인 생각의 수 혹은 미덕적 생각과 악덕한 생각의 비율에 달려 있다. 이것은 우리가 타인에 대해 생각할 때 자주 쓰는 방식과 일치한다. 그렇지 않은가? 우리는 자주 어떤 사람이 미덕적인지 아닌지를 그 사람이 마음속으로 어떤 생각을 하고 있는지에 따라 판단한다. 특히 이 판단은 그가 선한 것을 사랑하고 악한 것을 싫어하는지에 달려 있다.

배트맨의 증오는 미덕적이다

배트맨은 범죄자들을 증오하며 그들이 고통받는 것을 즐긴다. 이런 면이 그가 악하다는 것을 보여 줄지도 모른다. 예를 들어, 포주를 팔꿈치로 내려칠 때 배트맨은 그러한 행위를 지나치게 즐기는 자신을 걱정한다. 하지만 배트맨이 진짜 악덕한가? 혹은 그의 이러한 증오는 실제로 미덕적인 것이 아닐까?

배트맨이 미덕적인지 아닌지는 까다로운 주제이다. 왜냐하면 모든 사람이 선하지는 않으며 모든 고통이 악하지도 않기 때문이다. 예를 들어, 우리는 악한이 고통받는 것은 선한 일이라고 생각하곤 한다. 우리는 사람들이 마땅히 받아야 할 것을 받는 것이 선하다고 생각하며, 악덕한 사람들은 고통받아(혹은 괴로워해) 마땅하다고 생각한다. 미덕적인 사람은 선한 것을 좋아하기 때문에, 악덕한 사람이 고통받는 것을 좋아할지도 모른다. 실제로 미덕적인 사람은 악덕한 사람이 괴로워하기를 **바랄** 수 있으며, 정말 그가 괴로워하면 기쁨을 느낄 수도 있다. 또한 만약 누군가가 고통받기를 바라거나 괴로워하는 것을 보고 기뻐하는 것이 그를 증오하는 것과 **같다면**, 미덕적인 사람도 증오할 수 있다. 배트맨이 바로 그런 경우다.

'응분의 처벌'just desserts이라는 말은, 우리가 배트맨이 고통받는 것은 나쁘다고 생각하는 반면에 부패하고 잔인한 경찰이 고통받는 것은 다르게 생각하는 이유를 설명해 준다. 『이어 원』에서 플래스 형사는 전직 특수부대 출신으로 그가 받은 훈련과 자신의 덩치를 이용해서 그저 길모퉁이를 돌아다닐 뿐인 사람들에게 폭력을 휘두른다. 플래스와 동료 경찰들은 제임스 고든이 뇌물을 받지 않고 부패한 경찰을 허용하지 않는다는 이유로 그를 실제로 두들겨 팬다. 고든은 나중에 공정한 싸움을 위해 플래스에게도 야구방망이를 건네주고, 그를 거의 병원에 실려 갈 정도로 심하게 두들겨 팬다. 고든은 플래스를 발가벗긴 상태로 묶어 놓고 플래스와 다른 부패 경찰들에게 분명한 경고를 전한다.

배트맨처럼 고든도 분명히 뛰어난 싸움꾼이다. 하지만 배트맨과 다른 점은 고든이 경고를 전하기 위해 부당한 처벌을 하거나 사람을 때리는 것을 즐겼는지가 확실하지 않다는 점이다. 우리는 배트맨이라면 아마 플래스를 두들겨 패고 조롱하는 것을 즐겼으리라 상상할 수 있다. 배트맨의 증오는 미덕적인 것이지만, 배트맨의 이 어두운 성격은 아시시의 성 프란체스코Saint Francis of Assisi 그리고 스파이더맨이나 슈퍼맨과 같은 슈퍼히어로들, 즉 미덕적이지만 배트맨처럼 증오에 휩싸이지는 않는 사람들과는 뚜렷이 대비된다.

비판적으로 답해서, 당신은 진정으로 미덕적인 사람은 다른 사람을 증오하지 않는다고 주장할 수 있다. 오히려 증오란 나쁜 것이고, 본질적으로 부정적인 태도이므로 피하는 것이 최선이다. 이것이 참이라면, 두 가지 결론이 도출된다. 먼저 배트맨이 몇몇 사람을 증오하기 때문에 배트맨은 미덕적이지 않거나, 적어도 그가 할 수 있는 것보다는 덜 미덕적이라는 생각이다. 그것도 아니면 배트맨은 미덕적이기 때문에 사람들을 진짜로 증오한 게 아니라고 결론 내릴 수 있다. 배트맨은 범죄자들을 볼 때 군인이 상대편 군인을 바라보는 식으로 볼지도 모른다. 즉, 적으로서는 불구로 만들거나 죽여야 하지만 그들이 사람으로서는 경멸이나 모욕을 당할 만하다고 보지 않는 것이다.

하지만 나는 그러한 비판은 잘못이라 주장한다(나의 비평가들이 그렇게 가정한다고 해서 증오하진 않겠지만!). 악의적으로 타인을 고통스럽게 만드는 사람에 대한 증오(즉, 어떤 것에 대해 부정적인 태도를 갖는 것)는 적절한 태도이다. 긍정적일 수도 혹은 무관심일 수도 있는 다른 관점들은 적절하지 않다. 선한 사람은 의도적으로 다른 사람들을 때리고 독을 먹이고 죽이는 악한들에게 호의를 느껴서는 안 된다. 또는 악한들에게 그런 짓을 하더라도 신경 쓰지 않는다는 것을 무관심을 통해 그냥 내비쳐서도 안 된다. 증오, 혐오, 혹은 경멸 등의 부정적인 태도와 감정은 잘못된 행동에 대해 도덕적으로 옳게 반응하는 방식이며, 따라서 그들은 미덕적인 것이다.

군인과의 유비 또한 악한들에 대한 배트맨의 실제 태도를 잡아내지 못하기 때문에 잘못이다. 배트맨이 범죄자를 평가해 주는 경우는 거의 없으며, 또한 범죄자들의 계획을 좌절시키면서도 결코 후회나 양심의 가책을 표현하지 않는다. 그 행위가 심각한 폭력을 수반하는 경우에도 말이다. 범죄자들은 나라를 위해 싸우는 군인들과는 달리 존경이나 칭찬을 받을 가치가 없고 그저 경멸과 증오를 받는 죄인들일 뿐이다. 그러므로 나라면 배트맨은 정말로 범죄자들을 증오한다고 주장하겠다. 그리고 증오는 그런 인간들에게 가질 수 있는 유일하고 적절한 태도이기 때문에, 증오에도 불구하고가 아니라, 바로 그 증오 **때문에** 배트맨은 미덕적이다.

배트맨의 증오는 자신에게 이익이 되지 않는다

악한에 대한 배트맨의 증오가 미덕적이라고 인정해도, 여전히 배트맨 자신에게는 이익이 되지 않을 수 있다. 증오 때문에 배트맨은 범죄와의 싸움에 그렇게 집중할 수 있지만, 그 결과 배트맨은 한 인간의 삶을 가치 있게 만들어 주는 것, 즉 가족·친구·취미 같은 것에 빠질 수 없다. 예를 들어, 너무도 많은 잔인한 적들을 갖고 있기 때문에, 배트맨은 여성과 얽히는 것은 현명한 일이 아니라고 생각한다. 『이어 원』에서 짐 고든에게 일어난 일을 생각해 보자. 플래스와 그의 무리들은 야구방망이로 고든을 심하게 구타하고 부인을 납치했으며 고든의 아기를 다리 아래로 떨어뜨렸고 불륜을 폭로했다. 하지만 이러한 일들도 브루스 웨인의 정체가 조커와 투페이스 그리고 나머지 악당들에게 알려졌을 때, 브루스가 가족과 친구들에게 일어날 것이라 예상할 수 있는 일에 비하면 아무것도 아니다. 배트맨이 증오에 휩싸여 범죄와 싸우는 것이 고담 시민들에게는 이익이 될지 몰라도, 배트맨의 정신과 감정 상태에는 좋지 않을 것이다.

그렇게 당해도 마땅한 인간들을 목표로 하더라도 증오와 폭력을 배회하는 삶에는 뭔가 부적절한 것이 있다. 아마 이것은 미덕적인 삶이 꼭 좋은 것은 아니라는 말로 가장 잘 설명될 것이다. 확실히 배트맨이 이 경우에 해당한다. 미덕 하나만으로는 성공적인 삶을 보장받지 못한다. 미덕이 의미 있는 관계들, 진정한 믿음, 즐거움 등 한 사람의 삶이 성장하는 데에 필수적인 모든 것을 보장해 주지는 않기 때문이다. 비록 그 증오가 미덕적이더라도 증오로 소모되는 삶을 사는 사람은 기쁨이 덜하거나 사랑하는 배우자나 친구들이 없을 수도 있다. 그리고 이것은 왜 배트맨의 삶이 엉망으로 흘러가는지도 설명해 준다. 배트맨의 음울하고 폭력적인 세계관과 고독함을 보면 그가 바로 이러한 사람인 것 같다.

배트맨의 증오는 비록 본인의 삶은 더 나쁘게 만들더라도 세상을 훨씬 더 좋은 곳으로 만들어 준다. 악당들의 사악한 계획을 막지 않았다면 일어났을 막대한 죽음과 파괴와 비교하면 배트맨의 고통과 고독함은 그 중요성이 덜해 보인다. 예를 들어, 『롱 할로윈』에서 조커는 정체를 알 수 없는 연쇄살인범을 저지하기 위해 12월 31일 밤 고담 광장에 모인 모든 사람에게 가스를 살포하는 계획을 세운다. 조커는 연쇄살인범이 사람들 속에 있을 '확률'이 있다고 판단하지만, 막대한 이차적인 피해에 전혀 관심이 없는 것 같다(운 좋게도 배트맨이 조커를 막는다). 조커가 얼마나 위험한 인물인지 알려 주는 또 다른 예는 『다크 나이트 리턴즈』에 나온다. 조커는 이미 600명을 죽였다고 주장한 후, 한밤의 토크쇼에 조커의 인터뷰를 보러 온 사람들을 가스로 수백 명이나 더 죽인다. 배트맨이 매번 조커를 막는 것은 아니지만 조커를 막을 때마다 그는 많은 생명을 살려 낸다. 그리고 모든 것을 고려해 볼 때 본인의 행복에는 부정적인 영향이 있을지라도 배트맨은 분명히 세상을 더 좋은 곳으로 만든다.

배트맨은 증오를 **멈출** 수 있을까? 배트맨이 그럴 수 있는지는 분명치 않다. 왜냐하면 부모가 살해당하는 것을 지켜본 경험이 범죄와 범죄자에 대한 그의 태도에 큰 영향을 끼쳤기 때문이다. 『다크 나이트 리턴즈』에서 소년인 브루스는 잠들기 전 읽어 주는 책 속의 모든 범죄자를 붙

잡아 처벌해야 된다고 우긴다. 『다크 나이트 리턴즈』의 또 다른 에피소드에서는 단지 꿈일 수도 있지만 어린 브루스가 어떤 구덩이 속으로 떨어진다. 거기서 브루스는 거대한 박쥐에게 죽임을 당하고 그 박쥐는 브루스의 내면에 증오와 잔인함을 심어 준다. 본인의 증오를 제어할 수 없다면 배트맨은 그 증오를 책임질 수 없다. 그러므로 우리는 배트맨이 미덕적인지에 대한 문제와 배트맨을 그렇게 만드는 것, 즉 악에 대한 증오심에 배트맨이 책임이 있는지에 대한 문제를 구분할 수 있다.

균형 부족

우리가 고민하지 않은 한 가지 주제는 선에 대한 사랑과 악에 대한 증오 간의 균형이 성공적인 삶에 필요한가이다. 어떤 사람이 사랑과 증오 사이에서 적절한 균형을 이루고 있다면 그의 삶은 더 행복할지도 모른다.[3] 이런 관점에서 선을 사랑하는 데 지나치게 시간을 쏟는 사람은 우리 삶의 일부인 괴로움과 고통을 잘 잊는 것 같다. 이와 비슷하게, 악을 증오하는 데 지나치게 시간을 쏟는 사람은 삶 속의 수많은 선과 아름다운 것들에 무감각한 것 같다. 배트맨이 범죄와 싸우는 데 쏟는 엄청난 집중력을 생각해 볼 때, 그는 아마 후자의 경우에 속할 것이다. 또한 배트맨의 삶은 고독과 고통스러운 기억들뿐만 아니라, 그의 삶에 가득한 증오에 의해서도 제약을 받는다. 하지만 증오가 없다면 배트맨이 존재할 수 있을까? 증오가 없다면 그는 여전히 같은 다크 나이트일까? 그럴 순 없을 것이다.

---

3) 삶에서 균형이 갖는 중요성에 대해 더 알아보려면 이 책 20장에 있는 편자(Bat-Tzu)와의 인터뷰 참조.

2부

법, 정의 그리고 사회 질서

: 배트맨이 있을 곳은 어디인가?

4장

무인지대

고담 시와 뉴올리언스의 사회 질서

—

브렛 챈들러 패터슨

무인지대: 고담 시와 뉴올리언스

보통의 미국인은 사회 질서를 당연한 것으로 여긴다. 우리는 날마다 사회 제도들(교육, 의료, 정치, 기타 등등)이 별문제 없이 굴러갈 것이라고 여기면서 잠에서 깬다. 비록 사회 제도들이 언제나 우리의 관심을 끄는 것은 아니더라도 말이다. 테러리즘이 약간의 의심을 확대시켰음에도, 전체적으로 대다수 미국인은 여전히 생활이 비교적 평화롭다고 여기며 그것을 즐기고 있다. 하지만 미국조차도 자연재해와 같은 대규모 참사로부터 자유롭지 못하다. 허리케인 카트리나는 이 점을 괴로울 정도로 분명하게 만들었다. 지진, 홍수, 쓰나미, 허리케인, 토네이도, 산사태, 운석 충돌 등 이 세계에는 우리가 제어할 수 없고 두려워하는 여러 힘이 존재한다. 그 두려움이 재난 중 혹은 재난 후에 들이닥칠 때, 사회 질서는 어떻게 되는가? 인간 존재들은 생존을 위한 투쟁 속에서 더 원초적이고 폭력적인 본성에 의지하는가?

이것이 아마도 현재까지 가장 완성도 높은 배트맨 이야기라 할 수 있을 『배트맨: 무인지대』의 주제이며, 이 이야기는 지진이 휩쓸고 간 고담 시의 붕괴된 사회 질서를 그리고 있다.[1] 이 허구적인 이야기가 뉴올리언스 홍수보다 6년 일찍 나왔음에도, 이 이야기와 2005년 8월 29일 카트리나 상륙 이후의 날들에는 기이한 유사성이 있으며, 이 유사성은 카트리나가 아니었으면 과장되었다거나 감상적이라고 외면당했을 이야기에 무게감을 준다. 『무인지대』는 사회 질서의 붕괴에 대한 반응을 폭넓게 다루었으며, 화려하고 다양한 범죄자들이 있음에도 배트맨의 진정한 적은, 그리고 아마도 우리의 적은 무정부 상태anarchy라는 것을 상기시킨다. 이 이야기는 또한 자연 상태에서 인간 존재는 전쟁과 불신에 빠져든다고 주장한 정치철학자 토머스 홉스(1588~1679)를 떠올리게 한다. 사회 질서의 구조가 대규모 재해에 의해 위협받을 때, '자연 상태'는 사회 질서의 대리인이 사회 계약을 회복하기 위한 투쟁에 개입하도록 강요하면서 그 흉한 면모를 다시 드러낸다.

무인지대로 가는 길

1998년에 나온 이야기인 『배트맨: 카타클리즘』에서 도시를 뒤흔든 진도 7.6의 강진으로 인해 고담 시는 하룻밤 사이에 허물어졌다(1996년에 나온 이야기인 『배트맨: 컨테이전』에서 고담 시는 치명적인 바이러스의 창궐로 인해 최근 이미 약해진 상태였다). 지진 이후 고담에 남은 유일한 건물들은 웨인 기업에 의해 보강된 건물들이었다. 그러나 웨인 저택은 파괴되

---

1) 이 이야기들 대부분은 다섯 권의 대형 페이퍼백 『배트맨: 무인지대』 1~5권(1999~2001)에서 수집되었으며, 본문에서는 *NML* 1, *NML* 2 등으로 인용할 것이다. 이야기의 일부분은 이 책들에 없는 내용이지만, 1999~2000년의 여러 배트맨 시리즈에서 찾아볼 수 있다.

었는데 왜냐하면 이 오래된 건물 구조는 보강될 수 없었기 때문이다(아니면 브루스 웨인의 비밀 배트 케이브가 발각되었을지도 모른다). 그로부터 몇 달 후 배트맨과 동료들은 우선 잔해에서 빠져나오는 일과 그다음으로 전체 피해 규모를 파악하는 일에 노력을 쏟아부었다. 『배트맨: 애프터쇼크』와 『배트맨: 무인지대로 가는 길』에서 고담의 지도층은 그들의 산업과 사업을 지탱하던 기반이 파괴된 것을 알고 도시를 버린다. 그들에게는 도시를 재건할 의지나 재력이 없다. 그동안에 도시의 군중들은 다양한 방식으로 공황 상태에 빠지고, 이것은 수백 명을 죽게 만든 다리 붕괴의 요인이 된다. 경찰국장 짐 고든은 평화를 유지하려 노력하지만 결국 그 역시도 다른 도시에서 일자리를 구하려 한다. 고든은 일자리도 못 구하고 나중에 와서야 이 순간이 자신이 나약한 순간임을 깨닫는다.[2)]

「미스터 웨인, 워싱턴에 가다」Mr. Wayne Goes to Washington에서 브루스는 고담 시의 700만 시민의 삶을 변호하며, 연방 정부가 고담을 돕도록 설득함과 동시에 고담을 공격 목표로 삼은 수수께끼 같은 유명인사(악당), 니컬러스 스크래치의 부정적인 말장난에 맞선다.[3)] 그러나 대통령은 피해와 비용이 너무도 막대하기 때문에, 비현실적인 조치지만 고담 시를 나머지 지역과 격리하는 대통령령executive order을 내린다(그리고 의회는 이를 승인한다). 연방 정부는 시민들에게 48시간 이내에 도시를 떠날 것을 명령하고, 그 후 과감한 조치로 나머지 다리를 모두 폭파한 다음 장애

---

2) 이 이야기들은 1998년부터 1999년 사이에 출간된 다수의 호를 아우른다. 『애프터쇼크』는 『배트맨』 555~559호, 『탐정 만화』 722~726호, 『배트맨: 박쥐의 그림자』 75~79호, 『배트맨 연대기』 14호를 포함한다. 『무인지대로 가는 길』은 『배트맨』 560~562호, 『탐정 만화』 727~729호, 『배트맨: 박쥐의 그림자』 80~82호를 포함한다.

3) 『배트맨』 560~562호(1998년 12월~1999년 2월).

물과 군대로 도시를 봉쇄한다. 이때부터 고담은 공식적으로 '무인지대'가 된다.

현실에서는 허리케인 카트리나에 의한 폭풍 해일과 뒤이은 홍수가 2005년 뉴올리언스 피해의 원인이었다. 제방 체계가 무너진 후 도시의 약 80퍼센트가 물에 잠겼다(주로 폰처트레인Pontchartrain 호수의 물임). 많은 피해가 늦은 밤에 일어났는데, 제방이 카트리나로 인한 최악의 상황으로부터 보호해 줄 것이라 믿으며 집에서 쉬고 있던 사람들에게는 놀라움 그 자체였다. 연방 정부는 만화책에 묘사된 것만큼 극단적이지는 않았지만, 전면적인 구출 노력이 시행되기 앞서 며칠 동안의 지체가 있었고 소수의 정치인들은 뉴올리언스를 주위 습지에 넘겨주려는 속셈을 드러냈다.[4] (고담과 달리) 뉴올리언스에 임박한 재앙에 대한 사전 경고가 있은 이후로 이미 몇 가지 비상 대책이 시행 중이었으며, 수천 명이 뉴올리언스 슈퍼돔과 컨벤션 센터에서 피난처를 구하도록 인도되었다. 허구적인 고담처럼 사회 질서가 심각하게 무너지지는 않았지만 많은 혼란이 뒤따랐다.

정의보다는 생존: 악당, 갱 그리고 홉스의 자연 상태

무인지대 선언 당시, 상당수의 사람들이 도시를 떠날 수 없었거나, 떠나지 않는 선택을 했다. 그들은 기술이 남아 있지 않은, 즉 전기와 난방 혹은 에어컨, 석유와 교통수단, 그리고 식료품점과 소매상점이 없는 환경

---

4) Allen Breed, "New Orleans in the Throes of Katrina, and Apocalypse", WWLTV.com, September 2, 2005.

에 자신들이 처했음을 알게 된다. 고담 시는 원초적인 상태로 돌아갔으며 사람들은 예전의 고담이 남긴 잔해를 헤집고 다녔다. (*NML* 1의) 「무법과 새 질서」No Law and a New Order는 싸우는 사람들의 사진을 원하는 파파라치 사진작가를 통해 도시로 떨어진 음식을 두고 싸우는 한 무리의 아이들을 보여 주면서 무인지대를 시작한다. 몇 쪽 뒤에서 스카페이스는 과자 상자를 뒤지는 어린 소년을 총으로 쏜다. 사람들이 가치가 없어진 물건들(최신 전자기기들)을 기본 필수품(배터리가 든 손전등, 신선한 과일과 채소)과 교환함에 따라 우리는 곧 정교한 물물교환 체계가 발전했음을 알게 된다.

우리는 또한 자신을 보호하고 재화를 분배하는 체계를 제공하기 위해 사람들이 갱단을 조직하기 시작했음을 알게 된다. 상징 표기tagging(아주 눈에 띄는 장소에 본인이 속한 갱단의 상징을 스프레이로 그려 넣는 행위)는 도시에서 상대적으로 친밀한 쪽인지 아니면 전적으로 적대적인 쪽인지를 확인하는 데 필수적인 것이 된다. 고담 위기 초기에 배트맨의 주요 악당들(조커, 투페이스, 펭귄, 블랙마스크를 포함한)은 자신들을 아캄 수용소에 가두었던 사회 질서의 붕괴를 기뻐하며 각자 이 혼란 속에서 자신의 영역을 넓혀 간다. 이 기간 동안 브루스 웨인으로서 자신만의 힘든 시기를 겪던 배트맨은 고담 시를 떠나고 민중들의 전반적인 절망 상태는 더욱 심해진다.

이 상황은 홉스가 자신의 정치철학에서 묘사했던 '자연 상태'와 닮아 있다. 『리바이어던』(1651)에서 홉스는 사회를 벗어나면 우리는 서로 투쟁하는 잔인한 존재가 된다고 주장하며 자연 상태에서의 인간성을 다소 어둡게 묘사한다.[5] 그러나 홉스의 이론은 1640년대 영국 내전 당시 국가의 사회 질서가 무너져 내리는 것을 목격한 후, 프랑스에 망명하여 살게 된 그의 경험으로부터 생겨난 것이다. 홉스는 대중을 휘어잡는 집중화된 권력의 가치에 찬성하는 주장을 했다. 그의 견해에 따르면 인간의 삶은 권력을 쟁취하기 위한 경쟁이며, 제한된 수의 물질적 재화들에 대한 투쟁이다. 아무리 고상한 척하더라도 우리는 죽음에 대한 그리고 타인의 권력에 대한 두려움에 의해 동기를 부여받는다. 두려움 때문에 우리는 평화를 추구한다. 예를 들어, 우리는 사회 질서 속에서 자신의 생명을 유지하기 위한 욕망 때문에 사회 계약에 동의한다. 또한 우리는 그 질서를 유지하기 위해 사법 체계에 동의한다. 주권적 권력sovereign power, 즉 '리바이어던'은 그 질서를 유지하며 그 규칙에 기꺼이 복종한 피지배층을 보호한다. 다시 '자연 상태'로 돌아가는 두려움이 피지배층을 규칙에 따르도록 만든다.

일부의 철학자들은 그러한 '자연 상태'가 지금까지 존재했는지에 대해 이의를 제기하지만, 홉스라면 한 국가가 내전 상태에 빠질 때마다 그 국가는 그러한 상태로 되돌아간다며 반박할 것이다. 조지프 콘래드의 『암흑의 핵심』(1899/1902)에서부터 윌리엄 골딩의 『파리 대왕』(1954)에 이르는 20세기의 몇몇 소설과 최신 미국 드라마 〈로스트〉는 모두 '문명'에서 극단적으로 고립된 자연 환경으로 들어가면 인간의 '야생적인' 면이 드러남을 보여 준다.[6] 물론 대규모의 자연 재해에도 이와 같은 가능성이 있다.

---

5) Thomas Hobbes, *Leviathan*(1651), Norton Critical Edition, New York: W. W. Norton, 1996, Book 1, Chapters 10~18[『리바이어던』 전 2권, 진석용 옮김, 나남, 2008].

6) Brett Chandler Patterson, "Of Moths and Men: Paths of Redemption on the Island of Second Chances", Sharon Kaye ed., *Lost and Philosophy: The Island Has Its Reasons*, Malden, MA: Blackwell, 2007 참조.

2005년 뉴올리언스에 홍수가 난 바로 며칠 후 대중매체는 약탈·강간·살인의 가능성, 그리고 흉기를 휘두르는 여러 갱단 사이의 충돌에 대해서 보도하였다. 시체들이 도시 거리에 쓰러져 있고 대중들은 공황 상태에 빠지게 됨에 따라 인종주의·가난·마약에 대한 도시 내부의 긴장이 터져 나왔다. 국가방위군National Guard troops이 주민들을 피난시키고 질서 복구 작업을 시작하고 나자, 그들은 이러한 소문들 중 다수는 근거가 없다는 것을 알게 되었다. 대중매체는 범죄 활동의 정도를, 특히 난민 센터에 대해서는 선정적으로 과장하여 보도했다. 그러므로 고담 시와 정확히 같지는 않지만 뉴올리언스에는 오랜 기간 불신 상태가 있었고, 이 군중들과 멀리 떨어진 장소에서는 더 많은 범죄 활동이 쉽게 이루어졌을 것이다. 일부 경찰들은 실제로 도시를 버리고 떠났고 나중에 이들은 징계를 받았다. 25,000명의 사람들이 5일 동안 슈퍼돔에서 구출을 기다렸다. 나중에 국가방위군은 난민 센터로 오는 사람들을 돌려보냈다. 호텔은 사람들을 길거리로 내몰았고 제퍼슨 패리시Jefferson Parish의 보안관은 교외 지역이 다시 혼란에 빠지지 않을 것임을 강조하며 뉴올리언스 다리the Greater New Orleans Bridge를 난민들 상대로 폐쇄했다. 많은 사람들은 숨어 있던 인종주의가 도시를 떠날 수 없었거나 떠나지 않았던 수천의 사람들을 다루는 방식에 영향을 미쳤다고 주장했다.[7] 또한 복구 작업 첫 주에 가장 먼저 복구된 기관들 중 하나가 임시 감옥이었다는 사실은 주목할 만하다. 홉스의 '자연 상태'는 건재한 것처럼 보였다.

7) Sarah Kaufman, "The Criminalization of New Orleanians in Katrina's Wake", June 11, 2006, http://www.understandingkatrina.ssrc.org 참조.

윌리엄 페티트 대 짐 고든: 정의 추구 과정 속의 폭력성

『무인지대』 이야기에서 진지하게 고민해 볼 주제는 짐 고든과 그의 동료 경찰 윌리엄 페티트 사이의 갈등이다. 그들은 만연한 무정부 상태에 맞서는 방식에 대한 두 가지 전혀 다른 관점을 보여 준다. 고든과 페티트는 같은 편으로 시작한다. 즉, 두 명 모두 고담을 되찾고 경찰에 대한 사회적 신뢰를 회복하려 노력•중이다. 하지만 내용이 전개되면서 점차 페티트와 고든의 근본적인 차이점이 드러난다. 우리는 혼란을 극복하고 주권적 권력을 재건하는 각기 다른 전략을 그들이 대표하고 있음을 알게 된다. 『리바이어던』에서 홉스는 주권이 권력을 부여받게 되는 두 가지 다른 방식에 대해 기술하는데, 하나는 사람들이 지배에 동의하는 것이고('부권적' paternal 권력), 다른 하나는 지배자가 권력을 잡는 것이다('전제적' despotical 권력).[8] 어떤 면에서 고든은 다시 사회 질서를 통제하게 됨과 동시에 정의의 기준을 유지하려 노력하는 부권적 권력이며, 반면에 페티트는 위협과 힘으로 권력을 잡으려 하는 전제적 권력이다.

「무법과 새 질서」에서 고든은 갱단 세력을 약화시키기 위해 사이가 안 좋은 두 갱단의 전쟁을 촉발시킨 후 도덕적 딜레마에 빠져드는 자신을 발견한다. 그러나 페티트는 더 극단적으로 갱단끼리의 전쟁을 확실히 하기 위해 살인을 요청하며, 한 기습 공격으로부터 고든을 구하는 과정 중 기회를 잡는다. 또 다른 심각한 충돌이 같은 주에 일어난다. 고든의 계획이 진행되고 고담 시 경찰GCPD이 갱단들의 지역을 빼앗을 때, 경찰은 포로들을 어디에 수용해야 할지 고민한다. 고든은 그들을 풀어 주기로

---

8) Hobbes, *Leviathan*, Book 2, Chapter 20.

결정하지만, 페티트는 그들이 나중에 더 큰 인원으로 되돌아오는 일이 없도록 위협할 필요가 있다고 주장한다. 그러고는 한 갱단 조직원을 고든이 막기 전에 처형한다. 고든은 그 즉시 페티트를 징계하려 했지만 "내가 잘못했다고 말해 보시지"라는 페티트의 도전적 언행에 본인도 동조자임을 느끼며 아무런 대답도 하지 못한다. 이 시점부터 페티트는 점점 더 폭력에 사로잡히며, 고담의 범죄자들을 다루는 유일한 방법은 그들을 몰살시키는 것이라 주장한다.

고든의 주목적은 가족의 안전을 지키고 도시의 사회 법칙을 재정립하는 것이다. 「일시적 미봉책」Bread and Circuses(*NML* 2)에서 고든은 사회적 신뢰를 다시 얻기 위해 법을 집행하는 과정에서 그가 보여 주어야만 하는 마키아벨리적 교훈을 표현한다.[9] 그러나 고든의 가장 큰 타협은 GCPD를 위해 더 많은 지역을 얻게 되는 권력 게임에서 투페이스와 함께 일한 것이었는데, 결국 이것은 GCPD에 피해로 되돌아온다.

고든과 페티트는 이런 과정 속에서 서로 함께하지만, 「대지의 열매」Fruit of the Earth(*NML* 3)에서 갈등은 전환점에 이른다. 한 갱이 경찰을 위협하는 인질극 상황에 직면했을 때, 고든은 협상을 하려 하지만 페티트는 인질범을 그냥 총으로 쏴 버린다. 고든이 질책하자 페티트는 고든이 무인지대의 위험 상황에 맞설 만큼 강하지 않다고 주장하며 그 자신의 길을 간다. 헌트리스(고담의 여자 영웅들 중 한 명인)는 나중에 페티트에게 대항하며, 그들은 전쟁터의 군인이기 때문에 전략을 바꾸어야 한다고

---

9) Niccolo Machiavelli, *The Prince*(1532), New York: Oxford Univ. Press, 2005[『군주론』, 강정인·김경희 옮김, 까치글방, 2008]. 이 책의 주요 논증의 하나는 통치자는 자신의 사회적 평판을 반드시 알고 있어야 한다는 것이다. 그리고 덕이 있는 것으로는 충분하지 않다. 당신이 통치하는 사람들 역시 당신이 덕이 있다고 보아야 한다.

주장한다. 페티트는 킬러 크록, 투페이스(우연히 투옥되는), 그리고 조커에 대항하기 위해 자주 살상 병력을 요청함에도 이제 이야기의 주변부에 머무른다. 「최종전」End Game(*NML* 5)에서 조커를 극적으로 만나게 되는 장면은 페티트가 끝내 황폐해져 미쳐 버렸음을 보여 준다. 그는 마지막에 자신의 부하(조커가 광대 복장을 입힌) 몇 명을 죽여 버린다.

「법학」Jurisprudence(*NML* 4)에서 투페이스(전직 지방검사 하비 덴트)가 고든을 납치해 고든이 지키기로 맹세한 법을 위반한 죄로 그를 '기소'했을 때, 고든은 문자 그대로 자신의 재판에 직면한다. 하지만 하비 덴트에 대한 연민과 경관 르네 몬토야의 도움으로 고든은 살아남게 된다. 그리고 마지막에 조커가 아내를 살해하는 너무도 괴로운 순간에 이르러 고든은 이 미치광이 광대와 대면하고, 가까이에 있던 배트맨은 고든에게 그의 가치를 희생하지 말 것을 간절히 부탁한다(*NML* 5). 고든은 조커를 죽이지는 않으나 조커가 수감되기 전 그의 무릎을 총으로 쏴 버림으로서 무인지대의 충격의 잔재가 여전히 작동하고 있음을 보여 준다. 며칠 후에 고든은 아내의 죽음을 애도하면서 그들의 노력과 성취가 이런 희생만큼의 가치가 있는 것인지 의심한다.

비폭력적 인도주의자의 증언

다행스럽게도 이 이야기 한가운데에는 평화를 사랑하는 소수의 인도주의자들도 있다. 눈에 띄는 두 명은 선교회를 맡고 있는 가톨릭 성직자 크리스티안 신부와 도시의 많은 부상자를 위해 임시 병원을 지키려고 노력하는 의사인 레슬리 톰킨스 박사(그녀는 브루스 웨인의 죽마고우이자 여성 친구 중 한 명이다)이다. 이들 각각에 대한 이야기는 「신앙의 두려움」Fear of Faith(*NML* 1)과 「영적 유통 재화」Spiritual Currency(*NML* 4)에 나온다. 첫번째 이야기에서 크리스티안 신부는 교회의 잔해를 난민 수용소로 만들고 거주자들에게 음식, 물, 대피소, 그리고 어느 정도의 안전을 제공하려 애쓴다. 그는 도시를 되찾기 위해 폭력을 사용하는 GCPD를 비롯한 그 누구와도 손을 잡으려 하지 않는다. 또한 크리스티안 신부는 헌트리스의 경고에도 불구하고 고담의 악당 중 하나인 스케어크로에게도 자비의 손길을 내민다. 스케어크로는 선교회의 음식 공급을 방해하며, 크리스티안에게 또 다른 악당인 펭귄과 협상하라고 강요한다. 펭귄은 장사꾼으로 도시의 혼란 속에서 번창한 인물이었다. 펭귄은 선교회의 지하에 총기를 보관할 수 있도록 해주는 대가로 크리스티안에게 필요한 보급품을 준다. 별다른 방도가 없음을 느낀 크리스티안은 그 제안을 받아들이나 이 결정은 후에 교회 앞에서 일어난 권력 투쟁을 재촉하며, 여기서 크리스티안 신부 무리는 명백히 GCPD, 헌트리스, 그리고 배트맨의 개입으로 살아남는다. 투쟁의 마지막에 이르러 크리스티안 신부와 그 동료들은 총기들을 고담 항구에 내던져 버리며, 누구도 그 무기들에 손대지 못하게 하려는 완강한 의지를 표현한다.

두번째 이야기에서 레슬리 톰킨스 박사는 본인의 진료소를 난민 수용소로 삼으며, 심지어 유명한 살인마인 갱단 두목 미스터 자즈까지도 수용한다. 헌트리스, 페티트, 배트맨 모두 톰킨스 박사의 결정에 반대하지만 그녀는 자신의 사명은 치유와 평화주의임을 밝힌다. 헌트리스는 톰킨스 박사에게 배트맨이 그녀를 보호해 주는 한 그런 입장을 취하는 것은 쉽다고 말한다. 그리고 이 이야기에서 실제로 나중에 자즈가 깨어났을 때 주위에 배트맨이 없는 상황이 발생한다. 톰킨스 박사는 죽을 수도 있다는 생각에 직면하지만 자즈 내면의 동정심에 호소함과 동시에 자신이 물리적으로 저항하지 않을 것이라 밝힌다. 친구를 죽였다는 이유로 자즈를 찾던 킬러 크록은 자즈가 톰킨스 박사를 해치기 전에 그를 붙잡는다. 그때 결국 배트맨이 도착하여 크록을 쫓아내고 자즈를 블랙게이트 감옥에 가둔다. 이전에 톰킨스 박사가 자신의 방식을 비난했었기에, 배트맨은 폭력을 사용한 것을 그녀에게 사과한다. 톰킨스는 배트맨이 도시의 평화를 위해 일한다면, 배트맨 내면의 평화를 위해 그가 하는 일을 돕겠다고 약속한다.

이 이야기 모두 갱들의 활동, 그리고 권력을 노리는 다양한 아캄 탈옥수들의 과도한 폭력·경쟁·증오와는 완전한 대조를 이룬다. 비록 배트맨과 짐 고든 같은 다른 사람들이 이런 개인들을 보호하는 일을 도와주지만, 크리스티안과 톰킨스는 자신의 인도주의와 평화주의가 가져올 결과에 맞설 준비가 되어 있으며, 심지어 다른 사람들을 위해 그들 자신을 희생할 수도 있다. 『리바이어던』(3부)에서 홉스는 종교 조직은 충성심의 분열을 막기 위해 주권적 권력에 복종해야 하며, 그렇게 함으로써 평화가 유지될 수 있다고 주장한다. 교회 권력자들은 주권적 지배의 우월성을 받아들여야 한다. 그러지 않으면 교회는 주권에 의해 유지되는 안정적 사회 질서의 토대를 훼손할 것이다.

하지만 오늘날 H. 리처드 니버, 존 하워드 요더, 스탠리 하우어워스를 잇는 기독교 신학자들이라면 이러한 종속 관계에 강하게 반대할 것이다. 이 신학자들은 교회의 독특한 사회적 성격에 대해 주장해 왔다. 예를 들어 기독교 공동체의 믿음과 관습은 교회를 다른 공동체들과 구분 짓는다. 신에 대한 사명은 한 사람의 인생에서 다른 모든 측면의 가치가 지향하는 중심 활동이 되어야 한다. 기독교인들은 세속의 군주에 봉사할 수는 있지만, 최우선적 충성심은 교회 공동체를 통해 신을 향하고 있다.

이러한 신학자들은 홉스의 이신론적인deist '멀리 있는 신'이라는 관점과는 달리, 신은 교회의 정치학이 보여 주는 새로운 질서를 통해 세상에서 일하시고 있다고 믿는다.[10)]

크리스티안 신부는 짐 고든이나 배트맨과 존중하는 관계임에도 그들이 폭력적인 방식으로 재구축하려는 사회 질서에 복종하기를 거부한다. 난민들에 대한 걱정으로 펭귄과의 협상에 타협하지만, 그는 나중에 고담 만灣에 총기들을 버림으로써 교회의 가치관을 거듭 주장한다. 톰킨스 박사가 자신을 기독교인으로 여겼는지는 분명하지 않지만, 그녀 역시도 배트맨의 폭력적인 방식을 비난하며, 평화주의자로서 강압적인 수단을 통해 도시를 되찾으려는 고든과 배트맨의 노력에 참여하기를 거부한다. 배트맨과 고든(그리고 다른 사람들)에게는 크리스티안 신부와 톰킨스 박사가 제공하는 그런 모범들이 필요하다. 그런 모범들이 없다면 그들 역시 윌리엄 페티트와 마찬가지로 광기 속으로 빠져들 것이다.

마찬가지로 뉴올리언스에서 나오는 대부분의 뉴스들이 혼란 상태에 초점을 맞춘 듯 보였지만, 뉴올리언스에도 영웅적 행위와 인도주의적 원조가 있었다. 성직자들은 신자들에게 희망을 주려 노력하였고, 의사들은 어려운 상황에서도 환자들의 생명을 지키려 노력하였다.[11)] 다수의 구

---

10) Stanley Hauerwas, *Peaceable Kingdom*, Notre Dame, IN: Univ. of Notre Dame Press, 1983; H. Richard Niebuhr, *Meaning of Revelation*(1941), New York: Collier Books, 1960; John Howard Yoder, *The Politics of Jesus*(1972), Grand Rapids, MI: William B. Eerdmans, 1992 참조. 홉스의 정치철학은 그렇게 신을 세속의 정치에서 제거했기 때문에, 왜 홉스 사상의 많은 지지자들이 이 주제에서 무신론적인 성향을 발견하는지 쉽게 알 수 있다. 홉스 자신이 이러한 관련성을 부정했음에도 말이다.

11) Chris Carroll, "Hope in Hell: From the Gulf Coast to Uganda–The Reach of Humanitarian Aid", *National Geographic*, December 2005, http://www7.nationalgeographic.com/ngm/0512/feature1/index.html.

조원들조차 도시에 갇혀 버렸다. 임시 거처를 만들고, 약탈했던 물과 음식도 나누고, 노인과 아픈 사람들에게 편의 시설을 제공하면서 일반 시민들도 도움의 손길을 내밀자, 그들 역시 영웅이 되었다. 그들의 영웅적 행동은 다른 사람들에게 영감을 주었다. 여러 인도주의적 기구들도 폐허를 좇아 뉴올리언스로 진출했다. 행정 당국과도 우호적인 관계 속에서 일했지만 구호 단체들 중 많은 수는 자발적으로 동원된 것이었다. 뉴올리언스는 그들의 확실한 기여를 필요로 했다.

"여기는 나의 도시야": 배트맨과 질서의 회복

우리는 마침내 「셸게임」Shellgame(*NML* 5)에서 렉스 루터가 재빠른 정치적 행보로 고담 시에 들어왔을 때 무인지대의 마지막으로 이끄는 사건을 목격한다. 그는 지진이 일어나는 동안 죽은 많은 사람들의 땅을, 그리고 본인의 행보를 막을 만한 자원이 부족한 사람들의 땅을 손에 넣으려 한다. 대중들에게 루터는 단지 고담이 쇠락에서 벗어나는 데 필요한 돈과 전국적인 관심을 가져다준 사람으로 보인다. 배트맨은 루터와 두 번(한 번은 그가 도착한 지 얼마 되지 않아, 또 한 번은 루터의 비리를 저지한 후) 마주쳤으며, 매번 고담은 **자신의** 도시이지 루터의 도시가 아님을 강조한다.

『무인지대』의 첫 부분에서 여러 인물들이 이러한 주장에 의문을 제기했는데, 기이하게도 배트맨을 어디에서도 발견할 수 없었기 때문이다. 배트맨은 도시가 고립된 지 3개월이 지난 후에야 마침내 등장해서, 범죄자들을 위협하는 데에 이용하는 신화적 이미지를 다시 구축함과 동시에 새로운 환경에 맞추어 자신의 방식을 수정해야 한다는 사실을 발견한다.

결국 배트맨은 사람들이 자신을 보호하고 재화를 공정하게 분배하는 일을 도와주는 지도자(주권)에 대한 충성심이 없으면 어찌할 바 모른다는 사실을 인정하고, 갱단 체계 내부에서 일하는 법을 익힌다. 배트맨은 자비롭기는 하지만 사실상 갱단의 두목이 된다. 또한 배트맨은 펭귄이나 포이즌 아이비 같은 다양한 아캄 거주자들이 도시의 더 큰 선을 위해서 기여하는 한, 그들이 (아캄에서 탈출하자마자) 스스로 선택했던 역할과 비슷한 역할을 새 질서 안에서 유지하는 것을 허용한다. 고담은 심각한 피해를 입었고, 배트맨은 (잘 먹히지 않는 슈퍼맨의 성급한 처방과 대조되는) 장기 계획에 돌입하며,[12] 마침내 고든과 GCPD뿐만 아니라 오러클, 헌트리스, 새로운 배트걸(커샌드라 케인), 로빈, 나이트윙, 아즈라엘, 알프레드, 톰킨스 박사 등 자신의 친구와 동료 대부분을 합류시킨다. 도시의 치유, 그리고 지진에 앞서 존재했던 법과 질서의 회복을 위해서는 먼 길을 가야 한다.

배트맨의 궁극적인 목적은 질서의 재구축이다. 그러므로 처음 몇 달 동안 나타나지 않은 배트맨에게 배신감을 느끼고 먼저 거리를 두었던 짐 고든과 화해하는 것이 대단히 중요하다. 고든과의 지속적인 관계는 배트맨이 자신만의 법을 따르는, 고립된 자경단이 아니라는 사실을 강조해서 보여 준다. 배트맨은 사회 정의를 떠받치려 노력하며, 그 목적을 위해 고든과 긴밀히 협력하고 GCPD와도 껄끄럽게 지내기보다는 더 어울리려 한다. 배트맨은 또한 살인에 반대한다는 규칙을 가지고 있다. 게다가 더 폭력적인 방식을 행하는 헌트리스를 질책하는 그와 페티트에게 징계를 내린 고든은 아주 유사하기도 하다(그러나 결국 헌트리스는 명예

12) *NML* 3에 있는 「방문자」(Visitor) 참조.

를 회복하고 페티트가 광란에 빠지는 것을 목격한다).

탐정으로서 배트맨은 사회 질서에 반하는 범죄 행위들을 캐낸다. 또한 갱단 두목으로서는 낮 동안 거리를 거닐며 어려운 환경에서 어쩔 줄 모르는 시민들에게 규칙과 체계를 제공하기 위한 공물을 요구한다. 배트맨은 사람들이 더 공정한 방식으로 힘을 합쳐 자원을 나누는 것을 도우며, 이것은 펭귄, 미스터 프리즈, 투페이스 등의 착취적 방식과는 대조적이다. 새로운 질서를 세우기 위해서 배트맨은 먼저 그들의 압제적 체계를 해체해야 했고, 이것은 결국 고든과 GCPD가 하는 일과도 일치한다. 이 일은 장기적인 과정으로, 무인지대에서는 오랫동안 배트 패밀리Bat-family의 거리 활동이 있었으며, 또한 전환점이 된 대통령령 철회 때에는 렉스 루터와 브루스 웨인의 돈과 의지도 있었다. 고담 시의 재건은 많은 희생을 포함한 복잡한 과정이다.

수년 뒤, 현실 세계의 뉴올리언스는 여전히 재건 중이다. 많은 사람들이 아직도 임시 숙소에서 살고 있으며, 더 가난한 이웃 주민들이 사는 넓은 구역은 버려진 집들로 가득하다. 각각의 추모 행사 때마다 국가적인 관심이 다시 폐허로 쏠리지만, 그러고 나서 다른 뉴스들 틈 속에서 이 이야기는 서서히 잊힌다. 뉴올리언스 주민들도 재건 작업이 계속되고 있다는 것을 알고 있다. 게다가 아직도 해야 할 일들이 많이 남아 있다. 그들에게는 도시를 벼랑에서 구해 줄 뛰어난 계획을 소유한 배트맨과 같은 인물은 없지만, 정부 지원, 국가방위군, 경찰, 그리고 구조를 위해 오는 모든 유형의 자원봉사자들이 있다. 후속 조치가 충분히 취해졌는지에 대해서는 여전히 뜨거운 논쟁이 진행 중이다. 실로 엄청난 피해였고 많은 사람들이 아직도 고통받고 있다.

얇은 장막

황폐해진 고담 시와 물에 잠긴 뉴올리언스의 이야기들은 혼란스러운 교훈을 남긴다. 우리는 다른 공동체에 속해 있지만 우리도 무정부 상태에 얼마나 쉽게 빠질 수 있을지 궁금하다. 다시 말해 이 질서라는 얇은 장막이 벗겨지는 데 필요한 것은 무엇일까? 하지만 또 한편으로 우리는 극단적 위험에 직면해 사람들이 힘을 합치는 영웅적 이야기를 듣는다. 배트맨의 궁극적인 적은 혼란이다. 즉, 무정부 상태가 지배하는, 불구가 된 고담 시에서 아캄의 정신이상 범죄자들은 축배를 들었다. 배트맨의 성전은 이런 범죄자들뿐만 아니라, 그들이 상징하는 더 중요한 것을 향해 있다. 우리는 종종 사회 질서를 당연한 것으로 여기지만, 그 질서가 무너진다면 살아남을 수 있을지에 대한 뿌리 깊은 두려움도 갖고 있다. 비록 의심스러운 자경단의 세계에서 활동하지만 배트맨은 사회 질서의 수호자로서 등장한다. 독자들이 표현을 했건 안 했건 간에, 1939년 이래로 배트맨의 이런 이미지는 독자들에게 반향을 얻었다. 그리고 카트리나 규모의 재앙에 계속 직면하게 되었을 때, 이런 이미지는 오늘날 혼란을 막기 위한 싸움에 귀 기울이는 사람들에게 여전히 용기를 줄 수 있는 부분이다. 바라건대 이러한 시련의 순간들 속에서 우리는 우리만의 영웅들을, 다시 말해 그런 도전에 맞설 보통 사람들을 만나게 될 것이다.

5장

고담을 통치하기

—

토니 스파나코스

도대체 세상이 어떻게 돌아가는 거야?
박쥐처럼 차려입은 한 인간이 내 모든 언론을 뒤덮다니.
이 도시는 청소기가 필요한 것 같군!
— 조커, 1989년 영화 〈배트맨〉에서

고담 시가 내게 강요한 것

괴상한 악당들을 물리치고 신기한 무기들을 사용하는 것, 그리고 우리가 읽은 장면에 '콰쾅'Ka-Pows을 남기는 것은 매우 인상적이다. 하지만 배트맨에 관해 가장 흥미로운 점은 애초에 어떻게 그리고 왜 그가 타이츠를 입고 밤을 배회하게 되었는가 하는 것이다. 배트맨의 기원에 대한 이야기는 여러 차례 그리고 여러 방식으로 반복되었지만, 그것은 언제나 부모의 살해를 목격한 어린아이가 결국 자라서 범죄와 싸우는 박쥐가 된다는 것에 초점을 맞추고 있다.

배트맨의 행위와 동기에 대한 분석은 대부분(영화 〈배트맨 비긴즈〉[2005]를 포함) 부모가 살해당하는 것을 목격한 그 사건이 브루스 웨인/배트맨에게 준 심리적 충격에 초점을 맞춘다. 이 장에서 우리는 이와는 다른 접근을 취할 것이며, 고담, 특히 고담의 통치가 배트맨의 불안의 원천이라 주장할 것이다. 토머스 웨인과 마사 웨인은 정부가 법과 질서를 유지할 능력이 없었기 때문에 살해당했고, 이에 대한 브루스 웨인의 대응은 범죄와 싸우는 배트맨이 되어 그의 도시에 결여된 질서를 바로잡는 것이었다. 극단적이기는 해도 이러한 반응이 특별하지는 않다. 배트맨 시리즈에 나오는 거의 모든 주요 인물이 너무 약하거나 너무 강경한 것으로 인식되는 정부에 대항한다. 배트맨과 짐 고든은 공공 안전에 대해 좀더 미묘한 시각을 가지고 있는데, 그들은 정부는 지지하지만 안전 분야에서 정부가 독점적 권한을 갖는 것에는 반대한다. 이것은 정치적 지배의 불안정한 본성을 드러내며 또한 배트맨이(그리고 때때로 고든도) 정부와 그런 문제가 많은 관계를 갖게 된 이유를 설명해 준다.

역겨운 배지가 필요한가?: 합법성과 폭력

"날아가는 총알보다 빠르고, 기관차보다 강력하며, 단 한 번의 도약으로 높은 빌딩을 뛰어넘을 수 있는……" 이런저런 능력 때문에 슈퍼맨은 항상 더 큰 선, 정의, 그리고 미국적 방식the American way에 도움이 되었다. 슈퍼맨은 다른 행성에서 온 고아지만, 자신을 길러 준 나라에 대한 충성심은 의심의 여지가 없다. 슈퍼맨은 더 큰 선과 약 70년 전에 자신이 끌렸던 좋은 시민/군인과 같은 미국적 방식을 동일시한다. 입양된 나라에 대한 사랑 때문에 슈퍼맨은 정부의 권위를 인정하고, 정부는 보답으로 슈퍼맨이 정부를 대신하여 활동할 수 있는 권한을 준다. 『배트맨: 다크 나이트 리턴즈』(1986. 이제부터 *DKR*로 쓴다)에서 슈퍼맨이 고담 시를 핵미사일로부터 구할 때, 그가 정부의 대리인이기 때문에 그의 무력 사용은 인가받은, 그러므로 '합법적인' 활동이다. 그러나 범죄를 줄이려는 배트맨의 활동은 인가받은 것도 아니고 합법적이지도 않다.

이는 흥미로운 긴장감을 낳으며, 이 긴장감이 바로 프랭크 밀러가 *DKR*에서 탐구하는 주제이다. 밀러의 슈퍼맨은 인간 그리고 그들의 정부와 잘 지내기로 결심한 엄친아golden boy이다. 슈퍼맨은 브루스 웨인의 명언인 "**분명** 우리는 범죄자다.…… 우리는 언제나 범죄자인 채로 **있었다**. 우리는 범죄자**여야만 한다**"는 말을 이해하는 데에 어려움을 겪는다. 브루스는 슈퍼맨의 친구이지만 질서·범죄·세계를 매우 다르게 이해한다. 서로의 우정에도 불구하고, 슈퍼맨은 정부와 배트맨 사이의 대립이 분명할 때 누구를 지지할지 의심하지 않는다. 슈퍼맨은 우선 브루스에게 솔직하게 다음과 같이 경고한다. "브루스, 말하자면 이런 거야. 조만간 누군가가 너를 잡아 오라고 나에게 명령을 내릴 거다. 권한을 가진 누군가가 말이지." 나중에 슈퍼맨은 정부의 대리인으로서 배트맨을 죽인다(혹은 죽였다고 생각한다).

독일 사회학자 막스 베버(1864~1920)는 국가를 주어진 영역 내에서 합법적인 강제의 행사라는 독점 권한을 가진 **유일한** 기관이라고 정의한다. 경찰과 군을 통해 국가[정부]는(그리고 국가만이) 권한을 집행한다. 국가 소속이 아닌 관계자들(테러리스트, 혁명가, 범죄자, 자경단)의 폭력이 발생하기도 하고, 심지어는 그런 행위가 상황에 따라 이해될 수는 있어도 절대로 합법적인 것이 될 수는 없다. 대부분의 슈퍼히어로들은 체제 전복적인 역할을 하는데(의도하지 않았더라도), 그들 중 공공질서를 지키기 위해 강제력을 행사할 수 있는 정부의 공식적인 허가나 임명을 받은 자들은 거의 없기 때문이다(제2차 세계대전이나 냉전시대 동안은 예외이다. 캡틴 아메리카와 저스티스 소사이어티 같은 영웅들은 미국 정부와 협력해 나치, 소련군, 은하계에서 온 외계인, 요괴 등을 무찌른다).[1] 게다가 배

---

1) 이 주제에 대한 보다 최근의 논의를 알고 싶다면, 최근의 크로스오버 사건들인 '초인들 간의 전쟁'(Civil War)과 '친정부 슈퍼히어로 집단'(The Initiative)에서 '초인 등록 법안'(Super-

트맨은 그 중에서도 체제 전복적이며, 특히 '다크 나이트' 시절(가장 초기의 이야기들, 그리고 1986년 이후 또다시)에 그랬다. 왜냐하면 질서와 선에 대한 그의 개념은 정부를 넘어서는 것이기 때문이다. 배트맨이 사용하는 폭력은 정부와의 협력하에 이루어지는 것이 아니라 별개로 이루어지는 것이다. 폭력의 합법적인 사용 권한을 독점하고 있는 정부에 대한 배트맨의 이러한 도전은 배트맨을 슈퍼맨과 엘런 인델 국장과는 대조적인 인물로 묘사한 밀러의 작품에서 가장 명백히 나타난다.

*DKR*에서 배트맨의 귀환은 고담 시에서 폭력적인 범죄가 일어나는 때와 시기를 같이한다(우연의 일치인지 밀러의 작품은 뉴욕의 범죄가 최절정이던 1986년에 처음으로 나왔고, 뉴욕은 고담 시의 모델이었다). 고담 시장은 득표에 집착하는 나약한 정치인으로 묘사되며 한 보좌관에 의해 강요되기 전까지 배트맨의 활동에 대해 어떠한 입장도 보이지 않는다. 은퇴하는 고든 경찰국장의 후임을 정해야 할 시기가 왔을 때 시장은 엘런 인델을 선택한다. 인델은 시카고에 있을 때 범죄와의 싸움에서 화려하고 성공적인 경력을 쌓았지만, 시카고는 고담이 아니다. 인델은 고담 시를 이해할 수 없었고, 그것이 그녀와 고든, 배트맨의 관계의 밑바탕을 이룬다. 인델은 사실상의 무정부 상태를 떠맡았다는 사실을 정확히 깨닫는다. 하지만 질서를 부여하기 위한 그녀의 노력은 배트맨을 자경단원, 말 그대로 범죄자로 보는, 법에 대한 '흑백 논리'에 의존해 있다. 인델은 자신의 입장을 다음과 같이 정당화한다. "고담에 범죄가 만연하고 있지만, 우리가 활용할 수 있는 유일한 수단은 법의 집행뿐이라 믿습니다.

---

human Registration Act)이 마블 슈퍼히어로 공동체에 어떻게 영향을 미쳤는지를 보라. 이 참고 자료를 제시해 준 마크 D. 화이트에게 감사드린다.

어떤 자경단의 활동에도 협력하지 않을 겁니다. 그러므로 나는 여러분의 경찰국장으로서 배트맨에 대한 체포 명령을 내리며, 그의 혐의는 무단침입, 공갈폭행, 공공위해 유발 등입니다."

만화책 팬들은 이러한 결정에 충격을 받을지도 모르지만, 이는 '법과 질서'에 기초한 자신을 자랑스럽게 여기는 정부의 대리인에게는 매우 합리적인 반응이다. 독자와 팬의 입장에서 우리의 문제는 법과 질서가 완벽하게 맞물려 돌아가지 않는다는 사실을 우리 자신이 알고 있다는 점이다. 때로는 너무도 질서가 없는 상태라 법이 제대로 기능을 못할 때가 있으며, 이것이 애초에 우리에게 배트맨이 필요했던 이유이다. 하지만 적어도 *DKR*이 끝날 때까지 인델은 이러한 사실을 깨닫지 못하는데, 그녀는 정부를 법과 질서가 이루어지는 유일한 곳으로 이해하기 때문이다. 오로지 정부만이 합법적으로 법을 집행하고 그 과정에서 폭력을 사용할 수 있다면, 논리적으로 다른 폭력들은 비합법적이고 범죄일 뿐이며, 이것은 결과의 좋음과는 상관이 없다. 결국, 배트맨으로 인해 고담이 더 안전해지더라도 이것은 더 이상 '질서 있는' 상황이 아니다. 그것은 한 개인이 합법적으로 폭력을 행사할 수 있다는 생각을 명시적으로 받아들이는 것이기 때문이다. 이런 생각은 배트맨보다 능력이 떨어지는, 수상한 동기를 가진 모방범들에게도 같은 가능성을 열어 줄 것이다(*DKR*이 '배트맨의 아이들'sons of Batman을 통해 보여 주었듯).

크라임앨리부터 신시티까지: 홉스와 고담

홀로 서 있는 가로등 밑, 부모인 토머스와 마사의 시체 사이에서 어린 브루스 웨인은 크라임앨리Crime Alley에서 누군가가 질서를 집행해야 함을 깨닫는다. 우리처럼 어린 브루스도 정부가 질서를 유지하고, 개인들, 그리고 그들의 억제되지 않은 이익 추구로 인한 범죄 요소를 막을 것이라 여겼다. 하지만 단순한 강도질에서 두 명의 살인으로 끝나 버린 사건이 모든 것을 바꾸어 놓는다. 배트맨은 정부가 공공 안전 유지라는 가장 기본적인 책임에 실패한, 그리고 시민과 정부 사이의 '사회 계약'이 무엇보다 필요한 어떤 도시에서 태어난다. 고담에서의 삶은 무섭고, 보잘것없으며, 비천하다. 게다가 위험 상황은 모든 곳에 잠복해 있다. 물론 정부가 모든 범죄를 막을 수는 없지만, 브루스는 고담 시 정부가 스스로 질서를 보장할 수 없다는 사실을 알고 있다. 1987년의 『배트맨: 이어 원』에서 밀러는 배트맨의 기원을 재구성한다. 이 이야기는 기차로 고담 시에 도착한 고든 경위와 비행기로 고담 시에 돌아온 브루스 웨인이 등장하는 장면에서 시작한다. 두 사람 모두 자신이 정부가 범죄에 대한 통제력을 상실해 버린, 몰락한 도시로 들어가고 있다는 것을 알고 있으며, 이 문제를 해결하는 것이 그들의 개인적인 도전 과제가 된다. 『이어 원』의 이야기가 진행되면서 두 사람은 어떻게 자신의 개인적인 노력이 상대방의 협력을 필요로 하는지, 때때로 정부를 무시하거나 심지어 도전하는 것이 필요한지 배울 것이다.

질서를 집행할 정부가 없다면, 인생은 "고독하고, 가난하고, 추잡하고, 야만적이며, 짧다". 이것이 바로 토머스 홉스(1588~1679)가 영국에서 거의 10년간 지속된 내전이 끝난 뒤 얼마 안 되어 출간한 『리바이어던』에서 한 주장이다.[2] 홉스는 정부[국가]가 있기 전의 어떤 세계를 상상했

---

2) Thomas Hobbes, *Leviathan*(1651), New York: Penguin Books, 1985, xiii[『리바이어던』 전 2권, 진석용 옮김, 나남, 2008].

다. 그 세계에서 인간들은 무한한 자유를 가지고 있지만 그들은 정념에 의해 인도되기 때문에 자유는 곧 방종이 되고, 자연 상태는 만인에 대한 만인의 투쟁이 된다. 그다음에는 질서도, 정의의 가능성도 존재하지 않는다. 이런 상태는 너무도 가혹해서 인간은 질서가 확립될 수 있도록 사실상 그의 모든 자유를 군주에게 양도한다. 홉스에 따르면 이것이 정부[국가]의 기원이다.

대부분의 배트맨 이야기는 통제 불능의 고담, 즉 사회가 홉스적인 무질서 상태로 몰락한 고담에서 시작한다. 배트맨 시리즈의 여러 인물들은 정부의 몰락이 어떻게 무질서를 허용하는지, 그들 각자가 이를 어떻게 이겨 내거나 부당하게 이용하는지에 대한 통찰을 준다. 예를 들어, 『이어 원』에서 고든이 고담 시에 도착했을 때, 플래스 형사가 그를 맞이한다. 플래스는 뇌물로 사는 태평한 경찰로 고든을 경찰국장 질리언 롭에게 데려간다. 롭은 경찰을 시의 권력층, 정치인, 마약 거래상을 위한 비밀 보호 조직으로 운영하고 있다. 고든이 어떤 목사가 주는 뇌물을 거절했을 때, 플래스와 몇몇 다른 경찰이 변장을 하고 뛰어들어 고든을 구타한다. 나중에 고든은 플래스에게 복수를 하며 자신에게 고담 시의 경찰이 된다는 것의 의미를 가르쳐 준 것에 고마움을 표한다. 배트맨이 처음 등장했을 때 고든은 배트맨을 잡기 위해 함정을 설치하지만 경찰국장은 고든에게 배트맨과 관련해서 신경 쓸 필요가 없다고 말한다. 어쨌든 배트맨은 거리의 범죄를 줄여 주고 있으며, 이는 롭의 돈벌이를 방해하는 것이 아니기 때문이다. 배트맨이 고담 시 고위층(롭을 포함한)의 개인적인 저녁 식사 자리를 급습하여 그들을 위협한 후에야 롭은 배트맨의 체포를 최우선 과제로 삼는다.

롭의 정부는 질서를 확립하기보다는 질서를 타락시킨다. 그 영향은 너무도 광범위해서 고든조차도 영향을 받는다. 개인적으로 고든은 임신한 아내 바버라를 속이고 동료 경찰인 세라 에센 경위와 바람을 피운다. 직업적으로는, 특히 배트맨에 대해 더 많은 부분을 알게 된 후, 고든은 이해할 수 없는 어떤 명령 때문에 갈등을 겪는다. 고든은 바버라가 잠들어 있는 침대 위에 등을 구부리고 앉아 자신의 손에 있는 권총을 바라본다. 그러고는 생각한다.

> 배트맨에 대해 이런 생각을 하면 안 되겠지만…… 그는 범죄자고 나는 경찰이다. 그게 전부다. 하지만 나는 시장과 경찰국장이 경찰을 청부살인자로 이용하는 도시의 경찰일 뿐이다. 배트맨은 그 나이 든 여인을 구했다. 그리고 고양이도 구했다. 심지어 그는 그 옷에 대한 비용도 지불했다. 내 손 안에 있는 이 쇳덩이가 어느 때보다 무겁게 느껴진다.

*DKR*에서의 슈퍼맨과 인델처럼, 『이어 원』에서 롭과 그의 부하들은 고담 시에 질서를 부여한다. 하지만 슈퍼맨과 인델과는 달리 롭 일당의 의도는 그다지 칭찬할 만한 것이 아니다. 그들은 정부의 대리인으로서 경찰 이외의 사람들이 폭력을 사용하지 못하도록 막지 못했을 뿐만 아니라, 완전히 불법적인 방식으로 폭력을 사용한다. 더 중요한 사실은 그들이 법을 집행하고, 질서를 확립하고, 시민의 삶을 보호할 능력이 있음에도 불구하고 자신의 활동을 감추기 위해서 방종 상태가 고담에 만연하도록 내버려 두었다는 점이다. 홉스가 원했던 것처럼 정부가 자연 상태의 혼란을 끝내기는커녕 정부 스스로가 만인에 대한 만인의 투쟁에 참여한 것이다.

너무 허술한 '두 개의' 치안 문제

정부가 가장 기본적인 책임을 유지하는 데 실패했다는 사실이 『배트맨: 이어 투』에 나오는 악당 리퍼의 탄생을 설명해 준다. 리퍼의 탄생 배경은 배트맨과 매우 흡사하다. 즉, 저드슨 캐스피언과 아내와 딸은 수년 전 오페라를 보고 돌아오는 길에 폭행을 당했고, 아내는 죽었다. 질서를 제공하는 데 실패한 정부에 대항해 캐스피언은 리퍼가 되며, 딸 레이철은 결국 수녀원에 들어간다(우리는 여기에서 리퍼에게 초점을 맞추겠지만 리퍼와 딸 모두 죄와 방종의 세계에 질서를 가져다주려 한다는 점, 그리고 정부 바깥에서 그것을 행한다는 점은 흥미롭다). 리퍼는 노상강도 4명을 죽이면서 자신의 활동을 시작한다. 그러고는 강도들이 노렸던 피해자들에게 말한다. "두려워할 것 없다. 세상 사람들에게 리퍼가 돌아왔다고…… 그가 도시를 구원할 것이라고 전하라. 동의하건 동의하지 않건 간에." 구원이 필요한 몰락한 도시에서, 캐스피언은 집단의 행동이나 정치적 동원보다는 차라리 무기를 들고 혼자만의 싸움을 시작한다.

리퍼와 배트맨의 유사성과 차이는 매춘부를 쫓는 리퍼 앞에 배트맨이 나타났을 때 분명해진다. "배트맨? 그대가 내가 시작한 싸움을 이어 나가고 있다고들 하더군. 사실이라면 지금 바로 증명해 봐. 일단 비켜서." 배트맨은 이를 거부하는데, 배트맨이 추구하는 것이 정의라면 리퍼가 추구하는 것은 '대량 학살'이기 때문이다. 다음으로 리퍼는 경호를 받고 있는 갱단원인 빅 윌리 골론카를 목표물로 삼고 그와 그의 민간 무장 경호원들 모두를 죽여 버린다. 리퍼의 아내를 지켜 주지 못했던 정부가 이제 갱단원을 보호해 주고 있다. 이것은 이해할 수도, 받아들일 수도 없는 일이다. 정부의 대리인으로서 경찰은, "알아야만 한다. 알고서도 악을 보호해 준 경찰들은 그 악을 저지른 자들과 똑같은 형벌로 고통받아야 함을!" 리퍼가 알아챘듯이, 정부는 뒤집힌 세상을 만들었으며 인간에 대한 인간의 투쟁을 막기 위해 존재한다는 사실도 잊어버렸다. 리퍼의 '일'은 홉스적인 세상에서 질서를 다시 확립하는 것이지만, 그는 이 일을 스스로 임명한 리바이어던으로서 행한다. 반면 홉스의 리바이어던은 자연 상태의 문제를 집단적인 사회 계약을 통해 해결하지 잔인한 개인적인 폭력으로 해결하지는 않는다.

배트맨에 나오는 악당 중 가장 흥미로운 인물 중 하나는 하비 덴트로 그는 투페이스라는 이름으로도 알려져 있다. 덴트는 열정적이고 청렴한 지방검사로 배트맨을 지원하고, 고담 시 최고의 범죄자들을 뒤쫓는데, 심지어 정치권과 연계되어 있는 범죄자들까지 뒤쫓는다(예를 들어 『이어 원』을 보라). 재판 도중 어떤 갱단원이 던진 산酸에 의해서 덴트의 얼굴은 형체를 잃고, 그는 투페이스라는 새로운 정체성을 받아들인다. 이 사건은 단지 그의 얼굴 반쪽이 이제 일그러졌다는 것이 아니라 오히려 그의 **존재**가 변했다는 것을 의미한다. 이 경우는 단순히 이드id를 억누르는, 그리고 억제할 수 없는 하이드가 출현하는 상황을 만들어 낸 지킬 박사와는 다르다. 덴트는 법을 통해서는 세상에 질서를 가져다줄 수 없다. 사실상 검사이기 때문에 그는 표적이 되었고 그의 외모는 반쪽짜리 괴물로 변했다.

투페이스 역시도 홉스적인 만인에 대한 만인의 투쟁 상태로 몰락한 정부의 실패에 반응한 또 다른 배트맨 캐릭터이다. 각각의 경우에 있어 홉스적인 고담 시는 효과적인 정부 권한에 의해 충족되지 않는다. 롭의 경우, 정부는 의도적으로 약탈 행위를 선택하며, 고담 시를 전쟁 상태로 이끈다. 정부가 제공하기로 약속한 집단 치안의 실패에 대한 개인의 잔인하고 과격한 반응으로 등장한 이가 리퍼이다. 그리고 하비 덴트는 성실한 인물이었지만 궁극적으로는 정부의 무력한 대리인이었다. 스스로 인식한 것처럼, 덴트를 범죄적 행위를 통해 질서를 가져오려는 인물로 변신시킨 것은 바로 정부의 무능력이다.

안티 배트맨: 니체적인 반란

정부[국가]에 대한 베버와 홉스의 이해에는 적법한 기관이 치안을 가져다주며, 그것이 '선하다'는 가정이 깔려 있다. 하지만 프리드리히 니체(1844~1900)는 국가를 개인의 자기표현과 자기극복에 대한 위협으로 본다. 국가는 강박적으로 시민들을 국가의 이미지에 맞게 바꾸려고 시도한다. 『차라투스트라는 이렇게 말했다』에서 니체의 국가는 말한다. "이 땅 위에 나보다 더 위대한 것은 없다. 내가 바로 질서를 부여하는 신의 손가락이다."[3] 니체의 국가는 "새로운 우상"new idol을 구성하며, 전에 있던 존재만큼 강압적이다. 이는 국가가 추종자들을 위해서 선과 악에 대한 정의를 내리며, 추종자들의 머리 위에 "칼과 백 가지 욕망"을 걸어 놓기 때문이다.

아나키만큼 이를 분명하게 파악한 배트맨 악당은 없다. 아나키는 1999년 작인 『배트맨: 아나키』에 등장하는, 무정부주의 사상에 사로잡힌 10대이다. 아나키의 목표는 정치, 종교 그리고 자본주의가 타락시킨 질서로 노예가 된 사람들에게 '자유'를 돌려주는 것이다. 리퍼처럼 아나

---

3) Friedrich Nietzsche, *The Portable Nietzsche*, ed. Walter Kaufman, New York: Penguin Press, 1976, p. 161.

키도 마약 거래상, 오염을 일으키는 기업, 노숙자들이 한때 거주했던 지역을 파괴하고 밀어 버리는 거대 은행 같은 대중이 싫어하는 대상들과 전투를 벌이며 등장한다. 알프레드가 아나키와 배트맨의 유사성을 지적하자 브루스 웨인은 즉각적으로 반응한다. "아, 맞아요. 내 방식도 항상 합법적이지는 않아요. 하지만 알프레드, 차이점은 분명히 있습니다. 나는 정말로 필요할 때만 폭력을 사용하며, 처벌의 형식으로는 아닙니다……. 어쨌든 최근에는 아닙니다!"

아나키가 세상에 질서를 제공하기를 원한다는 점은 자신이 '진짜' 누구인지 부모에게 설명하는 장문의 편지에서, 다른 비행청소년들에게 무정부주의를 전파할 때, 그리고 이 그래픽 노블의 마지막에 나오는 그의 꿈에서 찾아볼 수 있다. 꿈속에서 아나키는 고담의 시민들이 진정한 고담 시를 볼 수 있게 고담을 '탈세뇌'de-brainwash한다. "가족들이 골판지 상자 안에서 잠을 자는 동안 행정 기관의 거물들은 기다란 리무진에서 세상을 바라보는 곳, 정직한 사람들이 시궁창에서 거지 생활을 하는 동안 부패한 사업가들은 번창하는 곳. 범죄는 갑자기 증가한다. 반면에 괜찮은 이웃들은 자신의 세금으로 만들어진 거리를 두려워하면서 걷는다. 최상의 삶에서 최하의 삶까지, 자신만의 요새 안에 사는 왕에서 돼지우리에 사는 부랑민의 모습까지, 모든 인간의 삶이 여기에 있다. 그리고 모두들 어쩔 수 없다고 믿는다. 내가 보여 줄 것이다. 그렇지 않다는 것을." 꿈에서 그는 디스토피아를 창조하는데, 그곳에는 사물에 질서를 부여하는 정부도 없고, 정치인들은 '기생충 검사'에서 낙제점을 받은 다음 '민중의 적'이 되어 빈민굴에 강제 수용되며, 사람들은 (정부가 없는 상태에서) 야비하고 잔인해져 간다. 이 이야기의 교훈은 아나키가 부여하고자 하는 무정부적 질서가 그가 바꾸려 하는 질서보다 더 좋지 않다는 사실이다. 정부보다 덜 강압적인 조직 원리를 찾으려는 아나키의 탐색은 실패한다.

대조적으로 조커의 목표는 도저히 정치적이라고는 볼 수 없지만, 그럼에도 질서와는 관련되어 있다. 배트맨의 이 궁극의 적은 *DKR*에서 장난스러운 광대로 여겨지며, 그의 사악한 범죄 행위는 그가 법률을 위반하는 동기, 즉 재미없고 억압적인 질서를 붕괴시키려는 욕구를 숨기는 역할을 한다. 정부는 정치적이기보다는 사회적인 이유로 질서를 강요하고, 이에 반응해서 조커는 **어떤** 질서든 그 기반을 무너뜨린다. *DKR*에서 배트맨이 은퇴 상태에서 돌아왔다는 소식을 들을 때까지 조커는 아캄 수용소에서 자잘한 못된 장난질을 하는 것에 만족한다. 배트맨의 귀환은 필연적으로 조커를 필요로 한다. 배트맨은 너무 재미없으며, 지나치게 많은 질서를 가져온다. 조커는 이런 배트맨의 영향을 줄이기 위해 고담으로 돌아가야 한다. (질서에 사로잡힌) 배트맨과 (질서에 도전해야 하는) 조커의 이원성은 조커가 자신의 피해자들에 대해 배트맨에게 말할 때 가장 잘 드러난다. "난 절대 사람 수를 계산하지 않았어. 하지만 넌 다르지. 그 점이 마음에 들어."[4)]

진정한 다이내믹 듀오: 배트맨과 고든

『이어 투』는 새로 임명된 고든 경찰국장의 TV 인터뷰와 함께 시작한다.

---

4) 니체와 프랭크 밀러에 대해 더 알아보려면, Peregrine Dace, "Nietzsche contra Superman: An Examination of the Work of Frank Miller", *South African Journal of Philosophy*, Vol. 26, No. 1, 2007, pp. 96~108 참조.

질문자 고든 국장님은 고담의 공식적인 경찰 권력과 좋은 관계인 것처럼 보이는데요, 그런데 많은 사람들이 가면을 쓴 자경단원, 배트맨과의 관계에 대해 질문을 해왔습니다.

고든 배트맨과 우리 경찰 부서의 관계는 엄격하게 말하면…….

질문자 사람들은 배트맨이 20년 전 고담 시의 거리를 어슬렁거리며 자신을 리퍼라 칭한 특이한 복장의 범법자보다 나을 게 없다고 보는 것 같은데요.

고든 그런 비교가 있는 것은 사실입니다만, 공정하지 못한 비교입니다.

질문자 고담 시가 막 벗어난 범죄의 혼란과 경찰의 부패에 다시 빠지게 된 게 바로 리퍼가 갑작스레 떠났기 때문이라는 이야기도 있습니다.

고든 이렇게 끝내는 게 좋겠군요. 제가 20년 전의 경찰 부서를 대변할 수는 없지만 배트맨은 경찰 권력에 협조하지 대립하지는 않습니다.

질문자 '배트맨'은 공인된 경찰 권력을 대표하는 인물인가요?

고든 아닙니다. 그는 철저히 혼자서 활동합니다만 저를 도와주는 편입니다.

이 대화는 정부를 넘어선 어떤 질서에 대한 배트맨과 고든의 이해를 축약하여 보여 준다. 국가[정부]는 합법적으로 폭력을 사용할 수 있는 유일한 기관(베버가 주장했듯)이 아니며, 질서를 제공하는 생산적인 역할도 한다(이는 니체와 대조된다). 그리고 사회 역시도 치안 제공에 있어 어떤 역할을 맡는다. 배트맨은 이런 역할을 상징하고 불러일으키며, 고든은 그것을 알고 있다.

동시에, 배트맨의 행위가 전적으로 합법적인 것은 아니다. 브루스 웨인은 자신과 아나키를 구분하면서 말한다. "사실은 누구도 판사, 배심

원, 사형집행인이 되라고 허락받은 사람은 없지." 그리고 종종 어리석은 짓처럼 보였겠지만, 초창기 만화 혹은 TV 시리즈에서 배트맨은 정말이지 매번 나쁜 놈들을 두들긴 다음 경찰이 감옥에 넣을 수 있도록 묶어 놓는다. 곧 아캄의 회전문으로 다시 걸어 나올 것임을 알면서도, 배트맨은 정기적으로 펭귄, 포이즌 아이비, 조커, 그리고 다른 많은 악당들을 굴복시켜 아캄 수용소로 보냈다. 배트맨은 정의를 선언하고 처벌할 능력이 있지만 양쪽 다 하지는 않는다. 이는 질서와 정의를 확립함에 있어서 정부(그리고 사회)의 위치에 대해 많은 것을 알려 준다.

*DKR*에서 정부는 허약하고, 감상적인 조직과 전문가들로 가득 차 있다. 그들은 사회를 대변한다고 주장하지만 사실은 대다수 사람들의 생각과는 완전히 동떨어져 있다. 어머니회The Council of Mothers는 시장에게 '고담 어린이들에게 해로운 영향을 주는' 배트맨을 체포할 것을 요청하고, 피해자권리위원회The Victims' Rights Task Force는 배트맨 폭력의 피해자들을 보호할 것을 요구한다. 심지어 어떤 심리학자는 배트맨이 자신의 이미지로 사회 질서를 다시 세우려 한다는 이유로 그를 '사회적 파시스트'라 부른다. 돌연변이들의 위험성에 대해 상당 기간 관망한 시장은 다음과 같이 말한다. "이 모든 상황은 고든의 무능력함과 배트맨의 테러리스트 활동의 결과입니다. 나는 돌연변이 우두머리와 해결을 위한 협상을 하길 원합니다." 세 쪽을 넘기면 시장은 경찰 보호를 받지 않겠다고 고집을 피우다가 감방 안에서 돌연변이들의 우두머리에게 살해당한다. 그가 죽은 이유는 고담의 현실을 이해하지 못했기 때문이다.

그럼에도 범죄와의 싸움을 추구하는 배트맨의 특권에 고든이 가장 중요한 역할을 하고 있음을 시장은 올바르게 지적한다. 고든은 시장과는 달리 고담을 이해하고 배트맨을 이해한다. *DKR*에서 고든은 이것을 인델에게 설명하려 애쓰지만, 그녀는 고담 시를 지배하고 있는 범죄가 어떤 것인지, 그리고 어떻게 배트맨이 바로 필요한 대응을 하는지 실제로 느끼고 나서야 이것을 보기 시작한다. 하지만 사람들은 배트맨에 대한 고든의 동정심이 법 집행의 중요한 일탈이며 직무 태만이라는 사실을 있는 그대로 거의 인식을 못한다. 매우 소수의 만화책만이 이를 설명하며, 그 중 가장 직접적으로 설명하는 책은 『배트맨: 다크 빅토리』(2001)이다. 여기서 젊고, 아름답고, 진보적인, 그리고 문제만 일으키는 재니스 포터라는 이름의 지방검사가 직접적으로 고든에게 반발한다. 그녀는 배트맨이 두들겨 팬 범죄자를 가리키며 고든에게 다음과 같이 말한다. "배트맨은 꽤 여러 번 이 사람에게 이랬습니다. 어떤 면에서 이 사람의 시민권이 침해당하지 않았다는 것이죠? 그리고 내가 이해한 바로 당신은 그를 체포할 때 그곳에 있었을 뿐 아니라, 옆에 서서 방관했더군요."

배트맨은 언제나 범죄자들의 시민권을 침해하며, 이는 그가 법의 대리인으로 활동할 어떠한 권한도 없기 때문이다. 그리고 고든은 이 사실을 알고 있으면서도 권리와 법을 정의와 질서보다 우선시하지 않는다. 정의를 위해서는 당신에게 권리가 필요하다. 그러나 라나 랭은 *DKR*에서 배트맨을 변호하며 다음과 같이 말한다. "우리는 범죄의 그늘에서 살고 있습니다……. 그리고 우리는 우리가 두려움, 폭력, 무능력한 사회의 피해자임을 암묵적으로 이해하고 있습니다. 그런데 한 남자가 나타나 권력은 지금 그리고 항상 우리 손 안에 있었음을 보여 주었습니다. 우리는 포위되어 있지만 배트맨은 우리가 저항할 수 있음을 보여 주고 있습니다." 『다크 빅토리』 내내 고든은 압박을 받는데, 포터가 배트맨과의 부적절한 만남을 막으려 하기 때문이다. 이것은 배트맨 신화의 근본적인 측면을 훼손시키는데, 배트맨 신화는 법 체계 안의 정의로운 사람과 법 체계 밖의 정의로운 사람 사이의 접점을 필요로 하기 때문이다.

고든과 배트맨 사이의 사적이고 비공식적인 관계는 필수적이다. 배트맨은 처벌에 관여하지 않을 것이고, 고든은 경찰에 의지해서 질서를 유지하고 슈퍼 악당들을 견제할 수 없다. 그 과정에서 그들은 (독자들이 생각하는) 합법적이지만 불안정한 질서를 세우고 유지시킨다. 우리는 배트맨만이 수수께끼의 타이츠 입은 남자들을 상대할 수 있다는 사실을 알고 있다. 게다가 그 수수께끼는 13살 전직 공산주의자 체스 천재만이 풀 수 있을 정도다. 동시에 우리는 배트맨이 결국 정의를 집행할 수 없다는 사실을, 심지어 그의 부모를 살해한 조 칠에 대해서도 마찬가지라는 사실을 알고 있다. 우리는 배트맨의 정당한 복수 행위에 환호할 수 있지만, 이제는 그만하고 배트맨 역시도 그랬으면 한다. 오래 활동한 배트맨 편집자 데니스 오닐은 살인이 "[배트맨이 ─ 인용자] 할 만한 일이 아니다"라고 말한다.[5)]

이 질서는 독자들을 안심시키고, 독자들에게 누군가가 크라임앨리에 있는 범죄자들을 감시하기 때문에 밤에 잠들 수 있다는 사실을 알려주지만, 정부에게는 대단히 위협적인 일이다. 정부는 합법적인 폭력 사용을 자신이 독점해야 한다고 믿는다. 그리고 비록 고든에게는 덜하겠지만, 악당들보다 정부에 더 위협이 되는 것은 배트맨이다. 정부가 합법적인 폭력 사용을 독점하는 것에 이의를 제기하는 인물이 바로 배트맨이기 때문이다. 이것이 *DKR*과 『이어 원』에서 그가 추적을 당하고, 『이

---

5) Roberta E. Pearson and William Uricchio, "Notes from the Batcave: An Interview with Dennis O'Neil", Pearson and Uricchio eds., *The Many Lives of the Batman: Critical Approaches to a Superhero and His Media*, New York: Routledge, 1991, p. 19. 살인을 거부하는 배트맨에 대해 더 알고 싶으면, 마크 D. 화이트가 쓴 이 책의 1장 참조.

어 투』와 『다크 빅토리』에서 그의 활동이 도전을 받는 이유이다. 배트맨과 정부 사이의 아이러니는 그가 범죄를 더 많이 줄이고 공공질서에 더 기여하면 할수록 정부에 더 도전하는 식이 된다는 것인데, 이를 통해 정부의 폭력 사용이 효과가 없다는 사실이 분명해지기 때문이다. 그러므로 배트맨이 완전한 위협이 되는 것을 막기 위해서는 고든이 필요하다. 배트맨은 고든을 신뢰하고 그에게 범죄자들을 넘길 것이며, 보답으로 고든은 배트맨을 정부의 독점에서 예외로 여기게 된다.

정부를 이론화하기

우리는 팬으로서 질서와 법의 공백에 대해 어디까지 상상이 가능한지 궁금할 수 있다. 어떠한 정부도 질서와 법 모두를 결점 없이 항상 보장한다고 주장할 수는 없다. 배트맨과 고든은 논리와 정의에 대한 우리의 감각을 벗어난 세계를 함께 유지하고 있으며, 모든 인물이 고담에 일종의 질서를 부여하려 하지만 가장 합법적으로 해내 가는 것은 배트맨과 고든의 2인조이다. 이는 정부를 불안정한 상태로 만들며, 사회가 어떤 식으로든 그 자신의 보호에 참여해야 한다는 것을 보여 준다. 그리고 정당한 폭력 사용과 적절한 법 집행 사이의 연결을 확립하는 데 개인적인 관계와 신뢰가 얼마나 중요한지를 알려 준다. 물론 배트맨에 대해 논의하지 않고서도 정부·정의·폭력을 이론화하는 것은 가능하나 조커라면 다음처럼 말할 것이다. "뭐 하러 그래?"[6)]

---

6) 이 장을 더 탄탄하게 해준 것에 로버트 아프(Robert Arp), 마크 D. 화이트, 미셸 스파나코스(Michel Spanakos), 포티니 테(Photini The)에게 감사의 말을 전한다.

6장

날뛰는 조커

우리는 이 광대 왕자를 도덕적으로 책임 있는 상태로 둘 수 있는가?

—

크리스토퍼 로비초드

웃어라, 온 세상이 너와 함께 웃을 것이다, 혹은 정말 그런가?

조커는 이성적인 인간이 아니다. 물론 이는 새로운 소식이 아니며, 특히 조커 자신에게 그럴 것이다. "보…… 보…… 복수하지 말고, 화를 내!" 조커는 앨런 무어Alan Moore의 『배트맨: 킬링 조크』(1988)에서 낄낄대며 말한다. 고담 항구에 사는 물고기들에게 독을 먹이고 단지 [웃는 얼굴에 대한] 저작권을 위해 물고기들의 얼굴을 항상 웃는 상태로 일그러뜨린 일에서,[1] 맨 위에 거대한 생일 케이크가 달린 양초 모양 로켓을 사용하여 고담 시의 저명인사 일부를 성층권으로 날려 버린 사건까지,[2] 광적인 범행들 때문에 조커는 아캄 수용소에서 종신형을 선고받는다. 정신이상만으로는 조커를 배트맨의 적들(예를 들어 종종 미치광이 짓에는 뒤지지 않는 투페이스)과 구별할 수 없다. 그러나 조커의 비정상적인 일탈 행위들은 그가 배트맨의 주요한 적수임과 동시에 배트맨을 더 빛나게 하는 존

1) 『탐정 만화』 475호(1978년 2월).
2) 『배트맨』 321호(1980년 3월).

재로서의 달갑지 않은 특징을 확실히 얻게 해주었다.

우리 논의의 대상을 단지 웃는 표정의 물고기와 기괴한 생일 축하에 한정한다면 더 고민할 것 없이 조커가 그런 쇼를 하도록 내버려 둘 것이다. 하지만 배트맨 시리즈 팬들이 너무나도 괴롭게 인식하고 있는 것은 조커의 행위들은 종종 이상한 만큼이나 소름 끼친다는 사실이다. 웃음가스로 앗아 간 수많은 생명들뿐만 아니라, 조커는 로빈의 전형이었던 두번째 로빈, 제이슨 토드를 죽기 직전까지 쇠지렛대로 구타했으며(그것도 제이슨의 어머니가 보는 앞에서!), 그다음 폭탄을 터트려 제이슨을 돌아올 수 없는 먼 곳으로 보내 버렸다.[3] 조커는 또한 경찰국장 제임스 고든의 딸인 바버라 고든을 총으로 쏜 다음 그녀의 옷을 벗긴 채 사진을 찍었다. 그다음에 고든 경찰국장을 사로잡았을 때도 조커는 옷을 모두 벗긴 다음 그를 놀이동산 기구에 묶어 둔 채, 총에 맞아 마비 상태가 된 딸의 벌거벗은 사진을 강제로 보게 만들었다.[4] 게다가 조커에 의하면 이 일은 그저 선한 사람을 미치게 만드는 데는 정말 재수 없는 하루면 충분하다는 것을 증명하기 위한 것이었다.

그러므로 조커는 단지 범죄를 저지른 것이 아니라, 상상할 수 없을 정도로 끔찍한 짓들을, 극도의 도덕적 혐오감을 불러일으키는 짓들을 벌였다. 그러나 어느 정도의 비난(도덕적 비난)을 조커에게 해야 할까? 아마 첫 반응은 "지금 장난하냐? 조커는 악당에, 혐오스럽고 가장 심한 도덕적 비난을 따 놓은 놈이야"일 것이다. 하지만 우리는 첫 문단의 사실을 떠올려야 한다. 즉, 조커는 정말로 이성적인 인간이 **아니다**. 그리고 정말

---

3) 『배트맨: 가족의 죽음』(1988).
4) 『배트맨: 킬링 조크』(1988).

미친 사람들에게는 종종 그들의 행위에 대한 도덕적 책임이 없으며, 그러므로 그들은 잘못된 행위들에 대한 도덕적 비난을 받을 필요가 없다는 강한 정서(보편적으로 공유되지는 않지만 드물지도 않은)가 존재한다. 아마도 그렇다면 조커는 본인의 행위에 대한 도덕적 책임을 져서는 안 될 것이다.

하지만 만약 이런 주장이 옳다면 우리는 **이유**를 물을 필요가 있다. 그리고 여기가 바로 철학이 중요해지는 지점이다. 이 글에서는 철학이 자유롭게 행위하는 사람과 행위에 대한 도덕적 책임이 있는 사람 사이의 관계에 해결의 실마리를 던져 주는 점을 특별히 살펴보면서, 이 주제에 대해 철학이 발언해야 하는 부분을 몇 가지 검토할 것이다. 이 부분에 집중하는 이유는 사람은 그가 자유롭게 한 행위에 대해서만 도덕적 책임이 있다고 말하는 것이 옳기 때문이다. 따라서 만일 조커가 그의 행위에 대한 도덕적 책임이 없다는 결론을 내리고 싶다면, 조커는 정신 상태 때문에 자신이 하는 악한 행위들을 자유롭게 하는 게 아니라는 사실을 논증할 필요가 있다. 시작해 보자!

혼란한 머릿속을 정리하기

좋은 철학적 훈련은 진행 중인 관련된 배후 가정들을 명료하게 해야 하며, 논의 중인 주제를 탐구하는 데에 도움이 될 중요한 특징들을 자세히 설명해야 한다. 그렇다면 우리의 연구에서 가장 눈에 띄는 가정에서 시작해 보자. 그것은 조커가 진짜 미쳤느냐는 것이다.

의문의 여지 없이 정신이상을 둘러싼 주제들은 복잡하고 다면적이며, 때로는 철학보다 심리학과 정신의학에 더 잘 어울린다. 그럼에도 미셸 푸코(1926~1984) 같은 철학자는 집단의 사람들에게 정신이상이라는 낙인을 찍어 주변화시키는 방식을 폭로함으로써 이 분야에 매우 흥미로운 기여를 했다.[5] 불행히도 푸코의 논의에 참여하게 되면 몇몇 사람들은 정신이상이 실제로 존재하는지 질문하게 될 것이다. 우리는 그렇게 멀리까지 가지는 않으려 한다. 우리는 정신장애로 고통받는 사람들을 정신이상이라고 옳게 범주화할 수 있는 몇 가지 종류의 정신장애가 존재한다는 사실을 받아들일 것이다. 그리고 더 나아가 조커가 이러한 정신적 상태 중 한 가지 이상으로 고통받는다고 가정할 것이며, 이는 조커를 정확히 정신이상이라고 지칭할 수 있게 해줄 것이다.

그러나 완전히 새 주제로 넘어가기 전에, 이 입장이 근거 없다거나 지나치게 극단적이라는 반론에 대해서는 방어할 필요가 있다. 실제로 어떤 심각한 정신이상으로 고통받는 것은 아니지만, 단순히 행동이 별다르게 보이는 사람들을 미쳤다고 부르기도 한다는 사실에 우리는 동의할 수 있다. 하지만 조커는 이 경우에 해당하지 않는다. 물론 그는 자주 이상한 짓을 하며, 이에는 의문의 여지가 없다(인정하자. 항구의 모든 물고기에게 체셔고양이 웃음을 그려 넣은 것은 **진짜** 이상한 짓이다). 하지만 그는 또한 진정한 정신이상의 전형도 보여 준다. 한 가지 예는 사람에 대한 그의 태도이다. 단순히 말하면 조커는 사람을 인격이기보다는 물건으로 다룬다. 조커는 눈 하나 깜짝하지 않고 바버라 고든의 척추를 쏘고 그녀를 발가벗겼다. 조커는 '바버라를 잡으려 혈안이 되지' 않았다. 단지 어떤 점을 증명하고 싶다는 마음을 먹었을 뿐이고, 바버라는 그 점을 주장할 때

---

5) Michel Foucault, *Madness and Civilization*(1972), trans. Richard Howard, New York: Vintage Books, 1988[『광기의 역사』, 이규현 옮김, 나남, 2003] 참조.

도움이 되는 유용한 대상일 뿐이었다. 즉, 바버라는 조커가 나중에 똑같은 목적으로 사용했던 놀이기구 이상도 이하도 아니다. 이는 전형적인 정신병자의 태도이다.

조커는 또 건강한 자기보존 감각을 결여하고 있다. 애니메이션 〈배트맨/슈퍼맨 영화〉(1998)에는 어떤 비행기에 함께 있는 렉스 루터와 조커가 다크 나이트와 맨 오브 스틸[슈퍼맨]의 포로 상태로부터 필사적으로 탈출하려는 흥미로운 장면이 있다. 상자가 열리고 폭발물들이 루터와 조커 쪽으로 굴러와 막 폭발하려는 순간, 루터는 정신을 차리고 깜짝 놀라 소리를 지르며 탈출을 시도한다. 그러나 조커는 그냥 미친 듯이 웃기 시작한다. 이러한 예들로 충분치 않다면 아마도 2008년 영화 〈다크 나이트〉에서 알프레드 페니워스가 조커에 대해 한 말이 가장 적절할 것이다. "어떤 사람들은 논리적인 것에 관심이 없습니다. 그들에겐 매수, 협박, 설득 혹은 협상도 소용이 없죠. 그냥 세상이 불타 없어지는 것을 보고 싶어 하니까요." 조커는 미쳤음이 분명하다.

나중의 혼란을 피하기 위해 중요한 구분을 논의할 필요가 있는데, 그것은 **원인** 책임causal responsibility과 **도덕적** 책임moral responsibility 간의 차이이다. 우리가 원인 책임에 대해 고민할 때는 단순히 어떤 사람의 행위가 개별 사건의 원인인지를 묻는다. 조커가 어떤 순진한 피해자에게 스마일렉스Smilex 가스를 뿌렸고, 피해자를 죽였다고 가정해 보자. 조커에게는 피해자의 죽음에 대한 원인 책임이 있는가? 물론 조커는 피해자에게 가스를 뿌렸고, 그 가스(그 행위)는 분명히 죽음을 일으킨 사건의 연쇄 중 일부다. 도덕적 책임은 행위와 관련된 도덕적 칭찬이나 비난과 관련이 있다. 매우 거칠게 말하면 어떤 사람이 행위에 대한 도덕적 칭찬이나 비난을 받을 적절한 주체일 때만 그 사람에게 도덕적 책임이 있다.

이제 이러한 개념들로 인해, 벌써 우리의 입장을 약화시켰다는 결론을 내리고 싶을 것이다. 즉, 조커가 독을 뿌리는 그런 행위에 대한 원인 책임이 있다고 인정하면, 바로 그런 행위에 대한 도덕적 책임이 있다는 결론이 따라 나온다. 하지만 그렇지 않기 때문에 우리는 그 이유를 알기 위해 훨씬 덜 논쟁적인 사례를 지어낼 수 있다. 배트맨이 도시로 진입하기 위해 배트 모빌을 가동시키자 그것이 역발화backfire를 일으켜 그의 동굴에 있는 박쥐들을 괴롭힌다고 가정하자. 박쥐들이 밤하늘로 날아올라 근처 시골길을 지나던 운전자를 방해하고, 그녀는 갑자기 방향을 틀다 도랑에 빠진다. 운전자가 도랑에 빠진 것에 대해 배트맨에게 원인 책임이 있다는 주장은 참인 것 같다(그가 배트 모빌을 가동한 행위는 운전자가 갑자기 방향을 틀게 만든 사건들의 연쇄 중 일부이기 때문에). 그러나 운전자의 경미한 사고에 대한 **도덕적** 책임이 배트맨에게 있다는 주장은 옳은 것 같지 않다. 배트맨은 단지 잇따르는 사건들의 결과를 합리적으로 예측할 수 없었을 뿐이다. 그러므로 누군가에게 어떤 일에 대한 원인 책임이 있는 것이 자동적으로 그 사람에게 도덕적 책임이 있게 만들지는 않는다. 그리고 이것은 조커에게 악랄한 행위에 대한 원인 책임이 매우 분명히 있을지라도, 항상 그 행위들에 대한 도덕적 책임이 있는 것은 아니라는 가능성을 열어 둔다.

테이블에 한 장의 카드를 더 올려놓기(조커는 아니니 걱정 말기를)

방어해야 할 중요한 가정이 하나 더 있다. 그것은 우리 같은 보통 사람들이 사실상 자유롭게 행위한다는 가정이다. 문제는 이것이 참이 아니라면(즉, **아무도** 자유의지를 가지고 있지 않다면) 누구도 행위에 대한 도덕적 책임이 없는 것처럼 보인다는 사실이다. 그리고 상황이 이렇다면 조커도 우리와 같은 처지이기 때문에, 조커와 관련해서 이러한 주제들에 주목하는 것은 다소 재미가 없다.

좋다. 그렇더라도 이렇게 생각할 수 있다. 우리가 결코 자유롭게 행위하지 못한다고 믿게 만드는 것은 도대체 무엇일까? 분명히 이러한 주장은 우리의 일반적인 생각과 느낌(!)과는 반대된다! 무엇인가를 해야 한다고 결정할 때 우리 내면으로부터 무엇인가가 느껴지는 방식은 우리가 항상 적절한 선택들에 직면해서 그 중에서 자유롭게 선택하는 것이다. 이 점에서 우리의 믿음과 느낌이 정확하지 못하다는 생각을 왜 하겠는가?

답은 **결정론**determinism에 있다. 결정론은 시간 속의 어느 순간, 그 순간 세계의 상태는 (전체의 장면을 관장하는 자연법칙과 함께) 그 전 세계의 상태에 의해 전적으로 정해져 있거나 결정되어 있다는 관점이다. 이러한 관점은 여러 가지 이유로 설득력이 있으며, 그 이유 중 하나는 이 관점이 세계에 대한 고도로 발달된 과학적 이해와 일치한다는 점이다. 만일 결정론이 참이라면, 우리는 우리가 세계에 등장하기 훨씬 이전에 생긴 사건들의 산물에 불과할 뿐이다. 그리고 분명한 선택에 직면한 경우, 우리가 선택할 다음 과정의 행위는 이미 결정되어 있다. 이러한 관점은 자유의지를 위한 여지를 많이 남겨 놓지 않는다.

물론 이러한 우려에 답하는 한 가지 방식은 결정론을 거부하는 것이다. 이는 일부 철학자들이 기꺼이 택하는 접근법으로, 그들은 때로 과학적인 근거를 들어 자신의 입장을 정당화한다. 이 경우 철학자들은 양자역학quantum mechanics의 근본적인 무작위성에 대한 사실들을 과거가 미래를 완벽히 결정짓지는 않는다는 것을 믿는 이유로서 인용한다. 혹은 그들은 단지 결정론은 우리의 상식을 훨씬 뛰어넘는 것이며 이것으로도 결정론에 대한 거부를 보장하기에 충분하다고 주장한다.

하지만 다른 철학자들은 결정론이 자유의지론과 양립 불가능하다는 생각에 도전한다. 해리 프랑크푸르트(1929~)의 유명한 논문에 근거한 예를 생각해 보자.[6] 조커가 엄청난 돈을 들여 배트맨의 행위, 그리고 더 흥미롭게도 배트맨의 생각을 추적할 수 있는 이상한 기계를 만들었다고 가정하자. 게다가 이 기계는 배트맨의 행위를 '조종'할 수도 있다. 조커의 궁극적인 목표는 이 기계로 배트맨이 끔찍한 일을 하도록 강요하는 것이지만, 현재 조커는 고담에서 다른 슈퍼 악당들을 모두 정리하기만을 원한다. 따라서 지금 그 기계가 포이즌 아이비에 맞서 싸우는 배트맨을 추적하고 있고, 잘 던져진 배트 표창이 아이비를 공격해 배트맨이 그녀를 잡을 수 있게 된 상황이라고 가정해 보자.

여기가 흥미로운 부분이다. **만약** 배트맨이 배트 표창을 던지기로 선택한다면(그러한 **정신적** 결정을 내렸다면) 조커의 기계는 적절한 정신 신호(혹은 뭐든)를 보내 행위 과정을 방해하는 식으로 배트맨을 멈추게 하지 않을 것이다(왜냐하면 아이비가 무리에서 제거되기를 조커가 바라기 때문에). 하지만 만일 다크 나이트가 (어떤 이유에서든) 배트 표창을 던지지 **않기로** 선택한다면 조커의 기계가 개입해서 배트맨이 표창을 던지도록 강요할 것이다. 배트맨이 표창을 던지는 걸 선택하고 실제로도 그렇게 한다고 가정해 보자. 우리는 보통 배트맨이 그 경우 그의 자유의지를 발

---

6) Harry Frankfurt, "Alternate Possibilities and Moral Responsibility", *Journal of Philosophy*, Vol.66, No.23, 1969, pp.829~839 참조. 이 논문은 프랑크푸르트의 선집인 *The Importance of What We Care About*, Cambridge: Cambridge Univ. Press, 1988에서도 찾아볼 수 있다.

휘했다고(즉, 그는 자유로운 선택을 했고 그것에 따라 행위했다고) 생각할 것이다. 비록 배트맨은 몰랐겠지만 그에겐 표창을 던지는 것 외에 다른 선택권이 없었다. 다시 말해 이 경우 배트맨이 했던 일은 실제로 결정되어 있었다.

따라서 결정론이 참이고 우리가 하는 일이 과거의 사태들과 자연법칙에 의해 결정된다 하더라도, 여전히 자유의지를 발휘할 여지는 있다. 그리고 자유의지를 발휘할 여지가 있는 한, 도덕적 책임에 대한 여지도 있다. 물론 이런 식의 추론에 대한 반응으로 할 수 있는 말은 많다. 일단 한 가지 우려를 보자. 도덕적 평가는 특정한 **인식론적** 문제에 직면하게 되는 것 같다. 즉, 어떤 사람을 두고 칭찬 혹은 비난을 하는 것이 적절한지를 우리가 **알** 수 있는가 여부이다. 이유를 알기 위해 앞서 묘사한 예시를 계속 보자. 우리가 배트맨의 행위가 칭찬받을 만한지 알기 위해서는, 그가 했던 일에만 주의를 기울여서는 안 된다. 왜냐하면 그것은 이미 결정되어 있었기 때문이다. 배트맨이 의도했건 아니건 상관없이 그는 표창을 던졌을 것이다. 말하자면 우리는 배트맨의 머릿속으로 들어가야 하고, 그가 어떤 선택을 했는지 봐야만 할 것이다. 그리고 미친 조커 기계는 예외로 하고, 사람의 머릿속으로 들어가는 것은 그렇게 쉬운 일이 아니다. 그러므로 우리는 다음과 같이 우려할 수 있다. 자유의지와 자유의지에 따라오는 도덕적 책임은 우리가 그것을 칭찬 혹은 비난하는 것을 사실상 불가능하게 만들어 버린 것의 대가로 살아남았고, 그 대가는 지나치게 컸다고.

이런 우려에 대한 반응들이 있지만, 우리는 계속 진행해야만 한다. 이제 자유의지론과 결정론이 양립할 수 있든 없든 우리가 정말로 자유의지를 갖고 있고, 그것을 발휘할 수 있다고 가정해 보자. 이제 조커에게 어떤 문제가 있는지, 특히 어떤 문제가 그가 자유의지를 발휘하지 못하게 만드는지, 그리고 그런 부분이 그의 행위에 대한 도덕적 책임을 면제해 주는지에 대한 주제로 돌아가 보자.

뛰어들기: 자유로부터의 낙하

지금까지 우리는 선택의 관점에서 자유의지를 발휘한다는 것에 대해 엄밀하지 않게 이야기했다. 하지만 자유로운 행위의 수행에는 분명히 이것보다 더 많은 것들이 관련되어 있다. 많은 철학자들은 결정적으로 자유의지의 발휘가(그리고 그것으로 인한 도덕적 책임이), 무엇이 자신에게 동기를 부여하는지 생각할 수 있고 그 능력을 사용하여 적어도 가끔은 자신의 동기를 바꿀 수 있는 인격을 포함한다고 믿는다. 무엇보다도 프랑크푸르트에 의해 다양한 형태로 지지된 핵심 개념은, 우리를 다른 동물들과 구별해 주는 것 중 하나가 욕구에 대한 욕구를 형성할 수 있는 능력, 즉 2차 욕구라는 것이다.[7] 우리는 우리의 1차 욕구(다른 동물들의 행동을 직접적으로 추동하는 것)에 대한 입장을 취할 수 있으며, 이런 의미에서 우리는 우리의 필요가 이끄는 대로, 말하자면 그냥 수동적으로 있지는 않다. 우리의 자유의지는 우리가 욕구에 대한 욕구를 형성할 수 있는 능력에 의해, 그것을 반성하고 평가할 수 있는 능력에 의해, 그리고 그에 따라 우리의 동기를 바꿀 수 있는 능력에 의해 형성된다.

---

7) Frankfurt, "Freedom of the Will and the Concept of a Person", *Journal of Philosophy*, Vol. 68, No. 1, 1971, pp. 5~20 참조. 이 글은 Frankfurt, *The Importance of What We Care About*에도 실려 있다.

예를 들어, 배트맨은 수많은 밤을 조커의 졸개들을 쳐부수는 데에 쓴 나머지 어느 날 저녁 완전히 탈진할 수 있다. 그러므로 계속해서 적을 쫓기보다는 침대에 누워 잠을 자고 싶다는 매우 강력한 1차 욕구가 있을 것이다. 하지만 배트맨은 고담에 정의를 가져다주고 싶은 욕구도 있으며, 이 욕구 역시도 1차 욕구이다(보다 더 추상적이긴 하지만). 이 욕구가 강력하지만 침대에 누워 있고 싶은 1차 욕구만큼 강력하지는 않다고 가정해 보자. 배트맨을 자유롭게 만들어 주는 것은, 이러한 생각들이 진행되는 가운데 그 안에 있는 이 두 가지 욕구를 인지하는 능력과 침대에 누워 있고 싶은 욕구보다 정의를 추구하려는 욕구에 어떤 의미로 더 무게를 두는 2차 욕구를 형성할 수 있는 능력에 있다.

이것은 자유의지가 어떻게 작동하는지에 대한 매우 단순한 설명이며 논란의 여지가 있다. 하지만 왜 우리가 어떤 사람들은 특정 문제에 있어 '통제 불능 상태'에 있다고 생각하는지, 즉 왜 우리가 그들은 자유의지를 발휘할 수 없다고 생각하는지에 대한 설명을 돕기엔 이미 충분하다. 이에 대한 고전적 예는 중독이다. 우리는 헤로인에 중독된 사람들이 전적으로 자유의지를 발휘하지는 않는다는 식으로 자주 말한다. 이 경우 헤로인에 중독된 사람들은 약물의 어떤 효용들이 다 사라진 한참 후에도 약물을 계속해서 찾으며, 항상 인정하듯이 자신들의 삶을 망치고 있다는 것도 잘 알고 있다. 앞서 대충 묘사한 개념에 의하면 약물 중독은 그들의 욕구에 대한 2차 욕구 형성을 억제한다. 즉, 약물의 영향 중 하나는 한번 중독되면 약물의 욕구를 극복하고 건강의 욕구에 무게를 두는 2차 욕구를 통해 한 사람의 약물에 대한 욕구를 억누를 수 **없다**는 것이다.

하지만 이러한 중독자들이 약물 소비에 대한 미래의 결정에 자신들의 자유의지를 발휘할 수 없다면, 우리는 그들에게 이러한 미래의 행위에 대한 도덕적 책임이 없다고 결론지어야만 하는가? 단순히 말하자면, **아니다.** 왜냐하면 적어도 많은 경우에 있어서 약물을 시작하려는 선택을 했을 때 자유로운 선택이 이뤄졌다고 가정하는 것이 합리적이기 때문이다. 어떤 사람이 헤로인을 시작하는 선택을 내리기 전, 그녀는 자신의 1차 욕구들의 순위를 매길 수 있는 능력을 소유하고 있었다. 그러한 능력을 가졌다는 것은 건강을 유지하려는 욕구보다 마약에 취하겠다는 욕구에 우선순위를 두었던 그녀의 결정이 자유롭게 내려졌다는 사실을 의미한다. 그녀는 잇따른 행위에 대한 도덕적 책임이 있으며, 그 도덕적 책임은 자유롭지 않은 미래의 행위까지 이어진다.

그러나 이런 식의 추론은 우리에게 조커가 자신의 행위에 대한 도덕적 책임이 **있다**고 결론 내리도록 기회를 주는 것처럼 보일 수 있다. 조커의 현재의 정신이상은 그의 1차 욕구인 살인 성향을 억누르는 2차 욕구 형성이 불가능한 상태로 볼 때 가장 잘 이해된다고 가정하자. 그러므로 조커가 일단 미쳤다면 그 뒤 조커의 모든 행위는 자유롭게 수행된 것이 아니라는 사실에 동의할 수 있다. 하지만 적어도 하나의 기원 이야기(『킬링 조크』에서)에 따르면 조커는 처음에는 남편이자 아버지였으며 근근이 먹고살기 위해 가벼운 범죄자(레드 후드Red Hood로서)의 삶으로 들어서는 선택을 했다. 배트맨과 대결한 결과 조커는 화학약품이 든 탱크에 빠지게 되었으며, 영원히 불타는 그의 얼굴은 지금같이 소름 끼치는 광대 얼굴이 되었다. **이것이** 바로 조커를 미치게 만든(문자 그대로) 사건이었다. 그러나 조커는 자유로운 선택을 통해 범죄자의 삶으로 들어섰고, 만약 그렇다면 그 행위에 대한 도덕적 책임은 그의 현재 행위에까지 이어지는 것 같다. 조커의 자유로운 선택 때문에 앞서 말한 상태가 되었다는 것을 고려해 볼 때 말이다.

그러나 결론 짓기엔 아직 이르다. 우리는 왜 헤로인 중독자가 자유롭게 행해지지 않은 미래의 마약 관련 행동들에 도덕적 책임이 있다고 생각하는지 더 자세히 설명할 필요가 있다. 그리고 그 내용의 일부는 마약에 대한 그녀의 초기 선택이 자유롭게 내려졌을 뿐 아니라, 그 행위로 인해 일어날 결과들도 완전히 알고 있는 상태에서 내려졌다는 것을 우리가 믿는다는 것이다. 그리고 이처럼 말하는 것이 옳은 것 같다. 헤로인의 효과에 계속 무지한 상태로 있는 것은 어려운 일이다. 건강 수업들과 방과 후 프로그램들을 생각해 보라. 게다가 소설들과 그 소설 각각에 대한 영화인 〈레퀴엠〉Requiem for a Dream이나 〈트레인스포팅〉Trainspotting만으로도 [약물 복용 후] 어떤 일이 일어날 수 있는지 너무나 분명히 알 수 있다. 우리의 직관을 시험해 보자. 만일 그 헤로인 중독자가 진정으로 헤로인의 효과에 대해 무지했고 자유롭게 헤로인을 흡입하기로 선택했다면, 우리는 기꺼이 그 선택과 미래의 행위들에 대한 도덕적 책임을 그녀가 지도록 할 것인가? 나는 그렇지 않을 것이라 생각한다.

만일 이것이 옳다면, 우리는 조커가 레드 후드의 직업을 선택했을 때 무지한 상태에서 행동했는지 물을 필요가 있다. 그리고 여기서 조커는 분명히 자신의 행위로 인한 많은 위험과 영향에 대해 인지하고 있었어야 했지만, 반면에 조커가 레드 후드가 된 것으로 인해 자신이 살인광으로 변할 위험도 예측했었다고 기대한다면 합리적이지 않을 것이다. 그러므로 이런 식의 설명이 옳은 것 같다. 심지어 그가 화약약품 통에 빠지게 될 것을 어느 정도 미리 예측할 수 있었다 하더라도, 여전히 이 설명이 참이라는 것에 주목해 보자. 자신이 화학약품 통에 빠지게 될 가능성으로부터 광기가 출현하게 될 것이라는 결론을 내리기 위해서는, 조커는 자신의 심리적 기질에 대해 더 많은 것을 알고 있었어야 했을 것이다. 만약 우리가 조커와 유사한 선택들을 했었고 그에게 벌어진 일과 같은 일들이 우리에게 일어났었다 하더라도 우리가 조커처럼 되었을 것 같지는 않다. 배트맨과 고담 시민들에게는 불행한 일이지만 조커의 '탄생'을 이끈 상황은 백만 분의 일 정도로 드문 일이었다.

최후에 웃는 자는 누구인가?

반론은 무시하고서라도 우리는 조커처럼 미친 사람은 자신의 행동에 대한 도덕적 책임이 없다는 믿음을 방어할 수 있다. 핵심적인 생각은 조커가 자신의 행위를 자유롭게 행한 것이 아니기 때문에 도덕적인 책임이 없다는 것이다. 그의 광기는 매우 광적인 충동들을 포함한 욕구인 1차 욕구에 대한 2차 욕구를 형성하는 능력을 억제하였다.

그래서 우리는 다음과 같은 결론에 이른다. 조커는 미쳤고, 그의 광기는 자유의지를 억누르기 때문에 그의 행위에 대한 도덕적 책임을 면해 준다. 이는 만족할 만한 분석이지만 흔히 그렇듯 철학적 연구는 어떤 문제들을 해명함으로써 또 다른 문제들이 나타날 여지만을 만든다. 조커에게 정신이상이 있음이 밝혀진 상황에서, 이제 배트맨과 고담 시가 조커에 대해 어떤 책임을 가지고 있는지를 둘러싼 중요한 문제들이 남아 있다. 가장 악랄한 짓들을 저지르는 순수하게 미친 사람을 어떻게 다루어야 하는지를 묻는 질문에 대해서는 어떠한 쉬운 도덕적 답변도 없다. 동정? 증오? 정신병원? 기회가 생기면 죽게 만드는 것? 조커가 배트맨의 적수인 것은 조커의 행위 때문이기보다는 조커라는 존재 자체 때문이다. 그리고 만약 이 범죄 세계의 광대 왕자가 그런 생각을 고민해 본다면, 그것이 엄청 웃기다는 걸 알게 되리라는 데 의심의 여지가 없다.

3부

기원과 윤리학
: 망토 두른 십자군 되기

7장

배트맨의 약속

랜들 M. 젠슨

과거는 결코 죽지 않는다.
그것은 과거라고 할 수도 없다.
— 윌리엄 포크너

배트맨의 시작

슈퍼히어로들은 어디서 오는가? 슈퍼히어로들은 그들의 힘을 어디서 얻는가? 무엇 때문에 복면을 쓰고 범죄와 싸우며, 선한 모든 것을 수호하는 인물상을 채택하는가? 타이츠를 입고 망토를 두른 채 집을 떠나는 결정은 누가 내리는가?

모든 괜찮은 슈퍼히어로 전설은 기원 이야기를 포함한다. 이러한 이야기들은 실제의 신화 창조 수준에 가까우므로 인상적이고 강력하다. 기원 이야기는 전형적으로 믿을 수 없고 환상적인 사건들에 의해 시작된다. 여기에는 유전자 변형, 이상한 실험실 사고, 외계인과의 만남, 악마와의 거래 등이 있다. 그러나 배트맨의 시작은 다르다. 사건의 핵심적인 기폭제(계획이 어긋난 뒷골목 강도)는 그야말로 너무나 비참할 정도로 평범하다. 그리고 배트맨 탄생 이야기의 나머지는 한 소년의 터무니없고 어리석어 보이는 약속에 기반을 두고 있다. 바로 살해된 부모를 향해 고담시의 범죄를 쓸어버리겠다고 약속한 것이다.

토머스 웨인과 마사 웨인에 대한 이유 없는 살인은 아마도 만화책 팬들에게 다른 슈퍼히어로 탄생 이야기의 비극적 요소들을 떠올리게 할 것 같다. 예를 들어, 피터 파커가 당신의 친근한 이웃인 스파이더맨이 된 주된 이유는 그의 삼촌 벤이 살해당한 사건을 둘러싼 환경들 때문이고, 프랭크 캐슬은 그의 아내와 아이들이 처형당함으로 인해 퍼니셔가 된다. 배트맨 기원 이야기의 독특한 점은 **왜**가 **어떻게**에 앞선다는 점이다. 삼촌 벤이 살해당했을 때, 방사능 거미에 물린 피터는 이미 놀라운 능력을 얻은 상태다. 또한 캐슬은 폭도가 가족을 해치기 오래전부터 무서울 만큼 유능했던 군 전문가이다. 하지만 브루스는 그의 부모가 살해당했을 때 그저 어린 소년일 뿐이다. 브루스는 자신이 약속한 일을 할 수 있을 거라 생각할 어떤 이유도 없다. 브루스 웨인은 초인적인 힘을 얻고 그다음에 어떻게 힘을 사용해야 할지 안 것이 아니다. 그는 처음에 임무(진정한 소명 혹은 부름……)를 얻고, 그 때문에 엄청난 능력을 필사적으로 요구한다. 자신이 한 약속을 지키기 위해, 초인적인 노력으로(물론 그가 물려받은 거대한 금융 제국의 지원과 함께!), **브루스는 자신을 배트맨으로 만든다**.

다른 많은 존재들과는 달리 브루스 웨인은 우연히 슈퍼히어로가 된 것이 아니라 순수한 의지력만으로 슈퍼히어로가 된다. 가장 큰 비극조차 대부분의 아이들을 슈퍼히어로로 바꾸지는 못하기 때문에, 배트맨의 기원에서 핵심 요소는 부모의 살해 사건이 아니라 어린 소년의 비범한 약속이다.

약속의 본성

1939년 밥 케인Bob Kane과 빌 핑거Bill Finger 판 배트맨의 기원 이야기에서 브루스 웨인은 부모가 살해당하고 바로 며칠 후에 다음과 같이 맹세한다. "부모님의 영혼 앞에 맹세하건대 내 남은 삶을 모든 범죄자와의 전쟁에 씀으로써 그분들의 죽음에 복수할 것이다."[1] 훨씬 더 최근에는 제프 롭Jeph Loeb과 팀 세일Tim Sale의 고전적 작품인 『배트맨: 롱 할로윈』(1998)에서 배트맨은 그의 소년 시절 약속을 회상한다. "나는 부모님에게 약속했다. 그들의 생명을 빼어 간 악을 이 도시에서 없애 버리겠다고." 사실상 이 약속은 롭이 배트맨 시리즈에 한 다양한 기여들 속에서 매우 두드러진 역할을 하는데, 이는 『배트맨: 헌티드 나이트』(1996), 『배트맨: 다크 빅토리』(2001, 『롱 할로윈』의 속편), 『배트맨: 허쉬』(2003), 그리고 더 최근에는 그의 인기 있는 『슈퍼맨/배트맨』(2003~2005) 연작에도 나타난다. 롭에게 이 약속은 배트맨의 인생에서 결정적인 계기처럼 보인다. 그렇다면 도대체 이것은 어떤 약속인가? 무엇 때문에 브루스는 이런 약속을 해 버리는가? 그리고 왜 이 약속은 배트맨 신화에서 그렇게 지속적인 역할을 하는가?

너무도 흔한 대답 하나는 이 약속이 복수심의 표출이라는 것이다. 그리고 실제로 더 초기 판에서 브루스는 부모의 죽음에 대한 '복수'를 말한다. 하지만 그가 단순한 복수를 원하는 것이 아니라는 사실을 인식하는 것이 중요하다. 브루스는 부모를 죽인 자를 죽이겠다고 부모에게 약속한 것이 아니었다. 분명히 그 약속을 어느 쪽으로 해석하든지 간에, 브루스는 그보다 훨씬 더 큰 임무를 떠맡는다. 그 임무는 **모든** 범죄자와 전쟁을 벌이는 것 혹은 고담의 모든 악을 제거하는 것이다! 게다가, 『저스

1) 『탐정 만화』 33호(1939년 11월). 이 장면은 Les Daniels, *Batman: The Complete History: The Life and Times of the Dark Knight*, San Francisco: Chronicle Books, 2004, pp.34~35에 들어 있다.

티스』 1권(2006)에서 배트맨은 다음과 같이 말한다. "내가 소년일 때 아버지와 어머니는 바로 내 눈앞에서 살해당하셨다. 나는 **그가 어떤 모습 혹은 어떤 얼굴을 하고 있든 상관없이** 그 범죄자를 막기 위해 내 삶을 바쳐 왔다. **정말로 모습은 전혀 중요하지 않다**"(강조는 인용자).

대부분 이야기에서 배트맨은 결코 이 이름도 얼굴도 모르는 살인자에게 정의의 심판을 내리지 않는다. 유감스럽게도 할리우드는 여기서 예외이다. 크리스토퍼 놀란의 2005년 작 〈배트맨 비긴즈〉를 보면 이제 막 대학에서 집으로 돌아온 반항적인 젊은이인 브루스는 예상과 달리 부모의 살인자가 감옥에서 석방되자 그를 죽이려는 계획을 세운다. 그러나 다른 누군가가 그 일을 먼저 저질렀음으로 인해 그 계획은 좌절된다. 사실, 브루스는 시간이 지나면서 단순한 복수 이상의 것이 그의 임무에 있다는 것을 깨닫지만, 만화책에서는 소년일 때조차 이를 알고 있는 것처럼 보인다. 설상가상으로 팀 버튼 감독의 1989년 작 〈배트맨〉은 잭 네이피어(나중에 조커가 되는)를 브루스의 부모를 죽인 살인자로 만든다. 그 영화 속 한 이야기에서 브루스는 소년일 때는 부모가 죽는 것을, 다음에는 배트맨일 때 부모를 죽인 살인자가 죽는 것을 지켜본다. 하지만 그것은 단지 영화일 뿐이다. 우리는 배트맨 세계 어디에서도 그렇게 깔끔하고 정돈된 해결은 찾아볼 수 없다. 이것은 단순한 복수 이야기가 아니다.

그러나 복수(혹은 아마 더 잘 표현하자면 **응징**retribution에 대한 욕구)가 배트맨의 동기에서 중요한 역할을 한다는 것을 부인한다면 그것 역시 심각한 잘못일 것이다. 응징은 비열한 복수와 같은 것은 아니지만, 그 차이점을 설명하기는 놀라울 정도로 어렵다. 차이점 중 대표적인 것은 응징은 보다 덜 개인적이며 잘못을 저지른 사람이 정확히 받아 마땅한 것에 더 관심을 둔다는 점이다.[2] 제프 롭의 『슈퍼맨/배트맨: 퍼블릭 에너미』(2005)에서, 배트맨은 부모를 죽인 살인자의 정체를 밝힐 약간의 단서를 발견했을 때 다음과 같이 고백한다. "나를 가장 괴롭히는 일은 누가 내 부모를 죽였는지 알아내는 것이다." 그러나 배트맨은 "해결되지 않은 부모님의 살인 사건이 고담 시를 바꾸어 놓았다"라고 바로 말하며 사태를 복잡하게 만든다. 배트맨이 개인적인 상실에만 초점을 맞춘 것은 아니다. 당연히 그는 부모를 죽인 살인자가 법의 심판을 받도록 하는 데 강한 관심이 있다. 그러나 핵심은 배트맨이 단순한 복수보다 **더 큰 것**을 추구한다는 점이다. 이 이야기의 초반부에서 슈퍼맨은 다음과 같이 말한다. "나는 브루스를 오랫동안 알고 지내 왔다. 브루스를 움직이는 것이, 내가 존경하는 그의 내면의 영웅인지, 아니면 부모님의 죽음을 보상받으려는 절망적인 시도, 즉 그를 위험한 방식으로 내모는 어두운 면인지 판단하기 어렵다. 그리고 나는 그 어두운 면은 존경하지 않는다."

그러나 이것들이 배트맨에게 가능한 오직 두 가지 동기라고 생각할 만한 아니면 그 둘이 상호 독립적이라고 가정할 만한 합당한 이유는 없는 것 같다. 우리는 왜 이 선택을 해야 하는가? 그리고 영웅이 된다는 것이 무엇인가에 대한 슈퍼맨의 지나치게 단순한 개념을 왜 받아들여야 하는가? 배트맨이 아주 복합적인 인물이라는 사실을 왜 받아들이지 않는가? 그의 동기가 매우 여럿이거나 혹은 때로 확인조차 어려울 수 있음에도 말이다. 특히 얼마나 많은 수의 각기 다른 사람들이 배트맨의 대사를 써 왔는지 생각해 보라! 우리의 영웅들이 항상 그들 자신을 이해하는 것도 아니며, 타인들도 종종 쉽게 이해할 수 없는 그런 인간 존재라는 사

2) 예를 들어, Robert Nozick, *Philosophical Explanations*, Cambridge, MA: Harvard Univ. Press, 1983, pp. 366~368 참조.

실을 왜 받아들이지 않는가?

응징에 대한 욕구에 더하여, 어떤 다른 동기들이 브루스의 약속과 그것을 지키기 위한 평생의 노력 안에서 작동하는가? 『헌티드 나이트』에서 배트맨은 아버지가 한밤중에 응급 진료 상황으로 연락을 받고 잠자리에서 나서던 모습을 생각한다. 그러고는 교회 흉상처럼 지붕 꼭대기에서 몸을 굽힌 채 "이게 내가 여기 있는 이유인가?"라고 자문한다. 그러나 이것이 배트맨이 고담 시에서 자신의 역할을 의사인 아버지의 역할과 다소 유사한 것으로 생각한 유일한 순간은 아니다. 〈배트맨 비긴즈〉에서도 브루스가 이번에는 고담 시의 재정적 지원자로서 부모님이 했던 역할을 계속하기 원한다는 사실이 암시된다. 중요한 장면에서 레이철 도스는 브루스가 배트맨이 되려는 결정을 내리기 전 부탁을 한다. "네 부모님과 같은 선한 분들이 아니면 누가 불의에 맞서겠어? 이제 그분들은 떠났어. 선한 사람들이 아무런 일도 하지 않는다면 고담에 무슨 기회가 있을까?" 그러나 브루스의 자비로운 부모는 고담의 기반 시설을 개선하는 경제적인 지원으로 범죄와 싸운 반면, 배트맨은 그 싸움을 길거리로 가져갔다. 이는 브루스가 부모의 죽음에 대해 속죄하길 원할 뿐만 아니라, 사라지지 않을 그들의 유산을 지킴으로써 부모의 죽음에 의미를 부여하길 원한다는 사실을 암시한다. 만약 이것이 옳다면, 배트맨은 단지 고담 시의 악한 세력들을 굴복시키고 파괴시키려는 게 아니라 또한 무언가를 건설하려는 것으로 볼 수 있다. 그리고 이러한 건설적인 목표 때문에 브루스는 퍼니셔나 『왓치맨』의 로어셰크 같은 인물과 더욱 구분된다.

심리학적 수준에서 브루스의 극단적인 약속은 순식간에 조각나 버린 그의 삶에 통일성과 구체성을 주는 역할을 하는 것 같다. 『허쉬』의 도입 부분에서 알프레드는 다음과 같이 진술한다.

총부리에 의해 브루스의 어린 시절이 찢겨 나가지만 않았더라면 어린 그가 어떤 사람이 되었을지 상상할 수 없다. 갑자기 홀로 고아가 되어버린 무서운 사건이 벌어졌다. 소년에겐 슬퍼할 겨를도 없었다. 이미 벌어진 사건이 바뀌기를 바라며 허비할 시간도 없었다. **오직 약속만이 있을 뿐이었다**. 바로 그날 밤, 길거리는 그의 어머니와 아버지의 피로 얼룩졌고, 브루스는 부모님의 생명을 앗아 간 도시에서 악을 제거하리라 맹세한다. (강조는 인용자)

부모님의 죽음과 함께 브루스에게는 자신의 세계에서 새로운 구심점이 필요해졌으며, 이 인생을 바꿀 약속이 바로 구심점이 된다. 자신이 수행하기로 맹세한 그 압도적인 임무에 부응할 조금의 기회라도 생기면 사용할 기술과 지식을 습득하면서, 약속을 이행하기 위해 브루스는 여러 해를 공부와 훈련, 여행에 소비한다. 그 약속을 빼앗는다면 브루스는 여전히 충격에 빠져 있는 채로 부모의 시신 앞에 무릎을 꿇고 있는 소년일 뿐이다. 약속으로 인해 그는 해야 할 어떤 것을, 더 중요하게는 되어야 할 어떤 인물을 얻었다. 사명과 계획은 우리를 구체화하고 우리의 성격을 정의한다. 그렇게 어린 브루스 웨인은 자라서 배트맨이 된다. 〈배트맨 비긴즈〉의 마지막 장면에서 레이철 도스가 슬프게 진술하듯이, 억만장자 바람둥이라는 브루스 웨인의 인물상은 그저 편리한 가면일 뿐이다.

약속과 도덕성

배트맨의 임무는 거의 미래를 향해 있다. 즉, 그는 고담 시를 보다 더 안전하고 살기 좋은 곳으로, 어린이들이 자신처럼 부모를 잃지 않는 그런 곳으로 만들기를 원한다. 그러므로 배트맨은 자신의 범죄와의 전쟁을 위한 **미래 지향적인** 도덕적 이유들을 가지고 있다. 이러한 이유들로 그의 행위를 충분히 정당화할 수 있는가?

옳고 그름을 결정하는 데 유일하게 중요한 요소는 결과라고 믿는 **결과주의자**consequentialist에게, 이 모든 것은 배트맨의 임무가 모두에게 가능한 최선의 결과를 가져다주는가에 달려 있다.[3] 그렇다면 배트맨은 그 일을 해야 한다. 그리고 『배트맨: 다크 나이트의 역습』(2002)에서의 앵무새 같은 비판가들에도 불구하고 배트맨이 많은 선을 행한다는 사실은 분명하다. 그러나 만약 배트맨으로서 범죄와 싸우는 것이 가능한 최선의 결과를 만들고 있지 않다면, 브루스는 망토와 복면을 벗어야 할 것이다. 그러나 그렇게 행동한다면 부모님께 한 약속을 어기는 것이 아닐까? 그리고 약속을 어기는 것은 잘못이다. 그렇지 않은가?

사실, 결과주의자들은 약속에 부여할 만한 일종의 도덕적 무게를 찾는 데에 어려움을 겪는다. 결과주의자의 도덕성은 세상을 보다 더 좋은 곳으로 만드는 일에 대한 것인 반면, 약속을 지키는 것(어쨌든 올바른 종류의 약속인 경우에는)은 종종 약속을 지켜 사람들의 상황이 더 안 좋아지더라도 약속을 지켜야 한다고 말할 이유가 정말로 없는 일을 하는 것일 수 있다. 결과주의자들은 더 큰 선이 우리에게 그렇게 하도록 요청할 때에는 개인적인 사명을 미룰 준비가 필요하다고 믿으며, "내가 하기로 약속했기 때문에!"라는 도덕적 이유에는 그다지 감동받지 않는다. 다르

---

3) 역사적으로, 가장 중요한 결과주의자들은 영국 공리주의 철학자인 제러미 벤담(Jeremy Bentham, 1748~1832)과 존 스튜어트 밀(John Stuart Mill, 1806~1873)이다. 유용한 선집으로는 Stephen L. Darwall ed., *Consequentialism*, Oxford: Blackwell Publishing, 2002가 있다.

게 말하면, 결과주의자들은 목적이 수단을 정당화한다고 믿으며, 이러한 심성을 가지고 있는 사람들은 아마도 도중에 결국 약속을 어길 것이다.

결국 인간은 왜 약속을 지켜야 하는가? 예를 들어, 알프레드가 약속을 지켜야 할 경우 본인이 했던 약속을 지키는 것은 좋은 생각이며, 그리고 물론 알프레드는 약속을 지켜야 한다. 어쨌든 그렇게 했다면 알프레드는 만족했을 것이다. 그러나 만일 본인이 했던 약속을 지키는 것이 안 좋은 생각 같다면, 대체 왜 알프레드가 약속을 마지막까지 가져가야 하는가? 자신이 약속을 지킨다고 말했기 때문에? 그게 뭔 상관인가? 만약 그가 미래를 고려한다면, 과거에 했을지도 모르는 약속들은 상대적으로 중요하지 않을 것이다. 알프레드가 약속을 지켜야 하는 잠재적인 이유 중 하나는 사람들이 그를 신뢰하게 만들 필요가 있다는 사실이며, 만일 사람들이 그가 약속을 지키지 않는 사람이라는 것을 알게 된다면 미래에 그가 하는 어떠한 약속도 받아들이지 않을 것이다. 그러나 이것은 알프레드가 자신이 약속을 어겼다는 사실을 누구도 모르게 만드는 이유가 될 뿐이다.

이 모든 것들은 그저 약속 자체가 근본적으로 미래 지향적인 것이 아니라는 사실을 강조할 뿐이다. 배트맨의 약속은 자신의 임무를 과거에 고정시켜 놓았다. 즉, 약속을 지키겠다는 배트맨의 사명은 그에게 **과거 지향적인** 도덕적 이유를 제공하고, 그것을 위해 배트맨은 매일 밤 서로 다른 악당들과 맞서면서 임무를 수행한다. 게다가 부인할 수 없듯이 배트맨은 고담 시민들이 약탈적인 범죄자들로부터 안전해지기를 원하며, 마찬가지로 범법자들이 받아야 할 벌을 받기를 분명히 원한다. 그리고 응징 역시도 과거 지향적이다. 배트맨의 범죄와의 전쟁은 서로 다른 방식으로 과거, 본인의 역사, 그리고 자신이 맞서 싸우는 악당들의 역사와 연결되어 있다(그가 어떻게 계속해서 부모가 살해당한 장소, 즉 당시에는 파크로Park Row로 불렸고, 현재는 크라임앨리Crime Alley로 불리는 곳으로 돌아가는지에 주목하라). 그러나 놀랄 필요는 없다. 왜냐하면 고담의 도시 경관 건축물들, 그리고 구석구석 존재하는 두려움, 미지의 것과 섬뜩함에 의해서 목격되듯이, 배트맨의 이야기는 전적으로 **고딕** 스타일의 이야기이며 이 과거에서 현재로의 이동은 고딕 양식의 또 다른 특징이기 때문이다.

이것은 또한 배트맨이 철저한 결과주의자는 아님을 의미한다. 그는 또한 **의무론**deontology의 도덕적 이유들에 의해 동기 부여되며, 이것은 **무엇을 행한 결과**보다는 **무엇을 하고 있는가**와 관계된 이유들이다.[4] "그렇다면 정직하지 못할 테니까!" 혹은 "그렇다면 살인 행위가 될 테니까!"처럼 "그렇다면 약속을 어긴 것이 될 테니까!"라는 말은 의무론의 도덕적 이유이다. 배트맨이 임무 수행 중에 반복적으로 살인을 거부하는 것, 대상이 조커인 경우에도 거부하는 것은 의무론의 도덕적 이유에 대한 그의 사명을 완벽히 설명해 준다.[5] 또 다른 설명으로 자신의 소년 시절 약속을 지키려는 결심에 의해 동기 부여된 방식이 있다. 게다가 『배트맨: 언더 더 후드』(2005~2006)에서 알프레드가 목격하듯이 배트맨의 적들은 배트맨의 외관이나 힘보다는 바로 그의 엄청난 결심을 두려워한다. 배트맨은 **언제나** 약속을 지키는 사람이다. 그리고 그런 태도 때문에 배트맨은 적들의 눈에 인간 이상의 존재가 된다.

---

4) 의무론적 윤리학에서 가장 영향력 있는 인물은 위대한 독일 철학자 임마누엘 칸트(Immanuel Kant, 1724~1804)이다. 유용한 선집으로는 Stephen L. Darwall ed., *Deontology*, Oxford: Blackwell Publishing, 2003이 있다.
5) 마크 D. 화이트가 쓴 이 책의 1장은 살인을 거부하는 배트맨에 대해 더 자세히 논의한다.

죽은 자와 약속을 한다는 것

약속의 어떤 측면들은 곤혹스러울 수 있다는 사실에도 불구하고, 일상적인 도덕적 삶에 있어 약속의 중요성을 부인하기란 힘들다. 우리는 자주 서로에게 약속을 하며, 어린이들도 마찬가지다. 그리고 약속 때문에 우리 자신에게 책임이 생긴다. 하지만 배트맨이 한 약속의 경우 또 다른 문제가 있다. 우리는 누군가**와** 약속을 한다. 그렇지 않은가? 사실은 이것이 약속과 보다 포괄적인 사명을 구분하는 데 있어 핵심적인 부분으로 보인다. 더 나아가 약속을 어기는 것이 잘못임을 이해하는 한 가지 매우 자연스러운 방식은 그것이 약속을 한 상대방에게 어떤 식으로든 부당함이나 피해를 준다는 사실이다. 이런 생각은 다음과 같은 사실에 의해 지지된다. 예를 들어 만약 배트맨이 오러클에게 한 약속을 어긴다면, 배트맨은 그 행동에 대해 **그녀에게** 사과할 것이 있으며, 비록 약속을 어긴 것이 도덕적으로 정당화된다고 하더라도 분명히 그녀에게 설명 정도는 해야 할 것이다. 하지만 브루스가 부모님에게 약속을 했을 때 그들은 **죽어** 있었다. 죽은 사람에게 무언가를 약속한다는 것이 말이 되는가? 산 사람과의 약속을 어겼을 때와 같은 방식으로 죽은 사람과의 약속을 어기는 것도 잘못일 수 있을까? 죽은 사람이 부당함이나 피해를 받을 수 있을까? 죽은 자들은 우리의 도덕적 세계 안에 있는가 아니면 밖에 있는가?

물론 이런 질문들에 대해서 매우 오래 생각한다면 더 큰 질문에 직면할 수 있다. 즉, '죽을 때 우리에게 무슨 일이 벌어지는가?', '죽음은 의식적 존재의 끝인가 아니면 죽은 후에도 어떤 의식적 삶이 있는가?'와 같은 질문 말이다. 이것은 많은 종교와 철학 사상가들을 혼란에 빠뜨린 질문이다. 그리고 이 질문은 세상에서 가장 뛰어난 탐정조차도 어둠 속에 빠뜨린다! 『언더 더 후드』에서 배트맨이 제이슨 토드(조커에게 살해당한 두번째 로빈)가 왠지 무덤에서 살아 돌아왔다고 의심하기 시작했을 때, 그는 슈퍼맨과 그린애로 두 명을 찾아가서 죽은 다음 다시 생명을 얻는 것이 어떤 것인지를 묻는다. 배트맨이 정말로 이해한 것은 아니겠지만, 부활은 배트맨의 세계에서 진짜 가능하다. 우리는 라스 알굴의 라자루스의 구덩이Lazarus's pits 역시 잊어서는 안 된다. 그것들 역시도 죽은 자들에게 어떤 종류의 생명을 되돌려 줄 수 있기 때문이다. 비록 현실의 경우에는 어떨지 모르지만 만화책에서는 죽음이 마지막 탈출구인 것 같지는 않다.

우리에게 죽음이 끝이 아니라고 가정해 보자. 배트맨 약속의 1939년 버전은 토머스와 마사 웨인의 **영혼**을 불러낸다. 죽은 자들과의 약속을 이해하는 상대적으로 명료한 한 가지 방법은 어떤 의미에서 죽은 자들이 (일종의 유령이나 영혼으로서) 여전히 우리 안에 존재한다고 말하는 것이다. 하지만 배트맨이 살해당한 부모에 사로잡혀 있는 동안에, 그는 보통 **앞서 말한** 방식으로 그렇게 된 것은 아니다. 브루스의 부모는 해리 포터의 부모처럼 배트맨 옆에 다시 나타나 함께 싸우지 않으며, 그들이 등장하는 것은 전형적으로 회상 장면, 기억, 꿈 혹은 환영의 형식 속에서이다.[6] 배트맨은 문자 그대로 부모의 유령에 사로잡혀 있는 것은 아니었다. 차라리 부모에 대한 기억과 그들의 죽음에 대한 기억, 그리움, 부모

---

6) 예를 들어, 『헌티드 나이트』의 세번째 이야기 참조. 이 이야기는 찰스 디킨스의 『크리스마스 캐럴』을 개작한 것으로 이 이야기에서는 브루스의 아버지가 제이콥 말리(Jacob Marley)의 유령으로 나타난다. 혹은 『롱 할로윈』을 보라. 여기에서 브루스는 스케어크로의 가스를 맞고 반은 현재에서, 반은 과거에서 살게 되며, 그 상태에서 그와 그의 어머니는 부모를 살해한 자로부터 도망치려고 노력한다.

와 함께했던 삶의 상실에 사로잡혀 있다. 따라서 우리의 질문은 죽고 **사라진**, 그리고 브루스가 약속을 지키지 않더라도 나타나서 실망감을 표시하지 않을 부모에게 한 그의 약속을 우리가 이해할 수 있는지에 대한 것이다. 또한 결과적으로 이 질문이 여기서 철학적으로 가장 흥미로운 질문이며, 많은 철학자들이 이 질문이 제기하는 주제들과 씨름해 왔다.[7)]

그러므로 논증을 위해서 죽음은 결국 우리의 마지막이라고 가정하자. 고대 그리스 철학자인 에피쿠로스(기원전 341~270)는 이 가정을 넘어선다. 에피쿠로스의 관점에 따르면 인간은 원자들, 신체, 영혼으로 이루어졌으며, 죽음이란 문자 그대로 우리의 분해이다. 즉, 죽으면 우리는 조각조각 흩어지며, 그것으로 끝이다. 우리는 클레이페이스처럼 우리를 재조립하지 못한다. 에피쿠로스의 유명한 주장에 따르면 이러한 죽음은 전혀 두려워할 것이 못 된다.

> 죽음은 우리에게 아무것도 아니라는 믿음에 익숙해져라. 왜냐하면 모든 좋고 나쁨은 감각 경험sense experience 속에 존재하며, 죽음이란 감각 경험의 박탈이기 때문이다. 따라서 죽음은 우리에게 아무것도 아니라는 사실을 올바로 아는 것은 삶의 필멸성을 만족에 대한 문제로 만들며, 이는 [삶에] 무한정의 시간을 보태 주는 것이 아니라 불멸에 대한 갈망을 제거시켜 주는 것에 의해 가능하다. 죽음 속에 두려워할 것이 없음을 깨달은 사람에게는 삶 속에 두려운 것이 없기 때문이다. 그러므로 죽을 때 고통스러울 것이라는 이유가 아니라 여전히 앞으로 다가올 죽음 때

7) John Martin Fischer ed., *The Metaphysics of Death*, Stanford, CA: Stanford Univ. Press, 1993에 들어 있는 여러 글들 참조.

문에 고통스럽다는 이유로 죽음을 두려워하는 사람은 어리석다. 왜냐하면 죽을 때 아무런 괴로움이 생겨나지 않는데도, 단지 죽음을 예상해서 불필요한 고통을 일으키기 때문이다. 따라서 가장 공포스러운 악인 죽음은 사실 우리에게 아무것도 아니다. 왜냐하면 우리가 존재할 때 죽음은 아직 오지 않았으며, 죽음이 왔을 때 우리는 존재하지 않기 때문이다. 그렇다면 죽음은 산 자와 죽은 자 모두에게 중요하지 않다. 죽음은 산 자에게 영향을 주지 못하며 죽은 자는 이미 없기에 그러하다.[8)]

에피쿠로스는 **쾌락주의자**hedonist인데, 이것은 그가 인간에게 좋은 것은 쾌락이며 나쁜 것은 고통이라는 사실을 믿는다는 뜻이다. 그리고 쾌락과 고통은 느껴지지 않으면 존재할 수 없는 것이기 때문에, 에피쿠로스는 다음과 같이 말한다. "모든 좋고 나쁨은 감각 경험 속에 존재한다." 그리고 죽음이란 감각 경험이 사라지는 것이기 때문에, 죽음은 두려움의 대상이 아니다(죽음의 과정이 정말로 고통스러울지도 모르고, 따라서 두려움의 대상이 될 수 있지만, 당신이 죽어 가는 동안에는 "죽음은 아직 오지 않았다"). 게다가 죽은 자에게는 어떤 것도 좋거나 나쁠 수 없는데, 왜냐하면 그들은 경험을 전혀 하지 못하기 때문이다. 만일 에피쿠로스가 옳다면, 브루스의 죽은 부모에게는 어떤 것도 좋거나 나쁜 것일 수 없다. 그리고 약속을 어기면 안 되는 이유 중 많은 부분이 약속을 어기는 행위가 약속을 맺은 사람에게 어떻게든 좋지 않기 때문이라면, 그것은 단지

---

8) Epicurus, "Letter to Menoeceus", Brad Inwood and L. P. Gerson eds., *Hellenistic Philosophy: Introductory Readings*, 2nd ed., Indianapolis, IN: Hackett Publishing Company, 1997, p. 29.

이 경우에는 적용되지 않거나 '약속 대상자'promisee가 죽은 경우에는 적용되지 않을 것이다.

하지만 많은 사람들은 이러한 에피쿠로스적인 논증을 받아들이지 않는다. 우선 다음처럼 생각하는 것이 합리적으로 보인다. 비록 죽음 자체가 어떠한 나쁜 경험도 수반하지 않더라도 정확히 우리가 가졌을지도 모르는 좋은 경험들을 모두 잃게 되기 때문에, 죽는다는 것은 나쁜 것이다.[9] 게다가 모든 나쁜 것들이 분명히 경험되었다는 생각을 의심할 만한 이유들이 있다. 아리스토텔레스(기원전 384~322)의 다음과 같은 글을 생각해 보자. "왜냐하면 살아 있는 사람에게 그가 인지하지 못하는 좋은 것과 나쁜 것[선과 악]이 있을 수 있다면, 죽은 자에게도 좋은 것과 나쁜 것이 있을 수 있는 것처럼 보이는데, 이에 대한 예는 그가 명예 혹은 불명예를 받을 수 있고, 그로 인해 그의 아이들, 일반적으로 후손들이 잘되거나 불운을 겪을 수 있다는 것이다."[10]

아리스토텔레스에 의하면 죽은 자에게도 좋은 것과 나쁜 것이 있다. 이러한 것들을 **죽은 후의 이익과 피해**postmortem benefits and harms라 부르자. 아리스토텔레스는 어떤 비유를 들어 시작한다. 만일 살아 있는 자가 피해를 받을 수 있으나 이를 인지하지 못한 상태로 있다면, 죽은 자 역시 피해를 받을 수 있다. 분명한 것은 아리스토텔레스가 "모든 좋고 나쁨은 감각 경험 속에 존재한다"는 주장을 단박에 거부한다는 사실이다. 셸리

---

9) Thomas Nagel, "Death", *Mortal Questions*, Cambridge: Cambridge Univ. Press, 1979 참조. Fischer ed., *The Metaphysics of Death*, pp. 61~69에 재수록.

10) Aristotle, *Nicomachean Ethics*, 2nd ed., trans. Terence Irwin, Indianapolis, IN: Hackett Publishing Company, 1999, p. 13[『니코마코스 윤리학』, 강상진·김재홍·이창우 옮김, 길, 2011].

나 카일(모르는 사람들을 위해 말하자면 캣우먼)이 배트맨에 대항하는 어떤 복잡한 계획의 일부로 배트맨에게 연정을 품은 것처럼 행동할 뿐이라고 가정해 보자. 더 나아가 배트맨은 이에 대해 완전히 모르고 있으며 그녀와의 교제를 매우 즐기고 있다고 가정해 보자. 그리고 사실 배트맨은 결코 그녀의 이중성을 알아차리지 못한다. 그렇다면 배트맨은 피해를 받은 것이 아닌가? 비록 모르더라도, 그에게 나쁜 일이 발생한 것이 아닌가? 그렇다면 **경험되지 않은** 피해라는 것이 있는 듯하다.

이러한 예는 속임수와 배신이 우리의 경험에 미치는 영향과는 완전히 별도로 피해를 줄 수 있다는 것을 암시한다. 토머스 네이글이 말하듯, "자연스러운 견해는 배신당하는 일은 나쁘기 때문에 배신을 발견하면 우리가 언짢아한다는 것이지, 배신을 발견하면 우리가 언짢아하기 때문에 배신이 나쁘다는 것이 아니다".[11] 그리고 아리스토텔레스는 우리가 명예, 그리고 친구나 가족을 통해 경험에 의존하지 않는 방식으로 피해를 입을 수 있다고 믿는다. 경험되지 않은 피해라는 개념은 매우 그럴듯해 보인다.

죽은 후의 피해는 어떠한가? 살아 있는 배트맨이 피해를 경험하지 않은 채 피해를 받을 수 있다면, 왜 죽은 배트맨은 불가능한가? 혹시라도 브루스 웨인이 죽게 되고, 죽은 후에 사람들이 그가 끝내주는 영웅이 아니라 끔찍한 악당이었다는 잘못된 믿음을 가지게 된다면, 우리는 그에게 무언가 피해를 주는 일(아리스토텔레스의 말을 빌리자면 불운)이 벌어졌다고 생각하지 않을까? "그가 지하에서 통곡을 하겠군" 같은 표현은 이것이 자연스러운 생각임을 암시한다. 아리스토텔레스가 죽은 자들에 대

11) Nagel, "Death", *Mortal Questions*, p. 65.

한 피해는 상대적으로 약하다는 사실을 인정하기는 했지만, 그는 분명히 그렇게 생각한다.

에피쿠로스가 죽은 자들은 피해를 경험할 수 없기 때문에 피해를 받을 수 없다고 말한 것은 아마도 틀렸을 것이다. 하지만 에피쿠로스의 논점들 중 또 다른 부분은 여전히 유효하지 않을까? 살아 있는 사람이 본인의 경험에 영향을 주지 않는 방식으로 피해를 받을 수 있다는 말과 아리스토텔레스가 말한 것처럼 죽은 사람 또한 피해를 받을 수 있다는 말은 별개의 주장이다. 도대체 어떻게 죽은 사람에게 피해가 닥칠 수 있다는 말인가? 글쎄, 어떤 의미로 이는 확실히 있을 수 없는 일이다. 당신과 내가 어떤 일을 하더라도 브루스 웨인에게 실제로 피해를 입힐 수는 없다. 그렇지 않은가? 왜냐하면 배트맨은 만들어진 인물이지 현실의 사람이 아니기 때문이다. 그러나 확실히 죽은 사람들은 허구적 캐릭터와는 다른 범주 속에 존재한다! 허구적 캐릭터들은 살과 피를 가진 인간으로서 존재하지 않거나 존재했던 적이 없지만, 죽은 자들은 한때 존재했던 현실의 사람들이다.

이것이 죽은 사람들에게 피해를 입힌다는 것을 이해하기 위해서 필요한 단서이다. 죽은 사람들에게 한 약속을 어기면 그들에게 피해를 입힐 수도 있다는 주장이 말이 되는지 궁금하다면 우리가 피해를 입히는 대상들을 묘사하는 방식에 주의할 필요가 있다. 우리는 브루스가 죽은 후의 토머스 웨인과 마사 웨인에게 피해를 입힐 수 있는지를 묻고 있는 것인가? 만약 그렇다면, 우리는 브루스가 유령, 시체, 혹은 심지어 아무것도 아닌 대상에게 피해를 입힐 수 있는지를 묻고 있는 것이다. 그리고 그런 짓은 당연히 어리석다. 그러나 배트맨이 자신의 유아기를 보살펴 주었던 살아 있는 사람들인, 죽기 전의antemortem 웨인 부부에게 피해를 입힐 수 있는지에 대해서 질문을 던진다면 어떨까?[12] 이런 식으로 우리가 이 문제를 생각한다면, 이제는 깨어진 약속의 피해로 괴로워하는 적절한 후보자가 존재하게 된다. 그다음 문제는 **언제** 피해가 발생하며, **역인과**backward causation를 포함하는 이 피해를 어떻게 말할 것인지를 알아내는 것이다. 역인과 속에서 브루스가 현재 할 수 있는 행동이 어떻게든 과거의 부모님에게 피해를 입힐 수도 있다. 그리고 이것은 실제로 철학적인 문제지만, 언제나 과거와 현재가 뒤섞여 있는 다크 나이트의 이야기 방식을 고려해 볼 때, 배트맨 팬들이 감당해야 할 올바른 문제인 것처럼 보인다.

돌아온 배트맨

『킹덤 컴』(1997)은 DC 세계의 가능한 한 가지 미래, 즉 대체 지구를 그린다. 여기서 배트맨은 여전히 고담 시의 범죄와 싸우고 있다. 사실 그는 로봇 배트 나이트Bat-Knight 군단의 도움으로 전쟁에서 이기고 있는 것처럼 보인다. 여기서 배트맨은 자신의 약속을 지켰거나, 약속에 거의 가까워져 있다. 그러나 또 다른 미래 이야기이며 프랭크 밀러의 고전인 『배트맨: 다크 나이트 리턴즈』(1986)의 시작 부분에서 배트맨은 은퇴를 한다. 왜일까? 이는 배트맨이 도시의 악을 몰아내고 부모님에게 한 약속을 완수했기 때문이 아니다. 오히려 그 반대이다. 밀러의 배트맨이 망토와 복

---

12) George Pitcher, "The Misfortunes of the Dead", *American Philosophical Quarterly*, Vol. 21, No. 2, 1984, pp. 183~188 참조. Fischer ed., *The Metaphysics of Death*, pp. 159~168에 재수록.

면을 벗은 이유는 자신의 임무가 끝나서가 아니라 전직 로빈인 제이슨 토드의 죽음 때문이었다(흥미롭게도 밀러는 이 이야기를 **먼저** 썼고, 몇 년 후 제이슨은 정기적인 배트맨 작품과의 연속성 속에서 죽었다. 그러므로 그는 『배트맨: 가족의 죽음』[1988]에 묘사된 조커에 의한 악명 높은 로빈의 죽음을 예견했고, 아마도 그 사건의 출현을 도왔을 것이다).

『다크 나이트 리턴즈』에서 배트맨의 경력은 만화가 시작되었을 때 끝나 있다. 그리고 어떤 약속이 존재한다. 브루스가 자신의 마음속 배트맨과 겪고 있는 갈등을 묘사하는 다음 내면의 독백을 고민해 보라.

> 그리고 그[배트맨—인용자]는 나[브루스 웨인—인용자]를 비웃고, 저주하며, 멍청이라 욕한다. 그는 나의 잠을 차지하고, 나를 속이며, 밤은 멀고 나의 의지가 약할 때 여기로 데려온다. 그는 끈질기게, 증오에 차서 몸부림친다. 자유롭기 위해.
> 나는 그를 멋대로 두지 않을 것이다. 맹세한다.
> 제이슨을 위해서.
> 결코.
> 결코 다시는.

물론 결국에 배트맨은 이 정신적 갈등에서 승리하고 다시 한번 악과 싸우기 위해 은퇴에서 돌아온다. 왜일까? 그것은 더 오래되고 중요한 약속을 그냥 외면할 수는 없기 때문이다. 밀러가 언급하듯이 브루스는 배트맨이 되지 않기 위해 자신을 '걸어 다니는 시체'walking dead man로 만든다. 부모에 대한 약속과 그로 인해 시작된 계획은 그의 존재를 정의한다. 그것들이 없으면 브루스는 단지 껍데기만 남은 인간일 뿐이다. 그리고 과거는 그냥 잊힐 리가 없다. "그 일이 어제 일어났을 수도 있었다. 지금 일어나고 있을 수도 있지. 그들이 당신 발 앞에 누운 채로 움찔거리며 피를 흘리고 있을 수도 있다." 결국 배트맨은 결코 완벽히 지킬 수 없는 약속을 한다. 그러나 그 약속은 배트맨이 살아가기 위해서 꼭 필요한 어떤 것이다.

영원한 배트맨?

일부 철학자들은 인간은 영원한 존재가 아니라는 사실에 기뻐해야 한다고 주장해 왔는데, 왜냐하면 영원한 삶은 예상대로 지루하다는 게 증명될 것이며, 따라서 축복이라기보다 저주일 것이기 때문이다.[13] 그렇다면 놀랍게도 죽음이야말로 삶을 매력적이고 흥미롭게 만드는 부분일지도 모른다. 심지어 슈퍼히어로의 삶도 점점 지루해질 수 있다. 왜냐하면 악과 싸우는 짜릿함은 수년, 수십 년, 혹은 수세기가 지나면 점점 없어질지도 모르기 때문이다. 하지만 배트맨은 추격의 짜릿함이나 승리의 기쁨에 주로 이끌리지는 않는다. 배트맨은 그 삶이 흥미진진하고 만족스럽다는 것을 알았기 때문에 슈퍼히어로인 것은 아니다. 『슈퍼맨/배트맨: 퍼블릭 에너미』에서 그는 잔인할 정도로 솔직하다. "이 삶은 다른 누군가가 살았으면 하는 삶이 아니다." 그렇다. 배트맨의 범죄와의 성전은 자신을 정의하는, 그 지킬 수 없는 약속을 지키기 위해 노력 중인 사명에 의해 동

13) Bernard Williams, "The Makropulos Case: Reflections on the Tedium of Immortality", *Problems of the Self: Philosophical Papers 1956~1972*, Cambridge: Cambridge Univ. Press, 1973, pp.82~100 참조. Fischer ed., *The Metaphysics of Death*, pp.73~92에 재수록.

기를 부여받은 것이다. 이 사명이 자신의 개인적인 만족과는 관계없는 어떤 의미를 그의 삶에 부여해 준다. 사실 배트맨의 삶의 의미는 그 자신의 개인적인 희생과 관계가 있다. 배트맨의 약속은 고담이 얼마나 오래 그를 필요로 하든지 간에 그를 고담에 묶어 놓는다.

8장

브루스 웨인은 배트맨이 되었어야 했는가?

마헤시 아난트 · 벤 딕슨

그렇게 많은 시간과 돈으로 무엇을 해야 할까?

배트맨의 또 다른 자아인 브루스 웨인은 부자이다. 그것도 **엄청난** 부자이다. 『포브스』의 가장 부유한 허구적 인물들 15인 목록에서 웨인은 일곱째이며, 『포브스』는 그의 순 자산이 거의 70억 달러에 달할 것이라 추정한다.[1] 특히 부모가 급작스레 고담 시 범죄자에 의해 살해당한 후 재산을 상속받았기 때문에 그는 태어날 때부터 부자였다. 그러므로 25살의 웨인이 배트맨이 되어 정의를 위해 싸우는, 매우 돈이 많이 들고 위험한 임무를 맡았을 때, 웨인은 그렇게 하는 것이 자신의 시간과 상속받은 재산을 쓰기에 적절한 방식이라는 도덕적 판단을 내린 것이다. 브루스는 부모를 추모하기 위해 고담 시의 범죄를 청소하는 것이 본질적으로 옳은 일이라는 결정을 내린다. 하지만 이것이 도덕적으로 옳은 결정인가?

---

1) Michael Noer and David M. Ewalt, "The Forbes Fictional Fifteen", Forbes.com, November 20, 2006: September 28, 2007. http://www.forbes.com/2006/11/20/forbes-fictional-richest-tech-media_cx_mn_de_06fict15_intro.html 참조.

다크 나이트로 말없이 가지 않기

그것은 경고 없이 온다…….
당신의…… 그리고 나의 서재 창문을 깨부수고…….
나는 이것을 본 적이 있다…….
어디에선가…… 소년인 나를 무섭게 했듯이 …… 나를 무섭게 했다…….
그래요, 아버지. 나는 박쥐가 되겠어요.

— 25살의 브루스 웨인, 『배트맨: 이어 원』

『배트맨: 이어 원』(1987)의 웨인에 대한 첫 묘사는 보기에도 섬뜩하다. 7살짜리 웨인은 그의 부모 앞에 무력하게 무릎을 꿇고 있고, 피로 얼룩진 아버지는 어머니의 어깨를 잡고 있으며, 부모는 길바닥에 쓰러진 채 움직임이 없다. 몇 쪽을 넘기면 다 자란 웨인이 다시 한번 부모 앞에 무릎을 꿇고 있는 모습을 보게 되는데, 이번에는 부모의 무덤 앞에 있다. 그의 슬픈 표정과 웅크린 자세를 보면 부모가 살해된 후 여러 해가 지났지만 부모의 죽음에 대한 브루스의 고통은 그다지 줄어들지 않은 것처럼 보인다. 정말이지 이야기는 빠르게 웨인이 어떤 이유로 배트맨으로 변해 불의와 싸우는 데에 모든 걸 쏟아붓기로 결정하는지 드러낸다. 그 자신이 부유한 상속인이자 고담의 의사였던 아버지가 남긴 모범을 따른다면, 웨인은 날카로운 지성과 물려받은 재산을 더 나은 고담을 만드는 데에 사용해야 한다.

배트맨이 범죄와 싸운 것은 크게 보아 고인이 된 부모에게 존경을 바치는 방식이었으며, 이는 『이어 원』에 나오는 더 초현실적인 장면들 중 하나에서 분명해진다. 자경단 행위의 실패로 상처를 입은 브루스는 거의 죽을 정도로 피를 흘리고 있었다. 그는 웨인 저택 서재에 앉아 죽은 아버지, 토머스 웨인의 흉상 비슷한 것에 '말을 걸기' 시작한다. 아들 웨인은 아버지에게 더 성공적으로 범죄와 싸우기 위해 어떻게 범죄자들에게 공포를 심어 줄 수 있는지를 묻는다. 그리고 브루스는 부모님이 살해당한 그날 밤 이후로 그런 성공을 원했다는 사실을 분명히 한다. 브루스는 그날 밤 "모든 의미가 [그의―인용자] 삶을 떠나 버렸다"라고 말한다. 부모님의 마지막 밤에 대한 세부적인 그의 회상 이후 바로 서재 창문을 깨고 박쥐가 방으로 날아들어 아버지 모습의 흉상의 꼭대기에 앉는다. 이 사건은 박쥐와 관련된 그의 어린 시절 경험에 대한 끔찍한 기억을 떠올리게 한다. 박쥐에 영감을 받은 웨인은 유사한 공포를 고담 범죄자들의 심장에 불러일으키기로 그 자리에서 결심한다. 박쥐로 변장한 상태로 고담의 쓰레기들과 싸울 것이다. 이 장면의 이미지와 대화는 배트맨이 되기로 한 웨인의 결심과 부모의 죽음, 그리고 고담에 봉사함으로써 아버지를 추모하려는 욕망 사이의 긴밀한 연결 고리를 분명하게 만든다.[2)]

'싱어': 배트맨의 진정한 첫 적수

배트맨이 되는 것이 웨인에게 있어 도덕적으로 최상의 선택이었을까? 언뜻 보기에는 웨인이 배트맨으로 살기로 한 선택의 도덕적 지위를 묻는 것은 이상해 보인다. 물론 범죄에 시달리는, 게다가 새로 부임한 제임스 고든 경위가 '희망 없는 도시'(『이어 원』)라 이름 붙인 고담 시를 구하겠다는 결정은 훌륭할 뿐만 아니라 높은 도덕적 성격을 드러낸다. 그러

2) 배트맨 신화에 관해, 우리는 프랭크 밀러의 『배트맨: 이어 원』과 이에 영감을 받은 영화인 크리스토퍼 놀란 감독의 〈배트맨 비긴즈〉(2005)에서 브루스 웨인이 배트맨이 되고자 결정한 것을 이해했다. 또한 〈배트맨 비긴즈〉는 살해된 부모에 대한 브루스 웨인의 헌신을 유사하게 보여 준다.

나 자세히 들여다보면 이러한 묘사는 아직 이른 것일 수 있다.

피터 싱어(1946~)는 그의 유명한 논문인 「기근, 풍요, 그리고 도덕성」에서 인간은 음식, 주거, 의료 서비스 등의 기본적 욕구의 부족으로 고통받고 죽어 가는 타인들을 도울 도덕적 책임이 있다고 주장한다.[3] 싱어는 공리주의자이다. **공리주의**utilitarianism는 우리에게 최대 다수의 최대 선 혹은 최소 악을 불러오는 행위를 하라고 가르치는 도덕 이론으로, 이 이론은 모든 사람은 도덕적으로 평등하다는 사실에 기초한다.[4] 싱어는 다음과 같은 도덕 원리가 분명하게 우리 일상적 사고의 일부가 되어야 한다고 결론 내린다. "나쁜 일을 막는 것이 우리의 힘으로 가능하다면, 그리고 비슷하게 도덕적으로 의미 있는 어떤 것을 희생시키지 않는다면, 우리는 도덕적으로 그렇게 해야 한다."

이러한 원리의 유용성과 설득력은 싱어가 제시하는 얕은 연못에 빠진 아이에 대한 예를 통해 설명할 수 있다. 이 연못을 지나가는 도중 물에 빠진 아이를 보았다고 상상해 보라. 게다가 당신은 연못 안으로 들어가 그 아이를 구하는 것이 매우 쉽다는 것도 알고 있다. 당신의 옷이 진흙투성이가 되긴 하겠지만, 옷의 피해나 관련된 다른 불편사항들은 아이의 생명과 비교하면 사소한 것이다. 그렇지 않은가? 따라서 분명히 당신은 아이를 구해야 한다.

싱어의 도덕 원리는 누군가 우연히 물에 빠진 아이를 만나게 되었을 때 도와줘야 하는 이유를 정확히 잡아 낸 것으로 보인다. 즉, 누구나 생명

---

3) Peter Singer, "Famine, Affluence, and Morality", *Philosophy and Public Affairs*, Vol. 1, No. 3, Spring 1972, pp. 229~243.

4) John Stuart Mill, *Utilitarianism*(1863), Indianapolis, IN: Hackett Publishing Company, 2005[『공리주의』, 서병훈 옮김, 책세상, 2007] 참조.

을 구할 수 있고 그것도 매우 적은 도덕적 비용으로 할 수 있다. 하지만 싱어가 우리에게 숙고해 보길 권하는 부분은 이렇게 수용한 원리에는 우리가 날마다 어떻게 살아가야 하는지에 대한 심오한 함축이 있다는 점이다. 앞서 말한 예시 속의 사람이 비슷한 도덕적 가치를 지닌 어떤 것의 희생 없이 아이에게 도움을 줄 수 있는 것처럼, 똑같이 부유한 서양인들이 기아나 치료 가능한 질병과 같은 재난에 직면한 사람들에게 선행을 베풀기 위해 사치품을 포기할 수도 있다는 점에 주목해 보라. 물론 우리 중 많은 이들은 자신이 부자라고 생각하지 않지만, 그럼에도 우리는 대개 더 작은 사치품들인 CD, DVD, 유명 브랜드 옷, 고급 음식에 둘러싸여 있다. 싱어의 도덕 원리는 이런 더 작은 사치품들을 즐기는 것이 사람의 생명을 구하는 것보다 중요한지 생각하게끔 만든다.

싱어의 논증을 '예방 논증'the argument from prevention이라 부르자. 기본적으로 음식, 주거, 의료 서비스 부족으로 인한 고통과 죽음이 나쁘다면, 그리고 그런 나쁜 일들이 일어나지 않도록 할 수 있는 힘이 우리에게 있다면, 개인으로서 우리는 도덕적으로 이런 나쁜 일들을 막아야 한다고 그는 주장한다. 이런 식의 고통이 나쁘다면, 그리고 우리가 도울 수 있는 게 사실이라면, 싱어는 이런 나쁜 일들이 일어나지 않도록 막는 것이 개인으로서 해야 할 그 경우라는 데는 논쟁의 여지가 없다고 생각한다. 싱어는 굶주림, 질병, 열악한 주거 환경 같은 것들 때문에 고통받는 것은 나쁘다는 사실을 참이라 받아들인다. 정말이지 싱어는 독자가 이런 주장의 진리성에 동의하지 않는다면, 자신의 논문 읽기를 멈추라고까지 주장한다! 논의를 위해 우리는 (싱어처럼) 이 주장이 참이라 가정할 것이다.

이제 싱어가 묘사하는 '증여'giving를 이해하는 것이 중요하다. 그렇게 극도로 가난한 사람들을 돕기 위해 구체적으로 우리 자신의 어느 정도를 증여해야 하는가? 배트맨의 한밤중 활동이 고담 시 이웃들의 고통과 죽음을 막으려는 목적을 지닌 한, 젊은 웨인은 어떤 형태의 희생적 삶을 살기로 결심한 게 분명하다. 그리고 이것은 확실히 충분한 희생이다. 그렇지 않은가? 하지만 '얼마만큼이 충분한 것인가?'에 대한 싱어 자신의 답변은 우리를 놀라게 한다.

> [강한 증여론의—인용자] 한 가지 가능성은…… 우리가 한계 효용 수준에 도달할 때까지 증여해야 한다는 사실이다. 그 수준이란 더 증여함으로써 나에게 초래되는 고통의 크기와 나의 증여로 나에게 의존하는 사람에게서 경감되는 고통의 크기가 동일한 수준에 이르는 것이다. 물론 이것은 증여자가 자신을 [굶주리고 가난한 자들과—인용자] 거의 비슷한 물질적인 환경에 이르도록 만든다는 것을 의미한다. [대안으로—인용자] 나는 더 온건한 형태를 제안했다(그렇게 해서 도덕적으로 의미 있는 어떤 것을 희생시키지 않아도 된다면 나쁜 일들이 발생하는 것을 막아야 한다). 내가 이런 제안을 하는 이유는 분명히 거부할 수 없는 이런 원리조차도 우리 삶에서 큰 변화를 요구한다는 사실을 그저 보여 주기 위해서이다.[5]

싱어는 위의 글에서 증여에는 강한 증여와 온건한 증여 두 가지 형태가 있다는 것을 분명히 한다(그는 온건한 증여에 대해 회의적이나 논증을 위해 이를 기꺼이 채택한다는 점에 주목하라). 강한 증여는 증여를 함으

---

5) Singer, "Famine, Affluence, and Morality", *Philosophy and Public Affairs*, Vol. 1, No. 3, p. 241.

로써 **비슷하게 도덕적으로 의미 있는** 어떤 것을 희생시키지 않는다면, 우리가 돕는 사람들에게 존재하는 만큼의 그렇게 많은 고통을 우리 자신에게 초래할 지점까지 증여해야 할 도덕적 책임이 있다고 주장한다. 대조적으로 온건한 증여는 우리가 증여한 정도의 결과로 **도덕적으로 의미 있는** 어떤 것을 희생해야 하는 그 지점에 도달하기 전까지 증여를 해야 할 도덕적 책임이 있다고 주장한다.

배트맨 대 싱어: 고담 시를 원조하는 것을 둘러싼 전투

젊은 웨인이 상속받은 재산 대부분 혹은 모두를 포기하는 선택권에 어느 정도의 중요성(만약 있다면)을 둬야 하는지는 명확하지 않다. 아마 나중에 그의 삶에서 일어난 어떤 사건이 이러한 자선적 증여에 대한 전반적인 태도를 약간이나마 암시할지도 모른다. 조커가 두번째 로빈(제이슨 토드)을 죽이는 사건을 기록한 만화인 『배트맨: 가족의 죽음』(1988)에는 브루스 웨인이 에티오피아에서 기근에 찌든 난민과 우연히 만나는 장면이 있다. 이 인간적 비극에 대해 반성하던 배트맨은 조용히 생각한다. "수용소로 매일 수천의 난민들이 몰려들어 온다. 정말이지 가슴 아픈 일이 아닐 수 없다. 고담으로 돌아가면 이 상황을 돕기 위해 또 다른 수표를 보내 여기서 본 것을 잊으려 할 것이다. 나도 다른 사람들과 다를 게 없는 것 같다. 브루스 웨인(그리고 배트맨)조차 할 수 있는 일이 고작 이 정도일 뿐이다."

자신의 기부가 얼마나 효과가 있을지에 대한 웨인의 회의와 에티오피아에서 본 고통을 잊으려는 그의 욕구(그는 이 욕구에 따라 행동할 것이다)에 주목해 보자. 이런 일반적 신념과 태도가 젊은 사람인 웨인의 사고에 존재했는가? 그렇다면, 그리고 그 신념과 태도가 사실이고 도덕적으로 허용된다면, 아마도 이것들이 싱어가 제시한 난제에 대처하는 데 도움을 줄 것이다. 그 난제는 강한 증여 또는 온건한 증여의 관점에서 보았을 때 웨인이 배트맨이 될 수 있는지 없는지에 대한 것이다.

강한 증여론의 관점에서 보면 이 문제의 답은 분명하다. 만약 배트맨이 된 후에 일어난 일들이 [증여와] 비슷한 도덕적 가치가 있음을 보여줄 수 없다면, 웨인은 그의 소득 대부분(그의 상속 재산과 웨인 기업의 기존 소득까지를 포함한)을 절실히 가난한 사람들에게 증여해야 한다. 싱어와 같은 공리주의자는, 만일 웨인이 배트맨으로서 성공한다면(이는 매우 큰 **가정**이다!) 그가 범죄와의 전쟁에 상당히 큰 도움을 고담 시에 줄 수 있을 것이며 결과적으로 고통을 꽤 줄여 줄 수 있다는 사실을 받아들일 것이다. 하지만 이러한 도움은 그가 전 세계의 가난하고 빈곤한 대중들에게 즉시 줄 수 있는 혜택에 비하면 정도가 약할 것 같다. 특히 그의 재산이 믿을 수 있는 원조 기구에 의해 좋게 쓰일 수 있을 가능성을 생각한다면 말이다. 다시 말하지만, 이것은 그가 박쥐로 차려입고, 고성능 무기들을 휘두르며 나쁜 놈들과 싸우고, 억만장자 바람둥이인 척하며 달성할 수 있는 성공 가능성과는 대립된다. 이것이 함축하는 바는 웨인은 배트맨이 되고자 한 선택을 싱어의 강한 증여론에 따르면 방어**할 수 없다**는 사실이다.

이 강한 증여론에 대한 반응으로 웨인은 가난한 이들에게 증여할 도덕적 책임을 받아들일 수 있지만, 만약 배트맨의 삶을 포기해야 한다면 동등한 도덕적 가치를 지닌 어떤 것을 포기하는 것이라 주장할 수 있다. 구체적으로 그는 자신이 고담에 혜택을 줌으로써 부모님을 추모하려는 욕구가 합리적으로 '동등한 도덕적 가치'를 지님을 주장할지도 모른다.

그 대답이 만일 참이라면, 이 대답을 통해 아마 그는 배트맨이 되어 보다 가난한 사람들에게 **자비롭게** 지원할 수 있을 것이다.

하지만 싱어는 이러한 논증에 대한 대답을 가지고 있으며, 이는 싱어 식의 공리주의가 갖는 두 가지 함축에 근거한다. 첫번째 함축은 두 증여론 모두 도움이 필요한 사람들의 접근성이나 거리를 받아들이지 않는다는 점이다.[6] 두번째 함축은 두 증여론 모두 굶주린 사람들에게 증여하는 것이 자선의 문제라는 생각을 수반하는 것은 아니라는 점이다.[7]

싱어는 진정한 공리주의자의 형식으로, 특히 우리가 살고 있는 활발히 상호 교류하는 글로벌 시장에서 지역은 도덕적 결정과 관계가 없음을 분명히 한다. 모든 사람은 도덕적으로 동일한 가치를 지니며 이 부분은 더 말할 필요도 없다. 그러므로 범죄의 손에 놓여 있는 고담의 '제1세계' 시민들의 고통도 중요하지만, 빈곤에 빠진 나라에서 확실한 죽음에 직면해 살아가는 엄청난 수의 굶주리는 사람들의 빈곤이 더 중요하다. 따라서 웨인이 고담과 친밀한 유대 관계를 맺고 있다고 해서 손해와 이익을 저울질하는 공리주의적 계산으로 추가적인 '점수'를 얻을 수 있는 것은 아니다. 이런 식의 생각은 고담을 돕는 데 집중함으로써 부모를 추모한다는 식의 웨인이 가정하고 있는 정당성을 사용할 수 없게 만든다. 싱어 같은 공리주의자에 대립하는 어떤 비장의 카드로서, 그러한 노력이 고담 시의 고통을 꽤 덜어 주는 이익을 가져다주더라도 말이다.

배트맨 신화 연대기에 대한 압도적인 지식으로 무장한 식견 있는 팬

---

6) Singer, "Famine, Affluence, and Morality", *Philosophy and Public Affairs*, Vol. 1, No. 3, p. 231.
7) *Ibid.*, p. 235.

이라면 다음을 지적하고 싶어 할지 모른다. 일단 웨인이 자신을 배트맨으로 규정하고 얼마 지나지 않아 고담의 도시 경계선을 훨씬 넘어가는 지역에서도 파괴와 고통을 일으키려는 악당들과 맞서기 시작한다. 나쁜 놈들도 그들이 얻을 수 있는 돈과 권력이 집으로부터 멀리 떨어져 있다는 사실을 깨닫지 못하면, 공리주의자들처럼 접근성과 거리에 대해서는 그렇게 신경을 쓰지 않는다. 따라서 지적인 배트맨 팬에 의하면 배트맨으로서 웨인의 노력이 오직 고담 시민들에게만 이익을 준다고 말하는 것은 좀 불공평하다.

그렇지만 이 장에서는 웨인이 배트맨이 되고자 한 **초기**의 결정에 대해서만 분석하고 있다는 사실을 기억하라. 우리가 알고 싶은 것은 **그** 개별적 결정이 특정 도덕 이론의 관점에서 볼 때 도덕적으로 정당한가이다. 분명 공리주의는 웨인에게 무엇이 자신의 거대한 자원을 활용하는 가장 합리적인 방법인지를 면밀히 들여다보기를 요구할 것이다. 웨인의 어린 자아가 배트맨이 되겠다는 결정을 내린 **바로 그 당시** 그가 가진 지식에 근거해서 말이다. 그러므로 웨인의 결정에서 아주 초기인 이것이야말로 공리주의자가 배트맨이 되어 범죄와 싸우겠다는 선택권에 여전히 회의적인 눈길을 던질 그런 경우이다.

배트맨 대 싱어(2라운드): 의무 이상을 하는 슈퍼히어로는 없다

의무의 범위 이상을 넘어서는 자선 행위의 개념을 호소하는 웨인에게 싱어라면 무엇이라 말할 것인가? 웨인은 부모님의 추억 그리고 아버지가 사실상 폐허에서 구한 이 도시를 추모하려는 자신의 욕구는 도덕적 합법성과 같은 작은 부분 이상을 갖고 있다고 주장할 수 있으며, 정말 그렇기 때문에 (고담 시 외부에 있는) 다른 가난한 사람들에 대한 본인의 도움도 자선 활동으로 보아야 한다고 주장할 수 있다. 윤리적 관점에서 웨인은 타인에 대한 자신의 자선적 도움 활동은 분명히 **의무 이상의 일을 하는 것**supererogatory이라 주장할 수 있다. 즉, 그의 자선적 기여는 의무의 범위를 넘어서는 일로 여겨야 한다. 이런 관점에서 보면 웨인은 도덕적 의무 이상으로 활동하고 있기에 그 자신이 도덕적이고 영웅적일 뿐 아니라, **초**-도덕적이고 **초**-영웅적이라 주장할 수 있다.

하지만 공리주의자라면 이러한 주장을 거부할 것이다. 공리주의에 따르면 일반적으로 자선 활동 혹은 의무 **이상의** 활동이란 존재하지 않는다. 왜냐하면 모든 사항을 따져도 어쨌든 그러한 행위도 실제로는 의무적인 활동으로 드러나기 때문이다. 그러한 행위는 순수하게 '할 일만 하는'erogatory 것일 뿐이다! 또 다른 도덕철학자인 로런스 M. 힌먼이 썼듯이, "사람은 항상 최대 크기의 효용을 생산할 책임이 있으며, 그것이 정확히 의무를 구성하는 책임이다.……공리주의자에게는 의무 이상의 일을 할 여지가 없는데, 의무란 매우 지나친 요구라 그 이상 큰 것은 없기 때문이다".[8)]

싱어는 적어도 음식, 주거, 의료 서비스 등의 부족으로 인한 고통의 도덕적 무게가 너무 크기 때문에 이러한 고통을 완화시키려는 노력은 '자선적 증여'로 환원될 수 없다고 생각한다.[9)] 그러므로 이러한 고통을 완화시키기 위한 웨인의 기부는 자선적인 것도 아니고, 의무 이상의 일

---

8) Lawrence M. Hinman, *Ethics: A Pluralistic Approach to Moral Theory*, Belmont, CA: Wadsworth, 2003, p. 143.

9) Singer, "Famine, Affluence, and Morality", *Philosophy and Public Affairs*, Vol. 1, No. 3, p. 235.

을 하는 것도 아니다. 물론 배트맨이 되는 비용이 없었더라면 그 기부의 크기는 더 클 수도 있다. 공리주의자의 도덕적 삶은 엄격한 것이라는 사실이 이제 분명할 것이며, 이것이 정확히 싱어의 핵심이다. 싱어는 결국 웨인의 반대 논증에도 불구하고 자신의 예방 논증은 여전히 영향을 안 받는다고 웨인에게 답할 수 있다. 그러므로 강한 증여론에 기초하면 웨인에게는 가난한 자들에게 자신의 재산을 증여하기 위해 배트맨이 되는 것을 포기해야 할 도덕적 책임이 있다. 만약 그가 이 강한 증여론을 무시한다면, 배트맨이 되고자 하는 자신의 선택과 그에 따르는 행동은 이러한 공리주의자의 관점에서는 비도덕적인 것이다.

온건한 증여론 관점에서 웨인은 배트맨으로서의 삶과 이런 삶과 함께하는 모든 것을 희생할 필요가 없는 그 지점까지만 증여를 한다면 자신이 정당화된다는 사실을 보여야 할 것이다. 게다가 이 삶은 그가 도덕적으로 의미 있다고 주장해야만 하는 삶이다. 여기서 문제는 무엇이 필연적으로 '도덕적으로 의미 있는' 것으로 여겨지는지 분명하지 않다는 (싱어의 분석에서조차 그렇지만) 사실이다. 누군가는 삶에서 많은 사치품들이 어느 정도의 행복을 제공하기 때문에 도덕적으로 의미 있다고 주장할 수 있다. 모든 귀중한 사치품들이 '도덕적으로 의미 있다'는 식의 함축을 피하기 위해, '도덕적으로 의미 있다'고 여겨지는 것에는 약간의 제약 조건들이 필요하다. 싱어의 단서를 따라서, 우리는 만약 그러한 소유가 자신에게 행복을 가져다주며 그것의 비용이 극빈자들의 고통을 상당히 감소시키는 것을 막지 않는다면, 그리고 이 경우에만 어떤 것을 '도덕적으로 의미 있다'고 여겨야 한다고 제안한다.

따라서 이러한 정의에 따르면 사람들은 자신들의 삶의 방식의 결과로서 얻은 물질적 소득 중 일부는 가질 수 있도록 허용되지만, 소득 중 일부는 다른 사람들을 돕기 위해서 양도해야만 한다. 그러나 싱어의 설명에 깃든 정신을 따르기 위해, 이 정의는 (대부분의 경우) 많은 수의 '시시한' 물질적인 품목의 획득도 제외한다. 왜냐하면 그것들을 얻는 비용으로 기근이 닥친 나라에 사는 사람들의 고통을 상당히 줄여 줄 수 있기 때문이다.

싱어의 승리: 이성의 빛이 배트 케이브를 비추게 하라

싱어에 대한 반응으로, 웨인이라면 온건한 증여론과 '도덕적으로 의미 있는'이라는 정의 모두를 통해서 배트맨이 되기로 한 선택을 합리적으로 변호할 수 있다. 첫째, 그가 많은 사람들의 목숨을 구할 수 있고 고담 시의 안전을 제공한다는 사실은 그의 삶의 방식이 (일반적으로 볼 때) 도덕적으로 의미 있다는 것을 분명하게 보여 준다. 결국 작은 성공만을 거두었다 하더라도 웨인의 노력은 고통과 죽음을 줄여 주며, 정확히 이것은 싱어가 도덕적으로 의미 있다고 분명하게 확인한 부분이다. 둘째, 웨인이 웨인 기업으로부터 얻는 수입이 다크 나이트가 되기 위한 일종의 금전적 보장과 기술을 제공하고, 또한 그가 웨인 재단을 통해 빈곤한 사람들에게 증여를 할 수 있도록 해준다는 사실은 분명하다. 그러므로 비록 웨인이 배트맨이라는 자신의 정체성을 숨기고 게으른 바람둥이 행세를 하는 데에 큰 비용을 지출한다고 하더라도, 그의 지출은 도덕적으로 의미 있는 삶의 방식을 위해 허용할 만한 것이며, 사실은 필요한 것이다. 따라서 웨인이라면 배트맨이 되고자 한 자신의 선택을 도덕적으로 수용할 만하다고 온건한 증여론의 영역 안에서 방어할 수 있다.

하지만 배트맨이 되려는 웨인의 결정을 온건한 증여론 입장에서 가능한 한 정당화하더라도, 강한 증여론에 대해서 온건한 증여론을 특권화할 이유를 싱어가 정말로 아는 것은 아니다. 싱어는 다음과 같이 말한다.

> 나는 강한 증여론보다 온건한 증여론의 원리를 유지해야 할 어떤 괜찮은 이유도 발견할 수 없다. 비록 우리가 이 원리를 온건한 형식으로만 받아들이더라도, 사람들이 빈민 구호에 증여하기보다 사소한 것들에 돈을 쓰는 상황에 의존하는 지금의 소비 사회가 둔해지고 아마 완전히 없어지도록 하기에 충분한 만큼의 증여를 해야 한다는 사실은 분명할 것이다.[10)]

진정한 공리주의자인 싱어의 지위를 생각한다면 이러한 불만족은 놀라운 것이 아니다. 통상적으로 공리주의는 최대/최소라는 요소를 가지고 있으며, 도덕적인 것은 최대 다수에게 **최대한의** 선을 가져오거나 **최소한의** 악을 가져오는 그런 것이다. (전통적으로 말하면) 온건한 증여론은 본성상 전혀 공리주의적이지 않다. 그러므로 배트맨이 되는 결정을 지지하기 위해 온건한 증여론을 요청하는 것은, 그것을 지지하기 위해 싱어 식의 공리주의를 요청하는 것과 같지 않다.

하지만 브루스 웨인의 결정이 공리주의와 충돌하는 데는 또 다른 이유가 있으며, 이것은 처음부터 브루스의 선택을 따라다녔다. 그것은 바로 그가 배트맨이 된 것을 정당화하기 위해서 **과거**를 바라본다는 사실이다. 그러나 공리주의자에게 어떤 행동의 중요한 측면은 **미래**에 일어날

---

10) Singer, "Famine, Affluence, and Morality", *Philosophy and Public Affairs*, Vol. 1, No. 3, p. 241.

그것의 결과와 이어져 있다. 그러므로 그들은 브루스가 부모의 죽음과 그의 부모가 고담 시에 바친 헌신을 범죄와 싸울 충분한 이유로 보는 것을 인정하지 않을 것이다. 오직 미래의 이익이 되는 결과만이 브루스의 결정을 정당화해 줄 것이고, 우리는 이에 대해서 이미 많은 의심의 눈길을 던졌다. 다시 한번 '싱어 식의' 공리주의 논증은 브루스에게 도덕적으로 부담스러운 기억은 버리고, 기본적인 박쥐 의상과 다기능 벨트도 팔고, 사실상 그의 모든 돈을 굶어 가는 가난한 이들에게 증여하도록 강요할 것이다.

그러나 모두 이것 때문이다!

만일 당신이 우리처럼 배트맨 캐릭터의 팬이라면, 젊은 브루스 웨인이 공리주의자의 충고대로 행동하고 배트맨이 절대로 되지 않을 그런 가능성을 아마 싫어할 것이다. 당신은 '그건 너무 까다로운 요구이고, 따라서 합리적이지 않다'고 마음속으로 생각할 수도 있다. 하지만 공리주의는 도덕적으로 어려운 문제들에 접근하는 강력한 방식을 대표한다. 특히 수많은 사람들의 행복을 희생시킬 것인지 아니면 더 적은 사람들이 포함된 약간의 선을 희생시킬 것인지 선택해야 할 문제일 때 그러하며, 그 적은 사람들의 일부가 사랑스러운 존재들일 때도 마찬가지다.

사실 성숙한 브루스 웨인은 배트맨으로서 이러한 문제들에 접근할 때 가끔 공리주의적 사고를 적용한다. 예를 들어, 에티오피아인 난민 수용소를 전부 파괴함으로써 자신의 업적을 남기길 바라는 조커가 의료 물품들을 훔친 다음 그의 살인 웃음 가스로 바꿔치기했을 때를 회상해 보자. 이러한 조커의 음모를 알아챈 배트맨은 조커의 살인 물품들을 나르고 있는 수송 트럭을 탈취해야만 했다. 하지만 트럭을 뒤쫓기로 결정한 후에 그는 로빈(제이슨 토드)을 뒤에 남겨 둔 채 떠나야 했다. 조커가 자신의 제자를 다치게 하거나 죽일 수도 있다는 사실을 알고 있으면서도 말이다. 로빈을 남겨 두기로 결정하면서 배트맨은 눈앞의 위험에 처해 있는 수백 명의 사람들을 구할 것인지 아니면 자신의 친구이자 동료인 로빈과 함께 남아 조커와 맞설 것인지 사이에서 도덕적 선택을 내린다. 배트맨은 더 많은 수의 사람들의 고통과 죽음을 막는 쪽을 선택하였다. 그러면서 배트맨은 자신에게 다음과 같은 말을 남긴다. "어쩔 수가 없었다. 정말로"(『가족의 죽음』).

바로 이런 식의 사고 때문에 애초에 웨인이 배트맨이 되지 못했을 수도 있었다는 사실이 아이러니하지 않은가! 그러나 아마 이것이야말로 어려운 도덕적 선택들이 등장했을 때 공리주의에 호소하는 것이 얼마나 매력적인지를 보여 줄 것이다. 게다가 이 선택은 매우 크고 즉각적이며 명백한 피해를 포함하고 있기 때문에 그 피해를 줄여야 한다는 지극히 논리적인 압력을 느끼게 한다. 그러나 피터 싱어의 논점은 이러한 피해들이 우리 주변에서 지속적으로 일어나고 있다는 것이다. 이런 사실을 마음속에 내면화한다면 우리는 어려운 도덕적 선택에 직면하게 된다. 우리의 사익을 추구하는 동안 젊은 시절의 브루스 웨인을 따라 하면서 우리와 가장 가까운 사람들에 대한 사명에 특권을 부여해야 하는가? 아니면 보다 나이 든 웨인처럼 최대 다수의 최대 선을 행함으로써 우리 자신을 포함한 가장 가까운 사람들의 행복을 희생할 준비를 해야 하는가?

9장

배트맨이라면 어떻게 했을까?

도덕적 모범으로서 브루스 웨인

—

라이언 인디 로즈 · 데이비드 카일 존슨

도덕적 모범

어떻게 하면 선한 삶을 살 수 있을까? 이 질문에 대한 탁월한 해결책을 위해서는 **도덕적 모범**moral exemplar, 즉 도덕적 미덕virtue을 갖춘 사람이 필요하다. 우리는 도덕적 모범을 살펴봄으로써 미덕을 발견할 수 있고, 도덕적 모범을 **따라 함**으로써 선한, 미덕적인 삶을 살 수 있다. 그러나 이런 도덕적 모범에는 누가 있는가? 시작을 위해 세계의 긍정적인 변화를 위해 애써 온 유명한 남성과 여성의 목록을 만들어야 할지도 모른다. 특히 예수, 부처, 간디, 테레사 수녀, 그리고 달라이 라마가 포함될 것이다.

배트맨은 어떠한가? 그 역시도 이 목록에 들어갈 수 있는가?[1] 배트맨도(비록 복수심에 자극받았지만) 대부분 팬들에 의해 도덕적으로 선한 사람이라 여겨진다. 배트맨은 '좋은 친구들' 중 한 명으로 보통의 도둑이

---

1) 『심슨 가족』에 나오는 만화방 주인은 다음과 같이 말한다. "배트맨이라면 어떻게 할까?" (Matt Groening, "T-Shirts from the Back of the Closet", *Comic Book Guy's Book of Pop Culture*, New York: Harper Paperbacks, 2005 참조).

나 길거리 건달은 물론이고 조커, 펭귄, 리들러, 베인과 같은 슈퍼 악당들로부터 사람들을 보호하는 데 자신의 삶을 바친다. 갤러해드 경, 로빈 후드, 모모타로(일본 전승 설화에 나오는) 등의 허구적 영웅 인물들처럼 배트맨도 보다 나은 세상을 만들기 위해 싸운다. 따라서 만약 배트맨과 좀 더 같아진다면 우리는 더 나은 사람이 될 것이며, 또한 더 나은 세상을 만들 것이라고 생각하는 것은 이해가 된다. 그러나 일부 철학자들은 배트맨과 같은 허구적 인물은 도덕적 모범이 될 수 없다고 주장한다. 이 장에서 우리는 이러한 반론에 답할 것이며 배트맨이 실제로 그 역할을 할 수 있다고 주장할 것이다.

배트맨의 미덕

대다수의 독자들은 아마 상기할 필요가 없겠지만, 배트맨이 어떻게 도덕적 미덕을 예증하는지 몇 가지 예들을 살펴보자. 정의는 배트맨의 활동에서 지속적인 목표이다. 이는 범죄와 싸우고 죄 없는 사람들을 보호한다는 일반적 의미에서도 그렇고, 더 개별적인 노력에서도 마찬가지다. 예를 들어, 『배트맨 연대기』 7호(1997년 겨울)에서 배트맨은 사형을 선고받은 여인의 유죄 여부를 마지막 순간에 생긴 의심에 기초해서 조사했다. 장엄한 『배트맨: 무인지대』 에피소드에서 배트맨은 렉스 루터가 위조 증서로 고담 시의 대부분을 차지하는 것을 막기 위해 부동산 권리 증서의 사본들을 만들었다.[2] 영화 〈배트맨 비긴즈〉(2005)에서 그의 선행은 파티 손님들을 일촉즉발의 위기로부터 구하기 위해 자신의 명예(그리

2) 『배트맨: 무인지대』 5권(2001).

고 그 연장선상에서 돌아가신 아버지의 명예)를 훼손할 때 펼쳐진다. 우리는 배트맨의 관대함을, 자신에게 패한 후 적이 된 과거의 동지가 망가져 버린 삶에서 회복하도록 수백만 달러를 도와주는『아즈라엘』2호(1995년 3월)의 이야기들뿐 아니라, 수많은 자선 목적의 신탁에 기부하는 모습에서도 볼 수 있다. 배트맨 캐릭터가 보여 주는 용기의 예들은 아주 많기 때문에 단 하나의 예를 선택하기는 어렵다. 암흑가에 잠입하는 것부터 시작하여 미치광이들과 맞서거나, 추락 중인 죄 없는 사람을 구하기 위해 줄에 매달려 허공으로 몸을 던지는 등, 사실상 그가 하는 모든 일들에는 극도의 용기가 필요하다.

비현실적이라는 반론

몇몇 사람들은 배트맨이 미덕적이라는 것을 거부하기보다 배트맨에 대한 묘사는 너무 비현실적이라 이를 따라 하기가 불가능하다는 의견을 제시한다. 그 누구도 진짜로 배트맨이 하는 것을 할 수 없으며 따라서 그는 인간 행동에 대한 모범으로는 부적합하다. 물론 배트맨의 경우 다른 슈퍼히어로들과 비교해 보았을 때 걱정이 덜한 편이다. 배트맨은 다른 DC 만화에 나오는 슈퍼맨, 그린랜턴, 그리고 원더우먼 같은 상대들에 비해 훨씬 더 현실적이기 때문이다. 배트맨은 외계인도 아니고, 정신력으로 사물을 만들어 내는 마법 반지도 없으며, 신들에 의해 초인적인 힘을 선물받지도 않았다. 사실 배트맨 인기의 많은 부분은 그가 단지 한 명의 인간**이라는**, 즉 아주 뛰어난 신체 능력과 많은 돈을 가진 대단히 지적인 인간이지만 그럼에도 한 명의 인간이라는 사실에서 비롯된다. 배트맨의 모든 '힘'은 그의 훈련, 지능, 그리고 엄청난 돈으로 사거나 만들 수 있었던 기기와 차량들로부터 나온다.

그래도 여전히 그의 위업 중 일부는 현실적으로는 따라 할 수가 없다. 활동에 필요한 엄청난 신체 역량은 말할 것도 없고, 살인자·도둑·사이코패스들과 벌이는 끊임없는 싸움의 **심리적** 부담을 견뎌 낼 수 있는 사람은 (만일 있더라도) 아주 적을 것이다. 배트맨은 '세상에서 가장 뛰어난 탐정'으로 고든 경찰국장과 나머지 고담 경찰들을 당황케 만드는 불가사의한 사건들을 풀어 나간다. 그는 세계 최고의 일대일 싸움꾼 중 한 명이며, 사건에 개입하여 단번에 여러 무장한 적들을 때려눕힌다. 그 자신의 말에 따르면 그는 "매일 밤 총알을 피해 다니며",[3] 수영을 할 때 숨을 4분 동안 참을 수 있고,[4] 작전을 세울 때는 적보다 다섯 수를 앞설 뿐 아니라 "다섯 개의 비상사태 계획들과, 이 비상사태에 대한 다섯 개의 대안 계획들"로 이루어진 작전을 항상 짠다.[5] 배트맨은 따지고 보면 초인은 아니지만, 극도의 정신적 능력과 신체 능력은 대다수 인간의 수준을 훨씬 뛰어넘는다.

그러나 도덕적 모범을 따라 하는 것은 특정 행위들을 정확히 복사하는 것을 요구하지는 않는다. 그보다는 도덕적 모범의 **미덕**을 따라 하는 것이 필수적이다. 내가 예수 그리스도의 미덕을 따라 하기 위해 아픈 사람에게 기적을 행하여 치료할 필요는 없다. 내가 할 수 있는 모든 방법으로 아픈 사람을 돕는다면 나는 예수가 가진 연민을 보여 줄 수 있다. 이와 같은 방식으로, 배트맨의 미덕을 실천하기 위해 요새화된 수용소로

3) 『배트맨: 고담 나이츠』 27호(2002년 5월).
4) 『탐정 만화』 663호(1993년 7월).
5) 『배트맨: 박쥐의 그림자』 92호(1999년 12월).

잠입하여 정치범을 풀어 주거나, 혼자 힘으로 강간범 무리를 제압하거나, 고생하는 지인에게 수백만 달러를 주는 행동 등을 할 수 있어야만 하는 것은 아니다. 국제사면위원회Amnesty International에 편지를 쓴다든가, 여성들을 위한 정당방위 프로그램을 지지한다든가, 구세군을 통해 가난한 사람들에게 음식을 나눠 준다든가 하는 행동들로써 그의 정의, 자선, 관대함을 따라 할 수 있다. 배트맨이 하는 행동을 정확히 따라 하지는 못하더라도, 나는 배트맨의 미덕들을 기름으로써 여전히 나 자신과 주변 사람들의 삶을 향상시킬 수 있다.

언어철학적 반론

배트맨은 허구적 인물이기 때문에 그는 언어로 지칭될 수 없는 것처럼 보인다. 즉, 배트맨은 실존 인물이 아니기 때문에 배트맨에 대한 문장들은 실제로 존재하는 사물들에 대한 문장들과 같은 방식으로 작동하지 않는다. 다음의 두 진술을 살펴보자. ① "브루스 윌리스는 부유하다." ② "브루스 웨인은 부유하다." 첫번째 문장은 참이다. 왜냐하면 그 문장은 현실에 있는 '대상', 즉 영화배우 브루스 윌리스를 지칭하기 때문이다. 윌리스는 '부유함'의 속성을 가지고 있거나 가지고 있지 않거나 둘 중 하나일 것이다. 윌리스의 은행 계좌는 첫번째 진술을 참이나 거짓으로 만든다. 즉, 그의 은행 계좌가 그 진술의 **진리제조기**truthmaker이다. 우연히 그의 계좌가 돈으로 가득 차 있다면, 첫번째 진술은 참이다. 하지만 만약 '브루스 윌리스'라는 이름을 가진 사람이 없다면, 첫번째 문장은 진리제조기를 가지지 못할 것이다. 어떻게 가질 수가 있겠는가? 그 문장은 어떤 것도 지칭할 수가 없을 텐데 말이다! 따라서 만약 브루스 윌리스가 존재하지 않는다면, 그의 부에 대한 진술은 참일 수도 거짓일 수도 없다.

따라서 두번째 문장인 "브루스 웨인은 부유하다"도 마찬가지로 참도 거짓도 아닌 것 같다. 미신을 좇고 겁이 많은 범죄자들의 심장에 공포를 심어 놓기 위해 망토와 복면을 쓰는, '브루스 웨인'이라는 이름으로 존재하는 현실의 사람은 없다. 그런 식으로 브루스 웨인이 부유하다거나 혹은 (우리의 논의에 더 적절하게) 미덕적이라고 하는 것은 참일 수도 거짓일 수도 없다. 만약 반론대로 배트맨이 존재하지 않는다면, 그가 미덕적이라는 사실은 배트맨에게 참일 수 없다. 따라서 배트맨을 '도덕적 모범' 목록에 올려놓는 것은 실수일 것이다.

하지만 이러한 논증은 우리가 언어를 사용하는 방식의 중요한 특징을 고려하지 않는다. 물론 배트맨은 실존하지 않는다는 것은 참이다. 무술, 수사력, 놀라운 장비들을 소유하고 범죄와 싸우는 브루스 웨인이라는 현실의 억만장자는 없다. 그럼에도 배트맨이라는 **인물**에 대해 이야기할 때 배트맨의 실제 이름이 브루스 웨인이며, 그의 부모는 그가 어릴 때 살해당했고, 그는 범죄와 싸울 때 망토와 복면을 쓴다는 등의 말은 여전히 옳다. 만일 누군가가 이러한 주장을 거부하거나 논박한다면 우리는 그들이 **캐릭터로서의** 배트맨이 누구인지에 대한 지식이 부족하다고 올바르게 지적할 것이다. 그러므로 비록 배트맨이 실존하지 않더라도, 그에 대한 진술들은 참이다. 물론 문자 그대로의 의미는 아니다.

그런데 "문자 그대로는 참이 아니다"는 말은 무엇을 의미하는 것일까? 이는 전혀 참이 아니라고 말하는 것과 같은 게 아닌가? 꼭 그렇지는 않다. "용은 불을 뿜는다"라는 진술을 보자. 비록 용이 실존하지 않더라도 이 진술은 참인 것 같다. 왜일까? "용은 불을 뿜는다"라고 말할 때 우리는 문자 그대로 "용이라 불리는 살아 있는 생명체가 적어도 하나 이상은 있으며, 이 생명체는 불을 뿜는다"는 것을 의미하지는 않기 때문이다. 우리는 그렇게 어리석지 않다. 다시 말해 문자 그대로의 이해는 거짓이다. 이것은 사실상 "용에 대한 우리의 개념은 불을 뿜는 것을 포함한다"와 같은 것을 의미한다. 아마 더 정확하게는 "용을 다루는 이야기들은 그들을 불을 뿜는 존재로 묘사한다"는 사실을 의미할 것이다. 그리고 그것은 참이다!

따라서 제기된 반론과는 반대로, 우리가 "용은 불을 뿜는다"라고 말할 때 실제적인 어떤 것을 지칭하지 못하는 것도 아니고, 따라서 참 혹은 거짓일 수 있는 것에 대해 말하지 못하는 것도 아니다. 우리는 실제로 존재하는 것, 즉 용의 **이야기**를 지칭하는 것이다. "용은 불을 뿜는다"는 진술은 그런 이야기들의 내용에 대해서 말하고 있다. 두 종류의 문장("용은 불을 뿜는다"와 "브루스 웰리스는 부유하다") 사이의 주된 차이는 앞 문장이 지칭하는 것, 즉 '용'이 그 문장의 주어에 의해서 명시되지 않는다는 점이다. 우리가 이러한 진술들을 이해하고 있다는 사실을 볼 때, 우리는 이미 이 진술이 문자 그대로의 의미가 아니라, 그 밖의 다른 것을 의미한다는 사실을 이미 알고 있어야 한다.

같은 방식으로, 우리가 "배트맨은 미덕적이다"라고 말할 때 우리는 "이 세계에 실존하는 대상 중 하나가 배트맨이라는 이름의 사람이며 그 사람은 미덕적이다"라는 것을 문자 그대로 의미하는 것이 아니다. 그 대신 우리는 배트맨 이야기들에 대한 어떤 것을 말하고 있다. 즉, 이야기들 속에서 배트맨은 미덕적으로 묘사된다. 그리고 사실 이것은 참이다. 그러므로 (배트맨이 실존 인물이 아니더라도) 그가 미덕적이라는 사실은 여전히 참인 것 같다. 그런 면에서 보면 배트맨이 허구적이라는 사실은 관련이 없다.

과장되었다는 반론

배트맨과 같은 허구적 인물들을 도덕적 모범으로 삼는 것에 제기할 수 있는 또 다른 반론은 작가들과 예술가들이 배트맨의 육체적·정신적 기술이 대다수의 사람들보다 훨씬 대단하게 보이게 만든 것처럼, 그의 미덕 역시도 누구도 따라 할 수 없을 정도로 격상되었을 수 있다는 것이다. 현실 세계의 역사적 모범들인 예수, 부처, 테레사 수녀, 간디, 달라이 라마 등의 경우 그런 모범들은 틀림없이 달성될 수 있는데 그들 자신이 실제로 그 목표에 맞춰 살아 왔기 때문이다. 이 반론은 허구적 인물들이 미덕이 부족해서가 아니라, 작가들이 너무 큰 미덕을 부여해서 누구도 실제로 그 불가능한 기준을 이룰 수 없기 때문에 모범 인물로는 부적합하다는 것이다.

그러나 이러한 반론도 문제가 있다. 많은 역사적 모범 인물들은 우리 모두가 상상하는 것만큼 미덕적이지 않았다. 감히 말하건대, 사실 '역사적 모범 인물'의 경우 우리가 '모범 인물 목록'에 올려놓는 그 시기의 대부분은 전혀 역사가 아니며, 오히려 역사적 인물들에 대한 (신화적이고) 과장된 연출일 뿐이다. 부처가 정말로 미덕적이었더라도 그의 말씀이나 규칙, 삶의 이야기 중 많은 부분이 문서 기록 전 구전의 전통 속에서 400년 동안 꾸며지고 과장되었다는 사실은 의심의 여지가 없다. 예를 들어, 부처의 생로병사에 대한 이야기도 매우 많은 경우에 역사적 사실이라기보다는 상징적이라고 받아들여진다.[6] 예수의 생애와 복음의 저술

---

6) John M. Koller and Patricia Joyce Koller, *Asian Philosophies*, 3rd ed., Upper Saddle River, NJ: Prentice Hall, 1998, pp. 136~137 참조. Gananath Obeyesekere,

사이에 경과한 시간은 부처의 경우보다는 짧지만, 예수의 삶과 그의 가르침에 대한 기록에도 비슷하게 말할 수 있다. (철학자들 중 선호되는 모범 인물인) 소크라테스를 떠올릴 때조차, 우리는 플라톤의 묘사가 기껏해야 소크라테스의 실제 말과 행동을 대충이나마 정확히 반영했다는 사실을 알고 있으면서도 그 묘사를 받아들인다. 이는 현대의 모범 인물에 대해서도 마찬가지이다. 아마 간디나 테레사 수녀도 '역사'가 묘사하는 것만큼은 아닐 것이다.[7]

따라서 자신을 도덕적 모범 인물 목록에 오르게 만든 어떤 사람의 인생에 대한 '설명'은 종종 순수하게 역사적이지는 않다. 그 목록을 이루는 사람들은 적어도 부분적으로나마 배트맨처럼 허구적이다. 하지만 그렇다고 역사적으로 존재했던 부처, 예수, 간디, 테레사 수녀가 나쁜 사람이었다는 뜻은 아니다. 그럴 리가 있겠는가! 그들은 **선한** 사람들이었다. 단지 우리가 떠받드는 도덕적 모범으로서의 그들에 대한 생각이 완전히 역사적이지는 않을 수도 있다는 것이다. 덧붙여서 우리의 요점은 역사적 인물들에 대한 과장된 버전이 모범 인물 목록에서 삭제되어야 한다는 것이 아니다. 오히려 정반대다. 다시 말해 그들은 목록에 남아 있어야 한다! 요점은 모범적 인물의 삶에서 꾸며진 부분들이 그 인물을 따라 해야

"The Buddhist Meditative Askesis: Excerpts From the William James Lecture for 2003~2004"에서도 비슷한 주장을 확인할 수 있다. http://www.hds.harvard.edu/news/bulletin/articles/james_04.html 참조.

7) Christopher Hitchens, *The Missionary Position: Mother Teresa in Theory and Practice*, London and New York: Verso, 1995[『자비를 팔다』, 김정환 옮김, 모멘토, 2008]; Aroup Chatterjee, *Mother Teresa: The Final Verdict*, Lake Gardens, Kolkata, India: Meteor Books, 2002; G. B. Smith, *Gandhi: Behind the Mask of Divinity*, Amherst, NY: Prometheus Books, 2004 참조.

하느냐는 질문에 영향을 주지 못한다는 사실이다. 부처가 정확한 순서로 노인, 병자, 장례 행렬, 현자를 본 후 얼마 동안 깨달음을 추구하면서 보리수나무 아래에 앉아 있었던 것이 아니라고 가정해 보자. 그렇더라도 [부처의] 깨달음이 가치 없는 이상ideal을 의미하지는 않을 것이며, 마찬가지로 깨달음을 추구하는 것의 가치를 감소시키지도 않을 것이다. 같은 식으로 어떤 역사적 인물도 정확히 배트맨이 하는 방식으로 용기, 정의 등을 보여 준 적은 없지만 우리는 여전히 그가 보여 주는 성격 특질들을 모방함으로써 우리 자신을 향상시킬 수 있다. 배트맨은 역사 속 인물은 아니지만 도덕적 모범이다.

방어를 위해: 불완전한 정보

지금까지 허구적이지 않은 모범 인물들이 허구적인 모범 인물들보다 더 바람직하다는 반론을 살펴보았다. 그럼 이제 이와 반대되는 주장, 즉 허구적 인물들이 (적어도 어떤 의미에서) 더 **나은** 도덕적 모범이 된다는 주장을 살펴보자. 지금까지 논의한 대로, 역사 속의 도덕적 모범들에 대한 진실은 이상적 형태로 과장된 것보다는 덜 감동적이지만, 그들 중 많은 이들은 여전히 따라 할 가치가 있다. 그러나 누군가를 계속 존경할 만한 인물로 보는 것이 더 이상 그럴듯하지 않은 어떤 지점이 분명히 있다.

문제 청소년들의 지도교사를 떠올려 보자. 누가 봐도 알 수 있는 동정심·결단력·통찰 때문에 그 지도교사는 공동체 구성원들 사이에서는 명망 있는 인물이 되었고, 그녀가 도움을 준 아이들에게는 개인적인 영웅이 되었다. 만약 이 지도교사가 최선을 다했음에도 자녀들이 심각한 문제를 안고 있으며, 지속적으로 법을 어기고 다닌다면, 우리는 그녀에 대한 평가를 수정할 수도 있다. 그러나 우리는 아마도 여전히 그녀를 칭찬하고 따라 할 가치가 있는 사람으로 여길 것이다. 하지만 만약 그녀가 실제로 담당 학생들에 대한 상담 성공률이 낮으며, 다른 사람의 성과를 자기 것인 양 거짓으로 주장하여 명성을 쌓아 왔음을 발견한다면, 우리는 마땅히 그녀가 도덕적 모범으로서 실패했을 뿐 아니라, 악한 사람이라는 결론을 내릴 것이다. 이 사례의 요점은 우리가 모범 인물들의 삶에 대해 모든 것을 알고 있지 않다면, 실제로는 그렇지 않은 인물을 미덕적이라 생각할 위험이 있다는 것이다. 비록 논의 대상이 되는 인물이 도덕적으로 나쁜 사람으로 밝혀지지는 않았지만, 위의 예처럼 여전히 우리는 한때 우리가 영웅이라고 믿었던 사람들이 사실은 도덕적으로 특별하지 않은 사람이었다는 사실을 알게 될지도 모른다.

하지만 배트맨은 허구적 인물이기 때문에 이러한 문제에 구속받지 않는다. 우리는 배트맨의 모든 행동뿐만 아니라, 그의 모든 내면 상태와 동기에도 완전히 접근할 수 있다. 만약 현실의 인물이 가난한 누군가를 도왔다면, 우리는 그가 진정한 동정심에서 그랬는지, 아니면 그저 자신의 이익에 도움이 되기 때문에 그랬는지 궁금해할 수 있다. 그러나 배트맨의 경우 말풍선들을 읽은 후 이런 문제를 해결할 수 있다. 만약 어떤 사람이 거만하게 고귀함과 용기를 찬양하는 것을 듣게 된다면, 우리는 그가 행동을 통해 그것을 증명할지 아니면 그저 위선자인지를 궁금해할 수 있다. 하지만 배트맨의 경우 그냥 그의 이야기들을 읽으면서 모든 행동을 우리 스스로 확인할 수 있다. 만일 어떤 사람이 현재 미덕적이라면, 우리는 그가 미래에도 계속 그럴지, 아니면 어느 날 그가 결심을 지키지 않아 사람들에게서 신임을 잃을지 궁금해할 수 있다. 배트맨의 경우라면 작가들은 배트맨이 언제나 자신의 임무에 진실할 것이라 확신할 수 있다. 이런 모든 이유들 때문에, 허구적 인물인 배트맨은 현실의 사람들보다 더 나은 도덕적 모범에 알맞다. 인간의 나약함으로 고통받는 현실의 사람들과는 달리, 배트맨은 영원히 변하지 않는 미덕을 대표할 수 있다. 〈배트맨 비긴즈〉에서 브루스는 다음과 같이 말한다. "사람으로서 나는 피와 살뿐이지. 나는 무시당할 수도 있고 파멸할 수도 있어. 하지만 상징으로서 나는 무너질 수 없는, 영원한 존재가 될 수 있어."

하지만 또 한편으로는……

그러나 마찬가지로 배트맨에게는 역사적 인물들이 가지고 있지 않은 약점도 있다. 즉, 그것은 다른 종류의 불완전한 정보이다. 한 명의 인간이 있다면 그녀가 취할 행동을 결정할 수 있는 사람은 오직 한 명뿐이며, 그녀에 대한 진실은 오직 그녀가 실제로 한 행동으로 엄격히 제한된다. 게다가 그녀의 삶이 끝나면 어떤 변화의 여지도 없다. 즉, 미덕적이었든 악덕적이었든 그녀의 특징이나 행동은 그대로 남게 된다. 하지만 배트맨이나 다른 허구적 인물들의 경우 언제나 변화의 가능성이 있을 뿐 아니라, 성격을 정의하고 잠재적으로 변화를 만들어 낼 수 있는 다양한 사람들도 있다. 우리는 방금 작가들이 배트맨은 언제나 임무에 진실할 것이라 확신**할 수 있다**고 했지만, 작가들이 그렇게 **할** 것인지에 대한 보장은 없다. 배트맨에 대한 이야기가 점점 더 많은 사람들에 의해 쓰일수록, 일관적이고 단일한 인물을 재현해 내지 못할 가능성은 점점 더 커진다. 항상 도덕적 뛰어남 같은 기준에 맞춰 살아가는 인물은 말할 것도 없다.

이는 미래의 이야기에서만 참일 가능성이 있는 게 아니라, 과거의 이야기들에 대해서도 마찬가지이다. 배트맨이라는 인물의 많은 특징들이 처음부터 끝까지 상당히 일관되긴 하지만 예외들이 있다. 예를 들어, 대다수의 배트맨 이야기는 배트맨을 총을 사용하기를 거부하는, 그리고 절대 살인을 하지 않는 인물로 그린다. 하지만 배트맨이 처음 탄생했을 때, 그는 총을 사용했고 자신과 전투를 벌인 범죄자들에게 죽음의 심판을 내리는 데에 거의 양심의 가책을 느끼지 않았다. 그렇다면 가능한 매우 심각한 반론이 떠오른다. 즉, 배트맨은 도덕적 모범으로 적합하지 않다는 것이다. 왜냐하면 [후보로] 경쟁 중이며, 대등하게 선택할 수 있는 배트맨들 사이에서 **진정한** 배트맨을 뽑아낼 방법이 없기 때문이다. 이러한 반론에 어떻게 대답할 수 있는가?

우리는 우선 '정본' 배트맨에 속하지 않는 것으로 여겨지는 이야기들을 제외하려고 할지도 모른다. 일부 만화들은 주류 작품과 연속적이지 않으며, 단지 재미있고 색다른 방식으로 인물을 각색한 것이다. DC 세계에서 이것들은 '번외편'Elseworlds 이야기라 알려져 있으며, 이들은 다른 시간대 혹은 대체 지구들에서 일어나는 이야기다. 배트맨의 경우 브루스 웨인이 카멜롯에 존재하는 『배트맨: 원탁의 다크 나이트』(1999)나 브루스가 프랑켄슈타인 박사형의 인물로 나오는 『배트맨: 박쥐성』(1994) 작품 등이 포함된다. 하지만 두 가지 이유 때문에 정본이 아닌 만화를 제외하는 것은 반론에 대한 답으론 불충분하다. 첫째, 이러한 제외는 주류 작품과 연속성을 가지고 미래에 발간될 작품들의 문제를 풀지 못할 것이며, 이것들이 배트맨의 성격을 바꿀 가능성이 있기 때문이다(우리가 『인피니트 크라이시스』와 『52』의 사건들 이후 '더 부드럽고 점잖아진' 배트맨을 보게 된 것처럼). 둘째, 비록 연속성에서는 벗어났지만, 배트맨의 특징을 매우 잘 잡아냈다고 널리 인정되는 몇몇 배트맨 작품들이 있다. 프랭크 밀러의 『배트맨: 다크 나이트 리턴즈』(1986)는 배트맨에 대한 묘사로

찬양받을 뿐 아니라, 만화에서 가장 중요한 출판물 중 하나로도 찬양받는다. 이와 비슷하게, 〈배트맨: 애니메이션 시리즈〉(1992~1995)도 분명히 만화와는 동떨어진 시리즈이긴 하지만, 배트맨 팬들 사이에서는 진정 배트맨이라는 인물을 잘 잡아낸 작품으로 거의 보편적인 찬사를 받는다. 따라서 우리는 다른 대답을 찾아야만 한다.

'인물로서 배트맨을 잘 잡아낸'이라는 말에 단서가 있을지도 모르겠다. 만약 배트맨이라는 인물을 잘 잡아낼 수 있는 방법이 있다면, **잘못** 잡아내는 방법도 있을 것이 틀림없다. 그러나 그 차이점을 어떻게 결정하는가? 그냥 단순히 팬들에 의한 다수결로? 그럴 순 없다. 왜냐하면 다수결에 기초한다면 인물이 일정하지 않을 수 있으며, 게다가 우리가 찾는 것은 변하지 않는 '진정한 배트맨'이기 때문이다. 아마도 그렇다면 초기 묘사와 일치하면 어떤 것이든지 진정한 배트맨일 것이다. 하지만 위에서 보았듯이, 이것은 오늘날 우리 대부분이 배트맨의 본질적인 속성의 일부라고 생각하는 것, 즉 배트맨이 **되기** 위해 반드시 가져야만 하는 속성들과는 다를 수 있다. 그리고 그 점에서 전체 질문들이 결국 하나로 모이는 것 같다. 다시 말해, 배트맨과 같은 허구적 인물에 본질적인 속성이 **있는가**? 만약 그렇다면, 그것은 어떻게 가능한가?

우리의 우상 배트맨

배트맨이 **우상**이 된 만큼, 배트맨의 본질적 속성에 대해 이야기하는 것은 이해가 된다. 사실은 배트맨이 처음 탄생했을 때 그에 대한 묘사는 우리 대부분이 지금 마음에 두는 것과는 차이가 있었다. 그러나 만화책 안과 밖에서의 슈퍼맨이나 다른 허구적 영웅들처럼, 배트맨에 대한 개념도

뭔가 다른, 더욱 거대한 것으로 성장하고 발전했다. 이런 인물들에 대한 새롭고, 발전된 개념들은 현대 신화의 일부로 **우상화**되었다. 그에 걸맞게 이 형태가 **진정한** 배트맨이 되었다는 사실에는 매우 적극적인 의미가 존재한다. 이런 인물에는 심리적인 힘(원형으로서 우리의 문학적 의식에 호소하는 그런 힘)이 존재하며 바로 그것이 이런 인물이 오랫동안 살아남아 지속적으로 영감을 주는 이유이다.

물론 미래에 배트맨 이야기들이 만들어짐에 따라 지속적으로 변화할 여지는 있다. 그러나 문학 속에 확립된 어떤 인물들처럼, 우리는 그런 변화를 그 인물의 본질이 보존된다는 맥락에서 볼 수 있다. 타인에 대해 얻은 충분한 새 정보 때문에 더 이상 그 사람을 도덕적 모범으로 볼 수 없는 것처럼, 만약 배트맨의 성격에 충분히 급격한 변화가 생긴다면, 계속해서 그를 '배트맨'이라 부르는 것은 그럴듯하지 않을 것이다. 배트맨이 단지 하나의 인물이 아닌 우상으로 존재하는 한, 그는 우리에게 신화적 위치를 가지게 된다. 그에 걸맞게 배트맨은 진화했고 그것을 진정한 인물상으로 당연히 부르게 되었다. 이렇게 탄생한 일관된 캐릭터, 현대의 문학적 영웅은 우리가 더욱 미덕적일 수 있도록 이끌어 줄 수 있다.[8)]

배트맨은 도덕적 모범'이다'

배트맨의 허구적 본성이 그와 같이 되려는 우리의 노력과 욕망을 방해해서는 안 된다. 결국 허구적 이야기들도 도덕을 가지고 있다. 그렇지 않

8) 수년간 다양한 매체들을 통해 나온 배트맨의 다른 '버전들'에 대해 알아보려면 제이슨 사우스워스가 쓴 이 책의 12장 참조.

은가? 그 이야기들은 이야기 속 인물들처럼 행동하기를 촉구할 때가 많다. 우리의 '역사적' 모범 인물들처럼, 배트맨의 이상은 우리의 능력을 넘어서는 곳에 있을지도 모른다. 하지만 그렇더라도 배트맨을 공부하고 따라 하는 것을 통해 우리는 용기, 정의, 자비 등을 발전시킬 수 있다. 허구의 도시에 사는 신비의 다크 나이트는 실제로 현실 세계에서 선하고 미덕적인 삶을 살도록 도움을 줄 수 있다.

4부

배트맨은 누구인가?

(이 질문은 속임수인가?)

10장

가면 아래에서

누구든 배트맨이 될 수 있는 방법

—

세라 K. 도너번 · 니컬러스 P. 리처드슨

그래서 배트맨이 되고 싶다고?

음, 정말 그런가? 그렇다면 인격으로서 당신이라는 존재에 진정한 본질이 있다는 것을 당신은 믿을 수 없다. 당신은 종교 혹은 다른 더 높은 권력이 없는 세상을 받아들여야 한다. 당신은 종교나 신에 기초해 당신이 갖고 있는 도덕률을 포기해야 한다. 당신의 운명을 결정하는 것은 전적으로, 그리고 완전히 당신 혼자라는 것을 당신은 마음 깊은 곳에서 믿어야 한다. 당신은 범죄자들 사이에서 살아가야 한다. 당신은 속옷 위에 타이츠를 입은 박쥐처럼 차려입어야 한다. 그래도 이 길로 들어선다면(혹은 적어도 궁금하다면) 이 책을 계속해서 읽어라(하여튼 읽어라. 이미 이 책을 돈 주고 사지 않았는가!).

우리는 배트맨의 초기·중기·후기 경력 중 그 자신의 구성을 보여 주는 세 편의 작품을 살펴볼 것이며, 그 작품들은 『배트맨: 이어 원』(1987), 『아캄 수용소: 어 시리어스 하우스 온 시리어스 어스』(1989), 『배트맨: 다크 나이트 리턴즈』(1986)이다. 정체성과 권력에 대한 프리드리히 니체와 미셸 푸코의 견해를 통해 우리는 배트맨의 정체성과 현실이 구성된 것이며, 밤의 영웅이라면 이러한 구성됨을 알고 기꺼이 받아들여야만 한다는 것을 살펴볼 것이다.

'진짜' 배트맨은 앞으로 나와 주시겠어요?

하지만 당신이 다크 나이트가 될 필요가 있을 것이라는 정보를 제공하기에 앞서, 먼저 우리는 프리드리히 니체(1844~1900)[1]와 미셸 푸코(1926~1984)[2]의 사상에 기초한 몇 가지 기본 규칙을 세울 필요가 있다. 그리고 우리는 또한 그들이 비판하는 철학의 분과 중 하나를 살펴볼 것이다. 그것은 **형이상학**으로서 우리가 만질 수 있는 것 너머, 예를 들어 신, 영혼, 객관적인 도덕적 가치 같은 순수하게 합리적이고 절대적인 진리를 다룬다.

우리는 몇 가지 짧은 핵심들을 나열하여 니체와 푸코의 사상을 요

---

1) 니체에 대해서 우리는 다음의 글들을 인용하고 참고했다. Friedrich Nietzsche, *Beyond Good and Evil*(1886), trans. Walter Kaufman, New York: Penguin, 1966[『선악의 저편, 도덕의 계보』, 김정현 옮김, 책세상, 2002]; *On the Genealogy of Morals*(1887), trans. Walter Kaufman, New York: Penguin, 1967[같은 책]; *Thus Spoke Zarathustra: A Book for None and All*(1883~1885), trans. Walter Kaufman, New York: Penguin, 1978[『차라투스트라는 이렇게 말했다』, 정동호 옮김, 책세상, 2000]; *Philosophy and Truth: Selections from Nietzsche's Notebooks of the Early 1870's*, ed. and trans. Daniel Breazeale, New Jersey: Humanities Press International, 1995.

2) 푸코에 대해서 우리는 다음의 글들을 인용하고 참고했다. Michel Foucault, *Language, Counter-Memory, Practice: Selected Essays and Interviews*, ed. Donald F. Bouchard, trans. Donald F. Bouchard and Sherry Simon, Ithaca, NY: Cornell Univ. Press, 1977; *The History of Sexuality. Volume 1: An Introduction*(1976), trans. Robert Hurley, New York: Vintage, 1990[『성의 역사: 1권 지식의 의지』, 이규현 옮김, 나남, 2010]; *Discipline and Punish: The Birth of the Prison*(1961), trans. Alan Sheridan, New York: Vintage, 1995[『감시와 처벌』, 오생근 옮김, 나남, 2003].

약할 수 있다. 그들은 우리가 누구인지, 혹은 우리가 무엇이 될지를 결정하는 영혼이 인간에게 있다고 믿지 않는다.[3] 신 혹은 사후 세계란 없다. 당신은 당신의 신체와 함께 죽는다. 생물학도 유전학도 본인의 **정체성**identity(혹은 자아, 성격, 주관성 등 당신이 좋아하는 용어들을 선택해 보라. 왜냐하면 이제 전혀 중요하지 않기 때문이다!)을 무엇이라 부를지 적절하게 설명하거나 규정하지 못한다. 당신이 누구인가는 당신의 환경과 그 환경 속에서 자신을 어떻게 이해하고 만들어 가는가에 의해 형성된다. 당신의 삶에 깊은 의미는 없다(당신들 중 일부는 이미 깨달았을지도 모른다). 당신은 날마다 혹은 심지어 순간순간 당신이 살아가거나 되어 가는 복수의(그리고 때때로 충돌하는) 정체성들일 뿐이다. 니체와 푸코에 따르면 우리의 힘든 하루하루가 이런 진리들에 눈감게 만들며 이러한 통찰의 부족이 우리의 자유를 한계 짓고 제약한다. 하지만 배트맨은 그 장막을 거둬 버리고 그 진리들을 기꺼이 받아들일 수 있다.

여기서 잠깐 멈추고 언어적 문제를 명료하게 해두자. 배트맨을 창조한 브루스 웨인에 대해 이야기할 때, 우리는 배트맨이 브루스 웨인이라고는 주장하지 않는다. 우리는 단순히 이런 식으로 언어를 사용하고자 하는데, 이것이 우리가 말하는 내용을 이해하는 가장 쉬운 방법이기 때문이다. 가정을 하자면 배트맨이 브루스 웨인을 창조했었을 수도 있다. 그러므로 웨인이 배트맨이 아닌 것처럼 배트맨이 웨인일 리는 없다. 니체와 푸코를 따라서 우리는 브루스 웨인과 배트맨 모두 일종의 연기performance라 생각한다. 우리는 웨인 혹은 배트맨의 밑바닥에 그들과 연

3) 푸코가 말했듯이, "영혼은 정치적 해부학의 결과이자 수단이다. 영혼은 신체의 감옥이다" (*Discipline and Punish*, p. 30).

결된 '진정한' 자아가 있다는 생각을 거부한다. 분명히 그 두 개의 정체성은 서로 겹치며 기억을 통해 서로를 인지하고 있지만 이 문제에는 이보다 훨씬 많은 내용이 존재한다.[4)]

푸코가 그의 책 『성의 역사』 1권에서 설명하듯이 정체성·신체·지식은 역사와 권력 관계에서 벗어난 순수한 상태로 존재하지 않는다. 우리는 정체성을 가지고 태어나지 않는다. 즉, 정체성이란 권력(이 권력은 정부나 사회의 권력일 수도 있다)이나 권력 관계(배트맨과 조커의 관계와 같은)의 산물이다. 푸코는 우리에게 권력에 대한 매우 구체적인 '정의'定義에 입각하여 삶의 모든 측면을 이해하라는 과제를 던진다. 특히 푸코는 어떻게 우리가 자신도 모르게 규칙, 법, 사회 규범 등에 의해 조정당하는지에 초점을 맞춘다.

우리들 중 많은 이는 규칙이 무엇인지 묻지도 않고, 혹은 자신이 규칙을 따르고 있음을 알지도 못한 채 규칙을 따르고 있다. 더 흥미로운 점은 개인들이 왜 그렇게 하고 있는지도 묻지 않고 규칙들을 창조한다는 점이다. 배트맨의 세계로 돌아와 동전 던지기로 의사결정을 하는 투페이스의 예를 생각해 볼 수 있다. 『아캄 수용소』에서 배트맨이 동전을 돌려주었을 때 투페이스는 배트맨의 운명을 판단하는 데에도 동전을 사용하며, 심지어 조커마저도 그 규칙을 따른다. 이 그래픽 노블을 보면 배트맨이 수용소에 있을 때 조커는 배트맨을 위한 규칙들을 마련한 다음 그에

---

4) 우리는 니체와 푸코에게 영향을 받은 철학자인 주디스 버틀러가 제기한 논점도 고려해야 한다. 그녀는 단지 정체성이 연기이기 때문에 우리가 한 벌의 타이츠를 갈아입듯이 정체성도 바꿀 수 있는 것은 아니라고 말한다. 예를 들어, 당신이 어느 날 아침 일어난 후 배트맨이 되겠다고 결정할 수는 없다. 그보다 배트맨 연기 훈련을 먼저 해야만 한다. Judith Butler, *Bodies That Matter: On the Discursive Limits of "Sex"*, New York: Taylor and Francis, 1993[『의미를 체현하는 육체』, 김윤상 옮김, 인간사랑, 2003] 참조.

게 숨어 있을 한 시간을 준다. 그리고 배트맨은 이 독단적인 규칙을 따른다. 푸코에 의하면 규칙을 따르는 것은 한 사람의 정체성을 구성해 낸다.

마찬가지로, 브루스 웨인의 구성된 정체성은 그의 유복한 삶을 반영한다. 어렸을 때 그는 고담의 처참한 삶에서 보호받았다. 자신을 사랑하는 부모님과 함께 살았고, 확실히 걱정 없는 어린 시절을 보냈다. 그러나 웨인은 곧 환경의 희생자가 된다. 즉, 부모님이 살해되는 사건으로 인해 그는 자신을 둘러싼 악하고 무의미한 세상의 본성을 깨달았다. 『이어 원』에서 그는 그날을 두고 "모든 의미가 내 삶을 떠난" 날이라고 묘사한다. 『아캄 수용소』에서 확인하듯이 부모가 살해되는 것을 지켜 본, 그리고 결국 배트맨이 되었을 이 어린 소년은 규칙과 문명화된 사회에 대한 믿음을 잃었다. 성인이 되자 웨인은 두려워하기를 멈추고 자신의 질서를 창조하리라 결심했다.

배트맨 창조하기

『이어 원』에서 우리는 배트맨이라는 존재가 탄생하는 것을 본다. 웨인의 배트맨 창조는 말하고 있다. 배트맨은 필요한 경우에 나타나는 웨인에게 내재된 영웅적 힘 같은 것이 아니라고. 배트맨의 정체성을 창조하기로 한 웨인의 의식적인 결정을 보여 주는 세 가지 예를 『이어 원』에서 살펴보도록 하자.[5)]

---

5) 명심하라. 웨인이 배트맨을 창조했다고 말하는 것은 웨인의 구성된 정도가 배트맨보다 덜하다는 사실을 함축하는 것이 아니다. 우리는 배트맨을 구성된 것의 구성물이라 지칭할 수 있는데, 브루스 웨인 역시도 구성된 것이기 때문이다.

우선 배트맨을 창조하기 전 가족 소유의 영지에서 훈련 중일 때 브루스 웨인은 다음과 같이 말한다. "아직 준비가 부족하다. 물론 나에겐 수단과 기술…… 수백 가지의 방법이 있다. 그러나 무언가를 놓치고 있다. 무언가가 잘못되었다." 둘째, 어린 소녀를 포주로부터 지켜 주고자 한 자신의 첫 시도가 실패했을 때, 그는 자신이 무엇을 놓치고 있는지 정확히 지적해 낸다. 그는 저녁 동안 자신의 실수를 생각하면서 말한다. "신…… 신에 대한 두려움…… 두려움…… 그들을 두렵게 만들어야 해." 그리고 심각한 부상을 입은 채로 집에 앉아 다른 사람들에게 두려움을 일으키는 방법을 고민하고 있을 때, 박쥐 한 마리가 창문을 깨고 들어온다. 이때 그는 결심한다. "그래요, 아버지. 나는 박쥐가 되겠어요." 배트맨에 대한 아이디어가 탄생하는 순간이다. 셋째, 웨인은 박쥐 복장을 하고 다크 나이트임을 실행한다. 경찰국장 짐 고든이 언급하듯이 배트맨은 "길거리 범죄 수준에서 상류층 범죄에 이르기까지, 마약 밀매 강도에서 마약 밀매꾼, 마약 공급자에 이르기까지, 그리고 이 모든 과정을 비호하고 있을지도 모르는 경찰들까지도 자신의 방식대로" 처리한다. 웨인이 부패한 정치인들에게 두려움을 일으키기 위해 시장의 저택에서 열린 파티에 난입할 때, 우리는 여전히 그의 망설임을 느낀다. "복장, 그리고 무기들은 이미 시험을 마쳤다. 이제 진정한 일을 할 때이다. 운전자들을 제치고 나는 시장의 저택으로 갈 것이다."

웨인의 행위는 배트맨의 정체성을 구성한다. 니체와 푸코라면 정체성은 언제나 구성 중이므로 급격한 재구성도 가능하다는 데 동의할 것이다. 부모가 살해당하는 것을 목격했을 때, 웨인에게는 영원히 고담을 떠날 수 있는 재정적인 수단이 있었다. 하지만 웨인은 떠나지 않고 신체적·정신적·감성적으로 자신을 배트맨으로서 재구성하기를 선택했다.

아캄 수용소, 그리고 진리의 구성

만약 여기까지 읽었다면, 당신은 복수의 전사가 되는 것에 정말로 진지한 셈이다. 이제 우리는 또 다른 핵심 정보를 공개해야만 한다. 즉, 절대적인 진리는 없다는 것이다. 니체와 푸코는 실제로 세계가 존재하는 방식에 대한, 개인으로서 우리는 누구이며 어떻게 살아야 하는지에 대한 절대적인 진리들이 있다고 주장하는 역사 속의 철학자들을 비판한다. 그 두 철학자에게는 권력을 가진 사람들이 진리로 간주되는 것을 결정한다. 니체는 『철학과 진리』에서 다음과 같이 말한다. "그럼 진리란 무엇인가? 은유, 환유, 의인화에 의해서 움직이는 무리들이다."[6] 같은 방식으로 니체는 기독교인들이 자신들의 형상으로 신을 만들었지만 반대로 마치 신이 인간을 만든 것처럼 말해 왔다고 믿는다. 즉, 니체는 인간이 진리들을 만들었지만 마치 진리가 우리 마음 밖에 발견되기 위해 존재하는 것처럼 꾸민다고 믿는다.

푸코는 진리에 대한 니체의 기본적 통찰에 동의하면서 이 분석을 사회적 문제에 접목시킨다.[7] 푸코는 우리가 우리의 경험을 정상normal과 비정상abnormal으로 나눈다고 주장한다. 정상성normalcy은 구성되며, 정상성은 (역시 구성되는) '비정상' 없이는 존재할 수 없다. '정상'을 강화하기 위해서는 반드시 '비정상'이 유지되어야 한다.

정상과 비정상 같은 범주들 사이의 구성된 그리고 상호 의존적인 관

---

6) Nietzsche, *Philosophy and Truth*, p.84.

7) Foucault, "Nietzsche, Genealogy, History"(*Language, Counter-Memory, Practice*에 들어 있다)라는 제목의 니체에 대한 글은 푸코가 이해하는 진리에 대한 니체의 계보학적 접근을 보여 준다.

계에 대한 푸코의 논리를 받아들이고, 이를 『아캄 수용소』에 적용해서 정상과 비정상이라는 범주를 '제정신'sane과 '정신이상'insane으로 바꾸어 보자. 우선 제정신과 정신이상 둘 다 구성된 것이고, 그래서 내재적으로 불안정한 범주들이라는 것을 수용한 다음, 이 두 범주가 어떻게 조커와 배트맨 각각의 정체성을 구성하는지에 초점을 맞추자. 대부분의 사람들이 조커는 정신이상이고 배트맨은 제정신이라고 생각하는 반면(분명 **대부분의** 사람들이라고 했다), 『아캄 수용소』는 이에 대해 의문을 제기하며 정체성과 현실 둘 다 구성된 것이라는 더 큰 주제를 강조한다.

『아캄 수용소』에서 수감자들은 완전히 수용소를 점령한다. 인질을 석방하려는 협상 속에서 배트맨은 수용소로 들어가 자신이 굴복시키고 체포했던 자들 중 가장 유명한 범죄자들과 맞닥뜨린다. 수용소 직원 일부는 자발적으로 남고, 심리치료사 루스 애덤스는 배트맨에게 투페이스 같은 악당에 대한 치료가 진행 중임을 설명한다. 배트맨이 그런 치료법은 조커에게 먹히지 않을 것이라 지적하자 애덤스는 조커를 정신이상으로 정의하는 것은 불가능할지도 모른다고 말한다. 그녀의 말을 보자.

> 우리는 실제로 어떤 극단적인 제정신super-sanity을 보고 있는지도 모릅니다. 꽤 가능한 일이죠. 20세기 말 도시의 삶에 더 적합한, 인간 지각의 놀랍도록 새로운 변종 말입니다.…… 당신이나 나와 달리, 조커는 외부 세계로부터 받는 감각 정보들에 대해 전혀 통제력이 없는 것 같습니다.…… 그는 그 흐름과 함께함으로서 혼란스러운 입력 정보의 연속에 대처할 수 있을 뿐입니다.…… 조커는 어떤 실제적인 인격성이 없습니다.…… 그는 날마다 자신을 창조합니다. 그는 그 자신을 무질서의 제왕이라고 보며, 세계를 부조리의 극장으로 봅니다.

조커는 앞서 논의한 정체성에 대한 이론의 극단적이고 바람직하지 못한 예이다. 그러나 조커에 대한 애덤스 박사의 분석은 '정신이상'이라는 낙인이 정신이상의 사회적 정의로부터 구성된다는 사실을 보여 준다. 조커가 정신이상이라 불리는 이유는 오로지 (구성된 진리인) 고담의 규칙이 조커를 그렇게 낙인찍었기 때문이다. 애덤스가 암시하듯 우리와 전혀 다른 규칙을 가진 사회에서는 조커가 제정신으로 여겨질지도 모른다.

배트맨, 이제 너의 차례야!

조커의 정신이상에 의문이 제기되는 것과 같은 방식으로 배트맨이 제정신인지도 의심스럽다(상상해 보라!). 『아캄 수용소』는 루이스 캐럴의 『이상한 나라의 앨리스』에 나오는 다음 구절과 함께 시작한다. "하지만 난 미친 사람들 사이에 들어가기 싫어." 앨리스가 말을 꺼낸다. "오, 그럴 순 없어. 여기서 우리는 다들 미쳤어. 나도 미쳤고, 너도 미쳤어." 고양이가 말한다. "내가 미쳤는지 네가 어떻게 알아?" 앨리스가 묻는다. "너는 분명히 미쳤어. 안 그러면 여기 오지 않았을 테니까." 고양이가 대답한다.

이것이 구성된 규칙의 또 다른 예라는 데 주목하라. 여기서의 정신이상은 장소에 기초해서 정의된다. 우리가 『아캄 수용소』에서 발견한 것은 배트맨이 이상한 나라의 앨리스처럼 단지 그가 궁극적으로 범죄자들과 비슷하기 때문에 거기에 들어간다는 사실이다. 니체와 푸코의 이론에 따르면 우리가 인정하든 안 하든, 우리 모두 '정신이상'으로 분류될 가능성이 있다.

만약 규칙이 바뀐다면 우리는 배트맨이 제정신인지 의문이 제기될 수 있다는 것을 증명할 수 있다. 우선, 배트맨은 궁극적으로 자신이 앨리스와 같은 특질을 공유하고 있다는 사실을 알고 있으며, 수용소에 들어가기 전 다음과 같은 말을 꺼낸다. "조커가 나에 대해 옳을 수도 있다는 사실이 두렵다. 때때로 난 내 행동의 합리성이 의심스럽다. 그리고 그 수용소 관문들을 통과하는 것이 두렵기만 하다……. 마치 집에 돌아오는 것 같기 때문이다." 앞서 언급한 세 편의 그래픽 노블 중 이것이 이상한 나라의 앨리스에 대한 최초의 암시는 아니다. 『다크 나이트 리턴즈』에서 웨인은 토끼를 쫓다가 동굴로 떨어진다!

둘째로, 『아캄 수용소』는 단지 배트맨이 적과 맞서 싸우는 이야기가 아니다. 『아캄 수용소』는 브루스 웨인의 삶과 기괴할 정도로 똑같은 삶을 산 아마데우스 아캄Amadeus Arkham의 일대기도 그린다. 아마데우스 아캄과 브루스 웨인은 모두 고담과 가족의 사유지를 떠난 지 12년 후에 돌아왔다. 고담에 질서를 가져오기 위해서였다(아캄은 정신질환자를 위한 수용소의 수감자의 형태로, 웨인은 범죄와 싸우는 자경단이 됨으로써). 아캄과 웨인 모두 어머니의 죽음에 죄의식을 느낀다(아캄은 자신이 어머니를 죽였기에, 웨인은 그 운명적인 밤에 부모가 영화관을 떠난 이유가 자신 때문이었기에). 두 사람은 가족이 살해당하는 충격을 경험한다. 그리고 둘은 박쥐의 모습을 보게 된다. 하지만 아캄은 정신이상으로 분류되었고, 웨인은 정신이상 범죄자들과 싸우기 위해서 배트맨을 창조했다. 『아캄 수용소』의 맥락에서 이러한 직접적인 대조는 누가 제정신으로, 그리고 누가 정신이상으로 분류되어야 하는지를 고민하게 만든다. 이것은 또한 웨인의 방식과는 반대로 스스로를 구성하는 아캄의 방식에 의문을 제기하게 만든다.

마침내 이 그래픽 노블의 마지막에서 우리는 배트맨을 포함한 모든 수감자가 쓴 기록을 읽는다. 흥미로운 것은 다음의 글이다. "엄마도 죽었고, 아빠도 죽었다. 어린 브루스도 죽었다. 나는 박쥐가 될 것이다." 배트맨은 자신의 정체성을 구성하였고, 본인을 자신이 느끼기에 죽어 버린 브루스 웨인과는(적어도 어린 브루스 웨인과는) 다른 존재로 여긴다.

따라서 당신이 정말 배트맨이 되기로 결심했다면, 밤에 어떤 복장을 입고 여기저기 돌아다니는 경우 당연히 정신이상으로 낙인찍힌다는 사실을 인지했으면 한다. 그러나 일단 적으로서의 악당 집단을 창조했다면, 사회가 내리는 제정신의 정의는 당신은 포함하고 악당들은 포함하지 않는 쪽으로 확대될 것이다.

배트맨은 어떻게 정체성과 현실에 대한 거짓말들을 꿰뚫어 보는가

여기까지 오다니, 축하한다! 당신은 정체성이 구성된 것임을, 심지어 진리도 구성된 것임을 받아들였다. 그렇다면 당신의 변신을 완성시켜 줄 다음 퍼즐 조각은 무엇일까? 퍼즐의 이번 조각을 푸는 핵심은 니체에게 있다. 우리는 『이어 원』과 『아캄 수용소』, 『다크 나이트 리턴즈』를 배트맨 삶의 연대기로서 읽었고, 만약 당신 자신이 배트맨이 되고 싶다면, 배트맨이 그랬던 것처럼 당신도 니체의 철학을 기꺼이 받아들여야만 한다.

니체에 의하면 우리는 본능적인 생명체이며 우리의 정체성은 우리의 생존과 권력에 대한 욕망에 의해 구성된다. 니체는 이러한 욕망을 묘사하기 위해 **권력 의지**will to power라는 개념을 새로 만든다.[8] 이것의 자매 개념은 **영원 회귀**eternal recurrence(**같은 것의 영원 회귀**로도 알려져 있는)이다.

---

8) 니체는 『선악의 저편』, 『도덕의 계보』, 『차라투스트라는 이렇게 말했다』 등의 책에서 권력 의지에 대해 논한다.

이는 우리의 개인적 삶의 가장 높은 정상과 가장 낮고, 가장 어두운 침체기를 **모두** 환영하기 위한 능력이다. 니체는 이러한 개념들을 완전히 받아들인 사람을 찬양한다.

『차라투스트라는 이렇게 말했다』의 「환영과 수수께끼에 대하여」On the Vision and the Riddle에서 니체는 다음 장면을 해독해야 할 환영과 수수께끼로 묘사하고, 영원 회귀의 본질과 어려움을 시적으로 잡아낸다.

> 나는 갑자기 험준한 절벽들 사이에 서 있었다, 홀로, 쓸쓸하게, 가장 쓸쓸한 달빛 속에. **그러나 거기에 한 인간이 누워 있었다**.…… 나는 몸을 비틀고 입이 막힌 채 경련을 일으키고 얼굴을 찡그린 젊은 양치기를 보았는데, 그의 입에는 검고 무거운 뱀 한 마리가 걸려 있었다. 내가 하나의 얼굴에서 그토록 심한 역겨움과 창백한 공포를 본 적이 있었던가? 그는 잠을 자고 있었던 것 같다. 그때 뱀이 그의 목구멍 속으로 기어 들어가서는 꽉 물어 버린 것이다. 내 손은 뱀을 잡아당겼으나 소용이 없었다. 내 손은 그의 목구멍에서 뱀을 잡아당겨 내지 못했다. 그러자 나에게서 외침이 터져 나왔다. "물어뜯어! 물어뜯어! 머리를 뜯어내! 물어뜯어!" 나에게서 이런 외침이 터져 나왔다. 나의 공포, 나의 증오, 나의 역겨움, 나의 연민, 내 모든 좋고 나쁨이 하나의 외침으로 나에게서 터져 나왔다.…… 하지만 그 양치기는 내 외침이 권한 대로 물어뜯었다. 그는 잘 물어뜯었다. 그는 뱀의 머리를 멀리 뱉어 내고는 벌떡 일어났다. 더 이상 양치기도 아니고 인간도 아닌 자──변신한 자, 빛에 둘러싸인 자, 그가 **웃었다**! 지상에서 그처럼 웃은 인간은 아직 없다.[9]

9) Nietzsche, *Thus Spoke Zarathustra*, pp. 159~160.

니체는 삶이 실제적인 고통(수수께끼의 뱀으로 상징되는)과 즐거움(양치기가 의기양양하게 물어뜯은 다음 웃은 것으로 상징되는)으로 가득 차 있다고 믿는다. 대부분의 사람들은 평생 '잠들어' 있지만, (뱀이 양치기를 물어뜯을 때 양치기가 그랬던 것처럼) 니체의 영원 회귀 철학에 따라 사는 사람은 고통과 즐거움을 모두 기꺼이 받아들일 수 있다. 이런 사람은 삶을 너무도 사랑해서 삶의 가장 고통스러운 순간조차도 후회하거나 사라지기를 바라지 않는다. 양치기 자신 외에는 누구도 그를 구원할 수 없는 것과 마찬가지로, 우리 모두는 우리 자신의 삶의 주인이다.

환영 속의 뱀과 너무도 비슷하게, 배트맨의 세계에서 박쥐는 삶에서 두렵고, 비극적이며, 무자비한 모든 것을 상징한다. 오직 배트맨만이 박쥐를 기꺼이 받아들이고 박쥐가 상징하는 절망을 이겨 내면서 그 박쥐와 맞설 수 있다. 다른 이들도 박쥐를 목격했다. 그러나 박쥐를 기꺼이 받아들이지 못할 때, 그들에겐 두 가지 선택권이 있다. 하나는 범죄의 삶이나 악행을 추구하는 것(여기에는 정신이상 범죄자criminal insanity가 포함될 수 있다)이고, 또 하나는 그야말로 공포에 질려 뒤로 물러나는 것이다.

박쥐와의 마주침에서 실패한 경우를 보기 위해, 『아캄 수용소』에서 아마데우스 아캄이 자신은 광기에 빠져들고 자신의 어머니는 정신이 이상해져 버린 이야기를 기록한 때를 살펴보자. 아캄의 가족이 잔인하게 살해당한 후 그는 억압된 기억을 털어놓는데, 거기서 우리는 박쥐의 모습을 다시 한번 보게 된다. 아캄은 어머니가 죽기 전 그녀의 집을 찾아갔던 일을 회상한다. 아캄의 어머니는 겁에 질린 채, 저기 무언가가 자기를 잡아가려 한다고 그에게 말한다. 아캄은 처음에는 어머니가 미쳤다고 생각하지만, 다시 정반대로 다음과 같이 말한다. "그러나 신의 도움으로, 나는 본다. 나는 이렇게 오랫동안 나의 불쌍한 어머니를 놔주지 않고 괴롭히는 그것을 본다. 그것은 박쥐다. 한 마리의 박쥐!" 아캄은 박쥐로부터 어머니를 구하기 위해 그녀를 살해한다. 그는 회상한다. "이제 내 기억이 무엇을 막으려 하는지 알겠다. 광기는 유전된다. 이는 나의 상속권, 나의 유산, 나의 운명이다." 박쥐의 모습은 아캄과 그의 어머니 모두를 지배했다.

캐번디시 박사는 아캄의 일기를 읽자마자 비슷하게 광기에 빠져든다. 그는 아캄 수용소의 죄수들을 풀어 주고 배트맨에게는 아캄의 일기 중 아캄이 박쥐에 대해 이야기하는 구절을 읽도록 강요한다. 캐번디시는 배트맨이 수용소에 '미친 영혼들'을 공급한 '헝그리 하우스'와 손을 잡았다고 비난한다. 캐번디시는 "난 그런 싸구려 위장에 넘어가지 않아. 난 너의 존재를 알고 있어"라고 말한다. 아캄에 대해 말할 때 캐번디시는 배트맨이 어떤 신비적인 힘이라고 암시하면서 "아캄은 샤머니즘적인 관습을 연구했고, 오직 의식과 마법만이 박쥐를 억제할 수 있다는 것을 알고 있었지. 그래서 그가 뭘 했는지 알아? 그는 속박 주문binding spell을 그의 수용소 방바닥에 새겼어"라고 말한다. 아캄은 속박 주문이 완성되자 죽는다. 반면에 캐번디시는 엄밀한 의미로 박쥐를 보지는 않았지만, 아캄의 일기에 의해 전달된 박쥐의 모습을 보고 광기에 빠져든다.

배트맨 그리고 (음, 당신도 알겠지만) 박쥐들

박쥐의 모습은 브루스 웨인에게 그것을 본 사람들과는 다른 영향을 준다. 『아캄 수용소』는 배트맨이 제정신인지 의문을 제기한 반면, 다른 그래픽 노블 중 그 어떤 것도 배트맨의 행동과 조커 같은 범죄자들의 행동에 도덕적인 차이점이 있는지 심각하게 의심하도록 만들지 않는다. 우리는 박쥐의 모습과 배트맨으로서의 정체성 모두를 이해하기 위해 투쟁하는 브루스 웨인에 대해 읽는다. 이는 삶의 일부인 광기와 고통에 대면하는 니체적인 투쟁이다. 『다크 나이트 리턴즈』의 마지막 장면에서, 우리는 마침내 박쥐를 받아들이는 브루스 웨인을 본다.

브루스 웨인과 배트맨은 세 편의 그래픽 노블에서 박쥐와 네 차례 중요한 만남을 한다. 첫째, 『다크 나이트 리턴즈』에서 웨인은 박쥐를 보게 되는 어린 시절 경험에 대한 꿈을 꾼다. 토끼를 쫓아가다가 웨인은 나중에 배트 케이브가 되는 토끼 굴에 빠진다. 여기서 그는 자신이 고대 박쥐라고 묘사하는 것과 우연히 만난다. 그는 말한다. "무언가 시야를 벗어나 이리저리 움직인다……. 퀴퀴한 공기를 들이마시고……쉿쉿 소리를 내고……고대의 우아함으로 활공하면서……자신의 형제들과 달리 물러나려 하지 않고……눈은 빛났으며, 사랑, 즐거움 혹은 슬픔에 영향받지 않은……쓰러진 적들을 맛보며 뜨거운 입김을 뿜는다……. 죽은 것들, 저주받은 것들의 악취를 맡으며……내가 자신의 것임을 주장하며…… 이글거리고 증오에 찬……분명 가장 사나운 생존자이며. 가장 순수한 전사이다." 성인이 된 웨인이 깨어났을 때, 그는 자신이 몽유병 증세를 보였고 배트 케이브 안에 있다는 것을 알게 된다. 이 그래픽 노블에서 웨인은 마치 어린 시절 경험이 자신의 삶의 과정을 결정지은 것처럼 그 꿈에 대해 이야기한다. 비록 박쥐를 본 것의 중요성을 오랜 세월 동안 이해하지 못할지라도 말이다.

둘째, 그는 웨인 저택에 있는 자신의 서재 창문을 깨고 들어오는 박쥐를 두 번 보게 되는데, 이것은 배트맨의 탄생과 재탄생이라는 사건을 상징한다. 이 모습은 『이어 원』에서 그에게 배트맨이라는 정체성을 창조하도록 자극한다. 『다크 나이트 리턴즈』에서 이 모습은 배트맨을 은퇴 상태에서 벗어나 다시 한번 가면을 쓴 다크 나이트가 되도록 자극한다. 그 이후 바로 웨인은 배트맨 복장을 입은 채로 말한다. "나는 다시 태어났다."

셋째, 『아캄 수용소』에서 작가가 남긴 시각적 단서들을 따라가면, 우리는 바로 배트맨이 아마데우스 아캄과 그의 어머니가 본 박쥐 모습임을 알게 된다. 배트맨은 거의 항상 얼굴이 없으며 일관되게 흐릿한 형태로 그려진다. 여기에선 배트맨 자신이 박쥐가 걸어 다니는 모습이다.

마지막으로, 『다크 나이트 리턴즈』에서 배트맨은 투페이스를 볼 때 어린 시절 기억과 정확히 같은 방식으로 그려진 박쥐를 보게 된다(그래픽 노블 19쪽과 55쪽을 비교해 보라). 이는 박쥐를 보았을 때 기꺼이 받아들일 수 있으면 영웅이 되고 받아들일 수 없으면 악당이 된다는, 우리가 제시한 초기의 관점을 강화해 준다. 니체의 양치기가 뱀을 기꺼이 받아들이고 이겨 낸 것과 똑같이 배트맨은 박쥐를 받아들였고 이겨 냈다.

당신은 박쥐를 직시할 수 있는가?

이제 당신의 정체성이, 진리와 현실이 구성되었다는 사실을 받아들이고 이러한 개념들을 완전히 받아들일 정도로 나아간다면 당신 스스로 배트맨이 될 수 있는 철학적 밑바탕을 가지게 된 것이다. 하지만 만약 우리가 그려 놓은 길을 좇아 배트맨이 아닌 조커나 투페이스가 되어도, 어쨌든 우리에게 법적인 책임은 없다. 왜냐하면 이는 배트맨의 길을 걷게 되는 자가 떠맡아야 할 위험이기 때문이다.

11장

배트맨이 조커였을 수도 있었는가?

샘 카울링·크리스 래그

양상적 질문

당신과 내가 고담 시의 시민인데 배트맨과 관련된 헤드라인 기사가 가득한 고담 신문을 읽으며 배트맨의 정체에 대해 의심한다고 치자. 우리는 배트맨이 억만장자 바람둥이인 브루스 웨인이거나 아니면 (어떤 거대한 음모론 덕분에) 조커로만 알려진 범죄자들의 배후 조종자라 확신하고 있다. 어느 날 신문에 "정체가 드러난 배트맨: 억만장자 웨인이 다크 나이트였다!"라는 발표가 난다. 의심이 사실로 확인된 것이다. 우리는 이제 브루스 웨인이 배트맨임을 알고 있다. 그럼에도 불구하고 분명 조커가 배트맨**일 수도** 있었다는 사실도 참인 것처럼 보인다. 하지만 정말 그럴 수 있을까?

"배트맨이 조커였을 수도 있었다"는 주장을 이해하는 데는 여러 가지 방법이 있다. 그 중 우리의 논의와 관련된 방법은 다음과 같다. "조커와 배트맨이 동일 인물일 가능성이 있다." 이러한 종류의 주장들(가능성, 필연성, 불가능성에 대한 주장들)을 **양상적 주장**modal claim이라고 한다. 전형적으로 양상적 주장은 이 세계가 특정 방식으로 다르게 될 수도 있었다고 주장한다. 예를 들어, "배트맨에게 두 명의 조수가 있을 수 있었다"와 "캣우먼의 옷이 좀더 꽉 조였다면, 그녀는 범죄와 싸울 수 없었다" 등이 배트맨과 캣우먼에게 어떤 것들이 가능한지에 대한 양상적 주장들이다. 일상 언어로 말하자면 이러한 종류의 주장들은 보통 '~였을 것이다'would나 '~일지도 모른다'might와 같은 용어를 포함한다. 양상적 주장이 참인지 거짓인지는 어떤 종류의 것들이 가능한지, 특히 우리가 관심을 가지고 있는 이 개별 사례에서는 배트맨과 조커 사이에 어떤 관계(**동일성 관계**identity relation)가 가능한지에 달려 있다.

이번 장에서 우리는 다음의 양상적 질문 하나만을 파고들 것이다. 배트맨이 조커였을 수도 있을까? 이 질문에 대답하기 위해서는 상당한 양의 양상적 탐구와 약간의 진지한 형이상학이 필요하다. 다행스럽게도 **형이상학**(무엇이 존재하는지, 존재한다는 것은 어떤 것인지를 연구하는)이라는 철학의 영역은 만화책과 가장 많은 공통점을 가지고 있다. 형이상학은 대단히 기이할 뿐만 아니라 종종 복잡해진다. 그러나 범죄 세계의 광대 왕자가 다크 나이트와 동일 인물이었을지를 고려하기에 앞서, 매우 복잡한 양상적 형이상학의 퍼즐에서 주요한 몇 가지 문제들만을 가져올 것이다. 그리고 약간의(희망사항이지만) 그럴듯한 형이상학적 가정들을 소개한 후에, 아마 놀랍게도(그리고 아마 놀랍지 않게도) 배트맨은 조커였을 리가 없다는 사실을 보여 주기 위한 한 가지 논증을 고려해 볼 것이다. 마지막으로 우리는 이 논증을 받아들이는 사람들에게 몇 가지 문제들을 제기할 것이며, 왜 배트맨이나 조커와 같은 허구적인 인물들을 포함한 양상적 질문에 대답하는 것이 예상보다 더 까다로운지를 보여 줄 것이다.

동일성에 대한 공공연한 비밀들

형이상학적 퍼즐의 가장 처음이자 중요한 문제인 동일성identity을 소개하는 것으로 시작해 보자. 우리는 "그들은 동일한 머리 모양을 하고 있다"나 "그들의 겉옷이 동일하다"와 같은 말을 종종 한다. 이러한 문장들은 두 개의 분리된 그러나 극도로 유사한 사물의 동일성 개념을 포함한다. 우리가 논의할 동일성 개념이 매우 중요한 방식으로 다르다는 것에 주목해 보자. 사실 우리가 다루려는 것은 사물들이 자신과 맺고 있는 관계다. 우리가 관심을 가지는 동일성 개념은 "지킬 박사는 하이드와 동일하다"나 "시카고는 윈디 시티Windy City와 동일하다"와 같은 말을 할 때 표현된다. 그러므로 어떤 그림과 그것의 위조품은 극도로 유사하다는 관점에서 동일할 수 있지만, 우리가 관심을 가진 방식으로 동일하지는 않다. 결국 당신은 둘 중의 하나는 사겠지만 다른 하나는 사지 않을 것이다.

따라서 배트맨이 조커와 동일했었을 수 있는지에 대해 고민할 때, 그 고민은 쌍둥이 형제가 있다면 그들이 바로 동일한 개인일지에 대한 고민이다. 당신이 당신 자신과는 같지만 다른 쌍둥이와는 다른 것처럼 말이다. 여기서 우리는 조커가 광범위한 수술을 받고 새로운 복장을 구입해서 거의 완벽할 정도로 배트맨과 닮게 되었는지에는 관심이 없다. 오히려 우리는 배트맨과 조커가 바로 같은, 동일한 개인일 수 있었는지 알고 싶어 한다.

동일성에 대해 우리가 확실히 알고 있는 것이 한 가지 있다. 모든 것은 그 자신과 동일하며(즉 **자기동일성**self-identical), 자신 외에 다른 어떤 것과도 동일하지 않다는 사실이다. 모든 것들이 자기와 동일하기 때문에, 많은 철학자들은 **동일자 식별 불가능성**Indiscernibility of Identicals(줄여서 'IOI'

라 부르기로 하자)이라는 원리를 지지한다. 이 원리에 따르면, 사물들이 동일하기 위해서는 그들이 갖고 있는 각각의 모든 속성을 공유해야만 한다. 예를 들어, 당신과 당신 자신은 완전히 같은 속성을 가지고 있다. 당신과 당신 자신은 둘 다 사람이고, 둘 다 글을 읽고 쓸 줄 알며, 둘 다 배트맨이 누구인지 알고 있다. 당신과 당신 자신은 하나도 빠짐없이 모든 속성을 공유하고 있기 때문에, 당신과 당신 자신은 동일하다. 이제 당신에게 쌍둥이 혈육이 있으며 당신의 쌍둥이가 당신보다 1분 늦게 태어났다고 가정해 보자. 당신과 당신의 쌍둥이는 다르다. 즉, 당신은 바로 태어난 순간이라는 속성을 공유하고 있지 않다.

유사하게 만약 브루스 웨인과 배트맨이 동일하다면, 우리는 브루스 웨인이 억만장자일 경우 IOI에 의해 배트맨도 억만장자라는 사실을 필연적으로 함축한다고 말할 수 있다. 반면 배트맨이 브루스 웨인의 '비밀스러운 정체성'이라는 사실이 이러한 주장을 조금 직관에 어긋나는 것으로 만들지도 모른다. 그러나 어떤 사람은 배트맨이 억만장자가 아니라고 생각할 수도 있다는 점에서 그런 관점이 우리의 관심사보다 더 느슨한, 더 은유적인 관점일 수도 있다는 사실을 깨닫는 게 중요하다. IOI에 의하면 동일한 사물들은 절대로 그들이 갖고 있는 속성이 다를 수 없기 때문에, 배트맨이 조커와 동일 인물이었을 수 있는지를 결정할 때 IOI를 명심하는 것이 도움이 될 것이다.

가능 세계들 사이에서 선택하기

양상적 질문들은 '가능 세계들'possible worlds이라는 관점에 의해 틀 지어진다. 그 이름에도 불구하고 (지금 세계가 다르게 되었다면 그렇게 될 수도 있었던) 이 가능 세계들은 외계 행성보다는 대체 세계들alternate universes에 더 가깝다.[1] 가능 세계들을 도구로 사용해서, 우리는 문장들이 참이 되는 다른 방식들을 구분해 낼 수 있다. 예를 들어, 공룡이 멸종되지 않았을 **수도 있었다**는 말은 참인데, 왜냐하면 우리와 공룡이 함께 사는 어떤 가능 세계가 존재하기 때문이다. 이와 비슷하게, 자동차가 결코 발명되지 않았을지도 모른다는 말도 참인데, 자동차가 없는 어떤 가능 세계도 있기 때문이다. 우리의 세계, 즉 현실 세계는 이 많고 많은 세계들 중 하나일 뿐이다.

우리는 **필연성**necessity과 같은 중요한 개념을 설명하는 데에 가능 세계를 사용할 수 있다. '2+2=4'나 '삼각형은 세 선분으로 이루어져 있다'는 **필연적으로 참**이기에, 모든 가능 세계에서 2+2=4이며 삼각형은 세 선분으로 이루어져 있다. 만약 어떤 문장이 **우연적으로 참**contingently true이라면, 그 문장은 모든 가능 세계가 아닌 몇몇 가능 세계들에서만 참이다. '집사가 존재한다'나 '슈퍼히어로가 존재한다' 등은 모두 우연적으로 참인데, 왜냐하면 집사와 슈퍼히어로가 있는 몇몇 가능 세계도 있고, 그들이 없는 다른 가능 세계도 있기 때문이다. '2+2=3'이나 '삼각형은 오직 하나의 선분으로 이루어져 있다'와 같은 또 다른 범주의 문장들은 필연적으로 거짓이다. 이러한 종류의 문장들은 그것들이 실제로 의미하는 것을 의미하면서 여전히 참일 수는 없기 때문이다.

가능 세계들은 우리가 했었을 수도 있는 혹은 하지 못했었을 수도

1) (『크라이시스 온 인피니트 어스』 이전과 『52』 이후의) DC 세계에서 '대체 지구'란 철학자들이 말하는 가능 세계와 매우 유사하다. 그것은 서로 분리된 대체 세계들로, 거기서는 역사의 진행 과정 중 어느 지점부터 현실이 서로 다르게 전개된다.

있는 것들을 재현하며, 따라서 양상적 질문들을 탐구할 때는 답을 찾으려면 가능 세계들로 향해야 한다. 알려지지 않은 행성만 한 크기의 펭귄들이 있었을 수도 있는지 궁금한가? 음, 만약 그러한 것들이 존재하는 어떤 가능 세계가 있다면, 알려지지 않은 행성만 한 크기의 펭귄들이 있었을 수도 있다는 말은 참이다. 덧붙여서 누군가가 당신이 어떤 회의에 늦었을 수도 있는지를 물을 때에도 답을 결정하기 위해 가능 세계를 사용할 수 있다. 매우 거칠게 말하면 다음과 같다. 만약 당신이 그 회의에 늦었던 (현실 세계와 매우 유사한) 어떤 가능 세계가 있다면, 당신이 회의에 늦었을 수도 있었다는 것은 참이다.

당신은 회의에 늦었던 이 사람이 어떻게 당신과 진짜 동일 인물인지 궁금해할 수도 있다. 결국 당신 둘은 다른 속성을 가지고 있다. 즉, 당신 중 하나는 회의에 늦었고, 다른 하나는 회의에 늦지 않았다. 머리 아픈 문제이긴 하지만, 이것을 이해하는 한 가지 방법은 자신이 다른 시간대들에 있었던 것처럼 다른 가능 세계들 속에 있는 자신을 생각하는 것이다. 5분 전에 당신은 일어나 있었지만 지금은 앉아 있다. 그러나 이런 변화에도 불구하고, 5분 전의 당신과 지금의 당신은 여전히 동일하다. 앞으로 나올 내용에서 어떻게 IOI를 어기지 않으면서 시간 속에서 사물들이 동일할 수 있는지에 대한 형이상학의 전문적 논의는 하지 않을 것이다. 그 대신 우리는 단지 개인들이 다른 시간대들 사이에서 동일할 수 있는 것처럼 다른 세계들 사이에서도 동일할 수 있다고 가정할 것이다.

논의를 계속하기 전에 주목해야 할 또 하나의 사실은, 앞으로 나올 대부분의 경우에서 우리는 배트맨, 조커, 그리고 DC 세계의 다른 존재들을 **그냥 가능한 존재자들**merely possible entities이라고 가정할 것이라는 점이다. 그냥 가능한 존재자들은 가능 세계들 안에 존재하지만, 현실 세계에는 존재하지 않는다. 이 가정 아래서 보면, 이 세계는 배트맨, 고담 시, 투페이스가 존재했을 그런 세계가 될 수도 있었다. 우리는 또한 하나의 개별적인 가능 세계에 관심을 둘 것이다. 즉, 그 가능 세계에서는 배트맨과 DC 세계의 다른 존재들에 대한 모든 일반적 사실이 참이다. 요약하면 우리는 DC에서 현재 주류 작품의 세계가 불리는 것처럼, 이것을 새 지구New Earth라 부를 것이다. 필연성, 가능성, 가능 세계 같은 개념들을 도입하였으므로, 이제 우리는 이 개념들을 제시된 질문에 답하기 위해 잘 사용할 수 있다. 그 질문은 배트맨이 조커였을 수도 있었는가이다.

만약 이 질문에 대한 올바른 대답이 '그렇다'라면 배트맨과 조커가 수적으로 동일한 어떤 가능 세계가 존재할 것이다. 이런 세계는 배트맨과 조커가 바로 동일한 대상으로 존재하는 가능 세계이다. 다르게 말하면 어떤 가능 세계에서 '배트맨'이라는 용어로 **선택되는** 대상은 '조커'라는 용어로 **선택되는** 대상과 동일하다. 대상을 '선택하기'picking out라는 용어에 대한 이 이야기는 사실 어떤 철학적 말하기의 축약이며, 이 철학적 말하기는 복잡하지만 본질적으로 양상적 문제의 핵심을 이해하는 데 중요하다.

첫째, '조커'와 '배트맨' 같은 용어들은 **이름들**이며, 이름은 독특한 특징을 가지고 있다. 다시 말해 이름이 개별적인 대상을 지칭할 때, 즉 '선택할' 때, 이름은 각각의 모든 가능 세계의 바로 그 대상을 지칭한다. **서술**description은 이러한 독특한 특징을 공유하지 못한다. 이유를 알기 위해, '고담의 경찰국장'이라는 서술을 생각해 보자. 새 지구에서 이 서술이 지칭하는 대상은 짐 고든이다. 다른 가능 세계들에서는 사건들이 좀 다르게 전개되고 있으며 알프레드 페니워스가 고담의 경찰국장이고, 따라서 이러한 종류의 세계들에서는 '고담의 경찰국장'은 알프레드를 지칭한다. 이러한 이유로 서술은 대상을 지칭하는 방식에 있어 이름과는 매우 다르다. 그러므로 '하비 덴트'는 모든 가능 세계의 하비 덴트를 지칭하는 반면 '고담의 전직 지방검사'는 그렇지 못하다.

둘째, 우리가 탐구하는 질문은 단지 배트맨이 '조커'라 불릴 수 있었는지, 그리고 조커가 '배트맨'이라고 불릴 수 있었는지에 대한 것이 아니다. 영어라는 언어가 [지금과는] 매우 다르게 발달할 수도 있었기 때문에, 실제로 배트맨의 지칭에 사용되는 단어가 조커의 지칭에 사용되었을 수도 있다고 생각할 충분한 이유가 있다. 우리가 관심을 두는 것은 우리의 질문 대상들인 배트맨과 조커의 양상적 속성들modal properties이다. 당신이나 나처럼, 이 두 대상은 모두 특정한 양상적 속성을 가지고 있거나 가지고 있지 않다. 예를 들어, 많은 철학자들은 당신과 내가 수란poached egg이 될 수 있는 양상적 속성은 갖고 있지 않다고 믿지만, 실제 키보다 1인치 정도 더 클 수 있는 양상적 속성은 갖고 있다고 믿는다. '배트맨'과 '조커'와 같은 용어들이 이름이라는 사실이 이 대상들의 양상적 속성을 변화시키지는 않는다. 그보다 이러한 용어들이 이름이라는 사실은 "배트맨이 조커와 동일 인물인 것은 가능하다"와 같은 문장이 참인 현실이 어떠해야 하는지를 우리가 더 잘 이해할 수 있도록 도와준다.

필연적인 비밀스러운 정체성들

양상 논리modal logic는 우리가 가능성이나 필연성에 대해 추론하는 방식을 단순화하는 데 사용되는 형식 언어(수학과 매우 비슷한)이다. 양상 논리에서 특정한 논리적 규칙들(공리)은 거의 보편적으로 받아들여진다. 몇 가지 예를 들어 보자. 만약 어떤 것이 참이라면, 이는 가능적으로 참일 것이다. 더 복잡한 예는 다음과 같다. 즉, 만약 어떤 것이 가능적으로 참이라면, 이는 필연적으로 가능적으로 참이다. 더 불합리할 정도로 복잡한 예는 다음과 같다. 즉, 만약 어떤 것이 필연적으로 가능적으로 필연적으로 가능적으로 필연적으로 참이라면, 이는 필연적으로 참이다!

양상 논리의 세밀한 내용이 여기서 결정적으로 중요한 것은 아니지만, 양상 논리의 한 가지 논제, 즉 **동일성의 필연성**necessity of identity(지금부터 'NI'라 부르자)이라는 논제는 중요하다. 만약 NI가 참이라면, 동일성 주장들(동일성 기호인 '='을 포함하는 주장)은 필연적으로 참인데, 적어도 그 주장들이 참이라면 그렇다. 실제로 NI는 더 구체적이다. NI는 특정 동일성 주장에만 적용된다. 구체적으로 말하자면, '='의 양쪽에 이름을 가지고 있는 NI에서 동일성 주장은 그 주장이 참이라면 필연적으로 참이고, 그 주장이 거짓이라면 필연적으로 거짓이다. 이런 이유로 NI는 '하비 덴트=투페이스'와 그 동치 문장인 '하비 덴트는 투페이스와 동일하다'가 필연적으로 참임을 보장한다. 하지만 NI는 '하비 덴트=고담의 전직 지방검사'라는 문장이 필연적으로 참임을 보장하지는 않는다. 이 문장에 대해서는 NI가 적용되지 않으며, 이는 '고담의 전직 지방검사'가 이름이라기보다는 서술이기 때문이다.

우리는 왜 NI를 믿어야 하는가? 왜냐하면 IOI, 그리고 모든 것은 필연적으로 그 자신과 동일하다는 명백한 주장 때문이다. x와 y가 대수학에서의 변수라고 상상해 보자. 그들은 대상들을 상징한다. 그리고 모든 것이 필연적으로 그 자신과 동일하다면, 모든 가능 세계에서 $x=x$이다. 만약 어떤 가능 세계에서 $x=y$라면, IOI는 x와 y는 동일한 모든 속성을 가지고 있어야 함을 필연적으로 함축한다. 이것은 만약 x=배트맨이고 y=브루스 웨인이며 $x=y$라면, IOI는 배트맨과 브루스 웨인은 동일한 모든 속성을 공유한다는 사실을 보장한다는 뜻이다. 그렇다면 x가 가지고 있는 하나의 속성이 x 자신과 필연적으로 동일함이라는 속성이므로, IOI는 y 역시도 x와 필연적으로 동일함이라는 속성을 가지고 있어야 한다는 사실을 필연적으로 함축한다. 배트맨 용어로 말하자면, 만약 배트맨과 브루스 웨인이 어떤 가능 세계에서 동일하다면, 배트맨은 필연적으로 배트맨과 동일함이라는 속성을 가지고 있기 때문에, 브루스 웨인 역시 배트맨과 필연적으로 동일함이라는 속성을 반드시 가지고 있어야만 한다. 이 간결하지만 복잡한 논증의 결론은 이것이다. 즉 브루스 웨인과 배트맨 같은 대상들이 동일하다면, 그들은 필연적으로 동일하다.

만약 NI가 참이고 '배트맨'이 이름이라면, 우리는 배트맨이 조커였을 수가 없다는 것을 보여 줄 논증을 만들 수 있다. 즉, 배트맨과 조커는 새 지구에서 동일하지 않다. 그리고 배트맨과 조커가 새 지구에서 동일하지 않기 때문에, '배트맨 = 조커'는 필연적으로 참은 아니다. 그러나 NI 하에서는 만일 어떤 동일성 주장이 참이라면 그것은 필연적으로 참이어야만 한다. '배트맨 = 조커'는 필연적으로 참이 아니기 때문에, '배트맨 = 조커'는 참일 수 없다는 결론을 내릴 수 있다. 그리고 '배트맨 = 조커'가 참일 수 없기 때문에, 배트맨이 조커였을 수가 없다(쉽지 않은가?)!

'배트맨'과 '로빈'

좋다. 인정하자. 우리는 왜 배트맨이 조커일 수 없는지에 대한 상당히 복잡한 논증을 제공했다. 이 논증은 동일성과 필연성에 대해 그럴듯하지만 친숙하지 않은 어떠한 가정들에 의존한다. 그러므로 우리가 고안한 이 논증에 대한 반론이 있는데, 고맙게도 이것은 매우 덜 복잡한 전제들에 많이 의존한다. 이것을 **로빈 논증**이라 부르자. 우리는 '배트맨'이 이름이라 가정했고, '배트맨'은 브루스 웨인 외에 어떤 다른 사람이었을 리가 없으며, 조커는 더욱 아니라는 결론을 내렸다. 그러나 '배트맨'과 '로빈'은 같은 종류의 용어들로 보이며, 그렇기에 만약 [이들 중] 하나가 이름이라면 둘 다 이름이다. 만약 [이들 중] 하나가 서술이라면, 다른 하나도 서술이다. 슈퍼히어로적 사실에 따르면, 로빈은 한 명이 아니었다. 딕 그레이슨, 제이슨 토드 그리고 (그 중에서도) 팀 드레이크는 모두 한두 번쯤은 로빈이었으며, 따라서 로빈이 팀 드레이크나 제이슨 토드, 딕 그레이슨과 동일하다는 사실은 필연적으로 참이 아니다. 그리고 만약 '로빈'과 관련된 동일성 주장이 필연적으로 참 혹은 필연적으로 거짓이 아니라면, 우리가 이름에 대해 알고 있는 것으로 보면 '로빈'은 이름일 리가 없다. 그러므로 '배트맨'도 이름일 리가 없다. 그리고 만일 '배트맨'이 이름이 아니라면, 앞서의 논증은 틀린 것이다. 즉, NI가 '로빈'이나 '배트맨'을 포함한 문장들에는 단지 적용되지 않는데, 왜냐하면 그것들은 이름이라기보다는 서술이기 때문이다.

이러한 결론에는 설득력이 있는 무언가가 있다. 서로 다른 개인들은 서로 다른 비밀스러운 정체성을 택할 수 있는 듯 보이며, 이것이 가능한 이유를 설명하는 한 가지 방법은 '배트맨'과 그 밖의 '비밀스러운 정체성'이 서술이라는 믿음을 유지하는 것이다. 예를 들어, '로빈'은 '로빈 복장을 한 소년'(스테파니 브라운의 경우는 소녀)이라는 서술의 축약형일지도 모른다. 사실 이것은 누군가에게는 매우 분명할 수 있다. 첫째, 브루스 웨인은 자주 '배트맨'이라고 불리는데, 이것도 누군가에게는 '배트맨'은 단지 특정 서술에 대한 축약이라고 생각될 것이다. 둘째, 다른 이들(장-폴 밸리나 딕 그레이슨 등)도 망토와 복면을 썼으며 웨인을 대신한

'배트맨'이었다. 셋째, '로빈'과 다른 용어들은 사용에 있어 '배트맨'과 너무도 유사하다는 사실과 '로빈'과 다른 용어들이 이름이 아닐 수도 있다는 사실이 '배트맨'은 이름이 아니라고 생각할 이유를 제공한다.

하지만 '배트맨'이 서술이 아니라 사실상 하나의 이름이라고 생각하는 데에도 괜찮은 이유들이 있다. 첫째, 대부분 서술들은 특정한 언어적 시험을 거친다. 대다수의 언어적 시험처럼 예외들이 있겠지만, 그럼에도 이 시험은 일반적으로 좋은 시험이다. 만약 어떤 용어들이 서술에 등장하더라도, 특정 추론들은 보통은 좋은 추론들이다. '고담에서 가장 못생긴 범죄자'라는 서술을 생각해 보자. 만일 이 서술이 어떤 개인을 선택한다면, 문제의 그 개인에 대한 특정 결론들을 합리적으로 이끌어 낼 수 있다. 특히 우리는 그 개인이 못생겼고, 범죄자이며, 고담 어딘가에 있음을 추론할 수 있다. '배트맨'은 이 시험에 실패하는 것 같다. 우리는 '배트맨'이 어떤 개인을 지칭한다는 사실로부터 합리적으로 그 개인이 박쥐임을 추론할 수 없기 때문이다. 이러한 고려사항이 결정적인 것은 아니지만, 적어도 '배트맨'이 '위장된 서술'disguised description은 아닌지를 의심할 만한 충분한 이유를 제공한다. 일부 철학자들에 따르면 위장된 서술은 도처에 있다. 예를 들어, 만약 '브루스 웨인'이 위장된 서술이라면, '브루스 웨인'은 실제로 그저 '마사 웨인과 토머스 웨인 박사의 아들'의 축약형에 불과할 것이다.

둘째, 더 중요하게도 서술은 특정 속성들을 명시함으로써 대상을 지칭한다. '고담에서 가장 못생긴 범죄자'는 킬러 크록을 선택하는데, 왜냐하면 킬러 크록은 못생겼고, 범죄자이며, 고담 안(혹은 아래) 어딘가에 있기 때문이다. 그러나 만약 어떤 개인이 그렇게 되기를 원한다면, 그 사람은 범죄자, 고담의 시민, 그리고 킬러 크록보다 더 못생긴 존재가 되려고 노력할 수 있다. 그가 이런 다소 이상한 목표를 달성한다면, 이 서술은 이제 그 사람을 지칭할 것이다. 하지만 '배트맨'의 경우는 이렇게 되지 않는다는 사실에 주목하라. 당신이 얼마나 좋은 복장을 꾸미든 혹은 어떤 동굴을 집 아래 짓든, '배트맨'은 다른 누구도 아닌 허구적 인물인 '배트맨'을 지칭할 것이다. 이런 이유로 '배트맨'은 서술로서 작동하지는 않는 것 같다.

그렇다면 로빈 논증은 '배트맨'이 이름이 아니라고 믿을 이유를 마련해 주는 듯 보이며, 또한 이것은 NI를 포함한 논증이 틀렸다는 의미이기도 하다. 앞서 고민해 본 두 논증이 보여 주듯이 '배트맨'이 서술이 아니라고 믿을 만한 타당한 이유도 있다. 이런 이유로 '배트맨'은 그게 무엇이든 정말 이상한 용어로 보인다.

이런 문제를 해결하면서 '배트맨'이 이름인지 서술인지를 결정할 수 있는 몇 가지 방식이 있다. 어떤 사람은 이 시험들을 통과하지 못했음에도 '배트맨'은 정말로 서술이며, '배트맨'이 서술이므로 새 지구 외의 다른 세계에서는 '배트맨'이 조커를 지칭할 수도 있다고 주장할 수 있다. 또한 어떤 사람은 '로빈'이 지칭하는 복수의 개인들이 있었던 것 같지만, 그 세계에는 또한 실제로 다른 이름들을 가진 복수의 개인들이 있었고, 이 이름들은 항상 어떤 위장된 방식으로 '축약되었다'고 주장할 수도 있다. 배트맨과 조커가 그냥 가능한 개인들이라면, 그다음 배트맨이 조커였을 수 있는지를 알아내기 위해서라도 우리는 이 문제를 해결할 필요가 있다. 다시 말해 이 문제는 '배트맨'이 이름인지 서술인지보다는 배트맨과 조커가 정확히 어떤 종류의 존재자인지를 논의하는 것에 의해 해결될 것이다. 마침내 우리는 어떤 형이상학적 고민들은 배트맨이 정말로 조커였을 수 있었다는 사실을 제시한다는 점을 보일 것이다.

허구와 가능 세계

지금까지 우리는 새 지구와 그 안의 거주자들이 현실적이지는 않더라도 여전히 존재할 수 있다고 가정했다. 이러한 가정에 의하면, '배트맨'과 '조커'는 그냥 가능한 당신의 쌍둥이 형제나, 그냥 가능한 은하계 크기의 프렌치토스트 조각처럼 그냥 가능한 존재자들이다. 만일 이러한 존재자들이 실제로 존재한다면, 이 개체들은 우리의 우주를 구성하는 물리적 대상들과 매우 닮았을 것이다. 이 존재자들은 당신과 나, 혹은 이 책이나 엠파이어 스테이트 빌딩 같은 **구체적 대상**일 것이다. 우리가 친숙하게 느끼는 대상들의 대부분은 구체적이다. 그들은 물리 법칙의 지배를 받으며 시공간 어딘가에 위치해 있다.

그러나 배트맨과 로빈 같은 허구적 인물들은 구체적이지 않다. 그들은 숫자나 이야기와 더 닮아 있다. 주머니 속에 숫자 5를 가지고 있다든지 햄릿이 코니아일랜드에 있다든지 하는 말은 전혀 이해가 되지 않는다. 이런 이유들로 허구적 인물들은 책과 같은 구체적 대상이라기보다 숫자와 같은 **추상적 대상**이다. 구체적 존재자와 추상적 존재자는 매우 다르다고 생각할 만한 타당한 이유가 있다. 배트맨이나 조커와 같은(숫자 2가 아니라) **허구적인** 추상적 대상은 특히나 구체적 대상과는 다른 것 같다. 허구적인 추상적 대상이 특별히 독특할 수도 있는 하나의 방식은 그들이 양상적 속성을 갖는 방식이다.

탁자, 신발, 책 같은 일상적인 구체적 대상의 양상적 속성들은 그것을 생각하는 사람과는 독립적인 객관적 사실들에 의해 결정된다. 논증에서 우리는 배트맨과 조커를 구체적 대상처럼 다뤘지만 방금 언급하였듯이 그들은 구체적 대상과는 매우 다르다. 즉, 그들은 추상적인 허구적 존재자들이다. 하지만 만일 배트맨과 같은 인물이 그냥 가능한 세계들의 구체적 거주자가 아니라면, 우리가 그들에 대해 내리는 양상적 주장을 어떻게 이해할 수 있는지 분명하지 않다. 그럼에도 허구적 존재자들에 대해 일부는 참이며 일부는 거짓인 양상적 주장들을 할 수 있다. 배트맨은 조커를 죽일 수도 있었다. 미스터 프리즈는 태양(혹은 마이애미 해변) 위를 걸으면서 살아남을 수 없었다. 그렇다면 우리는 추상적인 허구적 인물들의 양상적 속성을 어떻게 이해할 수 있는가? 아마도 배트맨과 같은 허구적 인물들은 아주 특별한 방식으로 양상적 속성을 가질 것이다. 다시 말해 그들이 이러한 속성을 갖는 이유는 밥 케인Bob Kane, 그랜트 모리슨Grant Morrison, 짐 어패로Jim Aparo, 짐 리Jim Lee와 같은 작가와 예술가에 의해 창조되었기 때문이다.

더 정확하게 추상적인 허구적 인물들은 그냥 가능한 존재자들이 아니므로 우리는 그들의 양상적 속성을 이해하기 위해 가능 세계들을 사용할 수 없다. 이는 허구적 인물들이 어떻게 양상적 속성을 갖는지에 대한 대안적 설명이 필요함을 의미한다. 여기에 우리가 매우 좋아하는 한 가지 설명이 있다. 허구적 인물들의 양상적 속성(우연적으로나 필연적으로 어떤 식이 되는 속성)은 그들에 대한 저작권이 있는 작가들에 의해 규정된다. 배트맨의 양상적 속성은 기린이나 전망대의 양상적 속성과 다르다. 배트맨은 밥 케인 등과 같은 저자들에 의해 규정되지만 기린이나 전망대는 어떤 사람의 의도와는 독립적으로 정해져 있다. 만약 이것이 참이라면, 배트맨이 할 수 있거나 할 수 없는 일들은 배트맨 만화의 **저자들**이 배트맨에게 가능하다고 믿는 것에 의해 결정되지, 존재하는 가능 세계들에 의해 결정되지 않는다.

이 제안에 더 충실하게 살을 붙이면 매우 복잡한 사태를 입증하겠지만, 우리가 지금까지 관심을 가져 온 이 질문의 결과는 분명하다. 배트맨이 조커였을 수 있는지 없는지는 우리의 일반적인 양상적 탐구 방식으로는 결정될 수 없다. 이 질문에 답하기 위해서는 배트맨을 포함한 이야기를 쓴 창작자들이 배트맨과 조커가 어떤 양상적 속성들을 가지고 있다고 믿는지를 알 필요가 있다. 그 경우 이 질문에 답하는 한 가지 방식은 옛날식의 탐구 방법, 즉 배트맨 이야기를 읽는 것으로 보인다.

물론 우리는 읽었고(결국 그게 우리가 하는 일이지만) 결과는 나왔다. 다시 말해 배트맨과 조커는 동일 인물일 수도 있었다. 왜일까? 『배트맨: 투페이스』(1998)에서 배트맨과 조커가 다름 아닌 바로 동일 인물이기 때문이다. 이 번외편 이야기(DC 세계의 전형적인 연속성 바깥에서, 즉 새 지구가 아닌 다른 지구에서 벌어지는 배트맨 이야기)는 배트맨과 조커가 거의 지킬 박사와 하이드처럼 사실은 동일한 인물이라고 서술한다. 따라서 이 개별적인 사례는 허구적인 정체성들(비밀스럽거나 공개적인)이 우리가 생각했었을 만큼 **그렇게** 필연적이지 않을 수도 있다는 타당한 이유를 제공한다.

농담은 집어치우자, 이것은 양상적 뒤죽박죽이다

처음에 우리는 "배트맨이 조커였을 수 있는가?"라는 질문으로 시작했다. 처음부터 우리는 '배트맨'과 '조커'가 그냥 가능한 개인들(다른 가능 세계들에 존재하는 대상들)이라고 가정했고, 이러한 가정 아래 배트맨이 조커였을 수는 없다고 생각할 만한 이유를 주장했다. 그럼에도 '배트맨'이 실제로 서술일 수 있다고 믿을 몇 가지 이유들이 있으며, 만약 그렇다면 배트맨이 당연히 조커였을 수도 있을 것이다. 그다음 우리는 배트맨과 조커가 그냥 가능한 개인들이 아닌, 이상하고 추상적인 허구적 존재자들이라고 제안했다.

일부 철학자들은 이러한 선택권 모두에 불만을 제기할지도 모른다. 때때로 **유명론자**nominalist라 불리는 이 철학자들은 실재에 대한 빈약하고 삭막한 견해를 선호한다. 그들은 그냥 가능한 개인들이나 추상적 존재자들이 있다는 사실을 거부한다. 유명론자는 "간결한 것이 더 좋다"라는 형이상학적 격언을 진지하게 받아들이며, 현실적인 존재자와 구체적인 개인만을 믿는다. 이 유명론자의 형이상학적 영상에도 매력적인 특징들이 있긴 하지만, 유명론자는 적어도 다음 하나는 꼭 참고 받아들여야 한다. 유명론자는 추상적이거나 그냥 가능한 존재자의 존재를 거부하기 때문에, 그들은 배트맨·조커·로빈이 존재한다는 사실을 어쨌든 거부해야만 한다. 이러한 결론은 유명론을 매력 없이 보이게 만들 수도 있지만, 굉장히 흥미롭게도 당신은 배트맨 자신이 유명론자여야 한다고 생각할지도 모른다. 결국 유명론이 옳다면 고담에는 범죄가 없을 것이다. 이 말은 고담이라는 것조차 없을 것이라는 의미다.[2)]

---

2) 논의와 유용한 조언에 대해 우리는 클로이 암스트롱(Chloe Armstrong), 바라크 크라카우어(Barak Krakauer), 에이탄 만호프(Eitan Manhoff), 크리스 틸먼(Chris Tillman)에게 감사의 말을 전한다.

12장

배트맨의 정체성 위기와 비트겐슈타인의 가족유사성

—

제이슨 사우스워스

누군가가 배트맨이 된다는 것은 어떤 의미일까? 누군가가 배트맨이라고 확인하는 데에 필요한 것이 있는가? 만약 어떤 개인이 그것을 가지고 있다면 그는 틀림없이 배트맨일 수밖에 없는 성질이나 속성이 있는가? 이번 장에서 우리는 이러한 질문들을 파고들 것이다. 그 과정에서 우리는 배트맨의 의미와 동일성 확인 혹은 그런 문제와 관련된 어떤 것이든 파악하는 유용한 방식이 '가족유사성'이라는 개념임을 확인할 것이다.

만화책, 조건, 반례

철학자들은 어떤 것이 본질적으로 무엇임을 확인해 주는, 혹은 사물이 어떤 집단에 속한다고 정의해 주는 조건들의 유형에 대한 용어들을 가지고 있다. 만약 어떤 속성이나 성질이 어떤 집단에 속하는 데에 필요하다면 이것을 **필요조건**이라고 부른다. 사과를 생각해 보자. 어떤 것이 사과라면 과일일 필요가 있다. 즉, 과일임이 사과가 되기 위한 필요조건이다. 과일이라면 사과가 되기에 충분하다는 의미가 아님을 주목하라. '사과다움'applehood의 필요조건에 대해 좀더 말해보면, 사과는 사과 모양이어야 하고, 꼭지가 있어야 하지만 오렌지여서는 안 된다. 이 모든 것들의 의미는 어떤 것이 과일이 아니라면 사과일 리가 없다는 것이다. 즉, 모든 사과는 과일이지만 모든 과일이 사과는 아니다.

반면에 개별적인 요건을 만족하는 것만으로 어떤 집단에 포함되기에 충분**하다**면, 그 요건은 **충분조건**이다. 동물의 경우를 생각해 보자. 어떤 것이 고양이라는 사실만으로도(그것으로 충분하다) 그것은 충분히 동물이 된다. 동물이 되는 충분조건에 다른 많은 충분조건들이 있음을 주목하자. 어떤 것이 새, 도롱뇽 혹은 사람이라면 그것 역시 동물이 되기에 충분하다. 모든 고양이는 동물이지만, 모든 동물이 고양이는 아니다.

그렇다면 우리는 배트맨에 대한 필요조건과 충분조건을 확인할 수 있는가? 다양한 애니메이션 시리즈와 실사영화를 포함해서 『배트맨: 이어 원』(1987)과 『배트맨: 다크 나이트 리턴즈』(1986) 등과 같이 널리 읽힌 이야기들 덕분에 많은 후보들이 바로 떠오른다. 배트맨은 남자이고, 브루스 웨인이며, 박쥐를 재현한 의상을 차려입고, 범죄와 싸운다. 배트맨은 어린아이였을 때 살해당한 부모의 복수를 위해 이런 식으로 행동한다. 그의 부모가 총으로 살해되었기 때문에 총을 쓰지 않으며 또한 절대 살인을 하지 않는다. 이것은 배트맨의 속성에 대한 상당히 전통적이고 논란의 여지가 없는 그림이다. 하지만 다음에 답해 보라. 이들은 필요조건인가, 충분조건인가, 둘 다인가, 혹은 둘 다 아닌가?

단순하게 대답하면…… '아니다'. 배트맨에 대한 이 개념화 중 어떤 부분도 한 사람이 배트맨이 되기 위한 필요조건 혹은 충분조건이 될 수 없다. 이것을 알아보기 위해 우리는 철학자들이 **반례**라 부르는 논증 방법을 사용할 것이다. 먼저 필요조건 혹은 충분조건의 후보를 생각해 보고, 그런 다음 그 후보가 왜 부적절한지 보여 주는 하나 혹은 두 개의 예를 제시할 것이다. 필요조건에 대한 반례는 그 특징이 결여된 배트맨에 대한 예이며, 이러한 예는 그 조건이 배트맨에게 필수적이지 않음을 보여 준다. 충분조건에 대한 반례는 배트맨이 아닌 어떤 것에 존재하면서 그 특징을 보여 주는 예이며, 이것은 또다시 그런 특징은 배트맨만의 것이 아님을 보여 준다.

배트맨이 살인을 하지 않는다는 주장과 총을 사용하지 않는다는 주장부터 살펴보자. 이 주장들이 필요조건이라는 명제에 대한 반례는 배트맨의 다섯번째 출전에서 찾아볼 수 있다. 『탐정 만화』 32호(1939년 10월)(한번 찾아보라, 분명히 가지고 있을 것이다)는 배트맨이 몽크라는 이름의 뱀파이어와 싸우는 이야기의 2부를 담고 있다. 이 이야기에서 몽크와 공범은 배트맨의 여자친구(줄리 매디슨)에게 최면을 걸어 인질로 잡아 놓는다. 이 문제를 해결하기 위해 배트맨은 그들이 자고 있는 동안 은으로 된 총탄을 발사해 둘을 죽여 버리며, 이 사건은 배트맨인 누군가가 총을 사용했음을 보여 준다.[1] 이 두 가지 조건은 역시 배트맨이 되기에 충분하지 못하며, 심지어 그 사실을 더 잘 보여 준다. 살인을 하지 않거나 총을 쓰지 않지만 배트맨이 아닌 것들이 분명히 많이 있다. 탐정 침프Detective Chimp 같은 다른 만화책 캐릭터들, 간디 같은 인물, 그리고 내 스테이플러 같은 물건이 그렇다.

평범한 배트맨 팬들은 브루스 웨인인 것이 누군가가 배트맨이 되기

---

1) 그들은 뱀파이어고 그러므로 이미 죽었기 때문에, 배트맨이 실제로 살인을 하지 않았다고 주장할지도 모른다. 좋다. 하지만 『배트맨: 다크 나이트의 역습』(2001)에서 배트맨은 실제로 (스스로 살인자가 되어 늙은 슈퍼히어로를 살해하는) 딕 그레이슨을 용암 구덩이에 빠뜨려 죽인다.

위한 필요조건이며 충분조건이라고 종종 주장한다. 하지만 1990년대 초의 배트맨 만화의 독자들이 그 정도도 모르겠는가. 『배트맨: 나이트폴』(1993~1994) 에피소드에서 브루스 웨인은 악당 베인에 의해 등이 부러진 후 배트맨 역할을 그만둔다. 전 세계 팬들에게 충격과 공포였지만, 브루스는 자신을 대체할 인물로 장-폴 밸리(영웅 아즈라엘)를, 속편인 에피소드 『배트맨: 프로디걸』(1994~1995)에서는 딕 그레이슨(나이트윙이며 팬들이 **훨씬 더** 좋아한 초대 로빈)을 선택했다. 그러므로 2년 넘게 브루스 웨인이 아닌 누군가가 배트맨이었으며, 이것은 브루스 웨인 본인의 승인 아래 일어난 일이었다. 게다가 그 기간 동안 브루스 웨인은 배트맨이 아니었으며, 이는 브루스 웨인인 것이 배트맨이 되기 위한 필요조건도 충분조건도 아님을 보여 준다.[2)]

아마 그다음으로 가장 그럴듯한 배트맨 필요조건 후보는 배트맨의 부모가 살해당했다는 사실일 것이다. 그러나 번외편 이야기인 『배트맨: 박쥐성』(1994)을 읽은 독자라면 그렇지 않다는 것을 알고 있다. 이 이야기는 브루스 웨인의 부모가 죽는 전통적인 배트맨 기원 이야기처럼 시작한다. 고전인 『프랑켄슈타인』을 패러디한 이 이야기에서 브루스 웨인은 자라서 과학자가 되며, 자신의 연구 대부분을 죽은 세포 조직을 되살리는 연구에 바친다. 결국 배트맨은 (당신의 짐작처럼) 박쥐로부터 추출한 생체물질biomaterial의 도움으로 아버지를 어떻게든 되살려 낸다. 그다음 브루스는 그가 (당연히) '배트맨'이라고 부르는 자신의 박쥐 인간을

---

2) 내가 즐겨 드는 반례는 실제로 필요성 주장과 충분함 주장 양쪽 모두가 틀렸다는 사실을 보여 준다. 『월즈 파이니스트 코믹스』 167호(1967년 6월)에서 우리는 클라크 켄트가 배트맨이고 브루스 웨인이 슈퍼맨인 세계를 보게 된다.

보내 죽은 부모님에 대한 복수를 하게 한다. 브루스 웨인의 살해당한 아버지가 이 이야기에서는 배트맨이며, 따라서 이 버전에서 '배트맨'의 부모는 살해당하지 않았다. 그래서 또다시 충분함에 대한 사례를 제시하기가 더 어려워졌다. 슈퍼히어로 만화에서 살해당한 부모는 흔한 소재이다. 하나의 예만 들어 보면, 헬레나 버티넬리의 부모도 살해당했지만, 그녀는 배트맨이 아닌 헌트리스가 되었다.

배트맨은 혼자 일하는 것을 좋아하고 정말 필요한 때만 팀을 이루는 개인주의적 인물이라고 자주 이야기된다. 생각해 보면 이런 주장에 대한 반례는 많이 있다. 배트맨 역사의 매우 초기에 그는 다른 이들과 같이 일하기 시작했다. 『탐정 만화』 38호(1940년 4월)에서 보이 원더라 불리는 로빈은 배트맨의 조수로 소개되었으며, 그때부터 동맹자의 수가 폭발적으로 증가한다. 오늘날의 배트맨 만화에서는 배트맨이 의지하게 된 많은 사람들로 이뤄진 '배트맨 팀'이나 '배트 패밀리'에 대한 언급을 종종 읽을 것이다(로빈, 나이트윙, 오러클 등). 그리고 혼자 다닌다고 배트맨이 되기에 충분한 것이 아니라는 점은 명확하다(예를 들어, 성 안토니우스Saint Anthony와 시오도어 카진스키Theodore Kaczynski[유나바머]를 생각해 보라).

배트맨의 별명 중 하나가 다크 나이트이기 때문에 어떤 이들은 배트맨이 되기 위해서는 어두운 성격과 고민하는 것이 필요하다고 제안할 수 있다. 그러나 실버 에이지 배트맨the Silver Age Batman의 이야기를 생각해 보라.[3] 만화심사위원회Comic Code Authority 덕분에 이 기간 동안의 슈퍼히어로 만화들은 귀엽고 앙증맞았으며, 이야기들은 대개 웃기거나 관심

3) 만화의 백은 시대, 즉 실버 에이지는 만화의 2차 전성기로(황금 시대가 첫 전성기였다) 1950년대 후반부터 1970년대 초반까지가 여기에 해당된다.

끌기 중심이었다. 이러한 이야기의 한 예는 『배트맨』 108호이며, 여기서 실버 에이지 배트우먼(캐시 케인)이 처음으로 등장한다. 이것이 배트맨과 배트우먼의 로맨스를 다룬 일련의 이야기들의 시작이었으며, 통상적인 로맨틱 코미디 장면이 나온다. 다시 말해 배트우먼이 결혼 문제로 왈가왈부하지만 배트맨은 자신의 독신 생활을 방어하려 노력한다. 이는 웃기긴 하지만 어둡지는 않다.

배트맨은 반드시 범죄와 싸워야 한다는 '사실'은 어떤가? 당신의 예상대로 이것도 반례들이 있다. 내가 선호하는, 범죄와 싸우기보다는 범죄를 저지르는 배트맨의 예는 2부작 이야기인 『저스티스 리그』 37~38호(1965년 8~9월)에 나온다. 이 이야기에서 새로운 버전의 실버 에이지 DC 슈퍼히어로들이 무법자 리그Lawless League를 만드는 지구-A가 등장한다. 이 이야기에서는 저스티스 소사이어티Justice Society(집에서 만화책을 찾아보는 사람들을 위해 말해 주자면 지구-2의)는 고전적인 DC 세계를 뛰어넘는 방식으로 무법자 리그와 싸운다(이 이야기에서 재미있는 외모상 차이는 지구-A의 배트맨과 실버 에이지 배트맨은 게을러서 면도하지 않은 수염 외에는 완전히 똑같다는 점이다). 그러므로 분명히 범죄 수사원은 배트맨이 되기 위한 필요조건이 아니다. 다시 한번 충분함에 대한 이 주장은 명백하게 거짓이다. 왜냐하면 모든 슈퍼히어로들은(심지어는 부스터 골드Booster Gold까지도) 범죄와 싸우기 때문이다.

비트겐슈타인과 언어 게임

어떤 필요조건이나 충분조건 없이 어떻게 성공적으로 배트맨의 경우들을 확인할 수 있는지 당신은 궁금해할 수 있다. 이에 대한 하나의 답은 루트비히 비트겐슈타인(1889~1951)의 『철학적 탐구』에서 찾을 수 있다.[4] 사물을 '언어'로 확인하려는 시도에서 비트겐슈타인은 자신이 우리가 배트맨 때문에 빠진 상황과 같은 상황에 처해 있음을 받아들인다. "우리가 '언어'라고 부르는 모든 것에 공통된 것을 보여 주는 대신에, 나는 이러한 현상들에는 우리가 그 모든 것에 같은 낱말을 사용하게 만드는 어떤 하나가 공통적으로 있는 것이 아니며, 그것들이 여러 다른 방식으로 서로 **관계되어**related 있다고 말한다. 그리고 이러한 관계, 혹은 관계들 때문에 우리가 이들 전부를 '언어'라고 부르는 것이다."[5]

그가 말하는 이 관계란 유사성의 관계다. '언어'라고 불리는 여러 다른 것들이 언어가 될 수 있는 이유는 그들이 서로 **유사하다**는 사실이다. 비트겐슈타인은 이 유사성을 **가족유사성**family resemblance이라 부르는데, 이는 가족들에게서 이러한 유형의 유사성이 보이기 때문이다. 당신의 가족을 생각해 보라. 만일 당신이 가족과 생물학적으로 관계되어 있다면, 당신은 부모님과 형제자매들과 어느 정도 닮았을 것이다. 하지만 당신들 **모두가** 유사한 방식을 찾아야 한다면, 우리는 실패할 것이다. 예를 들어, 당신과 여자 형제 중 한 명이 아버지와 같은 빨간 머리카락을 가지고 있을 수 있지만, 나머지 가족들은 그렇지 않다. 당신, 여자 형제들, 어머니는 갈색 눈을 가졌을지도 모르지만, 아버지는 그렇지 않다. 당신은 부모님이나 형제자매들과는 다른 모양의 코를 가졌을지도 모른다. 몸, 얼굴 생김새, 안색, 귀 크기 등을 생각해 봐도 이와 같은 점을 발견할 수 있다.

---

4) Ludwig Wittgenstein, *Philosophical Investigations*(1953), trans. G. E. M. Anscombe, Oxford: Blackwell, 1953[『철학적 탐구』, 이영철 옮김, 책세상, 2006]. 이번 장의 모든 인용은 이 책에서 나온 것이다.

5) *Ibid*., Remark 65.

비트겐슈타인은 이 주장을 입증하기 위해 게임의 사례들을 사용한다. 세상에는 여러 가지 종류의 게임이 있다. 이 게임들의 공통점은 무엇인가? 보드게임부터 시작해 보면, 당신은 모든 보드게임에는 보드를 돌아다니는 말들이 있다고 생각할지도 모른다. 게임 목록에 카드게임을 추가해 본다면, 당신은 이런 것들 중 어느 것도 필요하지 않다는 사실을 알아챌 것이다. 비디오게임과 솔리테어solitaire는 게임에 한 명 이상이 꼭 필요하지는 않다는 사실을 보여 준다. 모든 게임은 재미있다고 생각할지 모르나, 성인이 아이들에게 시키는 게임들의 경우는 어떨까? "누가 가장 오랫동안 조용히 있나 볼까?" 같은 게임 말이다. 테니스 같은 게임은 잘하려면 기술이 필요하지만, 룰렛 같은 다른 게임들은 그렇지 않다. 러시안룰렛은 어떠한가? 러시안룰렛은 대부분 게임과는 달리 매우 위험한 게임의 예이다(비록 이 게임에는 여전히 확실한 승자와 패자가 존재하지만). 하지만 링 어라운드 더 로지ring-around-the-rosy의 경우는 심지어 승자와 패자가 없기도 하다. 그러므로 모든 게임의 공통점은 없는 것 같다. 결국 우리가 가진 것은 서로 다른 게임들의 집합 속에 포함되어 있는 유사성의 집합들이다.

잠깐만, 몇몇 사람은 내가 예로 든 게임들 중 일부는 전혀 게임이 아니라고 말할지도 모른다. 특히 러시안룰렛이나 링 어라운드 더 로지 같은 게임의 경우에 그렇다. 하지만 러시안룰렛을 게임으로 볼 수 있는 충분한 이유가 있다. 결국 카지노 식 룰렛은 게임이다. 만약 회전판을 아무렇게나 한 번 돌린 다음, 원하는 자리에 멈추는 데 돈을 거는 일이 게임이라면, 돈 대신 생명을 거는 일이 게임이 아니라고 할 까닭이 있는가? 링 어라운드 더 로지 역시 게임의 그럴듯한 후보로 보인다. 이것 역시 논쟁의 여지가 거의 없는 다른 게임들이 가지고 있는 여러 요소를 가지고 있다. 즉, 몸으로 하는 것이며, 재미있고, 일련의 규칙이 있다. 링 어라운드 더 로지가 게임이 아니라고 하고 싶은 이유는 승자가 없기 때문이겠지만, 그 기준에 의하면 혼자 하는 테트리스도 게임이 아니다. 지금 논의가 당신이 선을 긋고 "이것은 게임이 아니야"라고 말할 수 없게 하기 위한 것은 전혀 아니다. 단지 게임들에는 선을 그을 지점이 없음을 보이려는 것이다. 차이점은 당신이 "링 어라운드 더 로지는 게임이 아니야"라고 말할 수는 있지만, 이것은 당신이 게임이라는 용어를 쓰기 위해 선택한 방식의 특징일 뿐이지 실제 그 개념에 대한 특징은 아니라는 것이다.

게임과 고담

번외편 이야기들을 배트맨의 경우로 보면 안 된다는 반론에 대해서도 우리는 유사한 반응을 할 수 있다. 당신이 선을 그으며 주요 작품과의 연속성을 지닌 배트맨 혹은 일반 대중의 관념 속에 있는 배트맨이 되기 위해서 필요한 주장들의 집합으로 배트맨을 이해할 수 있다고 말할 때, 당신은 배트맨의 개념에 대한 서술을 고정시키기 위한 선택을 하는 것이다. 그러나 이것은 그 개념이 구체적인 서술을 실제로 갖고 있는 것과는 다르다.

일부 독자들은 무엇이 게임이고 무엇이 아닌지에 대한 확실한 경계선이 없다면, 게임이라는 용어는 전혀 쓸모가 없다는 반론을 제기할지도 모른다. 하지만 그 경우는 아닌 것 같다. 우리 모두는 '게임'이라는 단어를 사용하며, 앞서 보았듯 여기엔 어떤 경계선도 주어져 있지 않다. 배트맨의 경우도 마찬가지이다. 앞서서 우리는 배트맨이 되기 위한 필요조건이나 충분조건이 없음을 보았다. 그렇기 때문에 '게임'에 대한 구체적인 정의를 내릴 수 없는 것처럼 배트맨에 대한 구체적인 정의도 내릴 수 없다. 그래도 여전히 우리는 '배트맨'이라는 말을 편하게 사용하며, 그런 말을 쓰는 상대방을 이해한다. 그러므로 '배트맨'이라는 용어는 확고한 경계선이 없어도 더할 나위 없이 유용한 것으로 보인다.

그러나 우리는 게임이 무엇인지를 어떻게 설명해야 할 것인가? 비트겐슈타인은 우리가 서로 다른 개별적인 게임들을 서술하고 그다음에 "그리고 이것과 유사한 것들이 게임"이라고 덧붙인다고 말한다.[6] 이것은 게임을 비트겐슈타인의 관점에서 설명하는 방식에 있어서도 그렇지만 실제로 게임이란 무엇인가를 설명하는 방식에 있어서도 그럴듯한 답변처럼 보인다. 아이가 게임이란 무엇인지 물을 경우, 우리는 그 아이가 알고 있는 다양한 예를 가리킨다. 예를 들어 "모노폴리, 캔디랜드, 야구는 게임인데, 이런 것들과 같다면 그것들도 게임이다."

이것을 배트맨에 적용해 생각해 보자. 만약 누군가가 배트맨이 무엇인지 혹은 누구인지 묻는다면, 우리는 내가 이 장의 처음에 했던 방식과 매우 비슷하게 배트맨의 기원 이야기를 간략히 말할 것이다. 그다음 아마 우리가 읽은 흥미로운 이야기들을 계속해서 설명해 줄 것이다. 그러면 질문자는 그 배트맨 사례들 사이의 공통점을 찾을 수 있을 것이다. 그 후 질문자는 내가 언급한 몇몇 배트맨의 이상한 경우들을 보게 될 것이며, 그녀는 "이게 배트맨에 대한 경우가 맞나?"라는 고민을 해야 할 것이다. 잠시 멈춰서 캐치볼이나 마르코 폴로가 게임인지 고민하는 아이처럼, 질문자는 이 배트맨에 대한 새로운 경우와 자신의 기존 개념화 사이의 공통점을 찾을 수 있을 것이다.

---

6) Wittgenstein, *Philosophical Investigations*, Remark 69.

로빈? 그게 누구야?

당신은 우리 언어의 모든 개념이 가족유사성을 통해 이해된다는 생각 앞에서 망설일지도 모르나, 비트겐슈타인은 당신에게 확신을 줄 두 가지 논증을 더 가지고 있다. 첫째, "로빈은 없다"라고 말하는 사람을 생각해 보자. 이 말은 가능한 경우의 수를 의미할지도 모른다. 배트맨에게 조수가 없다는 뜻일 수도 있지만, 또한 딕 그레이슨은 더 이상 배트맨의 조수가 아닐 수도 있다는 뜻일 수도 있다. 일부 철학자들은 '로빈'이라는 이름은 일련의 서술들을 통해 그 뜻이 고정될 수 있다고 생각한다. 이에 대한 몇몇 예시는 "[서커스 곡예단원인] 부모가 공중그네를 하다 살해된 소년"과 "바버라 고든에게 성적으로 접근하다 퇴짜 맞은 소년" 등이 될 것이다. 하지만 이런 식으로 "로빈은 없다"는 주장과 함께 정의들을 옮겨가면 그 주장도 변한다.[7)]

비트겐슈타인은 이 주장을 다른 식으로 계속해 나간다. 만일 이러한 서술들에 의해 '로빈'의 정의가 고정된다면, 그런 다음 서술 중 한 부분이 거짓으로 드러난다면, 어떤 로빈a Robin은 결코 없었다는 뜻이 된다. 따라서 만일 로빈의 과거가 '뒤바뀌어' 그의 성적인 접근이 바버라 고든에게 **받아들여졌다면**(『제로 아워: 크라이시스 인 타임』 이후의 연속성을 가진 경우), 그리고 우리는 그렇지 않다는 기존의 주장을 계속 고집한다면, 이는 어떤 로빈은 결코 없었다는 뜻이 된다! 하지만 우리가 대립되는 정보를 알았을 때 일어나는 일은 이런 것이 아니다. 오히려 우리는 더 이상 그 어긋난 주장이 로빈에 대한 진리라며 버티지 않는다. 이 논증의 요점

---

7) *Ibid.*, Remark 80.

은 언어는 언제나 고정된 의미 없이 쓰인다는 것이다. 아마 독자들 중 일부는 이 장을 읽기 전에는 살인을 하지 않는 것이 배트맨이 되기 위한 필요조건이라고 생각했을 것이다. 그 생각이 틀렸다는 것이 밝혀진 후에도, 당신은 그 인물이 배트맨임을 거부하지는 않았다. 그 대신 당신은 마음속 배트맨의 그림을 수정했다.

비트겐슈타인은 자신의 주장을 증명하기 위해 또 하나의 예에 의존한다. "배트 표창이 있다"라고 말하는 사람이 있고, 그다음으로 그 사람이 표창에 가까이 다가가자 그 표창이 사라졌다고 상상해 보자. 우리는 아마도 표창은 그곳에 없었으며 그것은 환각이었다고 말할 수 있을 것이다. 그러나 표창이 다시 나타났고, 이제 우리는 그것을 만질 수 있다고 계속 상상해 보자. 이제 우리는 아마 표창이 진짜며 그것이 사라졌던 것이 환각이었다고 말할지도 모른다. 만약 표창이 다시 사라지고, 이따금씩 다시 나타난다면? 이것은 배트 표창인가 아닌가? 만일 당신이 이 질문에 어떻게 대답해야 할지 모르겠다고 해도 기분 나빠하지는 말라. 대부분의 사람들이 이 질문에 대한 정답을 가지고 있지 못하다. 하지만 비트겐슈타인의 요점을 밝히기에는 이것으로 충분하다. 이런 경우에 사용 규칙을 모른다는 사실은 우리가 사용 규칙을 고정시키지 않고 '배트 표창'이라는 단어를 쓸 수 있음을 보여 준다. 만일 이것이 참이라면, 우리는 단어의 의미를 고정시키지 않고 언어를 사용하는 것이며, 이것에 대한 유일하게 그럴듯한 이유는 우리가 모든 것을 가족유사성 관점에서 이해한다는 것이다.[8)]

배트맨과 슈퍼히어로들은 사라지는 배트 표창의 예와 같은 실제 사

---

8) Wittgenstein, *Philosophical Investigations*, Remark 80.

례를 일반적으로 제공한다. 새로운 이야기들이 끊임없이 쓰이고 있으며, 이들 중 많은 수는 의도적으로 현 상태를 변화시킨다. 『다크 나이트 리턴즈』의 사례를 생각해 보라. 이 이야기가 쓰이기 전에 사람들은 대부분 배트맨과 슈퍼맨은 친구이며 게다가 좋은 사람들이라 생각했을 것이다. 하지만 이 이야기는 양쪽 모두 그들이 약속한 도덕과는 반대되는 입장을 옹호하게 만들면서 두 인물을 서로 대립시킨다. 이러한 상황에서 그들 양쪽 다 좋은 사람일 수는 없다. 이야기를 읽으면서 우리는 어떻게 했는가? 우리는 이야기에서 제공된 새로운 정보에 따라 인물들에 대한 개념이 바뀌도록 그냥 두었다.

집안 내부의 일로 하기?

마지막으로, 가족유사성이라는 설명이 철학의 다른 분야에 갖는 의미에 대해 생각해 보자. 우선 비트겐슈타인이 옳다면, 이것은 허구적 인물들을 도덕적 모범으로 사용하려는 도덕 이론(라이언 인디 로즈와 데이비드 카일 존슨이 쓴 이 책의 9장)에 대한 반론으로 쓰일 것이다. 만일 어떤 인물에 대한 객관적이고 고정적인 서술이 없다면, 당신은 그 인물의 구체적인 특질 혹은 주어진 상황에서 그 인물이 어떻게 행동할지를 지칭할 수 없다. 다시 말해 "당신은 배트맨처럼 행동해야 한다"는 말은 어떻게 행동해야 하는지를 결정할 때 도움이 되지 않는데, 왜냐하면 '배트맨'은 다른 버전이나 시간대에 따라 같은 상황에서 다른 방식으로 행동할지 모르기 때문이다. 당신은 항상 구체적인 성격상 특질이나 배트맨이 구체적인 상황에서 어떻게 행동할지를 지칭하면서 배트맨이 무엇을 의미하는지 규정할 수 있다. 그러나 그럴 경우에 배트맨을 도덕적 모범으로 지칭할 이유는 없다. 왜냐하면 당신은 단지 그 성격상 특질들을 지칭할 수 있기 때문이다. 위대한 철학적 사상은 철학의 한 영역에만 제한되는 경우가 거의 없다. 예를 들어 도덕철학의 문제들은 자주 형이상학적이고 인식론적인 난해함으로 이어질 수 있다. 그런 의미에서 모든 철학자는 탐정이지만 모든 탐정이…… 음, 다음 말은 알아챘을 것이다.[9]

---

9) 루스 톨먼(Ruth Tallman)과 클라리스 퍼거슨(Clarice Ferguson)의 조언에 감사의 말을 전한다.

13장

배트맨이 된다는 것은 어떤 것일까?

—

론 노비

너에겐 재수 없는 날이 한 번 있었지. 맞아? 맞을 거야. 난 알 수 있거든.
너에겐 그런 날이 있었는데 그날 모든 게 바뀌었어.
안 그러면 왜 날아다니는 쥐 같은 복장을 하고 있지?
— 조커, 『배트맨: 킬링 조크』(1988)

나라면 절대 널 죽일 수 없을 거야. 조연 없는 연극이 재미있겠어?
— 조커, 『배트맨』 663호(2007년 2월)

배트폰 받기

배트맨이 하는 일이라면 무엇이든지 당신이 하고 있다고 상상해 보라. 그 경험을 통해서 당신은 배트맨이 **된다**는 것이 무엇인지 알게 될까? 충동적으로 가구 위에서 뛰어내리고 문을 빠르게 통과하는 많은 아이들처럼, 망토 두른 십자군이 되기 위해서 나에게 필요했던 것은 목에 두른 목욕 수건뿐이었다. 나는 불에 잘 타지 않는 두꺼운 잠옷을 입고 부엌 바닥에 슬라이딩을 하면서, 1960년대 TV 쇼의 주제곡을 나만의 "나나 나나~ 나나 나나~" 노래로 부르곤 했다. 그때는 이것이 완벽한 배트맨 경험이라는 사실을 의심하지 않았다. 그러나 나중에 알고 보니 내가 틀렸던 것이었다.

사실, 배트맨이 아닌 당신 혹은 다른 누군가가 배트맨이 된다는 것이 무엇인지를 알 수 있으려면, 적어도 두 가지 조건을 충족시켜야 한다. 첫째, 당신은 배트맨만큼 엄청난 심리적인 상처를 겪을 필요가 있다. 둘째, 당신은 배트맨과 동일하게 세상을 경험하고 관계를 맺어야 할 것이다. 앞으로 보게 될 것처럼 비록 조커는 배트맨이 된다는 것이 무엇인지 실제로는 모르겠지만, 이러한 조건들을 거의 충족시킬 수 있는 사람은 조커뿐이다.

배트맨이 된다는 것은 무엇과 '다른가'?

현상phenomena이라는 용어는 당신 자신의 의식 경험 속에 있는 물리적 대상의 주관적 외관을 지칭한다. 그러니까 이 문장을 읽는 동안 당신의 감각은 여러 가지 자극을 기록한다. 즉, 밝은 지면 위의 검은 자국들, 당신 손에 들려 있는 특유의 무게와 감촉, 혹은 아마도 갓 내린 신선한 커피 향과 창밖의 빗소리 등이 그것이다. 책의 무게나 공기 중의 아라비카 향의 흔적은 객관적으로 측정될 수 있지만, 이러한 현상들에 대한 당신의 경험은 주관적이며 오직 당신만이 접근할 수 있다.

그래서 배트맨을 **흉내 내는** 행위는 배트맨이 된다는 것이 **어떤 것인지** 실제로 아는 것과는 상당히 다르다. 사람들은 기껏해야 '배트맨이 하는 것처럼' 할 수 있을 뿐이다. 예를 들어 배트 케이브에서 심사숙고하고, 잘빠진 캣우먼의 다리에 감탄하거나 조커의 부하들과 뒷골목에서 뒹굴며 싸우는 등의 행위 말이다. 여기까지는 당신의 행위가 배트맨의 행위와 똑같고, 조금만 훈련하면 당신은 배트맨이 행동하는 것처럼 업무를 꽤 잘 해낼 수 있다. 그러나 이런 일이 배트맨 자신이 배트맨이 된다는 것이 무엇인지를 아는 것과 같지는 않다. 당신이 [배트맨 역할을 맡은] 키튼 식의, 킬머 같은, 베일 같은 체격으로, 아니면 심지어 서부식 체격으로, 영화 〈배트맨과 로빈〉에 나오는 실제 아이스 스케이팅 스턴트 대역이 입은 케블러와 리크라Kevlar-and-Lycra 옷을 단단히 차려입고 밤늦게 순찰을 돈다면, 아마도 당신의 이야기는 신참 기자에 의해 고담 신문 경찰

뉴스 상단을 차지할지도 모른다.

그럼에도 당신 자신이 배트맨이며 '배트맨의 일'을 수행한다고 상상하는 동안 이런 현상이 일어났다 하더라도, 현상적 경험은 당신의 것이고 오로지 당신만의 경험이다. 이런 사건들에 대한 배트맨의 경험을 실제로 알려면, 즉 배트맨이 된다는 것이 어떤 것인지를 알려면, 배트맨의 주관적 경험에 대한 지식이 필요하며, 이런 지식에는 오직 배트맨**만이** 접근할 수 있(는 것처럼 보인)다.

우리 모두는 이와 같은 방식으로 다른 의식적 존재들의 주관적 경험을 생각하는 것이 한계가 있음을 알게 된다. 그러므로 낡은 경구를 명료화해서 '다른 사람의 입장이 되어 봐야' 다른 사람의 관점을 이해할 수 있다고 주장할 때, 이것은 다른 사람의 그 경험이 실제로 어떠한가를 알게 된다는 의미가 아니라 우리가 그 경험이 어떤지 **상상할** 수 있다는 의미이다. 그럼에도 이런 방식은 종종 괜찮은 이해를 전달해 주는데, 이것은 그녀가 된다는 것이 어떤 것인지를 실제로 경험했기 때문이기보다는 우리가 상상력이 풍부하고 공감 능력이 있는 생명체이기 때문이다. 우리는 서로를 이해할 수 있으며, 이는 사람들이 많은 면에서 비슷하기 때문이다. 즉, 우리는 유사한 경험, 생리 기능 등을 공유한다.

이런 식으로 우리는 결코 만난 적이 없지만 엄지가 망치에 찍혔을 때 당신은 나와 유사한 현상적 경험을 할 합리적 가능성이 있다. 내가 '합리적'이라고 말한 이유는 단지 당신이 그런 일을 경험했고 상상할 수 있기 때문이 아니라, 우리가 심한 통증을 일으키고, 놀라서 소리 지르고, 끝마디 뼈가 부딪혔을 때 약간 당황스러워하는 행동을 함께 하는 일종의 신체적·심리적·사회적 배경을 공유하고 있기 때문이다. 당신은 내가 다친 손을 흔들면서 일련의 [혼자 하는 욕 같은] 지저분한 말을 내뱉을 것을 합리적으로 꽤 잘 예측할 수 있으며, 이것은 지금까지 정확히 같은 방식으로 손을 다쳐 본 경험이 꼭 있기 때문이기보다는, 당신 자신의 반응을 상상할 수 있는, 나와 충분히 유사하지만 다른 경험을 했기 때문이다.

당신이 어떤 중요한 측면에서 나와 같지 않다는 점을 발견하기**까지** 이것은 모두 꽤 상식적인 일처럼 보인다. 즉, 당신의 엄지는 나의 엄지와는 달리 통각수용기nociceptors(외부 자극을 활동 전위action potential로 전환시키고 이 정보를 중추신경계로 보내는 내장된 감각뉴런)를 결여하고 있을 수도 있다. 고통을 느끼는 공유된 어떤 능력이 없다면, 내가 그 망치에 손을 찧는 경험이 어떤 것인지 충분히 안다고 주장할 아무런 근거가 없을 것이다. 흥분해서 날뛰고, 흐느끼고, 저속어를 중얼거리는 나의 고통과 관련된 행위들을 당신이 완벽하게 흉내 내는 법을 배웠다고 해도 마찬가지이다.

우리처럼 배트맨도 초능력이 없는 '단지' 인간일 뿐이다. 그는 신화적 존재에게 재능을 부여받지도 않았고, 외계인 같은 신체 능력을 갖지도 않았으며, 방사능 실험으로 힘이 생기는 사고 등도 겪지 않았다. 대신에 그의 신체는 우리와 같다. 즉 그의 '힘'은 혹독한 신체적 훈련, 범죄자들을 무기력하게 만드는 능력, 그리고 조커 역을 맡은 잭 니콜슨이 '멋진 장난감들'이라 부르는 것들을 통해 만들어졌다. 그럼에도 배트맨은 우리와는 근본적으로 다르다.

박쥐와 토머스 네이글

내가 알기로 토머스 네이글(1937~)은 슈퍼히어로도 아니고 배트맨이라고 고소된 적도 전혀 없지만, 저명한 철학자이자 「박쥐가 된다는 것은 어떤 것인가?」의 저자이기도 하다.[1] 이 글에서 네이글은 물리적 대상인 '뇌'에 대한 완벽한 설명조차도 '마음'이라는 용어로 의미하는 것을 충분히 서술할 수 없다는 주장을 한다. 아마도 가장 중요한 것은, 그렇게 '마음'을 '뇌'로 환원하면 **의식**의 중심적 특징인 경험의 주관적인 성격을 설명할 수 없다는 것이다. 네이글이 말하듯, "만약 그 유기체와 같은 어떤 것이 존재한다면, 즉 그 유기체를 대신할 것 같은 어떤 것이 존재한다면 오직 그 경우에만 유기체는 의식적인 심적 상태를 갖는다."[2]

네이글의 예를 이용하면 당신과 나는 박쥐가 된다는 것이 어떤 것인지 알 수 없다. 보통의 박쥐류Chiroptera는 우리 인류Homo sapiens가 경험하는 것과는 매우 다른 방식으로 세상을 경험한다. 박쥐는 동굴 천장에 거꾸로 매달려 잠을 자고, 맛난 벌레들을 가죽 같은 날개를 사용해 뒤쫓으며, 음파 반사법을 사용하여 복잡한 비행 경로를 항해한다.[3] 당신과 나는 거꾸로 매달리는 일이나, 바람이 머릿결을 날리는 사이에 벌레를 먹는 일이 (박쥐 흉내를 내는 인간으로서) 우리에게 어떨 것인지 상상할 수는 있지만, 우리의 경험은 박쥐의 경험과 결코 대등하게 교환될 수 **없을** 것이다. 박쥐가 마주친 경험과 똑같은 물리적 현상을 경험했다 하더라도

---

1) Thomas Nagel, "What Is It Like to Be a Bat?", *Philosophical Review*, Vol. 83, No. 4, October 1974, pp. 435~450. 이 논문은 이후 Douglas R. Hofstadter and Daniel C. Dennett ed., *The Mind's I: Fantasies and Reflections on Self and Soul*, Basic Books: New York, 1981[『이런, 이게 바로 나야!』 전 2권, 김동광 옮김, 사이언스북스, 2001] 등과 같은 심리철학 관련 선집들에서 다시 확장되어 논의된다.

2) *Ibid.*, p. 436.

3) 네이글은 방향 감지 능력 말고는 자신의 박쥐에 대해 자세히 언급하지 않는다. 그러나 배트케이브에 우연히 들어온 조커는 배트맨을 위한 분류학적 구분법을 결정하는 일에 개입하기 위해 그곳의 컴퓨터를 이용한다. "그는 분명 유령 얼굴을 한 집안 출신일 거야"라고 결론지은 조커는 유령얼굴박쥐(mormoops)라는 분류명을 보고 웃음을 참지 못한다(알렉스 어바인Alex Irvine의 소설 *Inferno*, New York: Del Rey Books, 2006, p. 73).

우리의 주관적 경험은 우리의 개별적인 감각 기관과 개별적인 역사 모두에 의존한다.

네이글에게는 주관적 경험을 잡아내는 것이 이렇듯 불가능하기 때문에, 필연적으로 우리는 의식에 대해 불완전하게 설명할 수밖에 없다. 비록 네이글이 주관적 경험과 의식은 '그저' 뇌의 물리적 사건으로서 완전히 이해할 수 있다는 가정을 공격하는 데에 초점을 맞췄지만, 박쥐에게는 음파 반사 기관이 있고 인간에게는 없다는 사실이 그의 논점에서 결정적인 부분이 아니라는 점이 강조되어야 한다. 박쥐에게는 통상적인 '감각'이지만, 우리에게는 정말로 낯선 박쥐의 음파 반사 능력에 대한 네이글의 강조는 '박쥐가 된다는 게 무엇인지 아는 것'이 불가능하다는 사실을 매우 확실하게 보여 준다. 하지만 어떤 사람이 다른 누군가처럼 된다는 게 무엇인지 알 수 있다는 사실을 선뜻 받아들이지 않는다면, 이 문제에는 기본적인 체형의 차이 외에도 무엇인가가 있음이 틀림없다. 확실히 [여기에] 필요한 것은 공통된 체형이 없는 게 아니라 공통된 경험이 없는 것이다.

뛰어난 해커이자 맹금Birds of Prey의 배후 두뇌인(전 배트걸임은 말할 것도 없고) 바버라 고든(오러클로도 불린다)이 그녀의 경력을 범죄와 싸우는 또 다른 자아를 가진 순진한 도서관 사서가 아니라 시각의 신경생리학을 연구하는 과학자로서 시작했다고 가정해 보자.[4] 그녀는 시각과 관련된 물리적 과정에 관해 알아야 할 모든 부분을 알고 있다. 즉, 광자물

---

4) 이 시나리오는 철학자 프랭크 잭슨이 발전시킨 이래로 많은 논의가 있었던 사고 실험의 한 가지 변형이다. 프랭크 잭슨의 사고 실험은 Frank Jackson, "Epiphenomenal Qualia", *Philosophical Quarterly*, Vol. 32, No. 127, 1982, pp. 127~136; "What Mary Didn't Know", *Journal of Philosophy*, Vol. 83, No. 5, 1986, pp. 291~295에 실려 있다.

리학에서부터 용어 '마룬'maroon과 관련된 파동에 이르기까지, 망막해부학에서부터 뇌에 시각 정보를 전달하는 것과 관련된 개별적인 화학 과정에 이르기까지 모두 알고 있다. 이상하게도 바버라는 색깔이라고는 전혀 없는 어떤 방에서 평생을 보냈으며, 그녀의 방을 벗어나는 세계는 오직 흑백 TV 화면을 통해서만 경험했다. 따라서 바버라는 각막에서 후두엽까지 완전하게 기능하는 일련의 시각 기관을 가지고 있으면서도, 노란색 데이지 들판, 식료품 상점의 오렌지들, 푸른 바다의 구릿빛 피부 안전요원들을 본 적이 없다.

이제 그녀가 자는 동안에 당신이 바버라의 침대 옆 탁자에 윤이 나게 잘 익은 토마토 하나를 슬쩍 올려놓았다고 가정하자. 시각에 필요한 물리적 과정들에 대해 그녀가 완전히 알고 있다 하더라도, 그녀가 아침에 토마토를 보았을 때 우리는 그녀가 경험하는 '붉음성'redness이 당신이나 내가 경험하는 것과 완전히 같을 것이라 기대해야 하는가? 그녀가 경험한 단 한 번의 우연한 마주침과 비교해서 당신과 내가 과거에 경험한 셀 수 없을 정도로 많은 장소와 시간, 그리고 '붉음성'의 색조를 생각해 보았을 때, 아마도 그렇지 않을 것이다. 만약 붉음성에 대한 바버라 고든의 경험과 우리의 경험 사이에 차이가 있다면, 당신이 배트맨이 된다는 것이 어떤 것인지 알기 위해서는 배트맨과 유사한 어린 시절 경험이 필요하다고 예상하는 것 역시 합리적일 것이다. 배트맨과 조커가 희귀하고 끔찍한 유사 조건 속에서 지금과 같은 존재로 변형되었다면, 그리고 각자가 공유하는 깨어진 렌즈로 세상을 이해하려고 했다면, 나는 배트맨을 제외한 누군가가 배트맨이 된다는 게 무엇인지 알 수 있다면 그 사람은 조커일 것이라 생각한다.

자유와 충돌

어떤 순간이든 진실은 밝혀진다. 삶과 죽음에 대한 진실,
나의 고독과 나와 세계의 유대에 대한 진실,
우리 각자와 우리 모두의 하찮음 그리고 지고의 소중함에 대한 진실이.
…… 우리의 근본적인 애매성을 생각해 보자.
우리가 살기 위한 힘 그리고 행동에 대한 이유를 끌어내야만 하는 것은
바로 우리 삶의 진정한 조건들에 대한 지식 속에서이다.
— 시몬 드 보부아르[5]

이제 주제를 현상과 의식에 대한 논의에서 **상황적 자유**situated freedom와 정체성에 대한 논의로 약간 바꿀 텐데, 여기에는 매우 괜찮은 이유가 있다. 당신과 색깔을 본 적이 없는 바버라 고든 모두 붉은색을 볼 능력이 있음에도 토마토의 붉음성을 다르게 경험했듯이, 배트맨과 조커는 그들의 삶이 유사한 토대 위에 지어졌음을 발견하지만, 그 토대는 결국 삶에서의 현재 위치로 각자를 데려와 매우 다른 이야기를 만든다.

깊은 곳에서 배트맨과 조커의 자아 정체성은(그리고 의무와 권리에 대한 그들의 개념도) 시몬 드 보부아르(1908~1986)가 발전시킨 **상황적 자유**라는 개념에 의해 단단히 고정된다.[6] 상황적 자유란 우리가 활동하며 세계를 이해하는 능력은 언제나 세계의 살아 있는 경험에 의해 제약받는다는 개념을 지칭한다. 다시 말해, 우리에게는 그 아래에서 살아가는 객관적 조건들이 있으며, 이 조건들은 몇몇 선택권들은 열어 주는 반면

---

5) Simone de Beauvoir, *The Ethics of Ambiguity*(1947), trans. Bernard Frechtman, Secaucus: Citadel Press, 1948.

6) '상황적 자유'에 대한 보부아르의 완전한 원문을 보려면 Beauvoir, *The Second Sex*(1949), trans. H. M. Parshley, 1949; repr., New York: Penguin, 1972[『제2의 성』 전 2권, 조홍식 옮김, 을유문화사, 1993] 참조.

다른 것들은 닫아 버린다. 그러므로 네안데르탈인 시대의 배트맨이라면 아마 배트 케이브[박쥐 동굴]에 살기야 하겠지만, 그는 결코 안전벨트를 매고 배트 모빌을 타지 않을 것이며, 조커를 두들겨 패기에도 별로인 무엇인가로 이해할 것이다. 이와 비슷하게 엘리자베스 여왕 시대의 인물들이 입는 코르셋과 페티코트 없이 공공장소에 나타날 수 있는 그 시대의 배트걸을 상상하기는 힘들다. 바버라 고든이나 카샌드라 케인이 무술 기술을 개발할 기회가 있는 엘리자베스 여왕 시대의 배트걸도 마찬가지다.

상황적 자유에서 말하는 '자유'란 각 개인은 의미 있는 선택을 해서 세상을 조정하게 되는 위치에 끊임없이 처하게 됨을 의미한다. 그 선택들은 결과적으로 나중에 사용할 수 있는 선택권들을 변형시킨다. 우리가 이렇게 열려 있는 미래를 가진 사회적 존재들이라면, 한 사람의 선택이 다른 사람이 사용할 수 있는 선택권들도 변형시키는 것은 당연하다. 그러므로 우리의 결정들 중 가장 작은 부분조차 어느 정도 도덕적 무게를 갖는다.

예를 들어, 당신이 펭귄의 부하가 되는 계약서에 서명하기로 결정했다면, 이 결정은 당신의 미래의 기회들을 확대시킴과 동시에 제한한다. 당신은 그 결정이 없었다면 만나지 못했을 사람을 만나거나, 가 보지 못했을 곳에 가게 되겠지만, 동시에 당신이 경찰학교에 진학할 수도 있었던 가능성은 희생해야 한다. 당신의 결정은 당신 주변 사람들에게 일어날 수 있는 미래의 일들에 영향을 미친다. 즉, 펭귄의 행동대가 됨으로써 가지게 되는 부와 영향력은 당신의 아이가 팀 드레이크나 고담의 다른 상위층 자제들과 함께 배타적인 브렌트우드Brentwood 사립학교에 들어가게 만들 수도 있다. 이와 유사하게, 미스터 코블팟Mr. Cobblepot[펭귄]에게 제때에 낼 돈을 내지 못한 작은 가게 주인은 격렬하게 쇠몽둥이를 휘두르며 돈을 독촉하는 당신 때문에 바이올린을 전혀 연주하지 못할 수도 있다.

이러한 자유가 '상황적'이라는 것은 우리 모두가 이미 건물, 이데올로기, 시, 상업, 치과위생사, 신화, 박테리아, 모자 등으로 가득 찬 세상 속에 태어났다는 사실을 받아들이는 것이다. 세상은 우리가 태어남과 동시에 새로 시작되지 않았다. 오히려 세상은 우리가 항해하는 법을 배워야만 하는 과거의 독립적이고 복합적인 생산물이다. 이처럼 세상에는 성별, 나쁜 시력, 딸기 알레르기에서부터 언제, 어디에서, 누구에게 태어났는지에 이르기까지 우리가 거의, 혹은 전혀 제어할 수 없는 우리의 실존에 대한 사실들이 있다. 적어도 그러한 우발성의 일부는 우리가 사용할 수 있는 미래에 대한 선택권에 영향을 줄 수 있음이 분명하다.

자유가 상황적임을 인식한다는 것은 우리는 언제나 폭력에 매우 가까운 상태라는 사실뿐만 아니라 미래는 쓰이지 않았다는 사실 역시도 인식한다는 말이다. 우리 모두 가능한 한 가장 인간다운 삶을 살려는 욕망을 공유하고 있는 반면, 서로 다른 상황에 처한 사람들이 내리는 결정들은 동일한 미래에 대한 선택권을 반드시 방해할 것이다. 일어날 수 있는 모든 미래가 동시에 성취될 수는 없기 때문에, 우리는 필연적으로 서로서로 충돌하게 된다. 따라서 폭력은 인간 자유의 가장자리 근처에 잠복해서 지속적으로 나타난다.

어느 재수 없는 날

필요한 건 한 번의 재수 없는 날뿐이야,
완전히 정상으로 사는 사람을 미치광이로 만드는 건 말이야.
……너에겐 그런 날이 있었고,

그날로 인해 다른 사람들처럼 넌 미쳐 버렸어.
너만 그걸 안 받아들이지!
너는 계속 삶에 의미가 있는 것처럼,
즉 이 모든 투쟁에 어떤 목적이 있는 척해야 할 거야!

오, 넌 날 쏠리게 만들어.
— 조커, 『킬링 조크』

배트맨과 조커는 각각 폭력 속에서 태어났으며, '어느 재수 없는 날' 평범한 사람에서 근본적으로 변형된 결과물이다. 그들의 이상한 친밀감은 인간 자유의 필요조건을 두고 논쟁하는 죽음의 두 천사들에게 공유된 광기이다.

배트맨의 이야기는 잘 알려져 있다. 어린 브루스 웨인은 별 볼 일 없는 길거리 강도에게 이유 없이 살해당하는 부모를 목격한다. 부모님의 협조에도 불구하고 강도는 겁을 먹고 그들을 쏜다. 그 순간 브루스는 부모를 잃었고, 세상에 대한 낭만적인 이해 역시도 잃는다. 갑자기 그는 모든 사람이 괜찮은 것은 아니며, 모든 사람이 자신의 행복에 신경 쓰는 것은 아니라는 사실을 깨닫는다. 마찬가지로 그는 몇몇 문제는 한도가 없는 은행 계좌에서 인심 좋게 돈을 펴 주는 것으로 해결될 수 없다는 사실과, 본능적인 증오와 격렬한 폭력이 분출될 수 있다는 사실을, 그리고 웨인 기업의 우아한 세계는 고통과 가난이 함께하는 어두운 토대 위에 지어졌다는 사실을 깨닫는다.

조커의 '어느 재수 없는 날'은 잘 알려져 있지 않다. 한 명의 평범한 화학기사가 일을 그만두고 스탠드업 코미디언이 되려는 꿈에 실패한다. 그는 우연한 사고로 임신한 아내도 잃고, 자신의 전 고용주의 어설픈 강도 행위에 강제로 연루되었으며, 경찰을 피해 도망가다가 독성 폐기물이 들어 있는 화학 탱크로 떨어진다.[7] 이 세례식으로부터 초록색 머리, 창백한 피부, 그리고 정신이상의 조커가 등장한다. 배트맨 역시 자신과 비슷한 파괴와 재탄생을 경험했음을 알게 된 조커는 배트맨이 혼란과 싸우고자 맹세했다는 사실에 매우 놀란다.

> 이 세상이 얼마나 어두운, 끔찍한 농담과 같은 것인지를 알았을 때, 난 완전히 미쳐 버렸어! 인정한다고! 넌 왜 못하지? 내 말은, 넌 멍청이가 아니잖아! 너에겐 이 상황의 진짜 모습이 보일 거야.……죄다 농담이야! 모두가 소중히 여겼거나 투쟁해 왔던 모든 것들이 단지 모두 기괴하고, 맛이 간 개그야! 넌 어째서 세상의 웃긴 면을 못 보는 거지? 왜 안 웃는 거야?[8)]

배트맨과 조커 모두를 향해서, 폭력은 대체할 것도 주지 않은 채 세계의 잘 짜인 그림을 뒤집어엎었다. 게다가 그들은 이러한 깨달음을 공유하며, 그것을 이해하려고 노력하면서 하나가 된다. 성막the tabernacle의 침입자나 오즈의 방문자들처럼, 그들 각각은 외관의 장막 뒤에 있는 것을 감지했다. 즉, 그것은 '단순히' 현상적인 세계를 초월한 것이다. 우리가 '세계'라고 부르는 것이 감각 자료들로부터 우리의 마음이 대충 끼워 맞춘 외관일 뿐이라는 사실을 인식하면 또한 우리의 시각이나 촉각에 의해서 매개되지 않는 어떤 세계가 '거기에' 있다는 것을 인정하게 된다. 외관 너머에 존재하는 이 다른 세계(임마누엘 칸트[1724~1804]가 **본체계**

---

7) 조커의 기원(여러 가지가 존재한다)에 대한 이 설명은 『킬링 조크』(1988)에서 계속 반복되는 회상 장면에서 드러난다.

8) 『킬링 조크』.

noumenal world라고 부른)는 위협적이다.[9] 이 세계는 그것에 의존해서 우리의 지식이 조직되는 촉발기의 역할을 한다. 그럼에도 불구하고 본체계에 대해 우리는 그 환영적인 외관에서 추론될 수 있는 것 이외에는 거의 알 수가 없다.

환영에서 벗어나는 경험과 비밀스러운 지식을 감지하게 되는 경험으로 배트맨과 조커는 하나가 되나, 두 명 모두 세계가 '진짜 존재하는' 방식에 대해 무엇이 드러났는지는 확신하지 못한다. 배트맨과 조커는 외관 너머에 있는 세계의 본성에 관해 서로 다른 희망을 가지고 있었지만, 그들은 그들에게 드러난 이 세계(경찰과 강도, 조이 부저Joy-buzzer와 묘지들로 이루어진 우리의 세계)가 실존하지 않는다는 무서운 인식을 서로 위로해 줄 유일한 사람이다.

이 현상적인 세계가 외관의 하나임을 받아들였음에도, 배트맨과 조커는 적어도 서로에게는 그 세계가 중요한 것처럼 행동한다. 배트맨은 상당수 에피소드의 끝에서 이 살인마 광대를 아캄 수용소로 돌려보낸다. 이것은 조커가 죽인 사람의 수, 그리고 조커의 반복되는 문제들에 대한 '보다 최종적인 해결책'을 고담 시에 제공하기 위해 배트맨이 경험한 수많은 기회들을 고려해 본다면 그다지 기대되는 해결책이 아닐 수 있다.[10] 그러나 살인을 할 때마다 자신의 몸에 기록을 하면서 살인을 기념하는 연쇄살인범, 미스터 자즈에게 고백하듯, 배트맨은 그의 적들과 지속적인

---

9) '현상'과 '본체'라는 용어는 칸트가 1781년에 쓴 대작 *Critique of Pure Reason*, trans. Norman Kemp Smith, New York: St. Martin's Press, 1929, p. 9[『순수이성비판』 전 2권, 백종현 옮김, 아카넷, 2006]에서 사용한 전문 용어이다.

10) 조커를 결코 죽이지 않는 배트맨에 대해서 더 알고 싶다면 마크 D. 화이트가 쓴 이 책의 1장 참조.

관계를 유지할 필요가 있다. 배트맨이 외관의 세계가 아닌 무언가를 인식하는 것은 바로 그러한 싸움 속에서이다. "힘이 무엇인지 알고 싶나? 진짜 힘 말이야. 그건 삶을 끝내는 것이 아니라 살리는 거야. 누군가의 눈을 바라보고 그 순간 깨달음의 흔적을 보는 거지. 그들은 평생 잊지 못할 것을 알게 될 거야."[11]

조커 역시 자신과 배트맨의 상호적인 관계를 인정하고 있으며, 이 관계가 없다면 그들 각자는 지금의 모습을 멈추게 될 것이다. 조커는 그 관계를 배트맨에게 다음과 같이 설명한다. "나처럼 되어야 나를 죽일 수 있을걸. 너를 죽이면 내 짝이 될 유일한 인간이 사라지지. 아이러니하지 않아?"[12] 화학 탱크에서 녹아 버린 조커의 겉모습 뒤에는 혼란만이 남아 있다. 문자 그대로 보면 이상하게 들리겠지만, 혼란은 또한 완전히 해방적이다. 왜냐하면 혼란 속에는 당신을 제약할 두려움이나, 선택을 제한할지도 모르는 조건들이 없기 때문이다. 아캄 수용소의 조커 담당 치료사는 다음과 같이 말한다. "[조커는] 날마다 자신을 창조합니다. 그는 그 자신을 무질서의 제왕이라고 보며, 세계를 부조리의 극장으로 봅니다."[13] 배트맨에게는 이 외관 바로 밑에 질서의 세계가 있지만, 그 질서는 당신이 동네 책방 할인 코너에서 집어 든 『바보들을 위한 형이상학』*Metaphysics for Dummies*에서 읽은 것처럼 미리 결정된 질서는 아니다. 오히려 그 질서는 개인의 선택이 우리가 함께하는 미래에 미칠 영향을 인식하고 투쟁을 통해 만들어 가야만 하는 **도덕적** 질서이다.

---

11) 「상처들」, 『배트맨: 블랙 앤드 화이트』 2권(1996).
12) 『배트맨』 663호.
13) 『아캄 수용소: 어 시리어스 하우스 온 시리어스 어스』(1989).

수용소에서 벗어나는 것은 무엇과 같은 것일까?

하지만 배트맨과 조커가 경험해 왔던 모든 것, 즉 서로 공유한 사건들, 무의미, 혼란, 비극과 승리에도 불구하고 그들은 서로가 서로의 입장이 된다는 것이 무엇인지 모른다(그리고 알 **수도** 없다). 배트맨의 현상적 경험과 상황적 자유는 전적으로 그 자신의 것이다. 마찬가지로 조커의 현상적 경험과 상황적 자유는 전적으로 **그** 자신의 것이다. 그리고 각자는 자신의 방식이 아닌 다른 방식으로는 세상을 경험할 수 없다. 그러나 배트맨과 조커 둘 모두 세상을 진짜로 존재하는 그대로 보려는 터무니없지만 진지한 임무를 수행하기로 다짐한다. 두 사람은 그 임무에는 일종의 시험이, 그러므로 서로의 참여가 요구된다는 사실을 파악한 것 같다. 그들이 서로 같은 방식으로 세상을 경험하는 일은 말 그대로 불가능하지만 말이다.

이것을 마음에 둔 채 어릿광대 왕자 조커가 『킬링 조크』 마지막 장면에서 경찰이 오기를 기다리며 배트맨에게 한 이야기를 생각해 보자. 두 수감자가 정신병원을 함께 탈출하기로 결심한다. 그들은 수용소 벽 꼭대기에 올라가 달빛 속에서 그들 앞에 펼쳐진 세계를 응시한다. 바로 근처의 지붕으로 한 번 뛰어 건너면 그들은 자유다. 즉, 수용소에서 벗어나 세상으로 나간다. 첫번째 수감자가 뛰어 건너갔고 그다음 고개를 돌려 건너편에서 얼어붙어 있는 동료를 본다. 조커는 다음과 같이 말한다. "그의 친구는 뛰어넘으려는 시도조차 못해. 그게. 그게, 떨어질까 봐 무서웠거든." 두 수감자는 그곳에 서 있고, 만약 두번째 수감자가 동료가 보기엔 얼마 안 되지만 본인에겐 엄청난 낭떠러지를 뛰어넘기만 한다면, 어디로 가든 자유가 기다리고 있다. 첫번째 수감자가 해법을 제시한다.

그는 "이봐, 나한테 손전등이 있어. 내가 건물들 틈새로 빛을 비춰 줄게. 그 빛을 따라 걸어와서 나랑 만나자"라고 말한다.

그러나 두번째 수감자는 고개를 절레절레 흔든다. 그가 말하길…… "내가 미친 줄 알아? 내가 중간쯤 왔을 때 손전등을 꺼 버릴 거잖아!"

비가 내리기 시작하고 경찰차의 불빛이 멀리서 보이자 조커와 배트맨은 웃는다. 그들은 서로가 공유하는 비밀의 부조리함에 압도되어 조용히 낄낄거리다 점점 허리가 자지러지게 큰 소리로 웃는다. 첫번째 수감자는 배트맨처럼 된다는 게 무엇인지 알 수 없고, 두번째 수감자는 조커가 된다는 게 무엇인지 알 수 없다.

5부

배트맨이 된다는 것

: 실존주의와 도교의 가르침

14장

알프레드, 신앙의 다크 나이트

배트맨과 키르케고르

—

크리스토퍼 M. 드로한

성인

알프레드 페니워스는 예외적인 성격의 사람이다. 명사인 브루스 웨인의 집사로서, 알프레드는 혼자서 브루스의 모든 집안일을 관리한다. 그는 브루스 웨인의 절친이기도 하며, 아마도 아버지에 가장 가까운 존재일 것이다. 어린 브루스가 총에 맞아 쓰러지는 부모를 목격한 이후 알프레드는 브루스를 돌보기 위해 늘 그와 함께했다. 브루스 웨인을 사로잡은 끔찍한 악몽과 그들이 낳은 배트맨이라는 또 다른 자아를 남몰래 공유하는 사람은 알프레드뿐이다.

따라서 알프레드는 집사로서의 업무와 병행하는 다른 일련의 의무들을 견뎌 낸다. 매우 다른 차원이지만, 브루스 웨인이 배트맨이라는 사실을 알고 있는 상태에서 알프레드가 수행하는 역할을 생각해 봐야 한다. 왜냐하면 배트맨의 복장을 수리하고, 디지털 네트워크를 작동시키며, 많은 '장비들'의 구조에 관심을 가지고, 게다가 배트맨이 두들겨 맞을 때마다 조심스럽게 배트맨의 상처를 꿰매는 사람이 바로 알프레드이기 때문이다. 배트맨이 현장에 있을 때, 배트맨의 카메라와 컴퓨터를 끈기 있게 보면서, 가능한 어떤 방식으로든 배트맨을 도울 준비를 하며 밤새 기다리는 사람도 알프레드이다. 뿐만 아니라, 알프레드는 개인적으로 배트 케이브와 그 위에 있는 저택의 안전을 책임지며, 심한 경우 침입자를 때려눕히기도 한다.[1)]

알프레드는 신체적으로나 정신적으로나 매우 큰 열정을 가지고 임무를 수행한다. 웨인에 대한 그의 헌신은 능력이 닿는 한 최선을 다해 다른 이들에게 봉사하려는 더 높은 의무와 윤리적 책임에 대한 자신의 믿음을 드러낸다. 그것은 알프레드의 영혼을 키운다. 결국 그렇지 않다면 어떻게 그가 자신의 건강, 안전, 사적 이익을 버리면서 그 적은 시간에 그 많은 것들을 이룰 수 있겠는가? 알프레드는 배트맨을 위해서라면 기꺼이 실성할 수도 있고 죽을 수도 있었다.[2)] 이런, 심지어 그는 자신의 업무 중 납치를 27번이나 당했었다고 주장한다![3)] 브루스 웨인이나 배트맨의 유명세에는 관여하지 않았기에 알프레드가 명성을 위해 일하지 않은 것은 틀림없다. 오히려 우리는 그의 겸손함에 놀란다. 알프레드는 다크 나이트의 활약에서 자신의 핵심적인 역할을 알고 있음에도 칭찬을 바라지 않기 때문이다. 대신에 그는 매우 겸손한 상태를 유지하기에 배트 모빌의 타이어를 갈고, 웨인 저택의 보안 시스템을 프로그램하고, 배트맨의 다기능 벨트를 개조하는 그날에도 즐겁게 화장실 청소를 할 것이다. 마치 업무상의 차이가 없는 것처럼 말이다.[4)]

---

1) 알프레드가 처음 등장하는 작품이기도 한 『배트맨』 16호(1943년 4~5월).

2) 『탐정 만화』 328호(1964년 6월)에서 알프레드는 바위가 떨어지는 길목에 있는 배트맨과 로빈을 밀쳐 내어 그들을 살린다. 그리고 그는 『탐정 만화』 356호(1966년 10월)에서 미친 과학자에 의해 되살아난다.

3) 『배트맨: 고담 어드벤처스』 16호(1999년 9월).

4) 알프레드의 겸손에 대해 더 알려면 이 책 20장에 있는 편자(Bat-Tzu)와의 인터뷰 참조.

이 모든 것을 통해서 알프레드는 신화 속의 영웅들을 연상시키는 수준의 사명과 신앙을 보여 준다. 무사 수행자, 순교자, 심지어 성자 같은 영웅들 말이다. 그러나 그의 임무에 돈키호테적 요소는 없으며, 어떤 점에서도 알프레드를 박쥐를 맹신하는 일종의 순진한 광신도로 볼 수는 없다. 그런 사람이 되기에 알프레드는 지나치게 확신과 자신감에 차 있다. 사실 그는 대부분의 시간을 배트맨의 무모함을 꾸짖는 데에 쓰며, 이것은 그의 유일한 관심이 주인의 행복임을 보여 준다. 알프레드는 분명 배트맨의 방식을 걱정하기는 하지만, 배트맨에 대한 그의 헌신은 그럼에도 정의가 구체적으로 실현될 수 있다는, 그리고 언젠가 고담 시가 평화로운 곳이 될 수 있다는 배트맨의 신념을 궁극적으로는 그 자신이 믿는다는 사실을 보여 준다.

이번 장에서는 위대한 덴마크 철학자이자 신학자인 쇠얀 키르케고르(1813~1855)를 통해 배트맨에 대한 알프레드의 충성심을 이해할 것이다. 특히 우리가 집중할 키르케고르의 작품은 『두려움과 떨림』이며, 이 책에서 키르케고르는 근본적으로 다른 두 가지 윤리적 질서를 비교한다. 한쪽에는 배트맨과 같은 사람들이 있으며, 이들은 그들의 윤리적 이상향인 무한 정의를 옹호한다. 다른 한쪽에는 알프레드와 같은 사람들이 있으며, 그들은 높은 도덕적 기반으로서의 개인적인 사랑·헌신·충실함을 옹호한다. 두 가지 윤리 모두 나름대로 고귀하지만, 결국 우리는 알프레드의 정의가 더 우월함을 볼 것인데, 이는 키르케고르의 다음과 같은 지적 때문이다. "신앙은 기적이다. 그러나 어떤 사람도 신앙을 독점할 수는 없다. 모든 인간의 삶을 하나로 묶는 것은 열정이며, 신앙은 곧 열정이기 때문이다."[5] 인간성은 결코 무한 정의를 실현할 수 없겠지만, 우리는 모두 서로에게 충실할 역량이 있다. 그런 이유로 알프레드는 과거의 키르케고르처럼, 평화는 개인으로부터 시작하며, 정의란 우리가 서로를 존중으로 대할 때에만 비로소 제공된다는 사실을 이해한다.

정의: 법과 공정성 대 사랑과 헌신

배트맨에게 정의란 다른 무엇보다도 사회정치적 문제다. 정의는 생명과 자유가 보호받을 때, 즉 정의의 이름에 기초한 법과 사법 제도에 의해 보호받을 때 제공된다. 이러한 구조들은 사람의 행동에 대한 명확한 경계선을 만들며 사람들이 그 경계 밖으로 나간다면 그들을 막아선다. 따라서 배트맨은 법과 질서의 수호자인 경찰과 사법 제도와 손잡고 일하는데, 결국 정의를 지키는 일에 책임을 지는 사람들이 그들이기 때문이다.

그러나 배트맨은 불의라 판단되면 법을 가장 먼저 어기는 사람이며, 경찰이 법이나 정의 중 하나라도 경계선을 넘어서면 가장 먼저 경찰에 대항하는 사람이다. 배트맨은 정의란 어떠한 법 체계도 완전히 잡아낼 수 없는 구체적인 것이라는 사실을 깨닫는다. 추상적인 법 조항과 판례들의 한계를 넘어서는 상황들, [적용하기에는] 법이 너무 넓거나 좁은 그런 순간들이 항상 존재한다. 예를 들어, 굶주리는 가족에게 먹이기 위해 음식을 훔치거나 무단 횡단을 하는 일이 도덕적으로 비난받아야 한다고 주장하는 사람은 거의 없을 것이다. 그러나 그러한 행위들은 **불법**이며, 법적으로는 완벽한 처벌 대상이다.

---

5) Søren Kierkegaard, *Fear and Trembling and the Sickness Unto Death*(1843/1849), trans. Walter Lowrie, Princeton, NJ: Princeton Univ. Press, 1970, p. 77[『두려움과 떨림』, 임규정 옮김, 지만지고전천줄, 2009; 『죽음에 이르는 병』, 임규정 옮김, 한길사, 2007].

법이 자신의 권력을 정의에서 얻었다는 사실을 고려해 보면, 배트맨의 윤리적 책임은 우선적으로 바로 그 정의에 포함된다. 배트맨은 (배심원·판사·경찰이라면 누구나 그렇듯이) 모든 범죄에는 추상적인 법이 설명하지 못하는 변수들이 있으며, 법은 그것의 정당한 요구를 보호하도록 해석되어야만 한다는 사실을 알고 있다. 때때로 그렇듯이 법이 정의 구현에 실패하면, 배트맨은 정의와 법, 범죄와 처벌의 균형을 회복하기 위해 법을 넘어설 수밖에 없다.

배트맨처럼 알프레드도 구체적이고 추상적이지 않은 형태의 정의를 믿는다. 알프레드에게 정의란 사회 구조의 문제라기보다는 오히려 존중, 친절 그리고 사랑으로 사람을 대하는 개인적인 문제이다. 알프레드의 행동은 사람들은 모두 서로에게 의무가 있고, 정의란 최선을 다해 상대방에게 헌신할 때 나타난다는 자신의 본래적 믿음을 반영한다. 그러나 알프레드는 또한 정의를 의무로 보며, 이것에 의해 그는 자신이 약속한 일을 하고, 책임진 사람들을 돌보며, 선택한 일을 평가한다. 따라서 알프레드가 웨인 가문을 위해 봉사하기로 했을 때, 이 사명은 해고나 죽음에 의해서만 깨질 수 있는 피의 맹세, 평생에 걸친 의무였다.

배트맨과 알프레드의 차이는 사회적 정의와 개인적 정의의 차이라고 말할 수 있겠지만, 이것은 실제로 핵심에서 완전히 빗나간 것이다. 배트맨은 우리에게 법, 평화, 공정한 제도로서의 정의를 보여 주지만, 알프레드는 사랑과 헌신이라는 훨씬 높은 차원의 정의를 보여 준다. 이런 종류의 정의는 그 자체로 **불공평**한데, 왜냐하면 누군가의 친절한 행위가 보답을 받는다는 보장은 전혀 없기 때문이다. 사실, 알프레드가 그 경우에 해당한다. 비록 브루스 웨인이 알프레드를 존중하여 대하기는 하지만, 그는 절대로 알프레드가 자신에게 한 것처럼 알프레드를 돌보지는 않을 것이다. 대신 알프레드는 자신의 삶이 단지 웨인의 목적을 위한 수단임을, 그리고 자신의 정의는 사회 질서를 위한 배트맨의 임무에 종속되어 왔다는 사실을 순순히 받아들인다.

이 모든 것의 부조리

그럼에도 역설적으로 알프레드는 자신의 정의가 실현되기 위해서는 그 자신과 그의 정의를 배트맨에게 기꺼이 넘겨줘야 한다. 이러한 상황은 전적으로 **부조리하다**! 알프레드는 때로 배트맨의 정의가 잘못된 것임을 느낀다. 비록 젊은 브루스 웨인이 정의에 긍정적으로 집중하도록 가르치는 것이 그의 목적이지만, 누구보다도 고집 센 학생인 브루스가 본인을 완전히 떠나지 않도록, 알프레드는 웨인의 명령에 따라야만 한다. 하지만 실제로 그는 웨인을 표면적으로만 따를 뿐이다. 말없이 알프레드는 아이에게 하듯이 먹이고, 입히고, 돌보면서 웨인의 도덕적 지침서뿐만 아니라, 물리적 보호자로서 남는다.

이런 상황의 부조리에도 불구하고, 알프레드는 주인인 브루스에 대한 신앙을 유지하며, 웨인을 교육시키는 일은 평생에 걸친 과정이라는 사실도 알고 있다. 선생으로서 알프레드는 나이가 들어야만 얻을 수 있는 뛰어난 지혜를 소유하고 있으며, 따라서 그의 판단은 언제나 웨인보다 앞서 있기에 이 어린 제자를 [본인과] 유사한 내면의 평화로 이끈다. 브루스가 그의 사랑과 지원에 어떻게 보답하든 간에 알프레드는 무조건적으로 그렇게 하며, 한 순간도 자신이 브루스 내면에 있는 악마들을 진정시키는 데 실패할 것이라 생각하지 않는다. 모든 역경을 딛고, 부조리한 상황에서 신앙을 유지하는 것, 이것이 알프레드의 **실존적 조건**이다.

많은 철학자들이 우리의 '실존적 조건'을 기술하려고 노력해 왔다. 태어난 순간부터 "인간은 아직 자기 자신이 아니다"라는 것을 알아챈 사람이 바로 키르케고르였다.[6] 우리 각자는 우리가 누구인지, 그리고 우리를 둘러싼 세계와 우리의 관계는 무엇인지 발견하기 위해 애쓴다. 이러한 생각에 기초하여 마르틴 하이데거(1889~1976)는 따라서 우리의 실존적 조건은 '세계-내-존재'being-in-the-world의 문제이며, '[우리는] 그런 식으로 존재한다'는 것에 주목한다.[7] 우리가 특권과 사치의 삶으로 태어났든, 고통과 불행의 삶으로 태어났든 상관없이, 우리 모두는 세계에 '던져졌고', 우리는 할 수 있는 한 어떻게든 그 상황을 이용해야 한다. 이 '던져져 있음'이 우리의 영속적인 불안 상태를 야기하는데, 우리는 환경과 주변의 다른 사람들 무리로부터 우리 자신을 분명하게 정의하기 때문이다. 이것이 키르케고르가 말한 '죽음에 이르는 병'sickness unto death이며, 이 용어는 「요한복음」 11장 4절에서 빌려 온 것이다. 우리는 우리 전에 존재했던 장소들과 역사들 한복판에서, 그리고 다른 사람들이 강요하는 의견이나 정체성에도 불구하고, 고유한 정체성을 구성하려고 노력하는 부조리한 역설에 '절망한다'.[8] 그리고 우리가 타인들을 위해 우리 자신을 정의하는 그 순간은 진정으로 우리 자신의 개별성에 도달하지 못한 채 **그들의** 역사와 정의定義에 굴복하는 순간이다. 따라서 키르케고르는 "실존하는 개인은 지속적으로 무엇인가가 되는 과정에 있다"고 말한다.[9]

---

6) Kierkegaard, *Fear and Trembling and the Sickness Unto Death,* p. 146.

7) Martin Heidegger, *Being and Time*(1927), trans. John Macquarrie and Edward Robinson, New York: Harper & Row, 1962, p. 84[『존재와 시간』, 이기상 옮김, 까치글방, 1998].

8) Kierkegaard, *Fear and Trembling and the Sickness Unto Death,* p. 146.

9) Kierkegaard, *Concluding Unscientific Postscript*(1846), eds. and trans. Howard V. Hong and Edna H. Hong, Princeton, NJ: Princeton Univ. Press, 1941, p. 176.

장-폴 사르트르(1905~1980)는 이러한 개념을 긍정적으로 해석한다. 우리는 정체성 없이 태어나기 때문에, 우리가 원하는 무엇이든 혹은 누구라도 되기를 선택할 자유가 있다. "무엇보다, 인간은 실존하고, 갑자기 등장하고, 무대에 모습을 드러내고 나서야 자기 자신을 정의한다. 만약 실존주의가 파악하듯이 인간을 정의할 수 없다면, 바로 처음에 인간은 아무것도 아니었기 때문이다. 오직 나중이 되어서야 그는 무엇이 될 것이고, 그 자신은 그가 될 것을 스스로 만들게 될 것이다."[10] 삶에서의 '질병' 혹은 '절망'은 우리 모두가 "자유롭도록 저주받았다"는 사실에서 나온다.[11] 하지만 자유롭기 때문에 우리는 우리의 삶을 인도할 윤리를 선택하는 데에 완전한 책임이 있으며, 이러한 선택에는 언제나 어느 정도의 부조리가 있다. 예를 들어, 우리의 윤리적 결정에 숨겨진 결과의 정체와 그 결정이 다른 사람들에게 얼마나 많게 혹은 적게 영향을 줄지 결코 제대로 알 수 없다는 사실은 부조리하다. 삶을 경험하면서 우리의 실존이 변한다는 사실과 과거에 내린 결정들에 사로잡혀 있는 동안에 우리가 끊임없이 새로운 윤리적 결정에 직면한다는 사실은 부조리하다. 언젠가 우리는 죽을 것이며, 그때에는 모든 윤리적 결정이 부질없을지도 모른다는 사실은 부조리하다. 우리 삶에 의미가 있다는 신념을 가진 채 실존한다는 사실은 부조리하다. 궁극적으로 의미가 무엇인지 모른 채로 말이다.

알프레드처럼, 브루스 웨인도 자신의 부조리한 실존적 위기와 씨름

---

10) Jean-Paul Sartre, *Existentialism*(1946), trans. Bernard Frechtman, New York: Philosophical Library, 1947, p. 18[『실존주의는 휴머니즘이다』, 박정태 옮김, 이학사, 2008].

11) Sartre, *Being and Nothingness*(1843), trans. H. E. Barnes, New York: Gramercy Books, 1956, p. 439[『존재와 무』 전 2권, 손우성 옮김, 삼성출판사, 1977].

하고 있다. 무엇보다도 부모가 조 칠이 쏜 총에 맞고 그의 눈앞에서 쓰러졌을 때 어린 브루스가 어떻게 느꼈을지 상상해 보라. 부모가 자신의 발 앞에 피를 흘리며 죽어 있을 때, 우리는 그 아이의 세계관이 산산조각 났을 거라 상상할 수 있다. 그때부터 어린 브루스는 저주받은 슬픔의 삶을 살았을 것으로 보인다. 어떻게 그토록 정신적 상처를 받은 사람이 정의의 추구에 자신의 삶을 바치겠다고 마음속으로 결심했는지 궁금하다. 게다가 그 정의는 그가 결코 이룰 수 없는 것이다. 마침내 칠과 만나 그를 죽일 기회를 가졌을 때, 배트맨은 칠이 삶 전체가 이미 지옥처럼 되어 버린 한심한 주정뱅이임을 깨닫고 오히려 그를 동정한다.[12] 배트맨은 칠을 죽여도 그의 과거가 면제되는 것도 아니고, 자신이 찾는 정의가 이루어지는 것도 아니라는 사실에 직면해야 한다. 리퍼를 막기 위해 배트맨이 우연히 칠을 자신이 추구하는 그 정의의 도구로 만들어 그와 억지로 협력해야만 할 때, 이러한 깨달음은 더욱 부조리해진다.[13] 게다가 칠의 어머니인 앨리스 칠턴 여사는 심지어 브루스 웨인의 양육을 도왔을지도 모른다. 그녀가 브루스를 돌보느라 그녀 자신의 아이 양육을 방치하게 된 것인지, 만일 그랬다면 아이러니하게도 이것이 조가 범죄자의 삶을 살게 만든 이유인지 우리는 궁금하다.[14] 이러한 운명의 장난에도 불구하고, 부모의 죽음이 헛되지 않았다는 사실을 보이기 위해, 배트맨은 정의를 향해 무거운 발걸음을 옮기며, 자신의 비극적 삶을 보상받기 위해 필사적으로 노력한다.

---

12) 『배트맨: 다크 나이트 리턴즈』(1986).
13) 『배트맨: 이어 투』(1987).
14) 『배트맨의 밝혀지지 않은 전설』 1호(1980년 7월).

부조리, 아이러니, 신앙

알프레드와 배트맨 양쪽이 직면한 부조리와 아이러니, 그리고 이를 극복하기 위해 그 두 명이 개인적 신앙과 믿음을 사용하는 방식은 우리에게 『성서』 속 인물인 아브라함을 떠올리게 만든다. 키르케고르는 한때 아브라함을 완전한 신앙의 철학적 모델로서 사용하였다. 이야기에 의하면 아브라함과 아내 사라는 여러 해 동안 아이를 갖기 위해 노력해 왔는데, 아이가 생기면 가문과 재산을 물려받을 상속인이 생기기 때문이다. 부부 모두 노년에 접어들면서 사라에게 아이가 생기는 것은 불가능해 보였다. 그러나 『성서』에 따르면 아브라함이 신에 대한 서약을 잘 지키고 다른 우상을 숭배하지 않았기 때문에, 그에 따른 상으로 마침내 아브라함과 사라는 신의 축복인 아들 이삭을 얻게 된다.

이 부부는 수많은 세월의 노력 끝에 찾아온 생명의 선물에 놀라워했으며, 이삭을 너무나도 사랑했다. 하지만 아브라함 모르게 신은 그를 위해 또 다른 신앙의 시험을 준비하고 있었다. 어느 날 신은 아브라함을 불러 말했다. "너의 사랑하는 외아들인 이삭을 데리고 모리아 땅으로 가라. 그곳에서 너는 아들을 내가 지정해 줄 산에 번제로 바쳐야 한다"(「창세기」 22장 2절). 아브라함은 놀랐다. 신이 그에게 준 바로 그 선물, 자신의 유일한 아들이며 이 세상 누구보다도 사랑하는 아들을 바치라고 신이 명하고 있기 때문이었다. 이러한 요청의 부조리함에도 불구하고, 아브라함은 신이 명한 임무에 복종했다.

키르케고르는 아브라함의 삶에서 이 순간을 다음과 같이 언급한다. "그는 부조리의 힘으로 믿었다. 왜냐하면 인간적 타산의 문제는 있을 수 없기 때문이다. 그리고 아브라함에게 요구했던 신이 그 즉시 요구를 회수한다는 사실은 정말로 부조리했다. 그는 산을 올랐고, 자신의 칼이 번득이는 순간조차도 신이 이삭을 요구하지 않을 것이라 믿었다."[15] 키르케고르가 아브라함이 바로 '부조리의 힘'으로 믿었다고 말할 때 의미하는 것은 아브라함이 자신이 요구받은 것을 이해할 수 없었기 때문에 신을 믿을 수 있었다는 사실이다. 신이 그에게 그러한 불가능한 임무를 부여할 어떤 이유도 찾을 수 없었다는 사실이 아브라함을 단념시키지는 못했다. 그 대신 이 일은 실제로 아브라함이 그것의 필연성을 믿게 만들었다. 아브라함은 신의 의도를 추측하기보다는 단순히 신을 믿었다. 왜냐하면 신은 절대로 자신을 실망시킨 적이 없었고, 절대로 자신의 맹목적인 복종을 배신한 적이 없었기 때문이다.

배트맨, 무한한 체념의 기사

아브라함이 신이 자신에게 명한 끔찍한 임무에 자신의 의지를 체념하기로 마음먹었듯이, 배트맨 역시 "부조리의 힘으로 믿었다".[16] "슬픔은 사람의 마음을 병들게 할 수" 있기 때문에 부모님의 죽음으로 인한 상처는 그를 파괴할 수도 있었다. 그러나 그는 아브라함처럼 "비록 자신이 좀 이상해지기는 하겠지만, 바람에 맞서서 아주 높이 끌어올릴 수 있는 [그의—인용자] 이성을 구원하는 의지력"을 어떻게든 찾아내었다.[17] 심리적으로 브루스 웨인은 자신의 정신적 외상을 받아들이고 고치긴 했지만,

---

15) Kierkegaard, *Fear and Trembling and the Sickness Unto Death*, p. 47.
16) *Ibid.*, p. 47.
17) *Ibid.*, p. 47.

상처가 남아 있으며 다소 신경증적이다. 브루스의 신경증은 무기로 변형되는데, 다른 상황이라면 의지를 꺾었을 신경증을 의지를 강화하는 수단으로서 사용하기 때문이다. 자신의 두려움과 손을 잡음으로써, 배트맨은 그 두려움들이 자신의 심장을 지나 적의 심장으로 들어가게 만든다. 따라서 우리는 배트맨의 복장, 자동차, 배트 시그널 등을 예술적이고 치유적인 창조물로 보아야 하며, 이것을 통해 브루스 웨인은 내면의 두려움을 외부의 대상들로 전환시킨다. 그 결과 정의를 반대하는 자들은 그들이 진정으로 일으키는 공포가 무엇인지 볼 수 있으며, 아이러니하게 악당들은 다른 사람에게 입히려고 했던 폭력적인 정신적 외상을 자신들이 받게 된다.

자신의 상처를 이런 식으로 외부화하고 조직화함으로써, 브루스 웨인은 자신감을 가지고 다시 행동할 수 있다. 부조리에도 불구하고 그는 보다 더 무한한 정의를 확신하고 있으며, 그것에 체념한다. 키르케고르는 우리에게 "체념[은—인용자] 신앙의 또 다른 모습이다"라고 이야기 한다.[18] 어떤 사람이 스스로 무한히 정의로운 것에 체념한다면, 그 정의는 자신의 실존 자체의 중심점, 그리고 신앙의 근간이 되기 때문이다. 그 순간 그는 자신의 삶에 의미가 있음을 느끼고, 자신의 상처와 고통을 넘어 다른 사람들의 상처와 고통을 경감하는 쪽으로 시선을 돌린다. 브루스 웨인은 다른 이들을 도우며 헌신하는 바로 그 순간에 확신을 되찾으며, 사람들이 정의를 보호하고 집행하는 쪽으로 좀더 기울었다면, 아마도 부모님의 죽음과 같은 비극은 일어나지 않았을 것이라는 사실을 깨닫는다.

---

18) *Ibid.*, p. 46.

일단 사람들이 삶의 의미에 대한 이러한 확신을 얻으면, 그들은 어떤 분위기를 띠게 된다. 그들은 더 이상 세계에 수동적으로 참여하는 데 만족하지 않는다. 그 대신 이 확신을 더 큰 것을 향한 수단으로 삼으며 자신의 삶을 통제하기 위해 애를 쓴다. 이런 식으로 키르케고르는 이러한 확신에 찬 정신은 임무에 있어 망설임이 없고 자신들의 정의로운 대의에 전적으로 헌신하는 기사에 더 가깝다고 말한다. 배트맨은 이런 '무한한 체념의 기사' 중 하나인데 그는 자신의 삶을 무한한 정의를 퍼뜨리는 데에 헌신했기 때문이다. 배트맨의 자세는 그의 소명을 드러낸다. "무한한 체념의 기사는 쉽게 알아볼 수 있다. 그들의 발걸음은 거침이 없으며 자신감에 차 있다."[19] 더 고결한 삶의 이유를 발견한 이 기사들은 이 지붕에서 또 다른 지붕으로 날아오르는 한밤중의 박쥐처럼 그 삶을 향해 거침없이 활공한다. 이 기사들은 뒤도 보지 않고 그 삶에 빠져들지만 두려움을 느끼지는 않는데, 왜냐하면 그들은 숭고함의 이름으로 죽는 것을 두려워하지 않기 때문이다. 그들의 삶은 이제 오로지 무한한 목적을 위한 수단에 불과하며, 그 목적은 자기보존을 포함한 다른 모든 관심을 넘어서는 것이다.

알프레드, 신앙의 기사

대조적으로, 알프레드 페니워스는 또 다른 혈통의 기사이다. 그는 어떤 무한하고 이상적인 미덕에 헌신하는 것이 아니라, 작은 업무에 헌신한다. 알프레드는 무한을 현실화하고자 노력하는 게 아니라, 브루스 웨인

---

19) Kierkegaard, *Fear and Trembling and the Sickness Unto Death,* p. 49.

이라는 단 한 사람을 지키기 위해 노력한다. 왜일까? 그렇게 하면서 두 가지 목적에 봉사할 수 있기 때문이다. 첫째, 브루스 웨인과 배트맨이 지켜지는 한, 그들의 정의도 지켜진다. 그러므로 알프레드는 배트맨과 같은 정의를 실현하지만, 간접적으로 실현한다. 둘째, 그는 동시에 사랑을 실현함으로써 배트맨의 정의를 넘어서며, 그것은 순간에 구체화된 정의를 말한다. 배트맨의 무한 정의는 결코 완성되지 않고, 언제나 앞으로 생길 일, 즉 달성될 미래의 질서와 평화의 상태인 반면, 알프레드가 가진 사랑의 정의는 언제나 가까이 있으며 순간 속에 현실화되는 정의이다. **사랑으로서의 정의**는 그것이 생성되는 바로 그 몸짓에서 완성된다. 손길에 따르는 미소, 누군가가 당신을 위해 존재한다는 걸 알고 나서의 안도감, 당신이 신뢰할 수 있는 사람들이 당신 주변에 있는 데서 오는 확신 등이 그 예이다. 따라서 알프레드는 그가 하는 모든 일에서 정의를 확인한다. 약간의 치료 기술로 배트맨의 고통을 완화시켜 주는 것, 듣기 좋은 몇 마디 말과 직접 만든 샌드위치로 고통받는 배트맨의 영혼을 진정시켜 주는 것, 아니면 재치 있는 말로 배트맨을 가르치거나 그의 과잉 반응하는 경향을 알려 주는 것 등이 그 예이다.

이러한 더 높은 윤리가 가진 역설은 표면적으로는 이것이 너무도 평범하고 진부해 보인다는 사실이다. 무한한 체념의 기사들은 확신과 자신감에 차 있는 것처럼 보이는 데 반해, "다른 한편으로 신앙의 보석을 두르고 다니는 사람들은 착각을 불러일으키기 쉬운데, 왜냐하면 그들의 겉모습이 무한한 체념과 신앙 양쪽이 깊이 경멸하는 것, 즉 속물주의 philistinism와 매우 유사하기 때문이다."[20] 아주 묘하게도, 신앙의 기사들

---

20) *Ibid.*, p. 49.

은 그들의 윤리적 성향을 조금도 나타내지 않으며, 또한 무한한 체념의 기사들에게서 찾아볼 수 있는 위풍당당함도 전혀 보이지 않는다. 오히려 그들은 평범하고 교양 없는 사람처럼, 즉 속물처럼 보이고 그렇게 행동한다. 키르케고르는 전형적인 신앙의 기사를 다음과 같이 묘사한다.

> 내가 그에게 시선을 고정하는 순간, 나는 즉시 그를 밀어내며, 펄쩍 뛰어 뒤로 물러나고, 박수를 치면서, 반쯤 소리를 내어 말한다. "아이고 하느님, 이게 그 사람입니까? 이 사람이 정말 그 사람입니까? 이 사람은 꼭 세금징수원처럼 보이지 않습니까!" …… 무한성을 들여다볼 틈이 있는지 보기 위해서 나는 그의 모습을 머리끝에서 발끝까지 훑어본다. 그러나 아니다! 그는 한 치의 틈도 없이 철두철미 견고하다. 그는 철저히 견고하다. 그의 걸음걸이는? 그의 걸음은 활기 넘치고, 전적으로 유한성에 속해 있다. 일요일 오후에 프레스베르Fresberg로 산책 나온 그 어떤 깔끔하게 차려입은 도시 사람도 그보다 더 힘 있게 걷지는 않을 것이며, 그는 철저하게 이 세상에 속해 있고, 그 어떤 속물도 그보다 더할 수는 없다. 누구도 그에게서 무한의 기사들로부터 느낄 수 있는 어떤 냉담하고 우월한 면을 전혀 찾지 못한다. 그는 모든 것에서 즐거움을 느끼고, 사람들이 그가 특별한 기쁨에 참여하는 것을 볼 때마다 그는 그런 일에 영혼이 사로잡힌 세속적인 사람의 특징인 집요함을 갖고 한다. 그는 자기 일에 전념한다. 그를 보면 사람들이 복잡한 체계의 부기 작성에 영혼을 빼앗긴 서기라고 생각할 정도로 그는 정확하다. 일요일은 그에게는 휴일이다. 교회에 가는 것이다.[21]

---

21) Kierkegaard, *Fear and Trembling and the Sickness Unto Death*, pp. 48~49.

신앙의 기사는 다른 사람들처럼 수수하게 차려입고, 하루하루 판에 박힌 일을 하는 세금징수원, 서기, 또는 우리의 경우에는 집사처럼 보인다. 키르케고르가 말한 신앙의 기사처럼, 알프레드도 점잖게 차려입고, 상냥한 태도를 유지하며, 세심하게 행동한다.

이와 대조적으로 무한한 체념의 기사는 호화롭고, 갑옷은 그들의 자신감과 어울리며, 그들의 행위는 무한한 능력을 표현한다. 배트맨의 복장과 그의 도구들은 그가 상징하는 형이상학적 정의(지구상 마지막 평화의 왕국 같은)를 주창하는 것만큼이나 자신의 영웅적 존재를 알린다. 그의 업적은 최상급이나 다름없으며 모든 면에서 영웅적이지만, 이러한 우상의 그늘에 있는 신앙의 기사는 얼마나 초라해 보이는가! 그들의 복장은 특별한 게 없고 하는 일은 단순 업무이다.

하지만 이 둘 사이의 진정한 차이는 그들이 받는 시선과는 아무런 상관이 없다. 무한한 체념의 기사가 언제나 미래의 이상적 상태를 기다리는 반면, 신앙의 기사는 그러한 상태를 찾았고 현재 속에서 그러한 삶을 산다. 그들의 영원성은 오는 것이 아니라 순간 속에서 발견되는데, 이는 다른 이들을 사랑하고 섬기는 과정 속에서 인간성을 무한히 유지시켜 줄 일종의 유대감이 발휘됨을 깨닫기 때문이다. 그들에게 지구의 평화는 매 순간 하는 몸짓과 행위로부터 만들어짐이 틀림없다. 그리고 이것은 우리 자신이 다른 사람들과 관계를 맺고, 우리가 할 수 있는 모든 방식으로 그들을 돕는 것에서부터 시작된다.

알프레드는 우리 모두가 이러한 식으로 다른 사람들을 대한다면 배트맨도, 혹은 그 문제와 관련해서 어떤 강압적인 정의도 필요 없다는 사실을 알고 있다. 그렇기에 브루스에게 미래의 정의가 아닌 지금 여기의 정의가 가진 진면목을 상기시키기 위해서라도, 알프레드는 브루스 웨인 주변에 있는 일부의 현자들처럼 배트맨을 위한 본보기로서 행동한다. 이것이 알프레드가 가진 고독감이 그를 초조하게 만들지 않는 이유이며 동시에 그가 "모든 것에서 즐거움을 느끼는" 이유이다.[22] 알프레드가 브루스 웨인을 위해 하는 소소한 일들은 그의 신앙을 강화한다. 왜냐하면 그는 웨인이 살아남을 수 있게 도울 뿐 아니라, 좋은 모범을 보임으로써 미묘하게 영감을 주기 때문이다.

키르케고르의 신앙의 기사처럼, "[그는—인용자] 전혀 바보가 아니다".[23] 왜냐하면 비록 잘못된 길을 가지만 다른 점에서 보면 괜찮은 사람을 섬기기 위해 자신의 직업을 선택하기 때문이다. 만약 바보가 있다면 배트맨이며, 그는 거의 죽음에 이를 정도로 무모하게 범죄자들을 뒤쫓는다. 반면 알프레드는 자신의 삶으로 성취할 수 있는 정의에 대해 현실적이다. 예를 들어 키르케고르는 다음과 같이 쓴다.

> 바보와 젊은이는 사람에게는 무엇이든 가능하다고 내뱉는다. 그러나 이것은 심각한 오류이다. 정신적으로 말하자면 모든 것이 가능하지만 이 유한의 세계에는 가능하지 않은 것이 많다. 하지만 기사는 이 불가능성을 정신적으로 표현함으로써 가능하게 만들지만, 그는 그것을 포기함으로써 정신적으로 표현한다.[24]

배트맨과 달리 알프레드는 바보처럼 만인을 위한 정의 같은 것을 찾

---

22) Kierkegaard, *Fear and Trembling and the Sickness Unto Death*, p. 49.
23) *Ibid*., p. 52.
24) *Ibid*., p. 47.

지 않으며, 오직 그가 돌보는 단 한 사람, 브루스 웨인을 위한 정의만을 찾는다. 자신이 배트맨처럼 범죄와 싸울 능력이 없음을 알기 때문에, 그는 배트맨이 지키기로 약속한 고귀한 정의에 자신의 주장을 버린다. 길거리에서 흉악범들과 전투를 벌이는 대신, 알프레드는 브루스 웨인을 그렇게 냉소적으로 만들고 인간성에 대한 그의 믿음을 흔들어 놓은 정신적 억압과 싸우기로 선택한다.

이 목적을 향해서, 알프레드는 자신의 전체 삶과 신앙 전부를, 그의 맹세에서 오는 명예를 바친다. 알프레드는 배트맨을 돕기로 한 자신의 사명에 있어 조금도 흔들리지 않기 때문에 여전히 한 명의 기사로 남는다. 만일 그가 흔들린다면, 도덕적 고민을 위하여 도덕적 의무를 버리는 것이다. 그런 후 배트맨의 삶은 그 자체가 목적이 아닌 알프레드 자신의 행복을 위한 도구가 되었을 것이다. 하지만 무조건적으로 배트맨을 돌봄으로써, 알프레드는 이러한 도덕적 모순을 피해 간다. 배트맨에게 변함없이 충실함으로써 알프레드는 그 자신에게도, 의무에 대한 과거 맹세에도, 그리고 그의 윤리적 믿음에도 변함없이 충실하다. 그리고 키르케고르가 우리에게 말하듯이 이것은 궁극적으로 '사랑'이다.[25] 알프레드는 브루스 웨인의 발전을 위해 자신의 삶을 희생함으로써, 그를 진정으로 사랑한다는 것을 가능한 가장 욕심 없는 방식으로 증명한다. 이것이 '종교적인 성격을 띤' 일종의 사랑, 다시 말해 사랑의 교리이며, 이를 통해 알프레드는 온 마음·의지·노력으로 브루스를 충실히 돌본다.[26]

---

25) *Ibid.*, p. 47.
26) *Ibid.*, p. 54.

역설과 평화

브루스 웨인의 부모가 죽은 그날 밤 알프레드는 어린 브루스 웨인에게 한 약속을 단 한순간도 잊은 적이 없다. 그리고 고통스러워하는 소년 브루스가 다시 온전한 인격이 될 때까지 곁에 있겠다는 비밀스런 맹세를 그 당시 어떻게 했는지도 잊은 적이 없다. 이 맹세와 기억은 알프레드에게 끊임없이 고통을 준다. 왜냐하면 알프레드는 배트맨이 본인의 신앙을 이루기 위해 투쟁하는 것을 옆에서 지켜봐야 하기 때문이다. 그 신앙이란 무한하고 이상적인(따라서 불가능한) 정의에 완전히 체념했기 때문에, 배트맨은 여전히 무지한 채로 있는 그런 것이다. 알프레드의 고통은 아이가 자라는 것을 지켜보는 아버지의 고통, 젊음의 순진함과 이상주의를 바라보며 언젠간 그것이 더 현실적인 균형을 갖추기를 바라는 고통과도 같다. 아버지와 같은 사랑과 애정으로, 알프레드는 브루스에게 사랑으로서의 정의를 가르치려고 엄격하게 노력하며, 언젠가는 브루스를 그 자신의 신앙을 위한 일로 이끌 수 있기를 궁극적으로 희망한다.

결국 배트맨과 알프레드의 이야기는 아브라함의 이야기와 키르케고르의 윤리학과 마찬가지로, 삶에서 목적과 의미를 찾으려는 우리 자신의 개인적 투쟁과 닮아 있다. 이것은 불가능한 가능성과 투쟁하며 고통과 비극에도 불구하고 신앙을 지키는 이야기이자, 우리의 삶이 이 세계에 진정한 차이를 가져올 수 있다고 온 마음으로 믿는 이야기이다. 우리는 '신앙의 기사'가 되기를 갈망해야 하며, 그들의 낙천적인 헌신은 종교성에 가까워지면서 우리를 희망과 쾌활함의 윤리로 이끈다. "따라서 신앙은 심미적인 감정이 아니라 더 높은 어떤 것인데, 정확히 체념을 그것의 전제조건으로 삼기 때문이다. 예를 들어 그것은 마음의 즉각적인 본능이 아니라 삶과 실존의 역설이다."[27]

아브라함의 역설은 아들이 그가 막을 수 없는 힘에 의해 고통받을 운명이라는 것을 알면서도 자식을 사랑하는 완전히 이타적인 아버지의 역설이다. 배트맨의 역설은 그가 자신의 삶을 비현실적인 정의, 즉 완전히 이상적인 정의라 누구도 지금껏 스스로 보여 줄 수 없었던 그 정의에 자신의 삶을 체념했다는 것이다. 반면 알프레드의 역설은 언젠가 그 둘 모두 평화롭게 될 것이라고, 그리고 배트맨이 결국 본인이 찾는 정의를 찾게 될 것이라고 희망하면서, 브루스 웨인의 결점에도 불구하고 그를 사랑하고 믿는 구체적인 신앙의 역설이다.

27) Kierkegaard, *Fear and Trembling and the Sickness Unto Death*, p. 58.

15장

다크 나이트 그리고 양심의 부름

—

제이슨 J. 하워드

배트맨에게 양심이 있는가?

십대인 내게 흥미로웠던 많은 것들 중 배트맨과 같이 강렬하게 계속 흥미를 끈 것은 없다. 배트맨은 현대적 드라큘라, 유령, 다크 나이트 그리고 복수의 영혼이며 만화책보다는 그리스 비극에서 더 빨리 찾게 되는 그런 인물이다. 배트맨의 방식은 그의 적들이 거의 미쳐 버릴 때까지 공포를 주는 것이며, 배트맨은 그들이 공포 속에서 억지로 그렇게 된 자신과 마주 보게 만든다. 나의 중심적인 의문은 항상 다음과 같았다. 어떻게 자신의 적들이 즐겨 쓰는 그 공포 전략과 속임수를 사용하는, 게다가 그 자신도 문제 덩어리인 배트맨이 악당이 되지 않고 영웅으로 남아 있을 수 있는가. 고담에서 범죄를 몰아내고 부모의 죽음에 대한 복수를 하려는 그의 임무는 도덕적 위기 속에서 펼쳐진다(이 위기가 얼마나 심각한지는 프랭크 밀러의 『배트맨: 다크 나이트 리턴즈』[1986]를 보라). 무엇 때문에 이 위기 속에서 배트맨은 인간 영혼의 심연을 들여다보며, 이 일들을 계속하는가? 이 질문에 답하는 가장 좋은 방법은 배트맨에게 양심이 존재하는지 알아보는 것이다.

양심conscience의 문제(양심이 어디에서 비롯됐는지, 어떻게 윤리적 행동을 정당화해 주는지, 그리고 심지어 양심이 존재하는지)는 도덕철학에서 2,000년 넘게 논의되었다. 그러나 어떻게 배트맨이 이러한 논의에 들어맞는지 이해하기 위해서는 배트맨의 고귀한 의도와 '슈퍼히어로'로서의 도덕적 권한에 집중하는 도덕적 추론의 통상적인 방식을 넘어설 필요가 있다. 이런 통상적인 주제들은 분명히 배트맨 행동의 복잡성이라는 문제를 일으키지만, 동기 부여 형식으로서 양심의 숨겨져 있는 기원과 합법성을 명확히 하는 데에 제한적으로는 쓸모가 있다. 오히려 우리는 '본래적 실존'authentic existence을 살기 위해 몸부림치는 배트맨의 더 넓은 배후에 대한 의문점들을 살펴볼 필요가 있다. 우리의 대부분 윤리적 선택들이, 부분적으로는 적어도 개인으로서 우리가 어떤 존재인지에 의해 결정되는 것과 마찬가지로, 배트맨의 선택도 본래적 삶을 살기 위한 그의 보다 깊은 **실존적 투쟁**으로부터 생겨난다. 배트맨은 이중생활의 어려움과 자신이 선택한 문제적인 인물을 매우 잘 알기 때문에, 그의 삶은 실존적 투쟁이다. 그가 이러한 문제들과 싸우는 방식은 본래적 양심과 비본래적 양심의 차이를 설명해 줄 뿐 아니라, 슈퍼히어로로서의 지속적인 매력을 설명하는 데에도 도움을 줄 수 있다.

양심과 권위

본래적 양심을 갖는다는 것과 본래적 삶을 산다는 것의 개념은 소크라테스(기원전 470~399)의 재판과 사형 집행에 의해서 도입된 철학적 주제이다. 그리고 본래성authenticity이 그것의 찬란한 명성 속에 정의된 것은 20세기 실존주의와 함께였다. **실존주의**existentialism는 인간 실존의 애매성과 부조리를 강조하는 유명한 철학 학파이다. 실존주의는 일상적인 삶의 많은 부분을 특징짓는 소외 현상에 관심을 쏟으며, 반면에 종교적이건 경제적이건 정치적이건 윤리적이건 간에 인간 행동에 대한 단순하고 보편적인 설명은 통상적으로 모두 거부한다.

본래적 양심의 의미를 좀더 명확히 하기 위해 배트맨에게 시선을 돌리는 것이 이상해 보일지도 모른다. 확실히 복면을 쓰고 밤을 배회하는 사람은 아무리 좋게 말해 봤자 비본래적으로 보일 것이다! 하지만 우리가 마르틴 하이데거(1889~1976)가 발전시킨 실존적 의미에서 그 용어를 이해한다면, 본래성 개념은 [배트맨에게] 완전히 적합하다. 누군가가 본래적이라고 말하는 경우에는 적어도 두 가지를 의미한다. 첫째, 그들은 무엇을 통제할 수 있고 통제할 수 없는지에 대해 자신에게 정직하며, 특히 죽음의 필연성이라는 문제에 있어서 그렇다. 둘째, 그들은 자신의 삶의 방향에 대해 완전히 책임지며 자신이 하는 일의 의미와 목적을 투명하게 하려고 노력한다. 배트맨은 심각한 감정적, 심리적 그리고 신체적 어려움에도 불구하고 어떻게든 이 두 가지 기준에 맞춰 살아가려 한다.

사람들은 끊임없이 그들의 양심에 호소한다. 사람들은 그 사람이 마틴 루터 킹이건 오사마 빈 라덴이건 간에, 시간을 내어 귀 기울인다면 모든 사람의 마음속 깊은 어딘가에서 확실한 도덕적 기준을 발견할 것이라고 일반적으로 믿는다. 이러한 주류적 관점은 '권위주의적'authoritarian 혹은 '본질주의적'essentialist 형식의 양심을 지지하며, 이런 형식에서 가장 중요한 도덕적 의무는 우리의 도덕적 신념을 지키며 살아가는 것이다. 이러한 관점에는 다양한 철학적 옹호자들이 있어 왔으며, 가장 주목할 만한 주장은 장-자크 루소의 『에밀 또는 교육론』에서 볼 수 있다.[1] 양심의 본질적 관점에서 도덕적 선함이란 자신의 마음에 귀를 기울이는 것으로서, 만약 이 관점을 배트맨이 받아들였다면 우리가 배트맨에게 배울 점은 거의 없을 것이다. 그러나 배트맨은 슈퍼맨이 아니며, 또한 범죄심리학 전문가로서 배트맨은 도덕적 행동에 대한 이렇게 단순한 관점을 받아들이기에는 지나치게 노련하다. 이는 배트맨이 도덕적 입장을 가지고 있지 않다는 의미가 아니며, 다만 그의 입장은 어떤 '선험적인'a priori(영속적이고 보편적인) 도덕관념에 기초하지 않는다는 뜻이다. 그 대신 배트맨의 도덕적 입장은 인간 행동의 복잡성과 이런 행동이 취할 수 있는 극단적 형식들에 대한 올바른 이해로부터 나온다.

하이데거에게 삶이란, 장-폴 사르트르(1905~1980)와 알베르 카뮈(1913~1960) 같은 다른 실존주의 사상가들에게 그런 것처럼, 삶을 이용해 만들어 가는 것이다.[2)] 개인으로서 우리 각자는 우리가 결정하는 선택과 입장을 통해 자신의 실존의 의미를 정의한다. 인간 자유의 현실과 도덕적 일관성의 관계를 제대로 이해한다면, 우리는 이러한 부담으로부터 벗어날 수 없다. 하지만 이러한 본래성을 위한 투쟁이 배트맨과 어떻게 연결되는 것일까?

자신의 수사 기술을 완벽히 하기 위해 단지 복수심에서 세계를 떠돌아다니던 젊은 브루스 웨인은 자신에게 환멸을 느끼고 자신감도 잃었다.

---

1) Jean-Jacques Rousseau, *Emile or On Education*(1762), trans. Alan Bloom, London: Penguin Books Ltd., 1991[『에밀 또는 교육론』, 문경자·이용철 옮김, 한길사, 2007]. 주목할 만한 다른 예로는 토마스 아퀴나스(Thomas Aquinas, 1225~1274)와 버틀러 주교(Bishop Butler, 1692~1752)가 있다.

2) 사르트르에 대한 좋은 입문서로는 Jean-Paul Sartre, *Existentialism Is a Humanism*(1946), trans. Carol Macomber, New Haven, CT: Yale Univ. Press, 2007[『실존주의는 휴머니즘이다』, 박정태 옮김, 이학사, 2008]이 있으며, 카뮈에 대한 좋은 입문서로는 Albert Camus, *The Myth of Sisyphus and Other Essays*(1942), trans. Justin O'Brien, New York: Vintage, 1991[『시지프 신화』, 김화영 옮김, 책세상, 1997]이 있다.

게다가 그때는 박쥐라는 상징을 발견하기 전이었다. 그러나 박쥐라는 상징이 부모의 죽음에 대한 슬픔을 이겨 내는 단순한 발견 이상이라면, 그 상징이 젊은 브루스가 이미 갖고 있다고 약속해 준 것은 무엇일까? 배트맨으로서의 인간상은 본래적 양심에 대한 새로운 의미를 가르쳐 줌으로써 브루스 웨인의 정체성을 완성한다. 본래적 양심은 복수심에 더럽혀진 것이거나 다른 사람들의 기대로 인한 부담이 아니며, 단 하나로 모두를 아우르는 윤리적 시야도 아니다. 오히려 그것은 자유와 인간의 가능성을 현실화하도록 호소하는 것이다(나는 이 정도면 충분하다고 생각하는데, 어떻게 생각하는가?).

돈, 뜨거운 욕조, 그리고 삶의 힘든 결정들

대작 『존재와 시간』(1927)에서 전개되는 하이데거 철학의 중심 개념 중 하나는 '빠져 있음'fallenness 개념이다. 하이데거에 따르면 사람은 다른 사람들의 기대와 관심을 떠맡을 수밖에 없다. 그러나 이렇게 되면, 우리는 자주 사람들의 관심들에 휩싸여 다수의 생활 방식이나 견해 속에서 자기 자신을 잃는다. 이것이 특별히 참인 경우는 도덕적 문제에 있어 다른 사람의 의견을 들을 때이다. 하이데거가 명명한 이 '빠져 있음' 상태에서 우리는 자기 자신이 될 수 있는 본래적 가능성을 넘겨주는데, 왜냐하면 다른 이들이 바로 우리의 실존의 의미를 결정짓기 때문이다. 따라서 우리는 그저 삶에서 우리의 역할을 하는 척할 뿐이다.

다른 대다수의 실존주의자들처럼 하이데거에게도 인간의 삶은 끊임없는 재해석을 향해 열려 있다. 인간 실존의 해석적 성격을 강조하기 위해 하이데거는 인간 존재를 논의할 때 독일어 단어인 **현존재**Dasein란 말을 이용한다. 하이데거는 이 용어를 사용하면서 우리로 하여금 인간 존재가 자신의 '존재'Sein가 언제나 '거기에'da, 즉 어떤 특정한 장소에 있음을, 그리고 어떤 특정한 기획에 연루되었음을 이해하는 독특한 방식에 주목하게 만든다. 양심이 가능한 것은 바로 현존재(인간 존재라고도 불리는)가 실천적 기획(다리를 짓거나 돈을 버는 것 같은)을 할 수 있을 뿐 아니라 실존한다는 것이 무엇인지 이해할 수 있기 때문이다.

우리는 현존재이기 때문에, 우리의 존재 의미는 결코 확정되어 있지 않다. 그러나 사회는 실존이 확정되어 있다는 가정 아래서 작동하며, 이러한 사회에서는 삶의 목적이 의사가 되는 것, 돈을 많이 버는 것, 가족을 꾸리는 것, 혹은 그 외 다른 여러 가지 상투적인 일들이 된다. 하이데거는 이렇게 설명한다. "일상적인 현존재의 자기는 **그들-자기**they-self이며, 이는 **본래적 자기**, 즉 그 자신의 방식으로 장악한 자기와는 구분된다."[3] 당신은 다음과 같은 짤막한 사회적 통념들, 즉 "사람들이 노동절 이후에는 흰옷을 입으면 안 된다고 한다"나 "사람들이 식후 20분 이내에는 수영을 하면 안 된다고 한다" 같은 통념들을 통해 '그들-자기'에 익숙해졌을 것이다. 우리가 '그들-자기'를 따르게 되면, 우리는 스스로 생각하거나 행동하지 않는다. 그 대신 우리는 사회를 구성하는 익명적인 '그들'이 하는 말들을 그저 받아들인다. 여러 측면에서 젊은 브루스 웨인의 삶은 빠져 있음의 경험과 그 자신의 고유한 정체성을 확인하는 과정에서 생길 수 있는 어려움의 전형적인 예이다(우리 모두는 롤 모델을 찾으며, 비록 알프레드가 나무랄 데 없는 대역을 맡았지만 브루스 부모의 죽음은 이러한 탐색

3) Martin Heidegger, *Being and Time*(1927), trans. John Macquarrie and Edward Robinson, New York: Harper & Row, 1962, p. 167[『존재와 시간』, 이기상 옮김, 까치글방, 1998].

을 특히나 고통스럽고 혼란스럽게 만들었을 것이다).

그러나 그냥 브루스 웨인으로서 살아가는 것도 나쁘지 않았을 것이다. 그렇지 않은가? 엄청나게 많은 부와 좋은 외모를 타고난 브루스 웨인은 수많은 방식으로 명성을 날릴 수 있었다. 역설적인 점은 만약 삶에서 그의 유일한 목적이 삶 속에서 부모님이 고귀하다고 여길 만한 어떤 일을 하는 것이었다면, 그는 자선 기관인 웨인 기업을 운영하면서 그냥 브루스 웨인으로서 더 좋은 삶을 살았을 것이라는 점이다.[4] 그러나 브루스 웨인이 얼마나 선한 일을 할 수 있었는가와 관계없이, 그의 삶은 자유롭지 못했을 것이다. 왜냐하면 웨인 기업을 운영하는 것은 자신의 본래적 선택이 아니었을 것이기 때문이다. 게다가 부모의 죽음은 그저 또 하나의 사망 사건으로 처리되었을 것이며, 브루스도 그저 또 한 명의 평범한 CEO가 되었을 것이다. 브루스 웨인은 '그들'과 그들의 기대에 맞는 세계에 복종하기보다는 그 자신의 양심의 가책을 받아들이기 위해 그 세계와 맞서 싸우기로 결심했다. 그것을 통해서 브루스는 그 스스로 실존의 의미뿐만 아니라, 부모님의 죽음이 갖는 더 깊은 의미도 직시했다.

더 나은 박쥐 시야로 사물들을 명확히 보기

배트맨 팬들 사이의 통설은 부모의 비극적 죽음이 브루스 웨인을 배트맨으로 변신시켰다는 것이다. 하이데거, 사르트르, 카뮈에게 인간 삶의 모든 의미 있는 변신과 변화는 우리가 실존을 **해석한다**는 깨달음에서 나

---

4) 배트맨이 되기로 결정하는 어린 브루스의 윤리학에 대해서는 마헤시 아난트와 벤 딕슨이 쓴 이 책의 8장 참조.

온다. 삶과 죽음의 의미는 간단히 암기되고 기계적으로 되풀이될 수 있는 방정식과는 달리 결코 확정되거나 끝나지 않는다. 배트맨의 경우 부모의 죽음이 변화의 계기였다는 사실을 의심할 필요는 없지만, 브루스 웨인에서 배트맨으로의 실존적 변신을 일으킨 것은 그 죽음의 **의미**를 해석하는 활동이다. 이 점에 있어 하이데거의 통찰을 따르면, 모든 실존의 의미에 대한 근본적인 통찰은 "양심을 가지고 싶어 함"을 통해 일어난다.[5] 그리고 이것은 복수심에 불타는 어린 소년에서 망토 두른 십자군으로의 변신을 촉발시킨 부모의 죽음의 의미를 충분히 받아들이면서 동시에 양심을 가지고 싶어 하는 독특한 결합이다.

그런데 양심을 가지고 싶어 한다는 것은 어떤 의미인가? 하이데거에 따르면, 인간의 행동이라 불리는 것은 많은 경우 의도적이건 비의도적이건 모두 자기기만에 의해 동기가 부여된다. 사람들은 끊임없이 그들 자신의 가능성, 과거, 그리고 죽음의 필연성으로부터 도피해서 익숙함과 편안함을 향해 간다. 이러한 도피 상태는 빠져 있음의 명확한 특징이다. 우리는 실존이 안정된 어떤 것이기를, 그리고 실패나 불운에 대한 진짜 선택권이 우리에게 없기를 원하며, 게다가 삶에는 찾아야 하는 단순명료한 목적이 있기를 원한다. 그 결과 사회 생활의 많은 경우는 우리가 죽을 운명이라는 현실을 고민하지 못하도록 교묘한 유흥 문화로 끝난다. 하이데거가 파악하듯이 삶의 모든 것이 정해져 있고 죽음은 알 수 없고 멀리 있는 사건인 그런 세계를 믿는 한, 우리는 양심을 본래적으로 욕망할 수 없다. 왜냐하면 이러한 조건들에서 양심이 가질 수 있는 유일한 목적은 우리의 개별성을 검열하는 것이기 때문이다.

---

5) Heidegger, *Being and Time*, p. 342.

브루스 웨인의 분노와 죄책감으로 요약되는 양심에 대한 통상적 견해는 '본래적' 양심이 아니라 익숙한 반응과 기대의 내면화이다. 이 내면화는 양심에 대한 통상적 표현이긴 하지만, 우리가 어떻게 행동하고 느껴야 하는지를 명령하며, 실존의 의미에 대한 모든 개인적 결단이나 통찰들을 쓸모없게 만든다. 양심을 경험하는 이 두 가지 방식(본래적인 것과 비본래적인 것)의 차이를 제대로 평가하는 일은 어려울 수 있다. 우리는 한편으로 개별성을 확립해 주는 양심에 대한 본래적 관점도 가지고 있지만, 다른 한편으로 모든 개인적 통찰이나 고유성의 역할을 거부하는 양심에 대한 비본래적 관점도 가지고 있다. 배트맨을 그토록 매력적인 인물로 만드는 것은 배트맨이 슈퍼히어로임에도 불구하고, 그가 양심에 대한 이 두 관점의 차이를 매우 유익한 방식으로 보여 준다는 점이다.

『배트맨: 이어 원』(1987)은 수년간의 훈련에도 불구하고 그를 이끌어 주는 배트맨이라는 인물상 없이는 범죄 수사원으로서 브루스 웨인은 전적으로 실패라는 사실을 꽤나 분명하게 보여 준다. 하지만 여기에 흥미로운 질문이 있다. 다시 말하면 왜 실패인가? 배트맨 복장을 걸치자마자 그의 훈련이 크게 향상된 것도 아니고, 게다가 망토와 복면만으로 그의 정체를 충분히 숨길 수 있는 것도 아니다. 그는 범죄 수사원으로서 처음 몇 달이 지나자 자신에게 다음과 같이 말한다. "나는 수단과 기술을 가지고 있지만 방법을 가지고 있지 못하다……. 아니다. 이는 사실이 아니다. 나에겐 수백 가지의 방법이 있다. 그러나 무언가를 놓치고 있다. 무언가가 잘못되었다. 나는 기다려야 한다." 배트맨은 물론 일반적 의미로 누군가를 혹은 무엇인가를 기다리는 것이 아니며, 또한 어떤 일이 일어나기를 기대하는 것도 아니다. 그렇다면 배트맨이 기다리는 것은 정확히 무엇일까?

하이데거가 설명하듯, "양심은 '그들' 속에서 상실된 현존재의 자기를 불러 세운다summon".[6] 이 '불러 세움'은 말이나 도덕적 명령으로는 표현되지 않는다. 만일 그렇게 설명이 된다면, 양심은 그저 다른 이들의 기대에 따라서 살게 되는 동기 중 하나가 될 뿐이다. 그와는 반대로 양심은 사람들이 고유한 가능성들을 직시하도록 만들어 그들을 다른 사람들의 세계에서 끄집어내고 '개별화'한다. 여기서 결정적인 점은 본래적 양심의 경험이 강한 개별화 중 하나이고, 거기서 우리는 삶의 마지막 날 우리의 죽음을 함께할 수 있는 사람은 없으며, 또한 누구도 그것을 피해 갈 수 없다는 사실을 깨닫는다. 죽음의 필연성을 인정해야만 하는 것처럼, 우리는 자신의 삶의 '의미'에 직접적인 책임을 져야만 한다.

박쥐가 홀로 웨인 저택의 창문을 통해 날아든 그 운명적인 밤, 브루스 웨인은 새로운 정체성 탐색에 대한 답을 얻었고, 하이데거가 말한 '순간'moment of vision을 경험했다. 이 순간은 어떤 종교적 명령이나 단순한 도덕적 이상을 표현하는 것이 아니라는 점에서 독특하다. 또한 이것은 삶의 모든 문제에 답을 주는 것도 아니다. 오히려 우리가 양심의 완전한 의미를 경험하는 것이 바로 이 순간 속에서이며, 이것은 우리 존재의 가장 심원한 수수께끼를 드러냄으로써, 다시 말해 우리 자신이 누구인지가 우리 각자에게 끊임없이 '문제'가 됨을 열어 보임으로써, 우리를 "어떤 상황 속으로 앞질러 불러 세운다".[7]

박쥐 상징을 '자신에게' 적합한 것으로 만들면서 브루스는 자신의 불안감을 드러내고 자신의 고유한 부름에 응답한다. 『배트맨: 다크 나이

6) Heidegger, *Being and Time*, p. 319.
7) *Ibid*., p. 347.

트의 전설』 1호(1989년 11월)에서 암시되듯이 박쥐는 브루스 웨인의 토템으로 인식된다. 하지만 만약 우리가 이 토템에 어떤 특정한 내용이나 메시지를 부여해 본다면 우리는 이 토템의 완전한 의미를 놓치게 된다. 그렇게 한다면 브루스 웨인의 발견은 '공공의 양심'public conscience에 불과하게 될 것이다. 박쥐를 브루스 웨인의 토템으로 인식하는 것은 그의 본래적 양심을 순간 속에 드러내며, 여기서 브루스는 가능성의 힘을 직시한다. 「추락하는 남자」The Man Who Falls에서 브루스가 박쥐를 자신의 기본적인 상징으로 깨닫는 순간을 언급한 다음의 묘사를 살펴보자. "그는 알았다. 그 단 한순간에 그 오랜 기간 동안 자신의 방향이 어떻게 진행되었는지, 자신에게 무엇이 가능했는지를 이해했다. 즉, 어떤 존재가 되었어야 했는지를 이해했다. 잠시 조용히 새로운 감정을 맛보았다. 잠시 동안 그는 행복했다."[8)]

죄의식을 느끼다(혹은 '우울증과 싸우는 방법')

배트맨의 실존은 그 자신의 반란의 의미를 지속적으로 찾아내고 재확인하려는 시도이다. 부모의 죽음과 같은 광기 어린 사건과 고담의 범죄를 막으려는 헛된 노력을 부정하기보다는 배트맨은 자신이 처한 어려움의 부조리함을 자신의 고유한 가능성으로 긍정한다. 전반적인 성공이라는 관점에서 배트맨의 범죄 수사원 경력은 분명히 문제가 있다. 고담의 범죄는 결코 줄어들지 않았으며, 그가 잡아넣은 범죄자들도 결국 모

---

8) 「추락하는 남자」, 『비밀스러운 기원들』(1989년, 대형 페이퍼백). 『배트맨 비긴즈: 다크 나이트 영화와 그 밖의 이야기들』(2005)에 재수록.

두 탈출했다. 게다가 『다크 나이트의 전설』의 초창기 호들에서 확인되듯이, 배트맨의 영웅적 행위는 일반 대중들의 대혼란을 야기하는 모방 '자경단'의 출현을 불러온다.[9] 그 밖에도 고담에서 배트맨의 존재 자체가 그 지역의 모든 사이비 미치광이들에게는 이정표 같은 역할을 한다. 배트맨이 유일하게 따르는 명시적인 도덕률은 죄 없는 사람을 죽이지 않고 고의로 타인의 목숨을 빼앗지 않는 것이지만, 이러한 입장들도 가끔은 지키지 않았다. 배트맨의 존재 자체가 만들어 낸 부수적인 피해를 봤을 때 범죄 수사원으로서의 성공이 의문스러운 것이 사실이라면, 본래적 양심을 가짐으로써 어떤 교훈이나 지혜를 얻는가?

배트맨의 실존은 그의 해방과 고통이며, 그를 계속 정직하고 본래적인 존재로 만들어 주는 자신의 임무가 더 넓게 보면 무의미하다는 사실을 받아들임과 동시에 이 둘 모두를 긍정하는 방식이다. 다른 많은 영웅들과는 달리, 배트맨은 자신이 맡고 있는 의문스러운 인물에 대한 환상을 가지고 있지 않다.[10] 『다크 나이트의 전설』 초창기 호들에서 그는 여러 번 망토를 벗고 은퇴할 것을 고민한다. 게다가 『다크 나이트 리턴즈』에서 10년간의 은퇴 기간 동안 알코올 중독 상태에 **빠져** 있는 그를 다시 돌려세운 것은 그의 가장 진실한 가능성의 불러 세움, 즉 배트맨이다. 하이데거가 명확히 하듯이 본래적 양심의 불러 세움은 "자기 자신에 대한 실존의 **성실함**을 구성한다".[11] 하지만 이 진정한 자기는 양심에 대한 통

---

9) 예를 들어, 「희생자」(Prey), 『다크 나이트의 전설』 11~15호(1990)와 「신념」(Faith), 『다크 나이트의 전설』 21~23호(1991) 참조.

10) 정부 분과위원회 앞에서 배트맨이 슈퍼히어로의 문제에 대해 증언한 내용을 생각해 보라. "분명 우리는 범죄자다.…… 우리는 언제나 범죄자인 채로 있었다. 우리는 범죄자여야만 한다"(『다크 나이트 리턴즈』).

11) Heidegger, *Being and Time*, p. 443.

념이 말하는 것처럼 어떤 변함없는 인간이나 우리 내면의 목소리가 아니라, 삶에서 필연적이고 진실한 자신의 것을 사소하고 우연적인 것과 구분하려는 굳은 욕망이다. 우리의 가장 깊은 사명과 동기들을 밝히려는 이런 투쟁은 브루스 웨인이 부모의 죽음이라는 사실을 받아들이는 방식에서 찾아볼 수 있다.

브루스가 자신의 죄의식이 갖는 의미를 다른 식으로 이해함으로써 부모의 죽음에 대한 양심의 가책을 직시하게 되었을 때 배트맨으로의 완전한 변신이 일어난다. 그리고 이것이 하이데거가 주장하는 깨달음의 형식으로서 '순간'을 구분 짓는 것이다. 답답함과 혼란스러움으로 경험되는 브루스의 개인적 죄의식은 실존의 보다 더 근본적인 수준에서 죄를 진 존재로 드러난다. 여기서의 문제는 우선적으로 '빚짐'이나 '의무감' 중의 하나가 아니라, 그 자신의 '무성'nullity이나 부정성에 대한 자각이다.[12] 이것은 우리의 삶을 제한하는 나약함을 인정함과 동시에 바로 그 나약함이 삶을 바꿀 수 있는 힘을 갖고 있음을 깨닫는 것을 뜻한다. 우리가 누구이며 어떻게 살아야 하는지 입장을 세워야 하는 한 죄의식은 단순한 비난에서 우리 모두는 죄가 있다는 깨달음으로 옮겨 간다.

비극에 대한 통상적 반응인 무분별한 분노와 복수심에서 자유로워지기로 선택했기 때문에, 브루스는 부모의 살인 사건을 타인을 희생시키는 자기만족적이며 냉소적인 삶에 저항하라는 부름으로 해석한다. 그렇게 하는 동안 브루스는 폭력 그 자체의 무의미함을 직시함으로써 이 어리석은 비극을 상쇄한다. 이런 식으로 원초적으로 선고받은 죄의식은 그 자신이 되라는 불러 세움으로 경험되고, 그 결과 배트맨은 브루스 웨인

12) Heidegger, *Being and Time*, p. 332.

의 본래적 양심이 된다. 다크 나이트라는 인물상을 택한 것은 죄의식을 경험하는 또 다른 방식을 드러냄으로써, 다시 말해 그 자신의 죽을 운명을 인식함으로써 브루스가 부모의 죽음과 같은 부조리를 직시할 수 있도록 만든다. 배트맨에게 자신의 죽음의 필연성을 '존재하기 위한' 도전으로 볼 수 있는 용기를 준 것은 바로 이 죽을 운명을 받아들인 것, 그리고 이것이 그가 한 선택들의 정당성에 주는 의미이다.

다크 나이트 그리고 본래적 양심의 부름

배트맨은 죽을 준비가 되어 있다. 그는 죽음의 필연성을 받아들였지만, 이것만으로 본래적이 될 수는 없다. 대의를 위해 죽을 준비가 되어 있는 사람은 많기 때문이다. 그렇다면 '단지' 만화 속 인물에 불과한 배트맨이 본래적이 된다는 것에 대해 무엇을 가르쳐 줄 수 있을까? 명심해야 할 핵심 중 하나는 불가능한 대의를 위해 자신의 자유를 위험에 빠뜨리는 배트맨의 선택은 세계라는 현실에서의 도피가 아니라 그것의 긍정이라는 사실이다. 배트맨은 다른 사람들을 자신과 같은 대의로 개종시키려 하지 않으며, 자기와 다른 더 전통적인 방식으로 범죄와 싸우기로 마음먹은 자들을 시기하지도 않는다. 마찬가지로 배트맨의 임무에 완결은 없으며, 적절한 결말도 구원도 없고, 오로지 그 자신의 선택에 대한 끊임없는 재검토만 있을 뿐이다. 배트맨은 삶에서의 선택을 그 자신의 고유한 운명으로 여기면서, 그 모든 부조리와 슬픔의 세상을 있는 그대로 받아들이는 사람으로 자신을 드러낸다. 그럼에도 그는 모든 사람에게 관용과 연민을 유지한다.[13] 그들의 행동이 무의미한 폭력으로 끝나는 사람들은 제외하고 말이다.

배트맨은 명시적인 도덕률이나 종교적 교리에 근거하여 마구 쏟아지는 무의미한 폭력에 저항하는 것이 아니라, 오히려 죽음을 받아들이는 자신의 자유를 확고하게 인정함으로써 폭력에 저항하며, 이것이 그의 본래적 양심이다. 배트맨을 지금의 그로 만든 것은 이 모든 곤혹스러운 애매성에 있는 삶을 받아들이는 자유, 그리고 그 삶을 다루는 방법을 스스로 결단하는 자유이지 그의 복장이 아니다. 우리를 괴롭히는 무[죽음]로 미리 달려가 봄과 동시에 자신의 불안감의 현실을 인정하면서, 배트맨은 '존재하기 위한' 결단 속에서 살아간다.

> 미리 달려가 봄anticipation은 현존재에게 가장 고유한 존재가 문제가 되는 존재 가능성은 반드시 현존재 혼자서 떠맡아야 함을 이해하게 해준다.…… 현존재는 오직 그 자신이 스스로 가능하게 만들 때에만 **본래적으로 그 자신으로** 존재할 수 있을 뿐이다.…… 누군가 자신의 죽음에 대하여 미리 달려가 봄으로써 자유롭게 되면, 우연하게 밀어닥치는 가능성 속으로의 상실로부터 해방된다. 즉 그는 앞에 놓여 있는 현사실적 가능성들 속에서 처음으로 선택할 수 있는 그런 방식으로 해방된다.[14]

하이데거가 부르는 이 '죽음을 향한 자유'는 본래적 양심의 독특한 특징이다. 누군가가 자신의 죽음을 미리 달려가 볼 수 있기 때문에 자유롭다고 말하는 것은 죽음에 대한 동경을 함축하는 것도 아니고, '죽음'the end에 대한 병적인 집착을 의미하는 것도 아니다. 그것은 실존의 핵심이

---

13) 이러한 연민의 예로서 그와 투페이스, 캣우먼의 복잡한 관계를 떠올려 보라.
14) Heidegger, *Being and Time*, p. 308.

우리가 죽을 운명이라는 의미를 지속적으로 재확인함으로써 각자가 개인으로서 정면으로 씨름해야 하는 어떤 것이라는 날카로운 깨달음이다. 우리의 삶이 우리가 누구인지에 관하여 가능한 투명하다는 사실을 보장해 주는 것이 바로 이 본래성의 태도이며, 이것이야말로 "'그들'에 의한 환상"과 익숙함·안도감·심심풀이에 대한 그들의 집착으로부터 우리를 자유롭게 해준다.[15] 이런 태도는 쉽지 않다. 본래성의 태도는 우리에게 모든 종류의 운명론적 결정론이나 현실 도피를 거부해야 할 뿐만 아니라 우리 자신의 나약함을 인정하기를, 동시에 '존재한다'는 것은 우리가 누구인지에 대해 불안한 상태라는 사실을 받아들이기를 요구한다.

하이데거가 설명하듯이 사람은 양심을 가지기 위해 투쟁하는 것이 아니라 단순히 양심을 가지고 '태어난다'고 가정하면, 사람들이 삶 속에서 본래적으로 자신만의 결단을 내릴 자유를 발휘할 여지는 없다. 이것이 본래적 양심을 가지는 것은 도덕성을 버리는 것을 필연적으로 함축한다는 사실을 의미하는 것은 아니다. 반대로 이는 도덕성이 또 다른 종류의 순응주의로 빠지는 것을 막는다. 순응주의에서 자유의 발휘와 자발적인 도덕적 판단은 맹목적인 약속과 불관용에 자리를 빼앗길 뿐이다.

물론 배트맨이 본래적 양심의 유일한 예는 아니지만, 그는 분명히 교훈적인 인물이다. 게다가 그를 그렇게 교훈적인 인물로 만드는 것은 그의 정체성이 갖는 실존적 복잡성이지, 단순히 그가 슈퍼히어로라는 사실이 아니다. 배트맨을 도덕적 광신도와 구분 짓는 것, 그리고 배트맨 식의 영웅적 행위를 의미 깊게 만드는 것은 바로 자신의 과거와 정면으로 씨름하려는 의지, 모든 손쉬운 핑계들에 대한 거부, 자신만의 방식으로

15) *Ibid*., p. 311.

현실을 다루는 열정이다. 배트맨의 다음과 같은 말처럼, "너는 네가 가진 패로 카드를 해야 한다.……지금의 나는 나 자신이 내린 선택의 결과이다. 내가 행복한지는 모르겠다. 하지만 만족한다".[16)]

결론, 망토, 복면

본래적인 삶을 살고자 한 선택은 어두운 밤들을 함께 가져다주지만, 이는 기만 없는 삶을 살기 위해 치러야 할 비용이다. 배트맨은 이를 받아들임으로써 자신의 영웅적 행위를 유지한다. 그는 본래적 양심을 가지려는 자신의 의지에 의존하지, 어떤 초인적인 능력에 의존하지 않는다. 결과적으로 배트맨의 망토와 복면의 목적은 자신의 존재를 숨기려는 것이 아니다. 그보다는 자신이 내린 선택과 자신이 만든 인물에 대한 신념을 상징한다. 배트맨과 그가 선택한 위험들을 실제로 따라 할 수는 없지만(어쨌든 그는 만화 속 영웅이다) 그의 내면적 싸움은 우리 대부분에게도 결코 낯설지 않다. 그는 자신이 한 선택의 무게를 확인하고 본래적 실존을 살기 위해 투쟁하는 사람이다. 생각 없는 순응주의가 만연하고, 무지가 유행이며, 두려움이 우리의 가장 큰 적인 세상 속에서, 양심에 대한 배트맨의 목소리는 우리 자신의 실존의 의미를 직시하려는 의지가 어떻게 개인적 해방으로 이어질 수 있는지를 보여 주는 예이다.[17)]

---

16) 『다크 나이트의 전설』 23, 26호(1991년 10월).
17) 이 글의 초고를 살펴봐 준 롤프 새뮤얼스(Rolf Samuels)와 켄 리(Ken Lee)에게 감사드린다.

16장

죽음, 불안, 자유에 맞서는 배트맨

—

데이비드 M. 하트

결단력 있는 배트맨?

만화책에 나오는 슈퍼히어로의 전당에서 배트맨보다 더 집중력과 결단력이 있는 인물은 거의 없다. 슈퍼맨은 로이스 레인과의 데이트를 위해 시간을 내고, 스파이더맨은 메이 숙모와 『데일리 뷰글』*Daily Bugle*에서의 아르바이트를 걱정하고, 판타스틱 4는 끊임없이 서로 간의 다툼에 정신이 팔려 있다. 그러나 배트맨은 삶의 모든 순간을 범죄에 대한 개인적인 전쟁, 즉 바로 자신의 존재 이유로 택한 투쟁에 바치는 것으로 보인다. 배트맨은 '평범한' 사회적 삶, 예를 들어 웨인 기업의 자선기금 모임에 참가하거나, 늘 그렇듯이 예쁜 여자와 데이트를 즐기는 일을 선택하는 소수의 경우조차 이러한 행동들을 항상 임무의 관점에서 정당화한다. 예를 들어 그가 슈퍼모델과 같이 있으면 자신의 바람둥이 명성을 유지하는 데도 도움이 되고, 브루스 웨인이 배트맨일지도 모른다는 의심을 털어낼 수 있다. 그리고 브루스 웨인으로서 공공 행사에 참여하는 것은 그에게 내부 정보를 수집하고 소문들을 확인할 기회를 준다. 모든 행동을 자신의 개인적인 전쟁과 연결하는 것은 배트맨의 인생 기획에 하나의 일관성을 부여한다. 즉, 그가 하는 모든 일은 단 하나의, 더 큰 목적에 봉사하기 위해 이뤄진다.

하지만 하나의 목표에 지나치게 깊이 헌신하는 인물을 다룰 때 어려운 점은 그의 '과도한' 열정이 때로는 좀 기이하게 보일 수도 있다는 사실이다. 실제로 1980년대 중반 이래로 많은 작가들이 하나의 목적만을 가지고 있는 배트맨의 헌신을 극단적으로 밀어붙여 종종 그를 경계성 정신장애borderline psychopathic로 보이게 만들었다. 이 인물은 이타적인 의도로 더 좋은 세상을 만들려고 행동하기보다는 어린 시절의 정신적 상처로 인한 참을 수 없는 충동으로 움직인다. 최근에는 팬들이 이러한 해석에 질린 것처럼 보이며, DC 만화는 인물을 보다 더 '친절하고, 신사적으로' 만드는 데에 중점을 두는 방식으로 대처했다. 창작자들과 팬들은 배트맨의 자경주의를 단순히 상처받은 영혼의 산물로 만든 것이 배트맨이라는 인물의 영웅적 행위를 훼손시켰을지도 모른다는 사실에 새롭게 합의했다. '가차 없고 투지 넘치는' 형태의 배트맨은 정의보다는 끊임없이 복수를 추구하고 있는 것처럼 보이며, 적어도 지금의 문화에서는 복수심으로 움직이는 것이 그렇게 슈퍼히어로적 행위는 아닌 것 같다.

배트맨의 마음속 괴물을 쫓아내고(이것은 『52』 30호[2006년 11월 29일]에 그대로 나타난다) 그를 보다 전통적인 영웅적 인물로 되돌리기로 한 배트맨 편집부의 결정은 인간 자유의 문제에 관한 몇 가지 중요한 철학적 질문들을 제기한다. 예를 들어, 배트맨은 그가 옳다고 믿는 길을 선택했기 때문에 자신의 일을 하는 것인가, 아니면 다른 일은 그냥 할 수 없다고 느끼기 때문에 자신의 일을 하는 것인가? 이러한 질문을 철학적 용어로 옮기면 아마 배트맨의 행동이 전적으로 그의 과거에 의해 결정된 것인지, 아니면 배트맨의 선택이 어떤 의미에서 자유롭게 이루어진 것인지 묻는 것일 수 있다. 게다가 만약 그의 행동들이 전적으로 그의 과거에 의해 결정된 것이 아니라면, 기계론적인 심리학의 인과 법칙, 즉 배트맨의 어린 시절 정신적 상처가 필연적으로 나쁜 놈들을 처벌해야 한다는 것으로 이어졌다는 것 외의 다른 방식으로 배트맨의 헌신을 설명할 수 있을까? 그리고 그런 대안적 설명은 영웅의 고귀함과 관련이 있는 듯 보이는 자기결정self-determination 개념을 유지시켜 줄 수 있을까?

이번 장은 마르틴 하이데거(1889~1976)의 철학을 이용해 이러한 질문들에 대한 몇 가지 가능한 답변들을 제공할 것이며, 그 과정에서 '자유의지와 결정론 논쟁'이라 알려진 고전적인 철학적 문제를 탐구해 볼 것이다. 최근 철학의 주요 인물 중 한 명을 통해 배트맨의 동기와 행동을 살펴봄으로써, 우리는 다크 나이트가 삶을 선택하는 방식에 대해 이해할 수 있게 설명해 볼 것이다(정말로 그에게 선택권이 있다면 말이다).

알프레드와 외관

하이데거는 외관appearance과 '진정으로' 존재한다고 하는 것의 철학적 구분을 극복함으로써 자신을 선배 철학자들과 차별화한다. 이 구분, 즉 철학사의 가장 초기 시대부터 철학적 담론을 지배했던 구분은 더 최근의 철학에서는 보통 '주관-객관 이원론'이라는 용어로 표현된다. 일상생활에서 우리는 어떤 의견이 경험과학에서 가정되는 객관성과는 대조되는 '단지 주관적인 것'이라고 말할 때 이러한 범주들을 사용한다.

이러한 구분의 중심에는 인간 존재를 외부의 객관적 세계와는 완전히 동떨어진 마음의 '내부 세계'의 형태로 존재하는 자율적인 주체로 여기는 개념화가 있다. 이 이원론의 문제는 주체에게 드러나는 내부와 우리의 외부에 객관적으로 존재하는 세계 사이에 확고한 선을 그어 결과적으로 극심한 단절을 낳는다는 점이다. 우리 마음 안의 외관들이 '객관적' 세계에서 우리 바깥의 어떤 것과 실제로 대응된다는 사실을 입증하는 것은 불가능해 보인다. 우리가 이러한 추론의 흐름을 따르면, 세상이 우리에게 나타나는 방식은 배트맨이 스케어크로의 공포 가스에 맞았을 때 배트맨에게 나타난 환각보다 더 실제적이라고 할 수 없다는 주장이 (이론상으로는) 가능하다.

자신의 주요 저작인 『존재와 시간』에서 전개된 이 주관/객관, 내부/외부 세계 문제에 대한 굉장히 급진적인 응답에서, 하이데거의 근본적인 주장은 인간 실존에 있어 내부/외부 세계 구별은 단지 의미가 없다는 것이다.[1] 반대로 하이데거는 인간 실존(하이데거가 독일어로 '실존' 혹은 더 문자 그대로 '거기에 있음'을 뜻하는 **현존재**Dasein라는 전문 용어를 부여한)은 언제나 근본적으로 이미 '거기에', 세계 속에, 다른 것들과 함께, 그리고 그 자신의 바깥에 있다고 주장한다.

어떻게 이런 주장을 할 수 있을까? 분명히 과학적 관점에서 보면, 우리는 몸으로 그리고 몸을 통해 존재한다. 만약 킬러 크록이 우리를 왕창 물어뜯어 뇌를 밖으로 뽑아낸다면, 우리는 더 이상 존재할 수 없다. 하지만 이러한 식의 추론에 하이데거라면 의학적 접근법은 철학자들을 주관-객관 구분으로 이끄는 존재에 대한 동일한 전문적인 해석에 의해 유도된다고 반응할 것이다. 그 나름대로의 목적(의학적인 혹은 크록을 방어

---

1) Martin Heidegger, *Being and Time*(1927), trans. Joan Stambaugh, Albany: SUNY Press, 1996[『존재와 시간』, 이기상 옮김, 까치글방, 1998]; Charles Guignon ed., *The Cambridge Companion to Heidegger*, Cambridge: Cambridge Univ. Press, 1993에 들어 있는 논문들도 참조.

하는 배트맨 가면의 디자인을 위한)을 위해서는 타당하고 좋은 것이겠지만, 뇌를 외부 세계에 대립되는 내부 세계라 생각하는 것은 인간이 된다는 것은 무엇인지에 대한 핵심을 제대로 파악하지 못하는 것이다. 인간 실존에 대한 하이데거의 분석은 개별적인 종류의 우리 존재는 근본적으로 '세계 내'에 있으며, 이는 단순히 공간적인 영역 내의 존재라는 의미일 뿐 아니라, 언제나 세계 속에 연루되고 참여하는 존재라는 의미이다.

인간 실존은 언제나 '세계-내-존재'being-in-the-world이며 따라서 언제나 자신의 밖에 있다는 하이데거의 주장을 명료하게 하기 위해, 알프레드의 존재 방식을 살펴보도록 하자. 오랜 세월을 집사로 지내면서, 알프레드는 개별적인 실존을 가지고 있으며, 그에 따라 그의 세계는 매우 개별적인 방식으로 존재한다. 웨인 저택에 있는 방을 둘러볼 때, 알프레드는 '객관적인' 물질들의 집합, 즉 다양한 형태를 취하는 단순한 원자들을 보는 것이 아니다. 그보다 알프레드는 먼지가 제거되어야 할 괘종시계, 괘종시계에 사용할 먼지떨이, 그리고 주인인 브루스에게 차를 가져다줄 때 사용하는 은쟁반 등을 본다. 다시 말해 그는 세계를 과학적인 객관적 관점에서 보는 게 아니라, 자신의 실존에 특화된 관점으로 본다. 게다가 하이데거의 논증에 따라 이러한 것들이 '실제로 존재하는' 어떤 것이라면, 이것들은 단지 알프레드 자신의 해석적 지평에 의해 이해되는 대로 실재한다. 만약 우리가 "은쟁반이란 무엇인가?"라고 묻는다면 그에게 아주 적절한 대답은 "주인 브루스의 차를 나를 때 쓰는 도구"일 것이다. 하이데거에게 '이 정도 면적의 빛나는 은으로 된 도구'로 은쟁반을 정의하는 과학적 관점은 수많은 가능한 해석적 지평 가운데 하나일 뿐이며, 이 역시도 과학 나름의 목적에 있어선 유용하겠지만, 여전히 알프레드(혹은 누구든)의 관점보다 절대적으로 타당하다고 할 수는 없다.

이러한 입장에서 우리가 이끌어 낼 수 있는 주요한 결론은 하이데거에게 있어 존재의 의미라는 질문에 대한 가장 기본적인 대답은 존재란 드러남appearing**이라는** 것이다. 세계에 있는 개별 존재자들은 그들 자신을 드러남 속에서 보여 주는 것으로 실제로 존재한다. 따라서 알프레드의 은쟁반은 해석하는 사람의 해석적 지평에 따라 차를 나르는 도구로 존재할 수도 있고 **동시에** 과학적 연구의 대상으로 존재할 수도 있다. 두 해석 중 다른 하나가 더 절대적으로 참은 아니다. 그리고 주관/객관 문제로 돌아와서, 만약 존재가 드러남이라면, 이것은 또한 단순히 우리와 분리된 순수하게 '객관적인' 세계란 있을 수 없음을 의미한다. 하이데거는 우리는 외부 세계와 단절되었을지도 모르는 주체의 내부 세계라기보다는 근본적으로 언제나 세계 밖으로 나가 있고, 우리의 해석적 지평을 통해 스스로를 드러내 보이는 사물들(말하자면 존재하는)과 함께 교류한다고 주장한다. 다시 말해 인간은 언제나 사물들에 마음을 쓰며(따라서 관계 맺으며) 실존하는 존재자이고, 사물들은 그들의 드러남 속에서, 그리고 드러남을 통해 존재한다.

그러나 우리가 알프레드의 실존에 대해 더 생각해 보면, 하이데거의 주장처럼 인간 실존은 언제나 자신의 밖에 존재한다는 훨씬 더 근본적인 방식에 이르게 된다. 사물들이 알프레드의 해석적 지평에 따라 자신을 드러낸다고 했는데, 무엇이 이 해석적 지평을 결정하는가? 알프레드의 경우 답은 그가 집사라는 데에 있다. 배트맨은 괘종시계 표면의 먼지를 자신이 신경 써야 할 것으로 보지 않는다. 아마 그는 이를 전혀 눈치채지 못할 것이다. 하지만 알프레드는 집사로서의 삶을 살기로 선택했기 때문에, 먼지는 그에게 문제가 된다. 먼지는 알프레드가 마음 써야만 하는 어떤 것이다. 하이데거의 용어법을 따르면, 집사로 존재하는 것은 알프레드의 기획project이며, 집사로서의 삶은 가까이 드러나는 세계의 방식을 결정할 뿐 아니라, 그가 자신의 미래와 어떻게 관계 맺을지도 결정한다. 알프레드는 이러한 기획을 떠맡았기 때문에, 시계는 먼지가 즉시 제거되어야 할 것으로 **존재하고**, 저녁은 주인 브루스가 집에 돌아오기 전까지 준비되어야 할 것으로 **존재하며**, 배트맨의 충실한 조력자로서의 삶은 그가 남은 삶 동안 계획한 일로 **존재한다**.

우리의 세계 속으로 내던져지다

우리처럼 알프레드도 스스로 선택한 삶, 즉 자신이 떠맡은 기획의 관점에서 미래와 항상 관계를 맺는다. 게다가 이것은 항상 자신의 과거와도 관계되어 있다는 뜻이다. 삶의 어떤 지점에서, 알프레드는 자신에게 선택 가능한 가능성들 사이에서 선택을 했고 집사가 되기로 결단했다. 이것이 하이데거가 인간의 존재를 '내던져진 기획'thrown-project이라고 특징지은 이유이다. 우리 자신이 언제나 이미 세계 속에 '내던져져 있다'는 것을 발견하면 다양한 구체적인 가능성들이 언제나 이미 그 스스로의 모습을 드러낸다. 예를 들어, 젊은 시절의 알프레드에게는 전문 배우가 되거나 영국 군대에서 직업 외교관이 될 기회가 있었을지도 모른다. 집사가 되는 것은 개별적인 상황 속에 내던져진 사람으로서 자신이 발견한 선택 가능한 가능성들 중에서 내린 선택이다. 삶에 대해 이러한 선택을 함으로써, 그는 이제 자신의 선택에 적합한 방식으로(그리고 선택에 의해서 결정되는 대로) 자신의 미래와 관계 맺는다. 하이데거가 인간 존재는 일시적인 탈자('탈자'脫自, ecstatic라는 말은 '밖에 서 있음'standing out을 뜻하는 그리스어에서 유래했다)라고 주장한 것은 이러한 관점에서였다. 시간 속에서 언제나 스스로의 밖에 있는 인간은 미래를 향해서 기획된 상태로 살아간다. 우리는 어떤 의미에서 항상 우리가 세운 계획을 통해 우리 자신에 앞서 존재하며 동시에 개별적 과거로부터 우리의 현재에 던져져 있다.

우리의 목적을 위해 더 중요한 것은, 탈자적 시간성으로 인간이 실존한다는 것은 하이데거에게 우리는 근본적으로 우리가 가진 가능성들**임**을 의미한다는 사실이다. 우리가 과거에 선택한 가능성들은 우리가 현재 선택할 수 있는 구체적 가능성들과 그것들이 나타나는 방식을 결정지으며, 반면 미래로 기획된 우리의 존재는 우리가 이러한 현재의 가능성들과 어떻게 관계 맺을지를 결정한다. 예를 계속 들어 보면, 어떤 시점에 집사가 되기로 선택한 알프레드는 이제 시계의 먼지를 털어 내거나 저녁을 일찍 준비하는 가능성들을 가진 자신을 발견한다. 그는 미래까지 쭉 배트맨을 효과적으로 잘 섬기기를 바라기 때문에, 이러한 가능성들 중 어느 쪽이든 그 자신에게 가장 최선의 미래를 가져다주는 것을 선택할 것이다.

다른 예로 우리는 번외편 이야기를 상상해 볼 수 있다. 거기서 알프레드는 성실하게 봉사하는 일에 염증을 느끼고, 자신의 고용주가 밤마다 범죄와 싸우다가 살아남을지 걱정할 필요 없는 평화롭고 조용한 여생을 보내기로 결정한다. 이 경우 먼저 먼지를 털지 요리를 할지의 결정은 알프레드에게 있어 어떤 중요성을 상실하게 되고("배트맨이 자기 시계 먼지는 털 겁니다. 신경 쓸 필요 없죠!"), 그 대신 다른 가능성들이 모습을 드러낼 것이다(예를 들어 덜 위험한 도시로 이사를 갈지 말지에 대한). 궁극적으로, 하이데거의 요점은 매 순간 인간이 무엇이고 어디에 있는지는 인간 실존을 이해하는 데 있어 그 사람의 과거와 미래에 대한 계획보다 그다지 중요하지 않다는 것이다. 알프레드에 대한 과학적 연구는 우리에게 그의 머리가 벗겨지는 중이고 콧수염이 있다는 사실을 말해 줄 수 있지만, 알프레드가 스스로 한 선택과 그가 지금부터 내일, 다음 달, 그리고 10년 후 어떤 상황을 원하는지를 모르고서는 알프레드가 정말 어떤 존재인지 절대로 이해할 수 없다. 하이데거의 관점에서 이러한 것들을 이해하려면 인간의 실존을 그가 선택한 여러 가지의 가능성들, 그리고 기획된 미래로부터 등장하는 가능성들로서 이해해야만 한다.

죽음과 다크 나이트

그렇다면 하이데거와 배트맨의 임무 사이의 관계는 무엇인가? 그것은 한마디로 죽음이다. 가장 평범한 배트맨 팬들조차 알고 있듯이, 죽음에 대한 배트맨의 경험이 지금의 그를 만드는 데 중요한 역할을 한다. 배트맨의 기원을 개작한 모든 이야기는 아주 어린 브루스 웨인이 비극적으로 살해되는 부모를 목격하는 장면을 담고 있으며, 우리 독자들에게 이러한 정신적 상처가 웨인을 배트맨이 되는 길로 이끌었다는 것을 알게 만든다. 하지만 만화책(과 영화)은 이러한 경험이 어떻게 배트맨이 자신의 삶을 살고자 선택하는 방식을 형성하는지 정확히 말해 주지 않는다. 만일 복수심에 사로잡혀 충동적으로 행동하는 배트맨이라는 개념을 (DC의 편집자들이 약속한 것처럼) 폐기한다면, 정확히 부모가 살해되는 것을 목격한 브루스 웨인의 충격은 어떤 것일까? 그리고 도대체 어떻게 이 경험이 그가 자신의 임무를 떠맡도록 이끈 것일까?

이것은 하이데거의 인간 실존 분석과 관련이 있다. 하이데거에게 인간 실존은 근본적으로 그 자신의 가능성들로 구성되며, 당연히 죽음은 이러한 가능성들의 끝일 것이다. 그러나 하이데거에게 죽음의 중요성은 선 위의 끝점처럼 누군가의 삶이 문자 그대로 끝났다는 게 아니라, 인간에게 그들 자신의 삶과 가능성들이 한계가 있다는 사실을 깨닫게 하는 데 있다. 말하자면 시간적 탈자의 방식으로 실존한다고 하더라도, 우리는 또한 시간적으로 유한하고(한계 지어져 있고), 게다가 그것을 알고 있다. 하이데거가 말하듯 '우선 그리고 대개' 인간은 자신의 죽음에 대해 생각하지 않는다. 즉, 우리는 죽음을 덮어 버리고 피할 방법을 찾는다. 우리는 우리 자신의 기획과 가까운 사물들과의 교류로 정신없이 지내며, 일반적으로 죽음이란 다른 사람들에게 일어나는 일이라고 생각한다. '사람은 죽기 마련이다'는 사실을 받아들이기는 굉장히 쉽지만, '**나**는 죽을 것이다'에 대한 생각에는 무언가 불편한 점이 존재한다. 하이데거는 자신의 죽음이라는 확실한 가능성과 본래적으로 대결하면서 생기는 이 불편한 느낌을 **불안**Angst이라는 용어로 표현한다. 비록 우리 팬들도 '불안이 가득한'angsty 슈퍼히어로 만화책에는 꽤나 익숙하지만 하이데거의 이 말은 매우 구체적인 의미를 담고 있다.

하이데거는 불안의 경험 속에서 죽음이 자신의 정체를 드러낸다고 주장한다. 즉, 죽음은 나 자신의 불가능성의 가능성이다. 일단 내가 죽은 후, 나에게 더 이상의 가능성은 없다. 죽은 후 내 모든 선택은 이미 내려졌을 것이며, 그리고 내가 누구인지에 대한 이야기는 완결될 것이다. 이것이 하이데거가 불안 상태에서 죽음과의 본래적 만남이 인간 실존을 개별화한다고 말한 이유이다. 나 자신의 죽음과 직면했을 때, 나는 나의 죽음을 대신해 줄 사람은 아무도 없으며, 나의 죽음은 나 스스로 맞서야 한다는 사실을 깨닫는다. 이것은 결과적으로 내 삶 전체를 새로운 관점으로 보게 만든다. 나의 죽음을 내 삶의 피할 수 없는 끝으로 인식한다는 것은 나에게 나의 실존은 나만의, 오로지 나만의 것임을 보여 준다. 내 삶의 완성된 이야기는 내가 태어났을 때 이 세계에 던져진 그 상황에서부터 스스로 선택해 온 가능성들로 인한 결과일 것이다. 나 자신만이 내가 [과거에] 누구였든지 간에 그것에 대한 책임을 [미래까지 계속] 질 것이다. 뿐만 아니라 불안 속에서 세계 내부의 일상적인 것들의 의미는 빠져나가며, 그러한 것들은 더 이상 전혀 중요하지 않게 된다. 만약 우리가 불안 속의 알프레드를 상상해 보면, 은쟁반과 괘종시계는 그에게 더 이상 마음 씀의 대상이 아닐 것이다. 자신의 죽음과의 본래적 관계 속에서 이러한 것들은 그저 아무것도 아닐 것이다.

왜 이렇게 되는가? 나 자신의 죽음을 직시하면 나의 모든 기획이 의문스럽게 되기 때문이다. 사물들은 우리의 기획과의 관련성에 의해 스스로를 우리에게 드러내 보이지만, 불안이 불러일으키는 전체로서의 삶에 대한 숙고 속에서, 우리의 기획들 자체가 우리에게 있는 그대로 드러난다. 즉, 그것은 우리가 스스로 선택했던 가능성들이다. 평균적인, 일상적 존재 방식 속에서 사람들은 대개 그들의 삶을 위해 내린 선택들에 대해 깊이 질문하지 않는다. 알프레드는 일어나야 할 진정한 이유가 있는지 없는지를 고민하며 매일 아침 침대에 누워 있지 않는다. 왜냐하면 대부분의 경우 그는 그저 자신을 집사라고 생각하며, 집사는 아침에 일어나서 자신의 일을 하기 때문이다. 하지만 불안 속에서 집사인 것은 그가 스스로 했던 하나의 선택으로서 나타날 것이며, 집사인 것은 그것 자체를 하나의 가능성으로 보여 주면서 변화 가능한 어떤 것으로 나타날 것이다. 다시 말하면, 알프레드가 여생을 집사로 보내야 한다고 처음부터 돌에 새겨져 있던 것은 아니다. 그는 다른 선택을 할 수도 있고 전혀 다른 삶을 시작할 수도 있다. 요약하면 불안은 누군가의 기획을 가능성으로 드러냄으로써 그것을 의문스럽게 만들고, 그에게 스스로 삶(그러므로 어떤 세계)을 선택할 자유를 허락하면서, 있는 현상태의 세계를 점점 사라지게 한다.

나는 박쥐가 되겠어

자신의 삶과 세계를 전적으로 그 자신이 선택한 단 하나뿐인 기획의 관점에서 바라봄과 동시에, 자신의 죽을 운명을 마음에 담아 두고서야 배트맨은 자신의 임무에 대한 한결같은 결단을 유지할 수 있다. 아마 그 운명적인 밤이 어린 브루스 웨인에게 심어 준 진정한 충격은 부모의 죽음에 대한 죄책감(자신이 정말로 어떻게 할 수 없는 사건이었음에도)에 의한 충동, 혹은 그 사건과 전혀 무관한 범죄자들이 일으킨 고통스런 죽음에 똑같이 복수하려는 폭력적 욕구에 의한 충동이 아니라, 그 자신의 삶이 유한하고 한계적이라는 본래적 이해였을 것이다. 만약 죽음과 우리의 관계에 대한 하이데거의 주장이 옳다면, 이른바 정상적 사회가 갖는 기대감에 대한 어떤 고민도 없이 브루스는 불안 속에서 자신의 죽음을 숙고한 결과로 여러 가능성 속에서 스스로 삶을 결정했을 것이다. 그 자신이 선택한 임무를 중심으로 자신의 존재 전체를 자유롭게 조직할 수 있고, 자신이 그것들에 던져져 있음을 발견한 바로 그 가능성들에 의해서만 제한을 받는다면(수십억 유산의 상속자라면 그렇게 제한적이지는 않겠지만), 자신의 필연적 죽음에 대한 본래적 인식은 브루스 웨인이 순수하게 그 자신의 존재에 대한 책임감에서 배트맨이 되도록 해주었을 것이다.

배트맨에 대한 이러한 하이데거적인 해석은 어느 정도는 만화책에 의해서도 지지된다. 프랭크 밀러의 『배트맨: 이어 원』(1987) 첫 장章 마지막 부분은 삶을 선택할 자유를 주는 불안이라는 개념을 아름답게 묘사한다. 외국에서 수년 동안의 훈련을 마친 브루스 웨인은 고담으로 돌아온다. 브루스는 고담 시의 범죄자들과 부패에 어떤 식으로든 맞서고자 하지만 아직 목적을 달성할 수 있는 올바른 수단을 찾지 못한다. 미성년자 매춘부를 구해 주려는 어설픈 시도를 한 후, 브루스는 피를 심하게 흘린 상태로 어둠 속에 홀로 앉아 자신의 아버지와 상상 속의 대화를 나눈다. 그는 자신의 부상이 죽을 정도로 심각하다는 것을 깨닫지만 그것에 대해 별로 마음을 쓰지 않는 것처럼 보인다. 그보다 브루스는 자신이 해야 한다고 느끼는 그 일을 할 수 있는 방법을 결코 찾지 못할 것이라는 가능성에 마음을 쓴다. 그는 혼자 생각한다. "벨을 누르면, 알프레드가 올 것이다. 알프레드라면 제때에 출혈을 멈출 수 있을 텐데." 그러나 제대로 된 해결 방법을 더 이상 기다리지 못하고, 브루스라면 그 자신이 가진 기대를 충족시키지 못하는 삶을 지속하느니 차라리 바로 죽을지도 모른다.

육체적으로 자신의 죽음에 직면한 상태로, 그리고 부모가 살해된 그 밤을 떠올리면서 브루스는 사용 가능한 모든 가능성을 다시 헤아려 본다. 그 가능성들을 정리한 기획이 그에게 있다면 말이다. "나에게는 돈이 많다. 거대한 동굴 위에 자리를 잡은 가족 영지는 사령부로 완벽할 것이다……. 전투 의술을 훈련받은 집사까지 있다." 그러나 선택할 구체적 기획이 없다면 그 상황의 어떤 것도 이용할 수 없다. 브루스가 말하듯이, '모든 의미'가 그의 삶을 떠난 지 18년이 흘렀으며, 그는 이제 자신의 세계에 다시 중요성을 부여할 단 하나의 기획을 너무도 처절히 원하게 되었다. 그때 갑자기 박쥐 한 마리가 창문을 깨고 들어왔고 모든 게 자연스럽게 맞아떨어진다. 자신의 삶에 의미를 불어넣어 줄 기획의 가능성이

갑작스럽게 그 모습을 드러내며, 그로 하여금 선택할 수 있게 만들어 준 것이다. 그 순간 브루스는 혼잣말을 한다. "나는 박쥐가 되겠어요." 그의 새로운 존재와 새로운 세계의 전체 모습이 시야로 들어왔고, 그 시점에서부터 그의 모든 행동은 이것에 의해, 즉 삶에 대한 본래적 선택에 의해 결정될 것이다.

결정론과 다크 나이트

이제 이 예를 고려하여 자유의지와 결정론 논의로 돌아온다면, 왜 이 범주들 중 어떤 것도 인간 자유에 대한 하이데거의 분석을 충분히 아우를 수 없는지 매우 쉽게 파악될 것이다. 우선 자유의지-결정론 구분은 하이데거가 강한 의도로 비판하고 극복하려는 것과 동일한 주관-객관 이원론에 근거하고 있다. 자유의지 이론들은 '외부' 세계와 철저히 분리된 인간 주체 개념에 의존하며, 그 결과 자신의 선택은 자신 외부의 어떤 것에 의해서도 결정되지 않을 수 있다.[2]

반면 결정론에 대한 심리학적이고 과학적인 이해는 인간 실존을 눈앞에 존재present-at-hand하는 사물들에 적용하는 것과 같은 용어로 이해하기 때문에, 결과적으로 인간의 선택은 인과 관계의 영역에서 절대 벗어날 수 없다. 인간의 선택은 인과 관계의 거대한 연쇄 속에 있는 순간들에 불과하기 때문에, 결정론은 인간의 선택을 자기결정의 단순한 환상으로 다룬다. 지금까지 확인했듯 하이데거의 사유는 '세계' 그 자체에 대한 개

2) 예를 들어 Robert Kane ed., *The Oxford Handbook of Free Will*, Oxford: Oxford Univ. Press, 2004에 담겨 있는 논문들 참조.

념을 재해석함으로써 인간 실존과 세계에 대한 이러한 단순한 이원론적 구분을 깊은 차원에서 어렵게 만든다. 브루스가 불안 속에서 자신의 유한성과 본래적으로 직면했을 때, 그를 위해 존재해 왔던 세계는 그가 할 선택을 근본적으로 결정되지 않은 상태로 남겨 놓은 채 사라져 버린다.

그러나 동시에 그의 선택은 구체적인 가능성들에 의해 제한되는데, 그 가능성들은 그에게 선택 가능한 것으로 남아 있고, 이제 순수한 가능성들로 나타난다. 박쥐가 창문을 깨고 날아들지만 않았더라면, 브루스는 배트맨이 되겠다는 생각을 절대로 하지 않았을지도 모르지만, 동시에 그 사건이나 부모의 죽음도 그의 방식으로 임무를 수행하도록 강요하지는 않는다. 정말이지 불안의 경험은 그의 모든 가능성이 있는 그대로 드러나도록 해준다. 이것은 자신의 삶에 대한 책임을 떠맡는 가능성은 그 책임에서 도피할 수 있는 가능성과 함께 나타난다는 의미이다. 불안 속에서 죽음을 경험하는 것은 언제나 자신의 유한성과 그것이 필연적으로 함축하는 책임으로부터의 도피로 끝날 수 있다. 브루스는 억만장자 바람둥이에게 기대되는 쾌락주의적 삶을 살아감으로써 쉽게 자신의 불안에 대한 경험을 묻어 버릴 수도 있었다. 그리고 배트맨을 그렇게 위대한 영웅으로 만든 것은 아마도 자신으로부터 도피하기를 거부한 바로 그 선택일 것이다. 쉬운 탈출구를 선택했을 수도 있었고, 그 누구도 그에게 다른 선택을 하도록 강요하지 않았지만, 브루스 웨인은 전체로서의 삶에 대한 선택을 본래적으로 떠맡았다. 그 무엇도 그렇게 해야만 한다고 그에게 요구하지 않았지만 그는 배트맨이 되기로 선택했다.

6부

친구, 아버지…… 경쟁상대?

: 박쥐의 많은 역할들

17장

왜 배트맨이 슈퍼맨보다 더 나은가

—

갤런 포리스먼

뒷이야기: 배트맨 팬들의 골칫거리

만화의 세계에서 고전적인 핵심 논의는 두 뛰어난 슈퍼히어로를 비교하는 것이며, 아마도 모든 비교들 중 가장 유명한 것은 배트맨과 슈퍼맨의 비교일 것이다. 불행히도 너무나도 자주 배트맨은 초인적인 능력이 없다는 이유로 그 즉시 무시당했고 배트맨 팬들은 부당함을 호소해 왔다. 이 장은 가치이론, 그 중에서도 특히 '더 나은'better than의 개념을 간략히 소개함으로써 이러한 배트맨 팬들에게 (어떤 위대한 영웅처럼) 도움이 될 것이다.

철학적 인물상을 얻다

『배트맨: 이어 원』(1987)에서 보듯이, 배트맨이 고담 시 거리로 나갔던 첫날 밤은 처참하게 끝났다. 브루스 웨인은 준비되지 않은 상태에서 싸움에 돌입했다. 물론, 그는 수년 동안 무술을 연마했다. 그러나 그것이 영화에서 어떻게 보였건 간에 상당수의 남정네들이 한꺼번에 덤빈다면 그러한 모든 수련도 충분치 않을 것이다. 브루스는 그날 밤의 작은 실패에서 배웠고, 그로부터 배트맨이라는 인물상을 발전시켰다. 우리 역시도 그날 밤의 작은 실패에서 배울 수 있다. 우리 자신만의 인물상persona을 채택하지 않고는 슈퍼맨 팬들과의 논쟁에 뛰어들지 않는다는 것을 확실히 한다면 말이다.

브루스는 범죄자들은 미신을 믿고 겁이 많다는 것을 알고 있었고, 때문에 범죄자들의 허를 찌르는 가장 좋은(그리고 궁극적으로 더 효과적인) 방법은 그들을 두렵게 만드는 것임을 알았다. 유년 시절 우물 속(나중에 배트 케이브가 되는)에서 겪은 일과 우연히 거실 안으로 날아든 박쥐 한 마리는 브루스에게 배트맨의 유명한 망토와 복면을 써야 한다는 확신을 줬다.

논증과 논쟁의 영역에서 철학자보다 더 나은 인물상은 없다. 물론, 박쥐처럼 날아드는 사람만큼 철학자가 무섭지는 않지만(이런 면에선 철학자들은 상당히 볼품없다) 철학자들은 논증에 대해서는 특별히 훈련받은 사람들이다. 만일 상대의 공포를 불러일으킬 필요가 있다면 어둡고, 은밀하고, 무서운 박쥐처럼 돼라. 하지만 어떤 것에 대한 사람의 마음을 바꿔야 한다면 신중하고, 미심쩍어하고, 집요한 철학자처럼 돼라. 더 구체적으로 누군가에게 어떤 것이 다른 것보다 '더 낫다'고 확신시키려 한다면 가치이론가처럼 돼라.

가치이론value theory은 주로 가치와 평가의 연구에 관심이 있는 철학의 한 분야이다. **평가**evaluation는 어떤 것이 얼마나 좋은지 혹은 나쁜지를 결정하는 과정이며, **가치**는 그 어떤 것을 좋게 만드는 무엇이다. 예를 들어, 우리는 '멋지다'being cool가 어떤 것을 좋게 만드는 속성들 중 하나라고 가정할지도 모른다. 그렇다면 어떤 면에서 멋지다는 것은 우리에게 일종의 가치이다. 배트 모빌과 같은 멋진 어떤 것을 평가할 때, 우리는 멋지다는 가치를 배트 모빌이 그렇게 좋은 이유들 중 하나로 여긴다. 불행히도 가치가 진정으로 무엇인지는 그렇게 명확하지 않다. '멋지다는 요소'는 단지 가치가 어떠한 것인지에 대한 예일 뿐이지, 진짜 가치에 대한 실제 후보일 것 같지 않다.

대다수의 가치이론은 결국 가치라는 것이 무엇으로 귀결되는가를 알아내는 데에 몰두하며, 무엇보다 가치이론가들은 가치 있는 것과 가치 있지 않은 것의 차이가 무엇인지를 알아내려 한다. 가치이론가들은 또한 어떻게 어떤 것이 다른 것보다 '더 나을' 수 있거나 '더 나쁠' 수 있는지에 특별히 관심이 있다. 우리의 경우에도 우리는 가치이론가들처럼 되고 싶은데, 왜냐하면 배트맨을 슈퍼맨보다 더 낫게 만드는 것이 도대체 무엇인지 알고 싶기 때문이다.

이제 가치이론가라는 철학적인 인물상을 얻었으므로 우리는 탐구를 계속해 나갈 수 있다. 첫 단계는 진행을 도와줄 약간의 어휘들을 우리의 다기능 벨트에 갖추어 놓는 것이다. 배트맨이 슈퍼맨보다 더 낫다고 이야기할 때, 우리는 **평가적 비교**evaluative comparison를 하고 있다. 비교는 우리의 일상생활에서 매우 흔한 것이지만, 비교의 많은 수가 반드시 평가적일 필요는 없다. 때때로 우리는 어떤 것이 다른 것보다 낫다는 말은 하지 않은 채, 그저 두 개의 물건이 어떻게 비슷하고 다른지에 대해서만 설명하려고 한다. 우리는 이를 **서술적 비교**descriptive comparison라 부를 것이다. 서술적 비교의 예로는 한 차는 검고 다른 차는 파랗다고 언급하는 것을 들 수 있다. 만약 유일한 목적이 두 자동차가 어떻게 다른지를 설명하는 것이라면 우리는 평가적 비교를 하고 있지는 않다.

평가적 비교는 여러 대상들에 대한 우리의 평가에 의존하며, 기본적으로 평가는 어떤 것이 얼마나 좋거나 나쁜지를 말해 준다. 따라서 평가적 비교는 우리가 한 대상을 평가하고 이를 다른 대상에 대한 평가와 비교할 때 발생한다. 예를 들어, 만약 검정 차를 평가하고는 정말 좋다고, 파란 차를 평가하고는 정말 나쁘다고 규정한다면, 우리는 이 두 가지 평가를 비교한 후 검정 차가 파란 차보다 더 낫다고 결론 내릴 수 있다. 그렇게 하는 동안 우리는 평가적 비교를 했을 것이다.

우리의 다기능 벨트에 추가된 이러한 어휘는 우리의 탐구를 서술할 때 도움을 준다. 배트맨 팬과 슈퍼맨 팬 사이에 치열하게 지속되는 전쟁은 평가적 비교에 대한 논쟁이다. 배트맨 팬들은 배트맨이 정말로 뛰어나고 슈퍼맨은 그렇게 뛰어나지 않다고 생각하며, 따라서 배트맨이 슈퍼맨보다 낫다는 결론을 내린다. 배트맨 팬들은 바로 이 두 명의 슈퍼히어로에 대한 평가를 비교하고 있다. 배트맨 팬들의 판단이 옳은지는 전적으로 이 위대한 두 슈퍼히어로에 대한 평가가 옳은지에 달려 있다. 그러나 이 퍼즐을 풀려면 약간의 뒷조사가 필요하다.

기원 이야기: 우리는 어떻게 평가적 비교를 하는가

배트맨과 슈퍼맨에 대한 평가적 비교는 우리가 일상생활 속에서 내리는 평가적 비교와 매우 닮아 있으며, 따라서 우리가 과거에 어떻게 평가를 내렸는지 살펴보면 배울 점이 있다. 예를 들어, 어렸을 때 우리가 내린 평가적 비교들은 성인이 되어서 내린 비교와 항상 같게 나오지는 않는다. 만약 우리 자신에게 정직하다면, 어리고 미성숙했을 때는 우리 역시도 슈퍼맨과 그의 모든 초능력을 진짜 좋아했었는지도 모른다. 게다가 우리가 왜 마음을 바꾸었는지 설명하기가 어려울 수도 있다. 배트맨이 범죄와 싸울 때, 우리는 모두 그가 왜 그 일을 하는지 알고 있다. 우리는 모두 조 칠이 그의 부모에게 한 짓도 알고 있다. 배트맨의 기원 이야기는 왜 그가 성인이 되어 그런 일을 하는가에 대한 이유를 설명하는 데에 도움이 되며, 유사한 방식으로 우리 역시 기원 이야기를 가지고 있다. 그럼 우리가 어떻게 지금 방식의 평가적 비교를 하게 되었는지 알아보기 위해 잠시 우리 자신의 기원 이야기를 탐구해 보기로 하자. 이렇게 함으로써 우리는 배트맨이 슈퍼맨보다 낫다는 평가적 비교를 정당화하기가 왜 그리 힘든지를 짚어 낼 수 있을지 모른다.

우리 중 많은 이들이 어렸을 시절, 아이스크림에 대한 평가적 비교는 우리가 얻을 수 있는 아이스크림의 양을 중심으로 진행되었다. 다시 말하자면, 아이스크림 통이 클수록 그 아이스크림은 더 좋은 것이었고, 두 통을 놓고 비교할 때는, 큰 통이 최고였다. 우리는 이러한 평가적 비교의 단순한 방식을 **양적**quantitative 방식이라고 부를 것이다. 양적 평가는 존재하는 것의 양이나 수에 근거하여 평가하는 것이다. 이러한 평가들을 전적으로 양이나 수의 차이에만 근거하여 비교하려 할 때, 우리는 양적인 평가적 비교를 하는 것이다.

우리는 성장했고 취향은 더 섬세해졌기 때문에, 단지 아이스크림의 양만으로 우리를 설득하기에는 충분하지 않게 되었다. 말하자면 우리는 바닐라보다 초콜릿 같은 것들을 더 좋아하기 시작했고, 따라서 평가적 비교는 새롭고 더 복잡한 측면을 띠게 되었다. 양적 평가는 단지 여기까지인데, 왜냐하면 이제 우리는 대상들 속의 **질적**qualitative 차이가 때로는 더 작은 양을 더 많은 양보다 낫게 만든다고 인식하게 되었기 때문이다. 당신이 초콜릿이 바닐라보다 낫다고 생각한다고 가정해 보자. 만약 초콜릿 아이스크림 한 통과 바닐라 아이스크림 한 통을 평가하고 비교해야 한다면 아마도 초콜릿 아이스크림이 당신에게 더 좋을 것이다. 우리는 이러한 종류의 평가적 비교를 질적인 평가적 비교라 부를 것이다.

평가와 비교는 우리가 대상의 질적인 측면과 양적인 측면을 함께 섞었을 때 가장 하기 어려운 것이 된다. 예를 들어, 만약 바닐라 아이스크림 큰 통과 초콜릿 아이스크림 한 스푼을 평가할 필요가 있다면, 당신은 양적인 평가와 질적인 평가를 혼합해서 둘 중 어떤 아이스크림이 다른 것보다 나은지를 결정해야 하는 어려운 도전에 직면하게 된다. 만약 바닐라를 정말 싫어한다면, 양이 얼마이든지 간에 바닐라는 당신에게 좋을 리가 없다. 그러나 당신이 바닐라 아이스크림이 괜찮다고 생각한다면 어떨까? 많은 양을 가진 괜찮은 맛의 아이스크림은 매우 좋은 맛의 아이스크림 한 스푼보다 진짜로 더 나은가?

지금쯤 대부분의 슈퍼맨 팬들은 평가, 비교, 그리고 아이스크림에 대한 글에 짜증이 났을 거라는 생각이 든다. 그들의 기원 이야기는 여전히 슈퍼맨 팬들을 양적으로 생각하게 만든다. 즉, 더 많은 힘을 가질수록 더 좋다는 것이다. 이것을 보면 왜 슈퍼맨 팬들이 그처럼 지적인 인내가 필요하지 않은 쪽으로 움직였는지 알 수 있다. 반면 배트맨 팬들의 노력은 무엇 때문에 배트맨과 슈퍼맨을 비교하는 것이 그토록 어려운지 배우는 것으로 보상받는다. 그리고 만약 우리가 배트맨으로부터 무언가 배웠다면, 그것은 문제를 알고 이해하는 것이 그 문제를 푸는 데 필수적이라는 사실이다(이런 이유로 일단 붙잡히면 슈퍼히어로에게 사악한 계획을 다 불어 버리는 악당들이 그렇게 바보처럼 보이는 것이다). 우리는 이 문제를 다음과 같이 요약할 수 있다. 즉, 배트맨과 슈퍼맨의 비교는 다양한 양으로 존재하는 좋은 성질을 많이 가진 아이스크림 두 통을 비교하는 것과 같다. 때로 단순하게 아이스크림을 비교하는 것도 어렵다는 사실을 알고 있다면 이 위대한 두 슈퍼히어로의 비교는 당연히 더 어려운 일이라는 것을 알게 된다. 하지만 나는 배트맨 팬들이 그들의 두려움 없는(그리고 똑똑한) 영웅과 닮아 있으며, 따라서 도전을 받아들일 준비가 되어 있다고 자신한다(실망시키지 말기를!).

숨겨져 있는 악행: 선결문제 요구의 오류

배트맨 팬들이여, 우리는 먼 길을 왔지만 이 논의의 핵심으로 나아가기 전에, 평가와 비교를 할 때 사람들이 흔히 저지르는 중요한 오류에 주목해 보자. 이 오류는 배트맨과 슈퍼맨을 비교하는 것처럼 대다수의 평가적 비교 논쟁에서 나타나는 은근히 이루어지는 악행이며, 특히 중요한 점은 우리 스스로가 그런 짓을 하지 않는 것이다. 내가 지칭하는 이 오류는 '선결문제 요구의 오류'begging the question라 불리는 일반적인 논증 전략이다. 이 전략은 교묘하고 잘못된(다른 말로 엉터리인) 논증 형식이며 실제로 어떤 논증에도 쓰일 수 있다. 이는 배트맨과 슈퍼맨 논쟁과도 관련이 있는데 이 논증이 어려운 평가적 비교를 위해 장점과 단점 목록을 만들 때 보통 쓰이기 때문이다.

'선결문제 요구'는 요즘 남용되는 용어이다. 사람들이 "문제를 요구하는군"과 같은 말을 할 때 사람들이 정말로 의미하는 것은 "문제를 **제기하는군**"이다. 철학자들이 무엇인가가 문제를 요구한다고 말할 때 의미하는 것은 어떤 논증이 전제 안에 결론의 참을 가정하고 있다는 뜻이며, 이에 반해 좋은 논증은 사람들이 결론과 관계없이 동의할 수 있는 증거와 이유에 기초해서 결론을 지지한다.

예를 들어 당신과 내가 바닐라가 초콜릿보다 맛이 더 좋은지 아닌지에 대해 논쟁한다고 가정해 보자. 나는 바닐라가 초콜릿보다 더 좋다고 생각하고, 내 생각이 옳다는 것을 당신에게 확신시키기 위해 다음과 같은 논증을 구성한다. "바닐라는 초콜릿보다 더 좋은데, 왜냐하면 바닐라는 세상에서 가장 맛있기 때문이다." 이 결론은 바닐라가 초콜릿보다 더 좋다는 것이며, 이 결론에 대한 이유는 바닐라가 세상에서 가장 맛있다는 사실에서 나온다. 우리가 이 논증을 살펴볼 때, 만약 바닐라가 세상에서 가장 맛있다면 바닐라가 초콜릿보다 더 좋을 수밖에 없음을 알 수 있다. 그러나 바닐라가 초콜릿보다 더 좋다고 생각하지 않는다면 당신은 바닐라가 세상에서 가장 맛있다는 나의 이유를 받아들이지 않을 것이다. 바닐라가 세상에서 가장 맛있다면, 바닐라는 초콜릿보다 더 좋은 것임이 틀림없다. 불행히도 우리의 원래 논증은 바닐라가 세상에서 가장 맛있음을 가정하고 있으며, 그래서 결론 또한 참임을 가정하고 있다. 그러므로 이것은 선결문제를 요구하는 것이다.

배트맨과 슈퍼맨에 대한 논쟁에서 이러한 선결문제 요구와 꼭 같은 문제에 빠지게 된다. 이러한 논증에서 슈퍼맨의 놀라운 힘은 몇 번이고 슈퍼맨이 배트맨보다 나은 이유로 나온다. 하지만 바로 앞선 초콜릿과 바닐라 논쟁에서처럼 초능력이 최고의 슈퍼히어로를 만든다는 사실에 이미 동의하지 않았다면, 당신은 이러한 슈퍼맨 팬들의 결론에 동의하지 않을 것이다. 지금까지 수십 년간 슈퍼맨 팬들은 이러한 엉터리 논증을 사용하여 배트맨의 뛰어남을 깎아내리려 했으며, 이는 우리가 반드시 막아야 할 교활한 악행이다(모두 철학 모빌philosophy-mobile에 탑승을!).

우리 모두 알고 있듯이 악당을 막을 때 최고로 중요한 것은 그 악당과 같은 수준으로 떨어지지 않는 것이다. 이 개별적인 경우에서 보면, 이것은 슈퍼맨 팬들에 맞서서 선결문제 요구를 피해야 함을 의미한다. 슈퍼맨 팬들의 실수를 피하면서 슈퍼맨 팬들이 그들 방식의 오류를 깨달을 수 있도록, 우리는 슈퍼맨 팬들의 실수의 원인을 다시 한번 찾을 필요가 있다. 우리의 기원 이야기를 탐구했을 때, 우리는 배트맨이 슈퍼맨보다 낫다고 주장하는 경우 양적 평가와 질적 평가가 섞여 있는 평가적 비교를 정당화하는 것이 얼마나 어려운지를 알게 되었다. 이런 어려움을 극복하는 가장 흔한 방법은 당신이 비교하고자 하는 대상들의 장점과 단점을 나열하는 것이다. 그러나 바로 이런 식으로 가능한 두 가지 좋은 선택권 사이에서 결정을 내리는 방법이 선결문제 요구를 일으킨다.

장점과 단점 목록을 만들 때, 우리는 무엇을 장점에 혹은 단점에 포함시켜야 하는지에 대한 가정들을 세운다. 이것은 왜 어떤 것이 목록의 장점란으로, 혹은 단점란으로 가는지에 대한 이유를 제시하지 않는다는 사실을 의미한다. 당신은 그저 특정 속성들이 장점이고 다른 것들은 단점이라고 가정해 버린다. 만약 이와 유사한 일을 배트맨과 슈퍼맨에게 한다면, 각 슈퍼히어로에 대한 당신의 장단점 목록은 전적으로 당신의 가정에 따라 그들의 좋은 그리고 나쁜 속성들로 구성될 것이다. 이것은 논쟁에서 선결문제를 요구하는 온상이 된다는 점에서 문제가 된다.

슈퍼맨 팬들이 그들의 장점 목록을 만들면, 엑스레이 시야, 초인적인 힘, 하늘을 나는 능력 같은 것들로 가득 차 있을 것이다. 그리고 그 슈퍼맨 팬들이 배트맨에 대한 목록을 만들면, 그들은 아마도 배트맨에게 엑스레이 시야, 초인적인 힘, 하늘을 나는 능력이 **없음**을 단점으로 인용할 것이다. 그러나 이것은 분명히 배트맨에 대한 정당하지 못한 평가인데, 배트맨은 위대하기 위해 이러한 특징들이 필요하지 않기 때문이다. 그리고 슈퍼맨 팬들이 배트맨이 더 나은 슈퍼히어로가 되기 위해서는 이런 특징들이 필요하다고 가정할 때, 이는 배트맨의 위대함에 대한 선결문제를 요구하는 것이다.

반면에 배트맨 팬들은 배트맨이 가지고 있는 특징만이 좋은 것이라는 가정에 근거하여 목록을 만드는 일을 또한 피해야 한다. 개인적으로 배트맨 팬들이 배트맨이 더 똑똑하기 때문에 더 낫다고 말했던 횟수를 지적하는 것은 좀 망설여진다. 이런 주장이 참인 것은 확실하지만 이러한 행위는 역시 같은 문제, 즉 선결문제 요구를 일으킨다. 무엇 때문에 우리 배트맨 팬들은 똑똑함이 그렇게 위대한 것이라 생각하는 걸까? 우리는 이러한 가정을 배트맨의 위대함을 정당화해 주는 이유로 사용하기에 앞서, 배트맨을 평가하는 것과는 독립적으로 먼저 이러한 생각에 대한 타당한 이유를 갖출 필요가 있다. 배트맨 팬들이 이러한 가정을 할 때 저지르는 오류를 강조하기 위해, 이와 비슷한 논증을 살펴보도록 하자.

우리가 배트맨에 대한 장단점 목록을 만든다고 가정해 보자. 배트맨은 수많은 멋진 장비들을 가지고 있다. 그에게는 필요한 것들이다. 이 멋진 장비들은 어느 항목에 들어가야 하는가, 장점인가 단점인가? 나라면 장점에 넣을 것이며, 다른 배트맨 팬들도 그러리라 본다. 하지만 어떤 이유로? 여기서 이유로 사용할 수 없는 한 가지가 있다. 배트맨은 위대하기 때문에 그의 장비도 장점임에 틀림없다는 것이다. 이것은 당연히 선결문제를 요구하는데, 왜냐하면 우리는 왜 배트맨이 그렇게 위대한지를 밝혀내려고 하고 있기 때문이다. 이 논증을 살펴보면 다음과 같이 진행됨을 알 수 있다. 배트맨은 위대하다. 왜냐하면 그는 멋진 장비를 가지고 있기 때문이다. 그리고 그의 멋진 장비는 대단하다. 왜냐하면 그는 배트맨이고, 배트맨은 위대하기 때문이다. 이러한 논증은 순환 고리를 돌게 된다. 선결문제의 요구를 피하기 위해 우리는 이 순환에서 벗어날 필요가 있다. 그러기 위해서는 배트맨에 대해서 이미 어떻게 느끼고 있는가와 독립적으로 배트맨의 위대함을 정당화할 필요가 있다.

그래서 여기에 배트맨 팬들을 위한 과제가 있다. 즉, 배트맨에 대한 모든 것들이 슈퍼맨이 가진 특징보다 더 낫다는 사실을 미리 가정하지 않는 방식으로 배트맨이 슈퍼맨보다 더 나은 이유를 설명하는 것이다. 지금 논의에서 어떻게 이 결론에 도달했는지 생각해 본다면, 우리의 추론 과정 중 어디에서 주된 오류의 일부가 발생하는지를 알 수 있을 것이다. 특히 장단점 목록을 만든 것에 대해 생각해 보라. 이러한 목록은 어떤 것은 좋고 어떤 것은 나쁘다는 가정에서 출발하지만, 우리가 왜 그것들을 좋거나 나쁘다고 생각하는지는 말해 주지 않는다. 배트맨과 슈퍼맨을 비교함에 있어 선결문제 요구를 피하기 위해, 우리는 먼저 무엇이 슈퍼히어로를 위대하게 만드는지 결정할 필요가 있으며, 배트맨과 슈퍼맨이 그런 특징들을 갖고 있는지 살펴보아야 한다. 다시 말해서 개개의 슈퍼히어로를 평가하기에 앞서 어떠한 종류의 것들이 장단점 목록에 속하는지 알아보자.

회복된 정의: 슈퍼히어로와 용감함

앞선 부분이 어려운 과제와 함께 끝났다는 것은 의심의 여지가 없지만, 지금은 절망할 때가 아니다. 우리는 이런 발칙한 논증 전략들의 커다란 약점을 발견했으며, 이제는 그런 전략들을 법의 심판대에 세울 시간이다. 이 어려운 과제를 완수하기 위해, 우리는 슈퍼히어로의 몇 가지 본질적 특징들을 결정할 필요가 있다. 그런 다음 둘 중 하나를 선호하는 선결문제를 요구하지 않으면서, 이런 본질적 특징들을 배트맨과 슈퍼맨 모두에 대한 장단점 목록을 작성하는 데에 쓸 수 있다. 그럼에도 이 목록은 그 둘 중 결과적으로 누가 최고의 슈퍼히어로인지 말해 줄 것이다.

본질적 특징에 대한 우리의 목록은 간결해야만 하는데, 이 주제를 철저하게 다루려면 한 권의 책이 필요하기 때문이다. 당신이 배트맨과 슈퍼맨 간의 비교 문제의 해법을 시작하는 방식에 대한 아이디어를 얻는다면 동기 부여가 될 것이다. 나는 한 가지 가능한 논증을 제시하겠다. 이것은 빈틈없는 논증은 아니지만, 위대한 슈퍼히어로가 된다는 것이 무엇인지, 그리고 왜 배트맨이 슈퍼맨보다 더 그 역할에 좋은지에 대한 보다 생산적인 논쟁을 시작하게 할 수도 있다.

논증으로 뛰어들기 전에(우리는 그런 행동의 결과가 보통 안 좋다는 걸 알기에) 먼저 나의 공격 계획을 살펴보자. 좋은 슈퍼히어로는 영웅적임이 틀림없고, 영웅적으로 되기 위해 그는 용맹하고 용감해야 한다. 배트맨은 슈퍼맨보다 용맹하고 용감하며, 따라서 그는 더 영웅적이다. 더 영웅적일수록 더 나은 슈퍼히어로이며, 배트맨은 슈퍼맨보다 더 영웅적이기 때문에, 우리는 배트맨은 슈퍼맨보다 더 나은 슈퍼히어로라는 결론을 내릴 수 있다. 이러한 논증이 어떻게 작동하는지를 알아보기 위해, 슈퍼히어로를 한 명 지어내서 이런 영웅들과 어떻게 비교되는지 살펴보자.

박수를 치면 사람들의 발에 양말이 나타나게 할 수 있는 능력을 가진 어떤 슈퍼히어로를 잠깐 동안 상상해 보라. 그리고 이 양말은 매우 편하고 내구성도 뛰어나다. 하지만 그 슈퍼히어로는 이렇게 할 때마다 가벼운 두통을 겪는다. 그는 사람들을 돕는 것을 좋아하고 그 결과 세계에 있는 수백 수천의 사람들에게 양말을 제공하기 위해 자주 두통을 참아낸다. 그는 보통 사람이 할 수 없는 무언가를 할 수 있고, 두통을 참아 낼 때마다 다른 사람을 위해서 개인적 희생을 한다. 그는 슈퍼히어로이고 우리는 이 '양말 어벤저'Argyled Avenger가 실제로 얼마나 위대한지를 결정하는 일에 물론 관심이 있다.

나는 위대한 슈퍼히어로와 그리 위대하지 않은 슈퍼히어로를 구분하는 한 가지가 용기라고 제안한 바 있다. 물론 목적의 위대함과 같은 다른 요소들도 있지만, 지금 논증을 위해 이 점에서는 배트맨과 슈퍼맨이 기본적으로 같다고 가정할 것이다. 이 양말 어벤저 역시 슈퍼히어로이긴 하지만, 그의 영웅적 행동은 가벼운 두통을 대가로 사람들의 발에 양말을 신기는 것에서 나오기 때문에 그리 위대하지 않다. 만약 그가 이 위대한 봉사를 하기 위해 자신의 목숨 정도를 건다면, 그의 목적이 배트맨이나 슈퍼맨처럼 고결한 것은 아니더라도 우리는 슈퍼히어로로서 그를 더 높게 평가할지도 모른다. 그러므로 용기는 슈퍼히어로를 평가함에 있어 근본적이다. 만약 어떤 슈퍼히어로가 그렇게 용감하지 않다면, 그는 그만큼 위대하지 않다.

용감하거나 용맹해지기 위해서는 무엇이 필요한가? 비록 다른 사람을 돕기 위해 희생하는 것이지만 두통을 참는 것은 그렇게 용감해 보이지 않는다. 하지만 왜 두통을 참는 것이 그렇게 용감해 보이지 않는 것일까? 한 가지 이유는 고통을 참는 것이 자동적으로 위험한 것을 할 자격을 부여한다고 생각하지 않기 때문이며, 우리는 위험한 일을 하는 것이 그 사람이 용감하다는 것을 의미할 수도 있다고 생각한다. 출근을 하는 것이 대부분 사람들에게 두통을 줄 수는 있지만, 출근을 잘 하는 사람들에게 용맹하다는 보증서를 제시하지는 않을 것이다. 반면 어떤 사람이 다른 이들을 돕기 위해 위험에 직면하면, 그 경우 우리는 보통 그 사람이 용감하다고 말한다.

영웅적인 인물은 그들이 하는 일이 위험하다는 사실을 알고 있다는 점 또한 우리가 그들을 용감하고 용맹하다고 여기기 위해서 중요한 부분이다. 예를 들어 언제든지 건물이 무너져 내릴 수 있다는 사실을 알면서도 어린이들을 구하기 위해 불타는 건물 속으로 뛰어 들어가는 사람과 불길이 약하고 위험할 것 같지 않다고 생각하면서 건물로 달려가는 사람 사이에는 큰 차이가 있다. 용감한 사람은 그가 하고 있는 일이 위험하다는 사실을 알면서도 그 위험과 어떻게든 맞선다.

이제 배트맨과 슈퍼맨 이야기로 돌아오자. 그들 모두 생명을 구하고 정의를 유지한다는 고결한 목표를 가지고 있지만, 오직 한 사람만이 주기적으로 위험과 대면하고 그것이 위험하다는 사실도 알고 있다. 그 둘 중 한 사람만이 일관되게 용감하고 용맹스러우며, 나머지 한 명은 양말 어벤저와 많이 비슷하다(누군지 맞추는 데 세 번의 기회를……).

배트맨은 초능력이 없다. 그는 총알을 견디지 못한다. 그는 날 수도 없다. 무엇이 일어나는지 벽을 통과해 볼 수도 없다. 게다가 배트맨은 다른 이들을 도우면서 끊임없이 자신을 위험에 빠뜨린다는 것을 알 정도로 충분히 똑똑하다. 따라서 배트맨은 슈퍼맨보다 더 용감하고 더 용맹스럽다. 달리 말하면 다른 사람들을 돕기 위해 슈퍼맨보다 배트맨이 더 큰 위험을 무릅쓴다. 이 점에서는 배트맨이 슈퍼맨보다 더 나으며, 이것은 장단점 목록상 매우 중요한 측면에서 배트맨이 슈퍼맨보다 더 나은 슈퍼히어로라는 사실을 의미한다.

약속을 지키기 위해, 우리는 선결문제 요구의 오류 없이 이러한 결론에 이르렀다. 우리는 슈퍼맨 팬들의 수준으로 떨어질 필요가 없었다. 우리의 목표는 우리의 기준을 평가에 적용하기 전에 슈퍼히어로를 위대하게 만드는 게 무엇인지 생각함에 의해 달성되었다. 그리고 우리의 희극적 구원투수(양말 어벤저)는 모든 슈퍼히어로들의 평가를 돕는 데 유용한 인물이었다(보라, 결국에는 쓸모가 있지 않은가!).

다음 편에 계속……

물론 이것으로 논쟁이 끝나지는 않는다. 공정하게 추론하는 법을 배우다가 지루해진 일부 슈퍼맨 팬들은 결론을 보기 위해 앞의 내용은 그냥 건너뛰었을 것이며, 그렇게 하는 동안 슈퍼맨의 용감성에 대한 나의 주장에 대한 많은 반론을 생각할 시간을 가졌을 것이다. 슈퍼맨도 가끔 용감한 것은 사실이며, 배트맨이 가끔 용감하지 않은 것도 사실이다. 결국 배트맨의 장비들은 때때로 총알을 멈추거나 그가 날 수 있게 돕기도 하지만, 단순한 양적 비교를 하자면, 대개 배트맨이 슈퍼맨보다 더 영웅적이다. 이 모든 것에 있어 큰 아이러니는 그렇게 많은 슈퍼맨 팬들이 슈퍼맨에 대해 좋아하는 것들, 다시 말해 그의 초능력들이 바로 슈퍼맨이 배트맨보다 더 나아지는 것을 가로막는다는 사실이다. 무엇보다 슈퍼맨은 크립토나이트나 마법이 근처에 있을 때 가장 영웅적으로 되지 않는가? 이런 일들이 더 자주 일어나지 않는다는 것이 슈퍼맨 팬들에게는 애석할 따름이다![1)]

---

1) 이 장과 관련된 비판적인 사고에 영감을 준 크리스 메티비어(Chris Metivier)와 존 리지웨이(John Ridgway)에게 특별히 감사의 말을 전한다.

18장

세상에서 가장 뛰어난…… 친구들?

배트맨, 슈퍼맨 그리고 우정의 본성

—

대니얼 P. 말로이

다른 모든 좋은 것들을 가졌다고 해도
누구도 친구가 없는 삶을 선택하지는 않을 것이다.
— 아리스토텔레스, 『니코마코스 윤리학』

나는 너에게 이웃이 아니라 친구에 대해 가르쳐 주겠다.
친구는 당신에게 대지의 축제 같은 것이며, 초인을 예감하는 것이다.
— 니체, 『차라투스트라는 이렇게 말했다』

세상에서 가장 뛰어난

세상에서 가장 뛰어난 팀인 배트맨과 슈퍼맨보다 만화에서 더 양극단을 상징하는 슈퍼히어로 2인조는 없다. 한 명은 인간의 완벽성과 의지의 절정을 보여 주며, 평범한 인간임에도 부모가 눈앞에서 살해당한 그날 밤 비범한 약속을 한다. 그리고 그날 이후 깨어 있는 모든 시간을 그 약속을 이행하는 데 바친다. 다른 한 명은 자포자기의 심정으로 우주로 보내진 사라져 가는 종족의 마지막 혈통으로 아이가 없던 농부 부부에게 입양되어 그들의 전통적인 가치와 함께 인간의 종족으로 길러진다. 그러나 그는 자신의 외계 DNA 덕분에 평범한 인간을 훨씬 넘어선 힘과 능력을 얻는다.

기원과 능력의 차이 외에 그들의 방식에도 근본적인 차이가 있다. 일단 그들의 복장을 비교해 보자. 배트맨의 어둡고, 복면을 쓴 모습은 슈퍼맨의 밝고 복면이 없는 제복과는 뚜렷하게 대비된다. 배트맨은 두려움과 미신에 의존하는 반면 슈퍼맨은 희망과 신뢰를 불어넣는다. 하나의 세계에 이러한 극단이 함께 존재한다는 것은 이례적인 일이지만, 이 진기한 두 존재에게 더 놀라운 것이 있다. 바로 그들의 우정이다.

그들의 우정을 특히 주목하게 만드는 점은 배트맨과 슈퍼맨은 서로 합의에 이르는 것이 거의 없고, 심지어 우정 그 자체의 본성에 대해서도 동의하지 않는다는 사실이다. 처음에는 이상하게 들릴지 모른다. 누구나 우정이 무엇인지는 안다. 그렇지 않은가? 게다가 누구나 우정의 본성에 대해 의견을 같이한다. 이것도 그렇지 않는가? 그러나 두 경우 모두 아니다가 정답이다. 플라톤 이래로 철학자들은 우정의 본성에 대해 논쟁을 해왔지만 지금까지도 합의에 이를 수가 없었다. 생각해 보면 분명히 우정에는 다양한 정도와 종류가 있다. 당신은 매일 아침에 인사를 나누는 이웃에 대해 어떤 종류의 우정을 가지고 있지만, 이는 같이 자란 친구들과 공유하는 우정과는 정도나 종류 양쪽 면에서 다르다.

이와 비슷하게, 배트맨과 슈퍼맨은 서로를 자신의 친구라 부르지만, 이 경우 각자가 의미하는 바는 완전히 다르다. 일단 그들과 연관된 다른 인물들을 생각해 보자. 슈퍼맨에겐 친구이자 아내인 로이스 레인이 있다. 친구인 지미 올슨도 있고, DC 세계의 많은 다른 영웅들도 있다. 반면 배트맨은 다른 친구가 없다. 확실히, 그는 지인들과 전우들(알프레드, 로빈, 나이트윙, 오러클, 헌트리스 등)이 있다. 배트맨의 최측근 사람들로 불리는 '배트 패밀리'는 정말로 많다. 하지만 예외적인 캣우먼(그녀와 배트맨의 관계는 대단히 모호하다)을 제외하고는 이들 중 누구도 친구가 아니다. 그들은 배트맨의 범죄와의 전쟁에 참여한 가족 구성원들과 군인들의 어색한 조합이며, 오직 슈퍼맨만이 배트맨 세계에서 진정한 친구이다.

슈퍼맨과 배트맨은 분명히 친구이지만, 서로에 대한 우정은 각기 다른 의미를 가지고 있다. 슈퍼맨의 우정 개념은 철학자 아리스토텔레스

(기원전 384~322)로 거슬러 올라가며, 반면 배트맨의 우정 개념은 매우 다른 철학자인 니체(1844~1900)에 기원한다.

슈퍼맨: 대단한 친구!

그렇다면 슈퍼맨은 슈퍼 친구인가? 칼-엘Kal-El[슈퍼맨]이 매우 친근한 남자임은 쉽게 알 수 있다. 길거리에서의 어색한 모습이나 세계를 구하는 빨강과 파랑 옷을 입은 모습을 보면 슈퍼맨은 곁에 두고 싶어지는 그런 남자이다. 어떤 사람들에겐 조금은 순진하고 시대에 뒤떨어진 것처럼 보일 수 있지만, 인정하자. 당신이 도움의 손길이 필요할 때 의지할 사람으로 슈퍼맨보다 더 나은 사람이 떠오르는가?

슈퍼맨이 친구라면 얼마나 멋질까? 당신의 이사를 도와줄 사람으로 더 나은 사람이 있는가? 그는 이사를 6초 만에 끝낼 것이며, 그 와중에 커피 마실 시간도 가질 것이다. 야외 파티는 어떤가? 눈에서 나오는 광선으로 그릴에 불을 붙이고, 현미경 같은 시력으로 고기의 모든 미세 세균들이 죽었음을 확인할 수 있으며, 슈퍼 입김으로 청량 음료를 차갑게 유지시켜 주지 않겠는가? 그는 혼자서 바비큐도 다 해낼 수 있다! 그리고 이것들은 단지 그의 신체적 특징일 뿐이다. 그의 인격적 특징도 잊지 말자. 슈퍼맨이 세계에서 가장 오래된 보이스카우트라고 불리는 데에는 그만한 이유가 있다. 그는 믿음직스럽고, 충성스럽고, 잘 도와주고, 예의 바르고, 친절하고, 유쾌하고, 용감하다. 물론 슈퍼맨이 쿨하다거나 특별히 재미있지는 않겠지만, 의지할 만하고, 너그럽고, 게다가 모든 친구들 무리에는 적어도 잘 참아 주는 사람이 한 명 필요하다. 초능력을 갖춘, 반쯤은 신과도 같은 잘 참아 주는 사람을 친구로 삼는 것은 나쁠 것이 없다.

그러므로 누구라도 슈퍼맨을 친구로 삼고 싶어 하는 이유를 쉽게 알 수 있다. 하지만 이러한 슈퍼맨의 인격적 특징에 대한 설명은 한 가지 의문을 낳는다. 세계와 그 안의 모든 사람에 대한 슈퍼맨의 전반적인 친밀함과 긍정적·낙관적 태도에 비춰 볼 때, 한 줄기 빛 같은 슈퍼맨이 어째서 우울함의 대표 주자 같은 배트맨과 친구가 되려 할까? 생각해 보라. 배트맨의 가장 큰 적수는 경박함의 전형(진짜 어둡고 뒤틀린 경박함)이자, 그 자신이 범죄 왕국의 광대 왕자인 조커이다. 한번은 슈퍼맨이 심장 근처에 크립토나이트 총알이 박힌 채, 배트맨에게 적당히 좀 하고 유머를 받아들이라고 부탁한다.[1] 배트맨이 유일하게 재미를 느끼는 경우는 고통을 줄 때, 즉 당해도 싼 인간들에게 고통을 줄 때이다. 이 2인조는 괴기스러운 아이와 미식축구 팀 주장이 어울려 다니는 것과 같다. 그렇다면 왜 슈퍼맨은 배트맨을 친구로, 그것도 가까운 친구로 여기는 것일까?

한편으로는 단지 슈퍼맨이 누구에게나 친근하기 때문이라고 말할 수 있다. 슈퍼맨은 사기꾼과도 친구가 되려는 사람이며, 아마 성공할 것이다. 하지만 그와 배트맨의 우정에는 그 이상의 무언가가 작동하고 있다. 빅 블루[슈퍼맨]는 단지 친구인 척을 하는 게 아니다. 그는 진심으로 배트맨을 신뢰한다. 슈퍼맨은 배트맨을 좋아하기까지 하며, 이는 그가 진정으로 초인적인 사람임을 증명해 주는 것이다. 왜냐하면 배트맨과 가장 가깝고, 가장 아끼는 사람들조차도 그를 특별히 좋아하지는 않기 때문이다. 하지만 여기서 중요한 것은 신뢰라는 요소이다. 슈퍼맨은 잘 알려져 있듯 오직 하나의 물질, 크립토나이트에 의해서만 해를 입는다. 그리고 슈퍼맨은 반지 모양의 크립토나이트 샘플을 가지고 있고, 그 반지

---

1) 『슈퍼맨/배트맨』 1호(2003년 8월).

를 배트맨에게 맡겼다.

그렇다면 왜 슈퍼맨은 배트맨과 그렇게 가까운 것일까? 왜 그 누구보다도 배트맨을 믿는가? 왜 그 반지를 아쿠아맨 혹은 원더우먼에게 맡기지 않을까? 답을 위해서는 우정에 대한 슈퍼맨의 이해를, 그리고 그가 슈퍼히어로 공동체에서 배트맨과 가장 가까운 이유를 살펴보아야 한다.

아리스토텔레스주의자 슈퍼맨

철학적으로 우정에 대한 슈퍼맨의 이해는 아리스토텔레스가 말하는 가장 높은 유형의 우정에 대한 개념화와 가장 가깝다. 우정은 아리스토텔레스의 윤리학 이론에서 중심적인 역할을 수행한다.[2] 물론 아리스토텔레스의 우정 이론을 모두 자세하게 살펴볼 시간과 지면이 우리에게는 없다. 다행히 그럴 필요가 없는 게, '우정'으로 번역된 아리스토텔레스의 그리스어는 그보다 훨씬 더 넓은 의미를 가지고 있기 때문이다. 그 단어는 **필리아**philia로, 아리스토텔레스는 이 단어를 '우정'보다 더 넓은 범위의 관계를 표시하기 위해 사용하며, 이것이 우리가 아리스토텔레스가 말한 가장 높은 유형의 우정에 대해서만 집중할 수 있는 이유이다.

필리아를 다루는 책인 『니코마코스 윤리학』에서 아리스토텔레스는 가족적 유대 관계에서부터 구매자와 판매자의 관계에 이르기까지 인간관계의 거의 모든 유형들에 대해서 논의한다. 이 관계들 중 대부분은 분

---

2) 그는 우정의 유형과 속성을 논의하는 데 자신의 책 『니코마코스 윤리학』 5분의 1 정도를 완전히 할애한다. Aristotle, *Nicomachean Ethics*, trans. Terence Irwin, Indianapolis, IN: Hackett Publishing Company, 1999, pp. 119~153[『니코마코스 윤리학』, 강상진·김재홍·이창우 옮김, 길, 2011].

명히 우리가 '우정'이라는 용어로 이해하는 것과는 거의 혹은 전혀 관련이 없다. 그러나 아리스토텔레스는 우정의 현대적 이해와 유사한 어떤 것에 대해 상세히 논의했다. 아리스토텔레스의 이론은 전체적인 윤리 이론의 일부로서 제시된 것임을 명심하라. 이 이론에 의하면 가장 높은 유형의 우정, 그리고 그 이름에 가장 걸맞은 것은, 놀랍지 않게도 두 좋은 사람 사이의 우정이다.

이것에는 몇 가지 이유가 있다. 우선, 오직 좋은 사람들만이 서로를 순수하게 사랑하고 단순히 상대방이라는 존재, 즉 그 사람의 성격을 보고 사랑할 수 있다. 이와 같은 이유로 이런 유형의 우정이 가장 오래 지속된다. 진정한 친구는 친구의 성격을 사랑하며, 성격은 시간 속에서 거의 변하지 않는 어떤 것이다. 다른 친구, 즉 쾌락이나 유용성을 위한 친구는 서로에게 쾌락이나 유용성을 얻을 수 있는 한에서만 친구이다. 우리 중 많은 사람들이 다음과 같은 유형의 우정을 경험해 왔다. 다시 말해 옆 동네 소녀가 멋진 장난감들을 가지고 있기 때문에 그 소녀와 같이 놀았고, 대학 때 만난 어떤 녀석과는 자동차나 그런 것들을 가지고 있기 때문에 대화했다. 이러한 우정은 당연히 짧게 지속되는 경향이 있다. 가장 높은 유형의 우정은 더 오래 지속될 뿐만 아니라, 우리가 더 나아지도록 영향을 준다.

슈퍼맨의 우정은 가장 높은 유형의 우정이 되기 쉽다. 간단히 말해 슈퍼맨은 기회주의적인 친구들은 사귀지 않는다. 로이스 레인, 지미 올슨, 페리 화이트, 그들은 모두 좋은 사람들이다. 그리고 슈퍼맨의 초인 친구들도 모두 영웅이며, 모두 슈퍼맨을 존경한다. 한번은 슈퍼맨이 젊은 영웅들의 온갖 칭찬이 과도하다며, 자신이 그런 기대에 맞게 살아갈 수 있을지 모르겠다는 고백을 플래시에게 한다(흥미롭게도, 같은 이야기의

뒷부분에서 슈퍼맨은 어떤 천사와 일대일로 싸운다!).[3)]

이것은 슈퍼맨의 배트맨과의 우정에도 적용된다. 배트맨은 어두운 존재이고 두려움에 기반을 둔 방식들을 쓰지만, 이런 모습들과는 달리 슈퍼맨의 마음속에 있는 배트맨은 좋은 사람이다. 슈퍼맨의 모든 친구 중에서 아마도 배트맨이 가장 계산적이고 인정이 없을 것이다. 혹시라도 필요한 경우, 그는 슈퍼맨에 대항해서 기꺼이 크립토나이트 반지를 써먹을 유일한 사람일지도 모른다. 하지만 언제 그럴 필요가 있겠는가? 크립토나이트 반지는 슈퍼맨 자신이 악당으로 변하는 만일의 사태에 대비해 쓰일 것이고 쓰여 왔다. 그러므로 어떤 의미에서 그 반지는 그들 우정이 갖고 있는 이런 측면에 대한 증거이다. 반지는 슈퍼맨을 좋은 사람으로 유지시켜 주기 위해 존재한다.

하지만 이것은 빅 블루와 다크 나이트 사이의 끈끈한 유대감을 설명하기에는 충분하지 않다. 설명을 위해서 우리는 아리스토텔레스로 눈을 돌려야 하며, 그는 당신의 친구는 또 다른 자신이라고 말한다. 이것은 무엇보다도 당신은 자신을 위해 원하는 것과 똑같은 것을 친구를 위해 원한다는 의미이다. 하지만 이것은 당신의 친구가 일종의 거울이라는 사실도 의미한다. 그러므로 슈퍼맨에게는 이런 의미로 수많은 거울들이 있지만, 다른 어떤 거울도 배트맨만큼 좋지는 않다. 왜일까? 많은 차이점에도 불구하고 배트맨과 슈퍼맨은 넓게 말해 같은 도덕관을 가지고 있다. 또한 배트맨과 슈퍼맨은 둘 다 절정의 성취에 이르렀다. DC 세계의 모든 영웅 중에서 배트맨은 슈퍼맨으로부터 영감을 받지 않은 소수 중의 하나이다. 그런 식으로 배트맨은 다른 슈퍼히어로들과는 달리 슈퍼맨과 어

---

3) 『저스티스 리그』 7호(1997년 7월).

깨를 나란히 할 수 있다. 결국 평등함은 가장 높은 유형의 우정에서 중심적인 것이다. 다른 영웅들은 진정으로 슈퍼맨과 평등하다고 할 수 없다. 그들 중 너무 많은 이들이 슈퍼맨의 지도를 따른다. 아리스토텔레스는 평등하지 않은 사람들 사이에서도 일종의 우정이 가능하나, 결코 가장 높은 우정은 될 수 없다고 말한다.

그렇지 않은가? 같은 취미·가치관·목표를 가진 부자와 가난한 사람이 있다고 가정해 보자. 그들이 친구가 될 수 있겠는가? 우리의 평등주의적 양심은 "그럼, 물론 친구가 될 수 있지"라고 외치고 싶어 한다. 하지만 실제로는 친구가 될 수 없다. 그들의 관심사는 너무 다르고 우정은 빠르게 악화될 것이다. 비록 덜 극적인 방식이지만 슈퍼맨과 다른 영웅들의 관계도 마찬가지다. 슈퍼맨은 그들의 영웅이고, 따라서 슈퍼맨에게 실패란 없다. 슈퍼맨과 배트맨이 자신들의 비밀스러운 정체를 저스티스 리그의 동료 구성원들에게 밝혔을 때 이것은 극적이 된다. 구성원들 중 한 명은 슈퍼맨조차 또 다른 정체성을 갖고 있으리라고는 생각 못했다고 말한다![4] 결국 슈퍼맨이 어떻게 그냥 보통 사람일 수 있겠는가?

배트맨, 혹은 브루스 웨인은 어떤 친구인가?

지금까지 우리는 슈퍼맨이 어떤 종류의 친구인지 살펴보았다. 그렇다면 배트맨은 어떠할까? 이러한 질문에 우리는 슈퍼맨 논의에서는 다룰 필요가 없었던 어떤 문제에 직면한다. 바로 정체성 문제이다. 슈퍼맨의 인격과 클라크 켄트의 인격 사이에도 약간의 거리가 있긴 했지만, 대단한

4) 『저스티스 리그』 48호(2001년 1월).

건 아니었다. 그들은 같은 가치관, 욕구 등을 가지고 있다. 유일한 실제 차이는 슈퍼맨이 더 큰 우아함과 자신감을 보인다는 것이다. 아, 초능력도 있다. 하지만 배트맨과 그의 또 다른 자아인 브루스 웨인은 차이가 뚜렷하다. 우리는 이 정체성 문제를 매우 깊이 다루지는 않겠지만, 배트맨이 갖고 있는 두 얼굴의 차이점들에 대해서는 주의해야 한다. 아마도 당신은 그 둘 중 한 명만 친구로 원하고, 다른 한 명은 친구로 원하지 않을 것이기 때문이다.

브루스 웨인이라면 많은 측면에서 매우 훌륭한 친구가 될 것이다. 그는 신보다도 더 많은 돈을 가지고 있으며, 훌륭한 파티를 열고, 자신의 부를 나누기를 좋아하며, 세계의 지도자들이라면 너무도 갖고 싶어 할 인맥을 가지고 있다. 부드럽고, 세련되고, 잘생겼다는 사실은 말할 것도 없다. 누가 브루스 웨인을 친구 중 한 명으로 원하지 않겠는가? 물론, 슈퍼맨도 혼자서 바비큐를 해낼 정도의 인물이긴 하지만, 브루스는 고기와 당신이 기꺼이 시간을 같이하고 싶은 손님들도 제공할 수 있다. 물론, 당신은 결코 브루스의 '가까운' 친구는 아닐 것이다. 그는 그러기에는 너무 변덕이 심하다. 하지만 당신이 유용성이나 쾌락의 우정을 찾는다면, 미스터 웨인보다 더 잘해야 한다는 압박을 느낄 것이다.

반면 배트맨은 자신의 또 다른 자아만큼 그렇게 변덕스럽지는 않다. 만약 당신이 배트맨에게 가까이 다가갈 수 있다면, 당신은 충실한 친구를 얻을 것이다. 반면 그의 또 다른 자아와는 달리, 배트맨은 쾌락이나 유용성을 위해서는 그리 좋은 친구가 아니다. 배트맨은 파티를 좋아하거나 사교적인 사람이 전혀 아니다. 주요한 활동이 항상 고심에 잠겨 있고 악한들에게 악몽을 심어 주는 일인 남자와 얼마나 함께 즐길 수 있겠는가? 그가 웃는 유일한 순간은 고통을 주거나 고통을 줄 계획을 짤 때뿐이다. 게다가 이것들은 그저 표면적인 문제들일 뿐이다! 유용성을 위해 다크 나이트와의 우정을 생각한다면 하나의 중요한 단점이 있다. 즉, 그가 당신보다 똑똑하며 그 자신만의 계획을 가지고 있다는 것이다. 배트맨은 투지가 넘치며, 또한 어떤 면에서 범죄와의 전쟁에서는 전적으로 마키아벨리주의자이다. 그는 주변에 있는 모든 사람들을 조종하며, 누구도 그가 정확히 무슨 생각을 하는지 알지 못한다.

최근 몇 년간 배트맨의 이러한 측면을 탐구한 몇 가지 훌륭한 이야기들이 나왔다. 첫째, 『저스티스 리그』 시리즈의 대형 페이퍼백JLA trade paperback 『바벨탑』(2001)에서 배트맨이 저스티스 리그 구성원들의 초능력을 무력화하려는 계획을 짜고 있음이 폭로되었다. 말하자면 자신의 '친구들'에게 그런 것이다. 당신을 무력화하려는 계획을 비밀스럽게 짜는 친구를 당신이라면 좋아하겠는가? 배트맨 만화의 크로스오버 작품인 『브루스 웨인: 도망자』라는 제목의 또 다른 이야기에서 배트맨은 브루스 웨인인 자신의 정체성뿐만 아니라 최측근 사람들까지 버리는데, 그들이 자신의 일에 방해가 된다고 느꼈기 때문이다.[5] 이처럼 그의 부모가 살해된 이래로 배트맨은 자신에게 가족처럼 가까운 대상에게도 등을 돌린다. 마지막으로 DC의 최근작 『인피니트 크라이시스』이야기에 이르면, 그의 동료 영웅들을 포함한 지구상의 모든 초인meta-human들을 감시하기 위해서 배트맨이 인공위성 브러더 아이Brother Eye를 개발하고 배치했다는 것이 폭로된다.[6] 각각의 경우 배트맨과 가장 가까웠던 사람들, 배트맨을 친구 중 한 명이라고 여겼던 사람들은 자신들이 배트맨에 의해 조종당하

---

5) 『브루스 웨인: 도망자』 1~3권(2002~2003).
6) 『오막 프로젝트』(2005).

거나 배신당했음을(혹은 둘 다였음을) 알게 되었다.

그러나 이 모든 사건 속에서도 배트맨은 슈퍼맨을 계속 친구로 여겼다. 예를 들어, 저스티스 리그에 대한 자신의 대응 수단을 라스 알굴이 훔쳐 사용한 후, 배트맨은 슈퍼맨이 결정권을 쥔 투표로 인해 저스티스 리그에서 쫓겨난다. 배트맨은 자신에게 반대한 다른 리그 회원들의 표는 신경 쓰지 않았고, 심지어 플라스틱맨(배트맨이 저스티스 리그로 데려온)의 반대표도 신경 쓰지 않았지만 슈퍼맨의 반대표에는 배신감을 느꼈다. 이것은 무엇을 의미하는가? 이것은 분명 슈퍼맨의 경우에는 보통과는 다른 무언가가 더 있다는 뜻인데, 왜냐하면 배트맨은 쉽게 친구를 사귀거나 누군가를 믿지 않기 때문이다. 슈퍼맨처럼 배트맨에게도 가까운 이들이 있지만 그들이 친구는 아니다. 배트맨은 슈퍼히어로들과 연합하지만 그들도 친구는 아니다.

슈퍼맨의 반대표는 그들의 우정에 대한 배신이었지만, 플라스틱맨, 원더우먼, 아쿠아맨의 반대표는 그렇지 않았다. 그들은 배트맨의 친구가 아니기 때문이다. 왜 아닌가? 배트맨이 다른 슈퍼히어로들과 공유하지 않지만 슈퍼맨과는 공유하는 것은 무엇인가? 가장 중요한 점은 배트맨은 슈퍼맨을 자신과 평등하다고 여긴다는 것이다. 이 점이 슈퍼맨과 배트맨 양쪽의 우정에 대한 개념에서 핵심이지만 그들은 평등함에 대해 다른 생각을 가지고 있다. 슈퍼맨의 평등 개념은 도덕적 평등성과 유사한 어떤 것이다. 우리 모두는 도덕적 행위자라는 이유로 슈퍼맨과 평등하고, 그러므로 우리는 잠재적인 친구들이다. 반면 배트맨에게 도덕적 행위자라는 것은 본인과 평등한 자격을 부여하기에 충분하지 않다. 만약 그것으로 충분하면 배트맨의 최측근 사람들은 저스티스 리그 동료들처럼 가족 구성원들과 부관들aides-de-camp의 어색한 조합이라기보다는 그의 친구일 것이다. 슈퍼맨이 배트맨의 친구인 까닭은 배트맨이 슈퍼맨을 도덕적 행위자라는 측면에서가 아니라 능력과 성격이라는 측면에서 자신과 평등하다고 보기 때문이다. 슈퍼맨의 거의 측정할 수 없는 힘은 창의성과 적극성을 포함해서 그를 배트맨과 평등하게 만든다. 배트맨의 우정에 있어 평등함이란 힘에 있어서의 평등함을 의미한다. 그의 귀족적인 유산과 교육에 어울리게 배트맨의 마음속에서는 모든 사람이 평등하게 태어나지 않았다.

배트맨과 니체주의자

배트맨과 슈퍼맨의 우정을 이해하기 위해서는 다른 철학자에게 눈을 돌려야 한다.[7] 니체의 우정 개념은 아리스토텔레스의 것보다는 좀더 설명하기가 어려운데, 이는 주로 그의 우정 개념은 지나가는 말 일부에서 짜맞춰야 하기 때문이다. 하지만 배트맨이 **위버멘쉬**Übermensch, 즉 '초인'overman을 대표한다는 점에서 배트맨과 니체 사이의 일반적인 연결성은 이미 성립되었다.[8] 그리고 초인과 니체의 우정 개념 사이에는 연결성이 있다. 『차라투스트라는 이렇게 말했다』에서 니체는 다음과 같이 말한다. "그대는 친구 안에 깃든 초인을 그대의 존재 이유로서 사랑해야 한다."[9] 매우 흥미롭게도 니체의 초기 영어 번역본들에서 위버멘쉬는 주로 '슈

---

7) 아리스토텔레스적 관점에서 본 배트맨의 인간관계에 대한 뛰어난 분석과 가장 높은 유형의 우정이 배트맨에게 불가능한 이유를 확인하려면 Matt Morris, "Batman and Friends: Aristotle and the Dark Knight's Inner Circle", Tom Morris and Matt Morris eds., *Superheroes and Philosophy*, Chicago: Open Court Press, 2005, pp. 102~117 참조.

8) C. K. Robertson, "The True *Übermensch*: Batman as Humanistic Myth", B. J. Oropeza ed., *The Gospel According to Superheroes*, New York: Peter Lang, 2005.

퍼맨'superman으로 되어 있다. 슈퍼맨은 배트맨에게 그의 힘이나 능력의 관점에서가 아니라 가치나 미덕의 관점에서 인간이 이룰 수 있는 존재를 대표한다. 정말로 슈퍼맨은 배트맨이 되고 싶지만 될 수 없는 그런 존재이다.

이것이 배트맨이 슈퍼맨이 되기를 원한다는 사실을 함축하는 것은 아니다. 적어도 모든 측면에서는 아니다. 배트맨은 힘을 원하지 않는다. 사실 어떤 모험 도중 그의 의식이 슈퍼맨의 신체 속으로 들어갔다. 배트맨은 그 경험을 매우 들뜨고 위험한 경험으로 묘사했다. 배트맨이 말한 그 유혹은 그의 재능에 의지하는 것도, 순수한 힘에 의지하는 것도 아니었다.[10] 따라서 지구상에 있는 그 외의 모든 사람과 달리, 배트맨은 슈퍼맨의 힘을 원하지 않는다. 그 대신 배트맨은 성격적 관점에서 자신의 친구를 흉내 내고 싶어 한다. 배트맨은 자신이 슈퍼맨처럼 사람을 신뢰하고 낙관적이기를 바란다. 배트맨이 원한 것은 '슈퍼' 쪽이 아니라, '맨'이었던 것이다. 슈퍼맨은 배트맨에게 인간이 이룰 수 있는 살아 있는 기념비와 같은 역할을 하기 때문이다.

이런 식으로 생각해 보자. 슈퍼맨은 사람들의 신뢰를 얻으려고 노력하는 반쪽짜리 신이다. 그에 걸맞게 대중들을 다룰 때, 슈퍼맨은 그들과의 거리를 대단치 않게 여겨야만 한다. 그러므로 슈퍼맨은 보이스카우트처럼 행동하고, (몇몇 중요한 예외가 있긴 하지만) 모든 사람이 슈퍼맨을 사랑한다. 반면에 배트맨은 비범한 일을 하려고 하는 평범한 인간이

---

9) Friedrich Nietzsche, *Thus Spoke Zarathustra*(1883~1885), trans. Walter Kaufmann, New York: Penguin, 1978, p. 62[『차라투스트라는 이렇게 말했다』, 정동호 옮김, 책세상, 2000].

10) 『저스티스 리그: 낯선 육체』(2000년 11월).

다. 배트맨은 방어복과 같은 역할을 해줄 신화를 창조해야 한다. 우리 모두 "범죄자들은 미신에 약한 겁쟁이이다"라는 유명한 대사를 알고 있다. 하지만 범죄 요소에 대항할 때 이 미신과 겁 많음을 이용하기 위해서, 배트맨은 마찬가지로 자신이 보호하는 시민들과 거리를 두어야만 한다. 범죄자들이 배트맨을 신비하게 보는 것만으로는 충분치 않다. 모든 사람이 그래야 한다. 그렇지 않으면 일은 다 틀어진다. 자연스럽게도 이것은 많은 부분 스스로 강요한 외롭고 고립된 삶을 만든다.

하지만 이러한 기념비적인 평가는 단지 일방적이지만은 않다. 지금까지 우리가 가지고 있던 것은 일종의 익숙한 영웅 숭배, 즉 슈퍼맨이 DC 세계의 다른 슈퍼히어로들 대부분과 맺은 관계와 같다. 니체의 관점에서 그들의 관계가 우정이기 위해서는 상호성과 평등성이 있어야만 한다. 예를 들어, 슈퍼맨은 배트맨에게 이상적 모범이지만, 동시에 배트맨은 슈퍼맨이 배워야 할 것이 아주 많다고 믿는다. 왜일까? 슈퍼맨의 모든 힘과 미덕에도 불구하고 칼-엘은 전혀 완벽하지 않다(전혀 니체의 위버멘쉬가 아니다). 빅 블루의 힘들은 그를 취약하게 만든다. 다시 말해 정확히 슈퍼맨이 자신에게 약점이 없다고 믿는 한 그러하다. 슈퍼맨은 (본인의 '죽음' 에도 불구하고) 자신이 여전히 죽을 수 있다는 것과 인간에 대한 그의 장밋빛 상상 또한 전혀 맞지 않는다는 사실을 잊는다. 배트맨이 그들의 우정에 기여한 점은 자신의 부모님이 살해된 일, 수년간의 훈련, 자신 및 다른 이들의 약점에 대한 완전한 이해로부터 스스로 힘들게 배웠던 교훈들 모두를 슈퍼맨에게 전하려고 노력한 것이다. 배트맨은 엄한 선생님이며 이것은 나이트윙, 로빈, 오러클이 증명할 수 있다. 그리고 배트맨은 전투에서 가르침을 줄 때 최선을 다한다. 서로 주먹다짐을 할 때도 배트맨은 슈퍼맨의 친구가 아니다.

친구들이 싸울 때: 배트맨 대 슈퍼맨

이 DC 세계의 두 기둥이 우정에 접근하는 방식에서의 차이점은 그들의 우정이 꼬이고 긴장 상태에 있게 될 때에 가장 명확해진다. 싸움이란 하기도 즐겁지가 않고, 친구와 싸우는 것은 더더욱 그렇다. 그러나 우리 대부분이 머지않아 배우듯이 불쾌한 상황을 항상 피할 수는 없다. 슈퍼히어로들도 마찬가지인데, 왜냐하면 배트맨과 슈퍼맨은 항상 서로와 대결 상태인 것을 알기 때문이다.

X와 Y가 싸우면 누가 이기겠는가 묻는 것은 모든 유형의 괴짜들 사이에서 영원히 반복되는 논쟁이다. 스파이더맨과 다스베이더가 싸운다면? 히맨He-Man이 헐크와 대결한다면? 갈락투스Galactus와 안티모니터Anti-Monitor가 싸운다면 누가 이길까? 이러한 논쟁들 중 가장 오래된 것 중 하나는 배트맨과 슈퍼맨이 싸운다면 누가 이길까이다. 상식적인 대답은 슈퍼맨일 것이다. 초인적인 힘, 빠르기, 감각, 비행 능력, 열 광선, 엑스레이 시야, 슈퍼 입김이 있는데 대적이나 되겠는가? 하지만 틀렸다. 배트맨이 이길 것이다. 말할 것도 없이, 그것도 매번 싸울 때마다 이길 것이다. 왜일까? 그는 배트맨이기 때문이다. 배트맨은 무자비하고, 지능적이고, 언제나 준비되어 있다. 아, 그리고 크립토나이트를 손에 넣을 수도 있다. 매번 빅 블루와 다크 나이트가 일대일로 싸울 때마다 배트맨이 이길 것이다.

많은 부분 배트맨이 슈퍼맨에 대해 갖고 있는 일련의 불편함은 그 둘이 싸움과 상대에게 접근하는 방식 때문이다. 슈퍼맨은 배트맨을 전통적인 관점에서 친구로 본다. 슈퍼맨은 배트맨을 신뢰하고 배트맨이 결코 친구를 다치게 하지 않을 것이라고 (잘못) 믿는다. 배트맨 자신이 한 번

서로의 차이점을 묘사했던 적이 있다. "속을 들여다보면 클라크는 근본적으로 선한 사람이다. 그리고 나는 전혀 그런 사람이 **아니다**."[11] 슈퍼맨은 다크 나이트와의 대결에 세심하게 접근한다. 그는 전력을 다하지 않으며 자신을 무방비 상태로 둔다. 슈퍼맨은 본인이 어느 정도 그렇듯이 배트맨도 명예롭게 싸우리라 기대한다. 더 중요한 점은 슈퍼맨은 자신이 원하는 경우 배트맨을 어떻게 해버릴 수 있는지를 이해하고 있다는 것이다. 쓸 수 있는 힘 때문에 슈퍼맨에게는 자신을 억제하는 것이 훨씬 더 중요하다. 따라서 전투가 한참 벌어질 때조차 그는 모든 우위를 배트맨에게 사용하지 않는다. 슈퍼맨은 자신의 빠르기나 하늘을 나는 능력을 사용하지 않는다. 게다가 자신의 열 광선이나 얼음 입김arctic breath을 사용하지 않으려고 한다. 기본적으로 슈퍼맨은 가능한 한 공정하게 싸우기를 원한다.

바로 이것 때문에 슈퍼맨은 이길 수 없다. 배트맨은 공정하게 싸우지 않는다. 그는 슈퍼맨과 같은 방식으로 싸우지 않는다. 공정하게 싸울 경우에는 슈퍼맨이 모든 우위를 가지고 있다는 것도 잘 알고 있다. 그러니 왜 공정하게 싸우느라고 고생하겠는가? 그들의 모든 전투에서, 그곳이 고담이든, 메트로폴리스든 혹은 우주의 한가운데든 배트맨은 주변 환경을 자기에게 유리하게 활용한다. 이는 『배트맨: 허쉬』에서 그랬듯이, 때로는 도시 전체의 전력망을 빅 블루를 기절시키기 위해서 쓴다는 것을 의미한다(그렇다. 슈퍼맨을 **기절시키기** 위해서다. 뉴욕 크기의 도시 하나에 전력을 공급하기에 충분한 전기를 끌어모아도 슈퍼맨을 다치게 할 수는 없지만, 잠시 멈추게 할 수는 있다). 때때로 이러한 사실은 미리 이런 계획

11) 『배트맨: 허쉬』 1권(2004년).

을 잘 꾸민다는 것을 의미한다. 엑스레이 시야에 반응하는 사냥 미사일이나, 신호에 맞추어서 슈퍼맨 위로 90톤짜리 바위를 떨어뜨리는 공격 같은 것들 말이다. 유리한 부분은 아무리 작더라도 이용할 가치가 있는 법이다.

이것은 또한 슈퍼맨의 약점들을 이용한다는 의미이기도 하다. 맞다. 약점**들**(복수형)이다. 가장 확실하며 배트맨이 늘 이용하는 것은 크립토나이트다. 그러나 슈퍼맨은 자신과 배트맨 간의 힘의 차이에서 나오는, 즉 실제로 자신과 모든 사람들 간의 힘의 차이에서 나오는 또 다른 약점이 있다. 슈퍼맨의 마음속에서 자신은 거의 모든 사람들보다 훨씬 더 강하므로 영구적인 피해를 주지 않도록 조심해야 한다. 슈퍼맨이 언젠가 말했던 것처럼 배트맨은 지구에서 가장 위험한 사람일지도 모른다. 그러나 배트맨은 여전히 살과 뼈로 이루어진 인간일 뿐이다. 배트맨의 관점에서 슈퍼맨은 건방지고 거만하다. 그리고 어리석게도 자신의 적을 과소평가한다. 본인의 힘에 대한 의존도를 보면 슈퍼맨이 결코 전략적으로 사고하는 법을 배우지 못했다는 사실을 알 수 있다. 다크 나이트가 오래 전에 완성해야 했던 그 기술 말이다.

아마도 배트맨이 슈퍼맨에게 접근하는 방식을 설명하는 가장 좋은 방법은 '존중'이라는 용어에 대해 생각해 보는 일일 것이다. 존중은 여러 가지 의미를 가지고 있으며, 그 의미들 중 많은 부분이 도덕적으로 중요하다. 예를 들어, 우리는 양쪽 모두가 도덕적 행위자라는 사실 덕분에 모든 인간이 다른 인간들에게 빚지고 있다는 식의 존중에 대해서 말할 수 있다. 그다음으로 친구, 동료, 그리고 따르고 싶은 모범인 인물들을 위해서 남겨 놓은 존중들도 있다. 이것들 모두가 배트맨이 빅 블루를 대하는 방식의 일부이다. 하지만 여기에는 또 다른 종류의 존중이 끼어들게 된다. 바로 경쟁자에 대한 존중이다. 이것이 배트맨과 슈퍼맨 사이의 핵심적인 차이점이다. 슈퍼맨은 배트맨을 경쟁자로 보지 않지만 배트맨은 다르다. 그들은 적극적이든 아니든 경쟁 상태에 있다. 그러므로 때때로 그렇듯이 그 둘이 서로 대결 상태에 있을 때 배트맨은 준비가 되어 있다.

최고의 슈퍼 친구들이여 영원하라?

배트맨과 슈퍼맨의 우정에서 우리가 배울 수 있는 것은 무엇인가? 마음속에 떠오르는, 게다가 아마도 조금 진부한 생각 하나는 싸움 때문에 우정을 끝낼 필요는 없다는 사실이다. 그러나 우리들 대다수는 여섯 살 정도 되었을 때 이것을 알게 된다. 그러니 좀더 중요한 주제로 옮겨 가 보자. 즉, 근본적인 의견 불일치가, 심지어는 우정의 본성 그 자체에 대한 의견 불일치가 있다고 하더라도 우정을 끝낼 필요는 없다는 것이다. 서로를 이해할 수 없다는 사실조차도 우정의 방해물은 아니다. 슈퍼맨은 자신의 어두운 친구를 움직이는 것이 무엇인지를 자신이 완전히 이해하리라 생각하지 않으며, 마찬가지로 배트맨도 슈퍼맨의 눈에 보이는 순진함을 자신이 절대 얻지 못하리라는 사실을 (어느 정도 낙담하면서) 인정한다. 그들은 서로가 일치될 수 없는 방식으로 세상과 상대편을 바라본다는 것을 알고 있지만, 이것이 그들의 우정을 파괴하지는 않는다. 오히려 그런 사실이 우정을 만들면서 그들을 더 강하게 만든다. 망토 두른 십자군과 세상에서 가장 오래된 보이스카우트 사이의 차이와 오해는 그들이 헤쳐 나가야 할 것을 제공함으로써 그들의 우정을 더 강하게 만든다. 분명히 이러한 과정은 그들이 공유하고 있는 공통된 기반으로부터 도움을 받는다. 즉, 그들의 공통된 목표와 서로 구분되는 방법들은 세상에서 가장 뛰어난 친구들을 서로 연결시켜 주며, 각자를 보호해 주고 교정해 준다. 이러한 차이점들은 그런 차이점에도 불구하고 같이 일하려는 그들의 욕망 및 능력과 더불어 우리의 영웅들 각자가 하는 일을 훨씬 더 잘할 수 있게 만들어 준다.

19장

박쥐의 그늘을 떠나다

아리스토텔레스, 칸트, 딕 그레이슨의 도덕 교육에 대하여

—

카르스텐 포그 닐센

초능력 없는 슈퍼히어로

배트맨은 초능력 없는 슈퍼히어로이다. 예를 들어 평범한 인간을 훨씬 뛰어넘는 힘과 능력을 가진 슈퍼맨과는 매우 다른 인물이다. 아무리 많은 훈련과 준비도 인간을 슈퍼맨으로 바꿀 수는 없을 것이다.

하지만 배트맨의 힘과 능력을 얻기 위해서 초자연적이거나 대단히 믿기 어려운 과학적 조작이 필요한 것은 아니다. 아마 이것이 배트맨이 많은 수의 학생과 연습생, 몇 명만 말하자면 나이트윙, 로빈(혹은 로빈들), 오러클, 헌트리스에게 영감을 주고 그들을 매료시킨 이유일지 모른다. 여러 이유로 이들은 모두 계속되는 범죄와의 싸움에 헌신했고, 배트맨을 그들의 멘토로 선택했다. 왜일까? 배트맨의 힘은 슈퍼맨, 원더우먼 그리고 스파이더맨과는 달리 **인간의** 힘임을 알 수 있기 때문이다. 배트맨이라는 존재, 지금의 배트맨은 설명되지 않은 자연 현상이나 신비로운 과학적 우연에 의한 것이 아니다. 배트맨의 '힘'은 한 인간이 신체적·정신적·도덕적 완벽성을 집요(집착이라고 하기에 충분한)하게 추구한 결과이다. 평범한 사람이 끈질긴 훈련과 연구 계획에 자신의 인생을 바쳐 배트맨과 같은 신체적·정신적·도덕적 뛰어남의 수준을 얻을 수 있다는 것은 무리겠지만 적어도 원리상으로는 가능하다.

아리스토텔레스, 그리고 하면서 배우기

도덕적 모범인 사람을 따라 하거나 모방함으로써 선하거나 미덕적인 사람이 되는 것을 배울 수 있다는 생각은 매우 오래되었다. 그리스 철학자 아리스토텔레스(기원전 384~322)는 거의 2,500년 전에 그의 책 『니코마코스 윤리학』에서 정확히 이런 주장을 하였다. 아리스토텔레스는 아주 기본적이고 단순한 질문을 한다. 즉, 어떻게 선한 사람이 될 수 있는가? 그의 대답 역시 단순하다. 대부분 다른 것을 잘하게 되는 방식과 똑같이, 다시 말해서 연습과 반복을 통해 선한 사람이 될 수 있다는 것이다. 아리스토텔레스는 다음과 같이 썼다. "배워야 할 모든 것을 우리는 실제로 하면서 배운다. 가령 사람은 건축을 해봄으로써 건축가가 되고, 악기를 연주해 봄으로써 연주자가 된다. 마찬가지로 정의로운 행위를 함으로써 정의로운 사람이 되고, 절제 있는 행위를 함으로써 절제 있는 사람이 되며, 용감한 행위를 함으로써 용감한 사람이 된다."[1)]

처음에는 이것이 그저 상식처럼 보일지도 모른다. 실제로 해보지 않고서 혹은 시도조차 해보지 않고서 어떻게 무엇이든 배울 수 있단 말인가? 이것은 우리가 수학, 운전, 배트 표창을 던지는 법 등을 배우는 방식

---

1) Aristotle, *Nicomachean Ethics*, rev. ed. and trans. J. A. K. Thomson, London: Penguin Classics, 1976, pp. 1103b2~5[『니코마코스 윤리학』, 강상진·김재홍·이창우 옮김, 길, 2011]. 쪽번호를 지칭하는 숫자는 이 작품의 모든 판에 똑같이 적용된다.

이기도 하다. 하지만 아리스토텔레스의 생각에는 문제가 있는 것 같다. 말하자면 집을 짓거나 악기를 연주하는 것과 관련된 활동이나 행위들은 충분히 쉽게 구별하여 인식할 수 있는 것으로 보이지만, 어떤 행위가 정의롭고, 절제 있고, 용감한 것인지는 어떻게 안단 말인가? 어떤 개별적인 행위가 우리가 획득해서 발달시키고자 하는 미덕을 갖추고 있는지 아닌지 어떻게 결정한단 말인가?

다행스럽게도 아리스토텔레스는 이 문제에 대해 답을 준다. 만약 우리가 정의롭거나, 절제하거나, 용감하다는 뜻이 무엇인지를 알고자 한다면, 이러한 미덕을 갖추고 있다고 생각되는 그런 사람들을 연구해야 한다는 것이다.[2] 정의로운 사람은 결국 규칙적으로 그리고 믿을 수 있게 정의로운 행위를 수행하는 사람들이다. 절제된 사람은 지나치게 탐닉하지 않기에 믿을 수 있는 사람이며, 용감한 사람은 물러서지 않고 위험에 맞서는 사람이다. 따라서 우리가 정의, 절제, 용감함에 대해 배우고 싶다면, 우리가 실제로 정의롭고, 절제하고, 용감하다고 생각하는 도덕적 모범이 되는 그런 사람들을 살펴보아야 한다.

그러나 정의롭고, 절제하고, 용감해지기를 원한다면 그러한 사람들의 행동을 단지 연구만 해서는 안 된다. 역시 그러한 사람들의 행동을 모방해야 하며, 그 과정 속에서 우리는 그들의 존경할 만한 도덕적 성질이나 미덕을 얻을지도 모른다는 희망을 갖는다. 용감해지고자 한다면, 우리는 용감한 사람이 할 만한 행위와 유사한 행위를 수행해야 한다. 절제하고자 한다면, 우리는 절제하는 사람들이 할 만한 행위와 유사한 행위를 수행해야 하며, 다른 것들도 마찬가지이다.

---

2) Aristotle, *Nicomachean Ethics*, pp. 1140a24~25.

배트맨은 도덕적 모범인 인간인가?

배트맨과 로빈의 관계에 대해서 생각해 보자. 배트맨은 로빈에게 배트 표창을 사용하는 법이나 강도의 무기를 뺏는 가장 좋은 방법과 같은, 어떤 개별 기술들만을 가르치지 않는다. 배트맨은 자신의 행위를 통해 로빈에게 어떤 도덕적 기준과 규범을 제공한다. 예를 들면, 범죄자는 무자비하게 추적해야 한다는 생각, 위험에는 떨지 말고 맞서야 한다는 생각, 세상을 보다 나은 곳으로 만들어야 한다는 생각 말이다. 배트맨이 세운 모범을 따르고 배트맨처럼 행위하면서, 로빈은 점차 어떤 실용적 기술과 능력뿐 아니라, 도덕적 견해와 그에 관련된 많은 미덕들(용기나 정의감 같은)을 얻어 나간다.

따라서 배트맨은 아리스토텔레스가 도덕적으로 더 나은 사람이 되는 방법에 대한 길잡이로 미덕적인 사람을 찾아야 한다고 제안했을 때 마음에 두었을 만한 좋은 모범인 것처럼 보인다. 고담 시, 일반적인 DC 세계, 그리고 심지어 우리 자신의 지루한 현실에서도 많은 사람들이 배트맨을 도덕적 모범인 인간으로 여긴다. 그리고 이러한 견해, 즉 배트맨은 의심의 여지 없이 용감하고 지적인 사람이라는 견해에는 그럴 만한 이유가 있어 보인다. 그는 정의감이 강하고, 전투 한가운데서도 냉정을 유지할 수 있으며, 세상을 보다 나은 곳으로 만들기 위해 자신의 삶과 행복을 희생한다. 이 모든 것들이 바람직하고 가치 있는 성질들로 보이며, 또한 우리는 더 많은 사람들이 이런 성질들을 갖기를 바란다. 따라서 배트맨이 갖고 있는 미덕의 일부를 점점 얻을 수 있다는 희망을 가지고, 아리스토텔레스의 제안에 따라 우리 모두는 아마도 더 배트맨처럼 되려고 해야 하며, 배트맨이라면 했을 행위를 해야 할 것이다. 배트맨을 이상형으로 선택하여 본인들의 삶을 모형화하고 구조화한 나이트윙, 로빈, 오러클, 그리고 다른 가면을 쓴 영웅들은 이러한 건전한 아리스토텔레스적 조언을 따르고 있는 것처럼 보인다. 그들은 배트맨이 가진 것으로 여겨지는 도덕적으로 바람직한 성질들을 얻고 발전시키기 위해 도덕적으로 모범이 되는 사람의 행위와 행동을 따라 하기로 선택했다.[3)]

권위와 탈권위!

하지만 아리스토텔레스의 주장에는 몇 가지 문제점이 있다. 옳고 그름에 대한 최초의 이해를 우리가 도덕적으로 모범이라고 여긴 사람의 예를 따라 함으로써 얻는다는 것은 아마 당연히 옳을 것이다. 현실에서 아이들이 도덕적 모범이라고 여기는 사람들은 대개 권위 있는 위치의 사람들, 다시 말해 부모나 선생님 등일 것이다. 그러므로 로빈이 배트맨을 따르고 모방할 가치가 있는 사람이라 여기는 것은 놀랍지 않다. 첫 로빈과 두번째 로빈, 즉 딕 그레이슨과 제이슨 토드는 배트맨을 일종의 아버지 같은 존재로 여긴다. 브루스 웨인은 딕 그레이슨의 부모가 살해당한 후 그의 법적 후견인이 되었으며, 배트 모빌 타이어를 훔치려는 제이슨 토드를 놀라게 한 뒤 그를 양자로 삼았다.[4)]

---

3) 도덕 교육에 대한 아리스토텔레스의 논의를 더 살펴보려면 라이언 인디 로즈와 데이비드 카일 존슨이 쓴 이 책의 9장 참조.

4) 세번째 로빈인 팀 드레이크는 약간 다른 경우이다. 팀이 배트맨에 합류했을 때 그에게는 가족이 있었다. 팀은 스스로 자원하여 배트맨을 찾았고 그의 조수가 되었다. 그리고 최근에 와서야 브루스에게 입양되었다. 팀은 이전의 로빈들에 비하면 아버지에게 하듯 배트맨에게 의지하는 정도가 훨씬 덜했고, 아마도 이 때문에 그가 딕이나 제이슨만큼 배트맨을 무서워하지 않았던 것 같다.

하지만 단지 어떤 사람들이 권위 있는 위치에 있다고 해서 도덕적으로 모범인 사람으로 여겨서는 안 된다. 오히려 그들이 도덕적으로 모범인 존재**이기** 때문에 도덕적 모범으로 여겨야 한다. 단지 그가 배트맨이기 때문에 배트맨을 많은 가치 있는 미덕을 갖춘 사람이라 여겨서는 안 되며, 실제로 배트맨이 이런 미덕들을 **갖추고 있기** 때문에 그런 사람으로 여겨야 한다. 그리고 아이들은 실제로 도덕적으로 존경할 만한 사람들을 존경하고 따라 하려고 해야지, 단지 우연히 권위 있는 인물이 된 사람을 선택하면 안 된다. 부모와 선생님이 반드시 도덕적으로 존경할 만한 사람들인 것은 아니며, 아이들이 부모를 존경하고 모방한다는 사실이 그들의 부모가 실제로도 존경하고 모방할 만한 가치가 있다는 뜻은 아니다. 배트맨이 아닌 조커가 딕 그레이슨을 받아들였다면 어떤 일이 벌어졌을지 그저 상상해 보라.

이것을 '고든-인델 의견 불일치'라 부르자

그렇다면 우리는 우리가 도덕적으로 미덕적이라 **여기는** 사람들이 실제로 **그런** 존재인지 어떻게 아는가? 현실 세계에 사는 우리들 대다수뿐만 아니라 고담 시에 사는 대다수의 사람들도 배트맨이 용맹하고, 지적이고, 정의롭고, 강한 사람이라 생각하는 것은 무척 당연하다. 하지만 모두가 그렇게 생각하는 것은 아니다. 일부 사람들은 배트맨이 위험한 자경단이며, 그가 법을 의도적으로 무시하는 것은 범죄자들을 교도소에 집어넣는 행위보다 사회에 더 커다란 위협이 된다고 믿는다.

프랭크 밀러의 『배트맨: 다크 나이트 리턴즈』(1986)에서 배트맨이 영웅인가 악당인가라는 질문은 매우 중요한 주제이다.[5] 제임스 고든이 고담 시의 경찰국장을 사임할 때, 그가 본인의 후임자인 엘런 인델에게 한 마지막 요청은 배트맨을 주목하고 그로부터 배우라는 것이다. 그러나 인델이 경찰 부서의 새로운 우두머리가 된 뒤 한 일은 배트맨을 가면 쓴 자경단이라 비난하고 즉각적인 구속 영장에 서명한 것이다. 인델은 결국 이 결정을 후회하고 『다크 나이트 리턴즈』가 끝을 향해 감에 따라 실제로는 배트맨의 활동을 돕는다. 하지만 인델의 초기 반응, 그리고 밀러의 이야기에 나오는 많은 캐릭터들이 공유하는 하나는 배트맨이 도덕적으로 존경받을 만한 인물이라는 그 생각을 분명히 거부하는 것이다.

배트맨의 도덕적 지위에 대한 이러한 의견 불일치는 그저 누군가를 도덕적으로 미덕적이며 따라 할 가치가 있다고 **여기는** 것이 그가 실제로 그런 **존재임**을 의미하지는 않는다는 사실을 드러낸다. 그러나 어떤 사람이 실제로 도덕적으로 미덕적인지 아닌지 어떻게 판단해야 하는가? 우리는 단순히 여론이나 혹은 다른 사람들의 조언에 의존할 수는 없다. 왜냐하면 여론은 갈릴 수 있고 사람마다 의견은 다를 수 있기 때문이다. 제임스 고든과 엘런 인델은 모두 같은 나라, 사실은 같은 도시에 살고 있는 매우 지적인 사람들이며, 같은 도덕적 신념과 가치를 많이 공유하고 있다. 그럼에도 그들은 배트맨의 도덕적 지위에 대해서는 강하게 의견을 달리한다. 고든과 인델이 동시에 옳을 리는 없다. 그렇다면 우리는 누가 **옳은지를** 어떻게 결정해야 할까? 그리고 더 중요하게도, 만약 누가 도덕

---

5) 그런데 자경주의 문제는 배트맨 경력의 아주 초창기 때에도 중요했다. 배트맨의 아주 초기 이야기들에서 그는 나중에 배트맨 경력을 쌓을 때보다 더 심하게 법을 불신했으나, 이러한 특징은 배트맨 편집자들에 의해 빠르게 제거되었다. Will Brooker, *Batman Unmasked: Analysing a Cultural Icon*, London: Continuum International Publishing Group, 2000의 1장에 있는, 배트맨 신화의 기원에 대한 통찰력 있는 논의 참조.

적으로 미덕적이고 누가 아닌지에 대한 명확하고 만장일치인 개념이 없다면 어떻게 도덕적으로 더 나은 사람이 되는 것을 이야기할 수 있을까? 아리스토텔레스의 도덕 교육 개념은 문제에 빠진 것처럼 보인다.

그리고 또 다른 곳에…… 칸트가!

도덕 교육에 대한 아리스토텔레스 식 설명에 대한 이러한 반론의 흔적은 독일 철학자 임마누엘 칸트(1724~1804)에게까지 거슬러 올라갈 수 있다. 그의 영향력 있는 책 『윤리형이상학 정초』(1785)에서 칸트는 우리가 무엇을 해야 하고, 어떻게 행동해야 하고, 개별 행동이 옳은지 그른지를 결정하는 데에 도덕적 모범인 인간을 사용할 수 있다는 생각을 비판했다. "왜냐하면, 나에게 표상되는 모든 예시들은…… 그 자체가 먼저 도덕 원리에 따라 원형으로서, 즉 본보기로서 역할을 할 만한 가치가 있는지에 대해서 평가받아야 하기 때문이다."[6] 칸트는 이것이 심지어 예수에 대해서도 마찬가지라 주장한다. 그리고 추측건대 그는 아마 배트맨에 대해서도 같은 말을 했을 것이다. 배트맨이 실제로 도덕적 모범인 사람인지, 존경과 모방의 가치가 있는지는 단지 대부분 사람들이 그렇게 생각한다는 사실이나 그에게 분명히 드러나는 권위에 의해 결정될 수 없다. 우리는 배트맨이 근본 규범과 도덕성의 필요조건을 갖추고 있는지 직접

---

6) Immanuel Kant, *Groundwork of the Metaphysics of Morals*(1785), trans. Mary Gregor, in the *Practical Philosophy* volume of *The Cambridge Edition of the Works of Immanuel Kant*, Cambridge: Cambridge Univ. Press, 1999, p. 408[『윤리형이상학 정초』, 백종현 옮김, 아카넷, 2005]. 이후에 나오는 칸트 저작들의 인용은 그의 표준 저작본에 있는 쪽번호를 따른다.

적으로 물을 필요가 있다.

칸트에게 있어 인간 실존의 가장 근본적인 특징은, 그래서 가장 중요한 도덕적 가치는 자유이다. 『윤리형이상학 정초』에서 칸트는 인간 존재의 본질적인 특징은 사람이 스스로 선택한 합리적이고 보편적인 원리나 법칙에 따라 자신의 삶의 방향을 결정할 수 있는 능력이라고 주장한다. 칸트는 이 능력을 **자율성**autonomy이라고 부르고, 자율적이라는 것은 자신이 선택한 또는 자신이 입법한 보편적 원리에 따라 삶을 방향 지을 수 있는 것으로 인간 자유의 본질이라고 주장한다. "그렇다면 자율성, 즉 스스로 법칙이 되는 의지의 속성 말고 무엇이 의지의 자유가 될 수 있다는 말인가?"[7]

칸트에 따르면 모든 인간 존재는 합리적인 존재인 한 자율적으로 행위할 수 있는 역량을 가지고 있다.[8] 하지만 모든 인간이 실제로 이 역량을 사용하거나 깨달은 것은 아니다. 어떤 사람들은 그들 스스로 선택한 원리에 따라 사는 것이 아니라 다른 사람이 살아야 한다고 생각하는 방식으로 살아간다. 칸트는 스스로의 삶과 행동이 외부의 권위나 힘에 의해 결정되도록 두는 상태를 **타율성**heteronomy이라 부른다.[9] 『계몽이란 무엇인가?』에서 칸트는 타율적인 상태에 있다는 것의 의미를 다음과 같이 서술하고, 왜 많은 사람들이 이 상태를 못 벗어나는지 설명한다. "미성년인 것은 매우 편안하다. 만약 나를 대신하여 이해해 주는 책이 있고, 나를 대신하여 양심을 가져 주는 영적인 조언자가 있고, 나를 대신하여 섭생

---

7) Kant, *Groundwork of the Metaphysics of Morals*, pp. 446~447.
8) *Ibid.*, p. 440.
9) *Ibid.*, pp. 433, 441.

을 정해 주는 의사가 있다면, 나는 조금도 어려울 필요가 없을 것이다. 내가 돈을 지불할 수만 있다면 나는 생각할 필요도 없다. 다른 사람들이 나를 대신해 머리 아픈 일들을 다 떠맡을 것이기 때문이다."[10]

칸트는 역사를 통틀어 타율성이 대부분 사람들에게 기본적인 상태였다고 주장한다. 신·성직자·왕·의사·정치가는 인간이 살아가야 하는 방식을 결정하느라 바빴고, 개인들 스스로의 자율적 역량에 대해서는 거의 생각하지 않았다. 게다가 대부분 사람들은 저항하지 않았다. 왜일까? 무엇을 생각해야 하고, 어떻게 행동해야 하는지를 다른 사람이 정하도록 두는 것이 쉽고 편하기 때문이다. 칸트에게 도덕 교육의 최우선 목적은 사람들을 이 편안한 타율적인 상태에서 자율성에 대한 그들의 역량을 효과적으로 발휘할 수 있는 지점으로 옮기는 것이다. 그리고 칸트가 생각하기에 이것은 다른 사람을 모방하고 따라 하는 과정을 우선적으로 생각하는 도덕 교육에 대한 아리스토텔레스의 생각과는 뭔가 맞지 않는다. 칸트는 다음과 같이 말한다. "(도덕적인 문제에서) 모방하는 사람들은 성격이 없는 사람인데, 왜냐하면 성격은 정확히 사유의 독창성에서 구성되기 때문이다."[11] 아리스토텔레스 생각의 문제점은 (예를 들어 배트맨 같은) 다른 사람의 행위가 내가 어떻게 행위해야 하는지를 결정하도록 둠으로써, 나를 외부의 권위에 복종하게 만드는 듯 보인다는 것이다. 나는 나 자신의 삶에 대한 책임을 다른 누군가에게 위임하며, 어떻게 살아

10) Kant, *What Is Enlightenment?*(1784), trans. Mary Gregor, in the *Practical Philosophy* volume of *The Cambridge Edition of the Works of Immanuel Kant*, p. 36[「계몽이란 무엇인가에 대한 답변」, 『칸트의 역사철학』, 이한구 옮김, 서광사, 2009].

11) Kant, *Anthropology from a Pragmatic Point of View*(1798), trans. Robert Louden, Cambridge: Cambridge Univ. Press, 2006, p. 293[『실용적 관점에서 본 인간학』, 이남원 옮김, 울산대학교출판부, 1998].

야 하고 어떤 사람이 될지에 대한 결정을 스스로 내려야 하는 부담을 받아들이기를 거부한다.

1960년대의 유명한 (아마도 악명 높은) 배트맨 TV 시리즈는 칸트의 생각에 대한 극단적인 예를 제공한다. 이 시리즈의 팬들에게조차도 가장 거슬리는 특징은 로빈(버트 워드Burt Ward가 배역을 맡은)이 항상 배트맨(애덤 웨스트Adam West)의 싸구려 모방꾼처럼 보인다는 것이다. 배트맨이 좋은 아이디어를 모두 가지고 있고, 로빈은 그저 배트맨을 흉내 낼 뿐이다. 이번 주의 악당이 배트맨과 로빈을 '살아서는 절대로 빠져나올 수 없는' 함정에 빠뜨릴 때마다, 유일한 그리고 종종 믿기 어려운 탈출 방법을 찾아내는 것은 언제나 배트맨이다(로빈인 적은 없다). 이 다이내믹 듀오가 어떤 불가사의한 단서를 찾아내야 할 때마다, 그 단서의 실마리를 가까스로 풀어내는 것은 언제나 배트맨이다(로빈인 적은 없다). 로빈이 **시도**를 안 하기 때문이 아니다. 문제는 오히려 로빈이 스스로 생각해서 주도성을 보여 줄 때마다 실패하는 것으로, 로빈은 독립적인 생각의 틀을 아직 얻지 못했기 때문이다. 그는 그동안 단지 배트맨의 사고방식을 차용해 왔을 뿐이다.

딕 그레이슨과 자율적인 인간 존재가 되는 방법(아니라면 환불을!)

따라서 우리에겐 하나의 문제가 있다. 한편으로 보면, 인간이 어떻게 도덕적 견해를 얻고 발달시키는지에 대한 아리스토텔레스의 설명은 상당히 설득력이 있어 보인다. 예를 들어, 우리가 도덕적으로 존경할 만하다고 여기는 사람들을 모방하고 따라 하며, 그들의 모범을 추구하는 과정 속에서 우리는 점점 어떤 가치·규범·미덕을 얻는다. 또 한편으로, 칸트가 주장하는 자율성, 즉 자신의 삶을 구성하는 원리와 규범을 스스로 결정하는 역량이 인간이란 무엇을 의미하는가에서 결정적인 특징이라는 점 또한 옳은 것처럼 보인다. 문제는 이 두 개념이 서로 다른 방향을 향하는 것 같다는 사실이다. 아리스토텔레스는 도덕 교육에 있어 다른 사람들이 만들어 놓은 모범들이 중요한 역할을 한다고 생각한다. 칸트는 다른 사람의 행위와 태도에 의존해 우리가 할 일을 결정하는 것은 자율성을 거부하는 것과 다를 바 없다고 믿는다. 누가 옳은가?

아마도 둘 다 옳거나, 적어도 부분적으로 옳을 것이다. 대부분의 아이들이 자신이 선택한 보편적인 원리에 따라 삶을 의식적으로 이끌어갈 수 없음은 분명해 보인다. 그들은 단지 그렇게 할 능력을 소유하고 있지 않다. 우리가 칸트를 진지하게 받아들인다면, 도덕 교육에 있어 가장 중요한 일 중 하나는 미성숙한 인간에게 이러한 역량을 제공하는 것임이 틀림없다. 하지만 완전한 자율성을 갖추는 데에 요구되는 역량을 얻는 한 가지 방법으로 다른 사람을, 특히 중요한 도덕적 미덕을 갖춘 것으로 보이는 사람을 모방하고 따라 하는 것은 매우 당연하다. 그런 경우 아리스토텔레스와 칸트 둘 다 옳다는 주장이 무리는 아니다. 아리스토텔레스는 도덕 교육의 과정에서 초기 단계를 서술하는 반면, 칸트는 이 과정의 목표, 즉 목적에 초점을 맞춘다. 아마 칸트와 아리스토텔레스 모두 이에 동의하진 않겠지만, 만약 그들 모두가 옳은 면이 있다는 것을 받아들인다면, 이 정도가 아마 우리가 지불해야 할 몫일 것이다. 철학은 삶처럼 누군가가 한 가지 측면에서 옳다는 이유로 그 사람의 다른 모든 점이 옳다고 가정할 수는 없다.

다시 한번 배트맨과 로빈의 관계가 우리의 이해를 높이는 데에 쓰일 수 있다. 1960년대 TV 시리즈에 나온 로빈과 만화책에서 묘사된 로빈의

한 가지 차이점은 TV의 로빈은 결코 독립적인 인격이나 생각의 틀을 발달시키지 못하는 반면(그는 타율적인 상태에 머물러 있다), 만화책에서 로빈은 그 반대라는 것이다. 만화책에서 첫번째 로빈인 딕 그레이슨은 점차 배트맨과 분리된, 독립적인 삶을 발전시킨다. 딕은 고등학교를 졸업하고(배트맨 바로 옆에서 슈퍼 악당들 및 범죄의 제왕들과 싸우면서 학교를 졸업했다는 것은 대단한 일이다), 대학을 위해 고담 시를 떠난다. 그리고 틴타이탄Teen Titans의 몇 가지 형태를 공동으로 결성하고 주도한다. 그리고 어쩌면 자신의 경력에서 결정적일 순간에, 그레이슨은 로빈의 정체성을 포기하고 새로운 슈퍼히어로 인물상인 나이트윙으로 활동한다. 적어도 나이트윙 이야기 중 몇 가지 버전에서는 나이트윙이 되기로 한 결정으로 그는 배트맨과 격렬하게 맞서는데, 배트맨은 처음부터 딕 그레이슨/로빈이 더 이상 그의 조수로 활동하지 않는 것을 받아들이지 않는다. 그러나 나이트윙은 포기하지 않고 버티어 자신의 도시인 블뤼드헤이븐Blüdhaven의 전사가 된다.

딕 그레이슨은 단순히 배트맨의 영향력으로부터 벗어난 다음 자신의 능력으로 높이 평가받는 범죄 수사원이 된 것은 아니다. 그는 이렇게 되기 위해서 배트맨에게 얻어 내고 배운 바로 그 능력과 성격 특질을 이용한다. 나이트윙이 배트맨에게 배운 탐정 기술과, 둘의 상호적인 작업을 통해 발달시킨 신체적이고 정신적인 능력들을 그 자신만의 범죄와의 전쟁에 사용한다는 점은 매우 분명하다. 이것만큼 분명하지는 않지만 나이트윙이 배트맨의 영향력으로부터 벗어나기 위해서 배트맨이 가르쳐 준 용기·지능·진실성을 사용하는 방식도 마찬가지로 중요하다. 대다수의 악당들이(그리고 많은 슈퍼히어로들이) 증언하듯이, 배트맨과 맞서는 데는 배짱이 필요하다. 그러나 나이트윙은 어떻게든 해냈고, 심지어는 로빈을 그만두는 결정을 배트맨이 받아들이도록 만든다. 그리고 그가 이렇게 할 수 있는 것은 전적으로 배트맨과의 관계를 통해 얻은 도덕적 성격 때문이다.

따라서 딕 그레이슨은 자율적인 인간 존재가 되기 위해 필요한 역량들을 주로 도덕적 모범 인물인 배트맨을 모방하고 따라 하면서 얻어 내고 발달시켰다고 할 수 있다. 만약 이것이 옳다면 아리스토텔레스와 칸트가 꼭 대립될 필요는 없다. 즉, 적어도 도덕 교육에서는 다른 사람에게 배우고 따라 하는 것을 포함해야 한다는 아리스토텔레스적 사상과, 자신이 선택하고 입법한 보편적인 원리들에 따라 자신의 삶의 방향을 이끄는 능력인 자율성의 중요함을 주장하는 칸트가 꼭 대립될 필요는 없다.

이것은 또한 다른 질문에 대한 답변, 다시 말해 우리가 도덕적으로 존경할 만하고 따라 할 만하다고 여기는 사람이 실제로 도덕적 모범**인지를** 결정하는 방식을 묻는 질문에 대한 답변도 된다. 칸트는 누군가가 윤리적으로 모범인 사람의 자격을 지니려면 "무엇보다도 도덕 원리에 따라 평가받아야 한다"고 믿었음을 기억하라.[12] 칸트에게는 자율성, 즉 자신이 결정한 원리에 따라서 자신의 삶과 행동을 방향 짓는 사람의 역량이 무엇보다도 중요한 윤리적 가치이다. 칸트적 자율성 개념을 이용하면, 만약 누군가의 행위와 행동을 따라 하는 것이 자율적인 사람이 되기 위해 필요한 능력과 수행력을 발달시키는 데에 도움이 된다면 우리는 그 사람을 윤리적 모범이라고 말할 수 있다. 우리가 나이트윙에 대해 말한 것이 참이라면, 배트맨은 정말로 도덕적 모범이 되는 사람이라 여겨질 수 있을 것이다.

---

12) Kant, *Groundwork of the Metaphysics of Morals*, p. 408.

박쥐의 그늘을 떠나며

딕 그레이슨의 도덕성 발달은 우리에게 아리스토텔레스와 칸트가 조화될 수 있음을 보여 주었다. 다른 사람들을 따라 하며 얻은 미덕이나 능력은 자신의 삶에 책임을 질 수 있는 자율적인 인간이 되기 위한 방향으로의 (아마도 필수적인) 한 걸음일 수 있다. 칸트가 언급하듯이 타율적인 상태에 있는 것, 자신의 삶에 대한 책임을 왕·성직자·부모에게 맡기는 사람이 되는 것은 쉽고 편하다. 자신의 삶에 책임을 지는 것은 쉽지 않으며 그렇게 할 수 있게 되는 것은 노력에 의한 성공이지 우연한 사건이 아니다. 다른 사람들이 도움을 주거나 방향을 제시해 줄 수는 있다. 그리고 그들의 삶과 행동이 우리가 더 나아지도록, 우리가 마땅히 되어야 할 그런 사람이 되도록 영감을 줄 수는 있다. 하지만 어떤 지점에서 다른 사람들의 지도는 중단되어야 한다. 즉, 우리는 다른 사람들이 만들어 놓은 모범에 따라 살기를 그만두어야 하며, 무엇을 해야 하는지, 어떻게 행위해야 하는지, 그리고 어떤 사람이 되어야 하는지를 스스로 결정해야만 한다. 배트맨이 우리에게 영감을 줄 수는 있지만, 결국 우리는 딕 그레이슨처럼 자신의 삶에 책임을 져야 하며 박쥐의 그늘 아래의 편안한 삶을 버려야 한다.

20장

박쥐의 도

편자와의 인터뷰

—

마크 D. 화이트

마크 D. 화이트 편자蝙子, Bat-Tzu시여, 이 인터뷰를 허락해 주셔서 고맙습니다. 일부에게는 배트맨으로도 알려져 있는 브루스 웨인과의 독특한 관계에 대해 지금까지 한 번도 말씀하지 않으셨기 때문에 더욱 그렇습니다.

편자 별말씀을요. 나의 변변찮은 말들이 누군가에게 도움이 될 수 있다면 기꺼이 그리해야지요. 맞습니다. 맞아요. 그대의 말처럼 나는 브루스 웨인이 어린 소년일 때부터 알고 지냈습니다. 나는 그의 부모, 특히 아버지인 토머스 웨인 박사의 친구였습니다. 좋은 사람이었지요. 나는 그의 사랑스러운 아내뿐 아니라 그에 대해서 자주 생각하곤 합니다. 물론 브루스 생각도 자주 하지요.

브루스 부모의 너무 이른 죽음 후, 쭉 그의 친구가 되려 애썼습니다. 나는 브루스를 보다 더 조화로운 곳으로 인도하려고 했지만 그는 다른 길을 선택했고 그 길을 '박쥐의 길'이라고 불렀지요.[1] 그의 선택에 동의하지는 않았지만, 그래도 할 수 있을 때마다 조언을 해주려 했습니다.

---

1) 『배트맨: 박쥐의 그림자 연감』 3호(1995).

화이트 왜 그의 선택에 동의하지 않으셨죠?

편자 오해가 없었으면 좋겠군요. 배트맨으로서 그는 셀 수 없이 많은 선을 행합니다. 하지만 배트맨으로서의 삶은 균형 잡히지 않은 삶이고 균형은 모든 것에, 특히 사람에게 필요한 것이죠. 균형의 중요성은 노자와 장자 같은 도교 성인들이 중점적으로 가르친 것 중 하나입니다. 그들은 글을 통해 나의 스승이 되었지요. 내가 브루스의 스승인 것처럼.[2)]

화이트 도교 성인들이오?

편자 예, 도교는 적어도 노자 시대까지 거슬러 올라가는 고대 동양 철학으로 우주의 자연적 흐름에 관심을 둡니다. 중국인들은 이를 **도**道, 즉 '길' the Way이라 부르는데 더 나은 이름이 없기 때문이지요. 노자는 실제로 도는 이름 붙일 수 없는 것이라 말합니다.[3)] 도교는 그들 안에 있는 대립되는 힘, 즉 도가에서 **음**과 **양**이라 부르는 빛과 어두움, 여성성과 남성성, 부드러움과 강함의 균형을 잡아, 도와 조화를 이루려 노력합니다.

화이트 그 유명한 흑과 백의 원형 상징처럼 말이죠?

편자 맞습니다. 그 상징은 대립되는 힘들의 균형을 표현합니다. 그 힘들은 우리가 살고 있는 세계의 모든 것을 정의하지요. 양(하얀 부분)은 남성성, 강함, 완고함을 표현하는 반면 음(검은 부분)은 여성성, 부드러움, 자

---

2) 노자와 장자의 진짜 정체(익숙하게 들리는가?)나 삶에 대한 정확한 세부 내용들은 신비에 싸여 있다. 『도덕경』은 대략 기원전 500년 당시 여러 이야기들을 합친 작품으로 널리 여겨지고 있으며, 장자의 주요 작품은 그 시기가 기원전 300년까지 올라간다.

3) Lao-Tzu, *Tao Te Ching*, Chapters 1, 25, 32[『도덕경』, 오강남 옮김, 현암사, 1995]. 이 걸작에서 발췌한 모든 인용문은 *The Taoist Classics: Volume One*, trans. Thomas Cleary, Boston: Shambhala Publications, 1994, pp. 12~47에서 찾아볼 수 있다.

애로움을 표현하죠. 두 면이 서로의 꼬리를 쫓는 뱀처럼 보이는 방식은 양쪽 면이 서로에게 흘러들어 가며 궁극적으로 서로를 정의함을 보여 줍니다. 이것은 하얀 구역에 있는 검은 점과 검은 구역에 있는 하얀 점에 의해서도 드러납니다. 그 점들은 각각의 뿌리가 상대편에 있음을 말해 줍니다.

그 끔찍한 날 이후 나는 브루스가 자신이 사랑하는 고담 시에 만연한 범죄를 뿌리 뽑는 데 필요하다고 믿었기에, 본인의 양이 자신을 지배하도록 두지 않았나 걱정했습니다. 브루스는 자신의 음도 여전히 받아들여야만 한다는 것을 잊은 것 같았습니다.

화이트 그럼 그에게도 음이 있다는 말씀인가요?
편자 그렇습니다. 모든 사람이 그렇고 그도 예외는 아니지요. 보다 긴장감이 덜한 상황에서, 특히 딕이나 팀과 같이 있을 때 그런 면을 볼 수 있습니다…….

화이트 초대 로빈과 현재 로빈을 말씀하시는군요.
편자 그렇습니다. 브루스는 그의 양에 따라 딕과 팀에게 종종 매우 엄하고 까다롭게 굴었지만, 가벼운 순간들도 가지곤 했습니다(흔하진 않지만 말이죠).

화이트 브루스는 최근 딕과 팀과 함께 일종의 '영적인 탐구'를 떠나지 않았나요? 선생님은 이것이 균형을 추구하기 위한 노력을 보여 준다고 생각하십니까?
편자 그렇습니다. 브러더 아이와 알렉스 루터의 끔찍한 사건을 경험한 후, 딕이 거의 죽을 뻔한 그해에 배트맨은 세계를 여행했습니다.[4] 그 당시 배트맨은 본인의 양이 자신을 너무 오랫동안 지배했으며, 자신이 모질고, 냉정하고, 편집증적 성격이 되었음을 깨달았다고 생각합니다. 브루스에게조차 말이죠. 노자는 "현자는 지나침을 버리고, 사치함을 버리며, 교만함을 버리는 것이다"라고 썼죠.[5] 나는 그가 시작한 것이 바로 이것이라 생각합니다. 실제로 그가 돌아온 이후에 달라진 그를 볼 수 있었습니다. 예를 들어, 그들이 돌아온 후 얼마 지나지 않아 배트맨은 팀을 양자로 삼습니다. 그리고 그는 그러한 부드러움을 셀리나 카일의 갓 태어난 아름다운 아기 헬레나에게도 보여 줍니다. 난 심지어 그가 배트맨 복장을 하고 아기에게 곰 인형을 가져다주었다고 들었습니다![6]

흠, 어떤 마술사를 용서하기까지 했는데 이름이…….

화이트 자타나 아닌가요? 그녀가 기억을 지운 일을 말씀하시는지요?

편자 맞아요. 자타나. 때로 매우 이해하기 어렵지만, 사랑스러운 소녀죠.

화이트 아하!

편자 그 소식을 들었을 때 나조차도 놀랐습니다. 브루스라면 그런 식으로 마음에 침입한 자타나를 결코 용서하지 않을 것이라 여겼으니까요.[7] 하지만 당신도 보다시피 이것이 그의 음(따뜻하고, 부드럽고, 다른 이의 결

---

4) 『인피니트 크라이시스』 7호(2006년 6월) 참조. 이 1년간에 걸친 여행들은 『52』 시리즈(2006~2007)에 나타나지만, 명시적으로는 가끔 등장할 뿐이다.

5) Lao-Tzu, *Tao Te Ching*, Chapter 29.

6) 『캣우먼』 53호(2006년 3월), 『캣우먼: 리플레이스먼츠』(2007)에 재수록.

7) 이 기억 지우기는 『아이덴티티 크라이시스』(2005)의 회상 장면에 등장했다. 그리고 브루스는 『탐정 만화』 834호(2007년 9월)에서 그녀를 용서했다.

점을 받아들이는)이며, 돌아온 후 그 음은 더 분명해지기 시작했습니다. 물론, 그는 여전히 본인의 양을 필요로 합니다. 배트맨 역할을 수행하기 위해서뿐 아니라, 세계 그리고 도와 조화를 이룬 완전한 인간이 되기 위해서 말이죠. 강함과 부드러움, 남성성과 여성성 사이의 균형은 우리 모두에게 필요한 것입니다.

화이트 왜 그럴까요? 배트맨의 주요 특질 중 하나는 그가 범죄와의 싸움이라는 단 하나의 대의에 헌신한다는 점인데요.

편자 하지만 균형 잡히지 않은 사람은 조화를 이루지 못합니다. "조화를 아는 것은 변함없음이라 불리며, 변함없음을 아는 것은 밝음이라 불린다."[8] 많은 브루스의 스승들은 그에게 이를 가르쳤지요. 저뿐만이 아니라요.[9] 세상은 대립되는 힘들의 이중성에 의해 정의되며 이 힘들이 효력을 발휘하기 위해서는 조화 속에서 유지되어야 합니다. 이것이 음양 상징에서 섞여 있는 검은색과 하얀색의 의미입니다. 노자는 "존재와 비존재는 서로를 만든다. 어려움과 쉬움이 서로를 보완한다. 길고 짧음이 서로를 형성한다. 높고 낮음이 서로에게 대비된다. 소리와 울림이 서로 같아진다. 앞과 뒤는 서로를 따라간다"고 썼습니다.[10] 추함이 없다면 우리는 아름다움을 알지 못할 것입니다. 또한 어두움이 없다면 빛이 있을 수 없겠지요. 선이 분명해지려면 우리에게 악이 필요합니다. 그렇지 않다면

---

8) Lao-Tzu, *Tao Te Ching*, Chapter 55.

9) "나는 많은 스승들을 만나 가르침을 받았고, 그들 모두 고유한 철학을 가지고 있었다. 그들 모두가 동의하는 핵심은 단 하나뿐이었다. 전사가 되기 위해서는 균형이 필요하다는 것이다"(배트맨, 『배트맨 컨피덴셜』 8호[2007년 10월]).

10) Lao-Tzu, *Tao Te Ching*, Chapter 2.

선이 무엇인지 어떻게 알겠습니까?

예를 들어 브루스를 보지요. 그는 많은 이중성에 의해 정의됩니다. 공적으로 그는 널찍하고 궁궐 같은 웨인 저택에 살지만 본인의 시간 대부분을 박쥐 구아노(지독한 물질이죠)로 덮인 눅눅하고 으스스한 동굴에서 보냅니다. 브루스는 세상에서 가장 부유한 사람 중 하나이며 경영진의 우두머리이지만, 재산의 많은 부분을 다수의 자선 활동을 지원하는 데에 씁니다. 물론 범죄와의 싸움에 사용하기도 하죠. 브루스는 여유로운 인생을 즐기면서 살 수도 있었지만 그 대신 아무도 고마워하지 않는 작업, 즉 범죄와의 싸움에 헌신합니다. 그 날마다의 싸움에 만신창이가 되고 보통 사람이라면 쓰러졌을 부상도 당합니다. 그는 인간적 완벽함의 육체적 표본일 뿐 아니라, 세계에서 가장 지적이고 학구적인 사람 중 하나입니다. 하지만 브루스는 이런 것들에 자부심을 느끼기보다는 인류의 선을 위해 자신의 능력을 쓰며, 자신의 성취에 대한 어떤 대가도 요구하지 않습니다.

친구, 한번 생각해 보시오. 그의 신체적 역량, 어둡고 무서운 복장, 그리고 압도적인 체구와 존재감에도 불구하고 배트맨의 가장 위협적인 특징은 거기에 있는 것이 아니라 오히려 그의 그림자에 있습니다! 노자는 다음과 같이 씁니다. “항아리의 쓸모는 정확히 거기에 아무것도 없다는 데에 있다. 방으로 가는 문이나 창문을 뚫었을 때 바로 거기에 아무것도 없기에 방의 쓸모가 있다.”[11] 무는 실체보다 더 중요할 수 있으며, 이는 브루스가 즐겨 말하던(끊임없이 그랬던 것 같군요) “범죄자들의 심장에 공포를 심어 놓는다”와도 통합니다.

---

11) Lao-Tzu, *Tao Te Ching*, Chapter 11.

제가 지금 말하는 것은, 음, 맞습니다. 브루스는 당신이 말한 대로 단 하나의 목적을 가진 사람일 수 있습니다. 만약 그에게 하룻밤 쉬고, 그가 오랫동안 봐 온 아름답고 지적인 여자 중 한 명과 즐기라고 간청할 때마다 1페니씩 받았다면, 나는 그 동전들을 녹여서 배트맨이 본인의 동굴에 간직하고 있는 것과 같은 거대한 페니 동전을 하나 더 만들 수 있을 겁니다. 하지만 그는 그렇게 하는 것이 범죄에 대항하는 더 큰 임무에 도움이 될 때에만 보통 허락합니다. 어리석은 친구죠.

(웃음) 거대한 페니 동전, 그래요. 그 생각을 하니 한 가지 이야기가 떠오르는군요. 당신은 브루스가 한번은 너무 외로운 나머지 동료 아쿠아맨(새로운 젊은 아쿠아맨이 아닌 옛날 저스티스 리그 시절의 아쿠아맨)에게 지진이 고담 시를 강타했을 때 틈 속에 빠진 흉측한 박물관 물품을 찾는 걸 도와달라고 부탁한 사실을 알고 있습니까? 브루스는 차마 동료에게 자기한테 와 달라고 할 수 없었기에, 대신 그를 여기로 꾀어내기 위해 계략을 꾸며야만 했습니다. 감정을 나누기를, 자신의 공허함을 인정하기를 너무 두려워하는 힘든 사람입니다. 자신과 가장 가까운 사람들에게까지 말입니다.[12)]

화이트 딕과 팀도 브루스의 불균형을 물려받았나요?

편자 아, 다행히 그렇지는 않습니다. 딕의 경우를 보죠. 그 모든 영혼의 탐색에도 불구하고, 그는 자신의 음과 양을 균형 있게 유지하는 젊은이지요. 어린 소년이었을 때부터, 새롭게 우리가 맡게 된…….

---

12) 이 거대한 페니 동전은 『배트맨: 카타클리즘』(1998)에서 소실되었다. 아쿠아맨 에피소드는 『배트맨: 고담 나이츠』 18호(2001년 8월)에 등장했다.

화이트 선생님도 딕을 키우는 데에 참여했었나요?

편자 뭐라고요? 아닙니다……. 당연히 아니죠. 수년 동안 브루스를 방문하면서 딕을 꽤 많이 보기는 했습니다. 앞서 말했듯이 딕도 브루스처럼 부모의 때 이른 비명횡사에 충격을 받기는 했지만, 딕은 어떻게든 자신에 대해 기본적인 쾌활함을 유지했습니다. 어두움과 균형을 이루는 빛 같은 거죠.

화이트 그럴 수밖에요. 그 초록색 스피도와 픽시 신발을 착용하고서 어떻게 시무룩할 수 있겠습니까!

편자 오! 그러지 마십시오. (웃음) 미안합니다. 또 나를 즐겁게 하시는군요. 여기까지입니다.

아시겠지만, 저는 딕이 나이트윙으로 어른의 역할을 맡을 때 사람들이 그를 두고 종종 "여성성을 갖춘 배트맨"이라고 하는 것을 들었습니다. 그리고 이게 바로 제가 말하려는 점이죠. 딕은 브루스처럼 단지 책임감에서가 아니라 진정으로 그들을 신경 쓰고 돌봅니다. 그가 최근 아웃사이더Outsiders에서 중요한 일을 맡았을 때를 생각해 보세요. 이 모임은 그의 전 동맹 단체였던 틴타이탄Teen Titans 같은 가족이라기보다는 영웅들의 실무적인 모임이었습니다. 하지만 그는 그렇게 할 수 없다는 것을 알게 되었죠. 딕은 자신의 동료들, 자신의 진정한 친구가 된 동료들을 돌보지 **않을** 수 없다는 것을 알게 되었고, 그들이 위험에 빠지는 것을 더 이상 참을 수 없었습니다. 그 모임이 누구의 손에 넘어갔는지 아십니까? 물론, 브루스죠. 그는 자신의 명령에 따라 지옥의 불구덩이로 진격할 수 있는 영웅들의 모임을 조직할 수 있다는 사실에 더할 나위 없이 기뻐했습니다.[13)]

화이트 현재 로빈인 팀은 어떤가요?

편자 아, 팀은 제가 걱정하는 친구입니다. 그는 브루스와 함께 범죄 수사원의 경력을 쌓는 중 너무 많은 것을 잃었지요. 우선 초기에 어머니를, 더 최근에는 아버지를 잃었고, 스포일러라는 이름으로 범죄와 싸웠던 여자 친구 스테파니 브라운을 잃었습니다(그리고 팀이 '은퇴했던' 짧은 기간 로빈도……). 게다가 절친 두 명, 코너 켄트와 바트 앨런도 잃었지요.[14] 그들 모두 범죄자의 손에 죽었습니다. 브루스의 부모와 똑같이 말이죠. 만약 누군가가 자신의 강렬한 복수심에 완전히 헌신하기 위해 절망에 빠져 약하고 인정 많은 본성을 잃을 권리가 있다면, 그 사람은 바로 팀일 것입니다. 사실, 팀이 한번은 나에게 이런 말을 했습니다. 어머니가 죽고 아버지는 마비된 채 병원 침대에 누워 있을 때 자신의 "어두운 면"을 보았고, "내 삶을 지옥으로 빨아들이려는 악령의 망토"를 느꼈다고 말이죠.[15]

그러나 결국 팀은 그것의 위험성을 깨달았다고 생각합니다. 팀은 자의식이 강한 젊은이죠. 노자는 이렇게 말합니다. "다른 사람을 아는 사람은 지혜로운 사람이고, 스스로를 아는 사람은 덕이 있는 사람이다."[16] 그는 상실감이 브루스를 어떻게 만들었는지 보았지요. 팀이 처음에 우리에게 왔을 때…….

---

13) 『아웃사이더』 49호(2007년 9월) 참조.

14) 팀의 어머니는 「통과 의례」, 『탐정 만화』 618~621호(1990)에서, 아버지는 『아이덴티티 크라이시스』(2005)에서 죽었다. 스테파니는 『배트맨』 633호(2004년 12월)에서 죽었으며, 이 이야기는 『배트맨: 워 게임즈』 3막(2005)에 재수록되었다. 코너는 『인피니트 크라이시스』(2006)에서, 바트는 『플래시: 세상에서 가장 빠른 사나이』 13호(2007년 6월)에서 사망했다.

15) 『탐정 만화』 621호(1990년 9월). 팀의 아버지의 죽음에 대해서는 『로빈』 167호(2007년 12월)의 마지막 세 쪽도 참조.

16) Lao-Tzu, *Tao Te Ching*, Chapter 33.

화이트 '우리'라뇨?

편자 미안합니다. 또 그랬군요. 배트맨의 비밀스러운 정체성을 파악한 후 팀이 브루스에게 왔을 때죠. 그는 배트맨에게 로빈이 필요하다고, 배트맨은 두번째 로빈인 제이슨 토드가 죽은 후 너무 크게 자책하고 있다고 말합니다. 그는 매우 짜증과 화가 났고, 또다시 양이 음을 압도하게 두었죠. 어떤 면에서 로빈은 언제나 배트맨의 양에 대응하는 음이었고, 다크 나이트에게 균형을 주는 밝은 면이었다고 생각합니다.

화이트 저도 그렇게 봅니다. 또한 저는 딕을 포함한 많은 배트맨의 핵심 측근들에게 끼친 죽음의 역할에 대해 전혀 깨닫지 못했습니다.

편자 분명히 딕은 자신에게 생긴 상실의 몫을 감당했습니다. 물론 그 상실에는 부모님도 있고, 보다 최근에는 자신의 제2의 도시인 블뤼드헤이븐Blüdhaven과 가까운 친구들도 많이 포함되어 있습니다. 그러나 아마도 그는 죽음의 본성을 이해하고 있을 것이며, 잘된다면 팀(그리고 아마 브루스까지도)을 도울 수도 있을 겁니다.

화이트 '죽음의 본성'이라니, 무슨 뜻이신지요?

편자 죽음은 단지 자연적 순환의 일부이며 우리 모두 가야 할 길의 일부로 받아들여져야 하는 것입니다. 장자가 이 주제에 대해 잘 묘사하죠. "만약 당신이 삶 속에서 평안하고 자연과 조화롭게 산다면, 슬픔과 기쁨은 당신에게 영향을 줄 수 없다."[17] 장자는 죽음보다 삶을 선호하는 것에

---

17) Chuang-Tzu, *Chuang-Tzu*, Chapter 3, p. 68[『장자』, 안동림 옮김, 현암사, 2010]. 장자의 「내편」은 *The Taoist Classics: Volume One*, pp. 51~100에 있으며, 내가 인용한 문장 역시 토

대해 의문을 던졌습니다. "살고자 함이 망상이 아님을 어찌 내가 알겠는가? 죽음을 피하고자 하는 것은 돌아갈 곳을 알지 못하는 집 없는 방랑자와 같지 않음을 어찌 내가 알겠는가?…… 죽은 자들이 처음에 삶을 동경했던 것을 후회하지 않을지를 어찌 내가 알겠는가?"[18]

화이트 제이슨 토드의 부활이 말씀하신 부분에 대한 좋은 예라 여겨도 될는지요?

편자 그렇습니다. 그의 이전 상태보다 지금이 더 행복하다고 말할 수 있는 사람이 누가 있겠습니까?

오, 불쌍한 제이슨(너무도 화나 있었고, 거칠었으며, 통제 불가능했던). 끊임없이 자신의 분노를 확인하지 않았다면 브루스도 제이슨처럼 되었을 겁니다. 노자는 이렇게 말합니다. "존재들의 힘이 궁극에 달하면 그들은 기울기 시작한다. 이것은 도에서 벗어난 것으로 불린다. 도에서 벗어난 것은 일찍 죽는다."[19] 제이슨은 통제하는 법을 배울 필요가 있었지요. 우리 모두 그것을 가르치려 했습니다. 불행히도 그의 신비스러운 귀환도 그에게 많은 것을 가르쳤던 것 같지는 않습니다. 장자는 이렇게 씁니다. "덕의 완성은 이미 아무것도 할 수 없음을 알고 있는 당신이 감정에 영향을 받지 않는 것처럼, 그리고 운명의 법칙에 따라 있는 그대로 평안하게 자신의 마음을 돌보는 것이다."[20] 그러나 제이슨의 운명은 두고 봐야 알

머스 클리어리의 번역문에서 가져왔다. 이 장들은 가장 널리 알려진, 그리고 유일하게 장자 본인이 쓴 글로 여겨지는 장이다. 장자의 전문과 후대 학자들이 부가한 내용은 *The Texts of Taoism*, Vols. 1~2, trans. James Legge, Mineola, NY: Dover, 1962에서 볼 수 있다.

18) Chuang-Tzu, *Chuang-Tzu*, Chapter 2, p. 64.

19) Lao-Tzu, *Tao Te Ching*, Chapter 35.

20) Chuang-Tzu, *Chuang-Tzu*, Chapter 4, p. 73.

겠지만, 저는 단지 그가 자신이 어찌할 수 없는 것을 받아들이는 법을 배웠으면 합니다. 물론, 브루스도 이를 배워야만 합니다.

화이트 물론 우리가 제이슨에 대해 논의하려면 그를 죽인 살인마, 조커를 빼놓을 수 없습니다.

편자 조커는…… 음, 적게 말할수록 좋다고 생각합니다. 저보다는 다른 분들이 할 말이 더 많을 거라 확신합니다.[21] 하지만 매우 흥미롭게도, 언젠가 브루스가 딕이 이전에 자신에게 말했던 걸 전해 준 게 기억나는군요. "조커는 저로 인해 존재합니다. 저는 살기 위해 고담 시에 필요한 질서를 대표하고, 조커는 그 질서를 망치는 혼란이죠."[22] 이는 상보적인 이원성의 또 다른 예 중 하나죠(그리고 감히 말하건대, 딕의 싹트는 지혜의 예이기도 합니다).

화이트 그러고 보니 아직 알프레드에 대해선 언급이 없으시군요.

편자 오, 그랬나요? 흠…… 페니워스 씨에 대해서는 할 말이 그리 많지 않은 것 같습니다. 그가 충실한 집사이고 믿을 만한 조언자라는 점, 다시 말해 겸손함의 전형이란 것을 빼고는 말이죠. "현자들은 자신을 아끼지만, 자신을 대단하게 여기지는 않는다."[23]

화이트 선생님과 좀 비슷하죠.

---

21) 또한, 크리스토퍼 로비초드가 쓴 이 책의 6장, 그리고 세라 K. 도너번과 니컬러스 P. 리처드슨이 쓴 10장 참조.
22) 『배트맨: 허쉬』 2권(2003)에 있는 『배트맨』 614호(2003년 6월).
23) Lao-Tzu, *Tao Te Ching*, Chapter 72.

편자 아, 그런 것 같군요. 실제로 나는 언제나 알프레드를 도교 사상에서 말하는 현명한 사람, 즉 현자의 전형이라 여겨 왔습니다. 어쨌든 노자는 이렇게 씁니다. "현자들은 노력 없이 일을 처리하며 말없이 가르침을 준다."[24] 알프레드에게 매우 잘 어울린다고 할 수 있군요. 물론, 그는 많은 경우 브루스의 입장을 이해하려고 했습니다.

화이트 사실은.

편자 뭐라 하셨지요?

화이트 죄송합니다. 그냥 목에 뭐가 걸렸습니다.

편자 물을 좀 가져다드릴까요?

화이트 아닙니다. 괜찮습니다.

편자 이제 이것을 더 생각해 보니, 알프레드는 도교 사상에서 매우 중요한 개념인 **위무위**爲無爲, 즉 '함 없이 함'을 갖춘 듯합니다. 노자는 "아무것도 하지 않음을 하라, 아무것도 추구하지 않음을 추구하라"고 씁니다.[25] 현명한 사람은 하지 않아야 할 때를 알고, 이를 통해 무언가를 합니다. 알프레드는 배트맨에게 귀한 도움을 주지만, 그것은 단지 브루스가 알아채지 못했던 단서나 상상하지 못했던 가능성, 혹은 그가 놓쳤던 귀중한 통찰을 간파함으로써입니다. 알프레드는 마음이 열려 있어 모든 것을 한순간에 파악합니다. 장자는 너무도 칼솜씨가 뛰어나 19년 동안 한 번도 칼

24) *Ibid.*, Chapter 2.
25) *Ibid.*, Chapter 63.

을 갈지 않은 백정 이야기를 합니다. 그 백정은 소를 도축하면서 다음과 같이 말합니다. "관절 사이에는 틈새가 있지만, 도축 칼날은 굵기가 없다. 굵기가 없는 것이 공간이 없는 것으로 들어갈 때, 칼을 움직일 충분한 공간이 생긴다."[26] 알프레드는 이 백정과 같으며, 무엇이 있는지, 아니면 보통 거기에 무엇이 없는지를(많은 경우 이것이 더 중요합니다) 봅니다.

"현자들은 결코 위대한 일을 하지 않는다. 그리고 그것이 그들이 위대함을 이룰 수 있는 이유이다."[27] 알프레드가 배트맨은 아니지만, 브루스는 알프레드 없이는 배트맨이 되지 못할 겁니다. 장자는 이렇게 썼습니다. "현자는 옳음과 그름을 조화시키고, 그 둘을 자연의 균형 상태로 남겨 둔다."[28] 알프레드는 브루스 안에 있는 옳음과 그름이 균형을 이루도록 해야만 합니다. 그의 건강과 부상, 기쁨과 슬픔, 고요와 분노를 돌보고, 그것들을 사물들의 자연적 균형, 즉 도道와 맞춰 나가면서 말이죠.

알프레드가 떠맡은 임무는 매우 힘든 일이지만 그것이 알프레드의 방식이지요. 그리고 그는 그것과 어긋나게 나가지 않고 함께 가기를 선택합니다. 그를 보면 노자가 물에 대해 쓴 글이 생각납니다. "세상에 물보다 더 유연하고 순종적인 것은 없다. 하지만 물이 단단하고 강한 것을 공격할 때에는 어떤 것도 버틸 수가 없다. 왜냐하면 그 어떤 것도 물을 변화시킬 수 없기 때문이다. 그러므로 부드러움이 강함을 이기며, 순종이 강압을 이긴다."[29]

물은 부드럽게 당신의 손가락 사이로 빠져나갈 수도 있지만, 시간이

---

26) Chuang-Tzu, *Chuang-Tzu*, Chapter 3, pp. 66~67.
27) Lao-Tzu, *Tao Te Ching*, Chapter 63.
28) Chuang-Tzu, *Chuang-Tzu*, Chapter 2, p. 60.
29) Lao-Tzu, *Tao Te Ching*, Chapter 78.

지나면 산도 깎아 낼 수 있습니다. 알프레드도 그렇지만 물은 참을성이 있지요. 하지만 브루스가 그에게 배울 수 있는 또 다른 교훈이 있습니다. 아시겠지만, 브루스가 수년에 걸쳐 익힌 많은 무술들은 유연함과 순종과 같은 도교의 기본 원칙에 기반을 두고 있습니다. 예를 들어, 그 원칙들은 자기와 맞서는 상대편의 체구와 힘을 이용하라고 가르칩니다. 브루스가 그 교훈을 삶의 다른 측면에서도 간직했으면 좋겠습니다!

음…… 노자는 이렇게 말합니다. "내가 간직하고 있는 세 가지 보물이 있다. 첫째는 자비이며 둘째는 검소, 그리고 셋째는 세상 사람들의 위에 있다고 착각하지 않는 것이다."[30] 나는 알프레드도 같은 말을 할 것이라 짐작합니다.

화이트 그가 한 것과 거의 같군요.

편자 무어라 하셨지요?

화이트 아무것도 아닙니다,

편자 할 말이 있나요? 젊은이.

화이트 아닙니다, 선생님. 그저 몇 분 전만 해도 알프레드에 대해 "할 말이 많지 않다"고 하셨던 선생님께서 이리도 많은 말을 쏟아 내시니 흥미롭군요.

(침묵)

---

30) *Ibid.*, Chapter 67.

화이트 네, 좋습니다. 다시 한번 고맙습니다, 선생님. 무엇보다도 계발적인 논의였습니다.

편자 천만에요. 이제, 실례가 안 된다면, 청소할 게 좀 있어서…….

노비, 론(Novy, Ron)

센트럴 아칸소 대학(University of Central Arkansas) 철학과 종교학과에서 윤리학, 형이상학, 심리철학을 가르치고 있다. 아내에게 기글스(Giggles)라는 이름의 애완용 하이에나를 키워야 한다고 설득시키는 데에 그가 성공할 가능성은 거의 없어 보인다.

닐센, 카르스텐 포그(Nielsen, Carsten Fogh)

덴마크에 있는 오르후스 대학(University of Aarhus) 철학과 개념사 연구소(Institute of Philosophy and History of Ideas) 박사 과정 학생이다. 주 관심사는 칸트 철학·도덕철학·대중문화의 철학이며, 이 모든 주제에 대해 덴마크어로 논문을 발표했다. 다른 철학자들에게 만화책이 죽이는 장르라는 것을 납득시키는 데 대부분의 시간을 쓰지만, "프랭크 밀러란 친구는 대체 누구야?"라는 질문에 대답해야 할 때 절망에 빠진다.

도너번, 세라 K.(Donovan, Sarah K.)

와그너 대학(Wagner College) 철학과 종교연구학과의 조교수이다. 그녀의 강의와 관심 연구 분야는 페미니즘 철학, 사회철학, 윤리철학, 대륙철학이다. 세라는 언젠가 슈퍼히어로와 악당들을 위한 대학을 만들었으면 한다(이봐요, 요즘에는 일자리를 구하려면 당신들도 학위가 필요해요).

드로한, 크리스토퍼 M.(Drohan, Christopher M.)

스위스 사스페(Saas-Fee)에 있는 유럽 대학원(European Graduate School)에서 2007년 5월 미디어 커뮤니케이션 연구로 철학 박사학위를 받았다. 현재 유럽 대학원 캐나디안 분과의 어시스턴트 디렉터이며 같은 대학원에서 조교수로도 활동하고 있다. 활발하게 작업하는 작가이자 편집자로서 철학·기호학·문화 이론 등에 대한 몇 권의 학술서를 출간했다. 드로한 박사는 자유 시간에 다양한 복장을 하고 밤거리를 활보한다.

디조반나, 제임스(DiGiovanna, James)

뉴욕 시립대학 존 제이 칼리지 형사행정학(John Jay College of Criminal Justice/CUNY) 철학 수업 대체 교수이자 『투손 위클리』(*Tucson Weekly*)에 기고하는 수상 경력 있는 영화 평론가이기도 하다. 허구 세계의 미학, 신경이식 기술의 윤리학, 가상공간에서의 자아 창조 가능성에 대한 글을 썼다. 또한 얼마간의 단편을 출간하기도 했으며, 수상작이기도 한 장편 인디 영화 〈포크트 월드〉(Forked World)의 공동 감독이자 공동 작가이기도 하다. 무엇보다 중요한 것은 본인과 로빈 사이의 관계는 순수하게 직업적인 것이며, 배트맨의 질투 어린 반박 주장은 근거도 없고 위협적인 것으로 알려지기를 바란다는 점이다.

딕슨, 벤(Dixon, Ben)

미국공군사관학교(United States Air Force Academy)에서 직업윤리 분야 윌리엄 라이언 객원 석좌 교수(William Lyon Visiting Chair)직을 맡고 있다. 이전에는 볼티모어 카운티에 있는 메릴랜드 대학(University of Maryland)에서 가르쳤다. 딕슨 교수는 도덕적 진보와 인간 존엄성 개념을 주제로 한 논문들을 출간했다. 학생들을 지도하거나 연구를 하지 않는 때에는, 아캄 수용소에 자원해 '도덕적 추론 입문' 과정을 가르친다. 재소자들의 답안지에 그가 준 A학점의 수에 계속 충격을 받은 이후, 그들 중 일부가 커닝을 하지 않았을까 의심하는 중이다.

래그, 크리스(Ragg, Chris)

매사추세츠 대학 애머스트 캠퍼스 철학과 박사 과정 학생이다. 조커의 부하 중 한 명이기도 하다. 아니면 적어도 그 역할에 알맞아 보인다.

로비초드, 크리스토퍼(Robichaud, Christopher)

하버드 대학 존 F. 케네디 행정대학원(John F. Kennedy School of Government) 공공정책학 강사이다. 그는 현재 MIT 철학과에서 박사 과정을 마치는 중이다. 학생들에게 정치적 삶을 둘러싼 여러 도덕적 주제를 가르치지 않을 때 혹은 속성에 본질이 있는지에 대해 쓰지 않을 때는 황제 조커의 세계로 갈 수 있는 길을 찾느라 바쁘다. 자신이 좋아하는 슈퍼 악당들을 방문하고 싶어 한다. 그곳이 살기에 최고의 곳이 아니라는 것을 마지못해 받아들이면서도 말이다.

로즈, 라이언 인디(Rhodes, Ryan Indy)

텍사스 나코그도치스(Nacogdoches)에 있는 스티븐 F. 오스틴 주립대학(Stephen F.

Austin State University) 객원 강사이며, 오클라호마 대학(University of Oklahoma)에 제출할 논문을 완성하고 있다. 관심 연구 분야는 윤리학과 전사 강령(Warrior Codes), 명예 등이다. 오랜 배트맨 팬인 인디는 가장 좋아하는 주제 두 가지를 융합한 첫 출간물을 보고 싶어 흥분한 상태이다. 여전히 영화 〈배트맨과 로빈〉에 대한 공개 사과를 기다리고 있다.

리처드슨, 니컬러스 P.(Richardson, Nicholas P.)

뉴욕 시에 있는 와그너 대학의 물리과학과 부교수로, 그곳에서 일반 화학과 고등 무기화학, 그리고 의료 화학을 가르치고 있다. 학생들을 가르치지 않을 때에는 대부분의 시간을 연구실에서 배트맨의 다기능 벨트를 위한 새로운 화학 물질을 설계하면서 보낸다.

말로이, 대니얼 P.(Malloy, Daniel P.)

노스캐롤라이나 분(Boone)에 있는 애팔래치아 주립대학(Appalachian State University) 철학과 겸임 조교수이다. 그의 연구는 20세기 비판 이론(특히 헤르베르트 마르쿠제Herbert Marcuse의 비판 이론)과 이를 바이오테크놀로지와 테러리즘 같은 현대 문제에 적용하는 것에 초점을 맞춘다. 대니얼은 수업, 특히 시험에서 스케어크로의 공포 가스를 자주 사용한다.

사우스워스, 제이슨(Southworth, Jason)

현재 오클라호마 노먼(Norman)에 있는 오클라호마 대학에서 철학 박사 과정을 마쳐 가고 있으며, 캔자스 헤이스에 있는 포트헤이스 주립대학(Fort Hays State University) 겸임 강사이다. 세계에서 가장 뛰어난 탐정을 시켜 저자들의 약력 마지막에 이런 귀여운 장식물을 덧붙이게 만든 게 누구의 생각이었는지를 알아내고 싶어 한다.

스파나코스, 토니(Spanakos, Tony)

몬트클레어 주립대학(Montclair State Univeristy) 정치학과 법학과의 온순한 조교수이자 뉴욕 대학교 정치학과 겸임 조교수이다. 정치경제학, 민주주의, 그리고 라틴아메리카의 시민권에 대한 여러 논문과 책의 일부를 썼으며 『브라질 개혁하기』(*Reforming Brazil*, Lexington Books, 2004)의 공동 편집자이기도 하다. 브라질리아 대학(University of Brasilia)의 풀브라이트 객원 교수(Fulbright Visiting Professor)이기도 했으며(2002), 현재는 베네수엘라에 있는 카라카스 고등정책연구소(Institute for Advanced Policy Studies in Caracas) 풀브라이트 객원 교수이다. 라틴아메리카에 있는 모든 지역 경찰들은 "그는 우리가 배트 시그널을 보냈을 때 항상 반응하는 첫번째 사람이다"라는 말에 동의한다.

아난트, 마헤시(Ananth, Mahesh)

인디애나 대학 사우스벤드 캠퍼스(Indiana University-South Bend) 조교수이다. 주로 연구하고 강의하는 분야는 고대 그리스 철학, 의료 윤리학, 생물철학, 심리철학을 포함한다. 『건강에 대한 진화개념의 옹호: 자연, 규범, 인체생명과학』(*In Defense of an Evolutionary Concept of Health: Nature, Norms and Human Biology*, Ashgate, 2008)과 『스타트렉과 철학』(*Star Trek and Philosophy*, Open Court, 2008)의 「벌칸족 스포크의 정신융합 능력: 심리철학을 위한 입문」(Spock's Vulcan Mind-Meld: A Primer for the Philosophy of Mind) 장의 저자이다. 마헤시는 브루스 웨인이 은퇴하면 배트맨이 되기를 몰래 바라고 있지만, 현재의 체격과 입어야만 하는 그 괴상한 타이츠를 떠올리면서 이것이 대부분 헛된 희망임을 깨닫는다!

젠슨, 랜들 M.(Jensen, Randall M.)

아이오와 오렌지시티에 있는 노스웨스턴 칼리지(Northwestern College) 철학과 부교수이다. 철학적 관심사는 윤리학, 고대 그리스 철학, 종교철학 등이다. 최근 『사우스파크와 철학』(*Southpark and Philosophy*), 『24와 철학』(*24 and philosophy*), 『배틀스타 갤럭티카와 철학』(*Battlestar Galactica and Philosophy*), 『디 오피스와 철학』(*The Office and Philosophy*)의 일부에 참여하였다. 그는 결국 배트맨이 플라톤의 가르침에 따라 세계에서 가장 훌륭한 철학자 왕이 되는 것을 통해 훈련을 완성하는 경우에만 고담 시에서 악을 제거할 수 있다고 믿는다.

존슨, 데이비드 카일(Johnson, David Kyle)

현재 펜실베이니아 윌크스바(Wilkes-Barre)에 있는 킹스 칼리지(King's College) 철학과 조교수이다. 철학 전공 분야는 종교철학, 논리학, 형이상학이다. 그 또한 〈사우스파크〉(South Park), 〈패밀리 가이〉(Family Guy), 〈디 오피스〉(The Office), 〈배틀스타 갤럭티카〉(Battlestar Galactica), 쿠엔틴 타란티노, 조니 캐시 등에 관한 여러 장들을 썼으며 곧 출판될 '블랙웰 철학과 대중문화 시리즈'(Blackwell Philosophy and Pop Culture Series)의 〈히어로즈〉(Heros) 편 편집도 맡을 것이다. 그는 대중문화와 철학의 관련성에 중점을 두는 여러 과목을 가르쳐 왔으며, 여기에는 〈사우스파크〉에 헌정한 과목도 포함된다. 카일은 또한 진정한 캣우먼은 오직 줄리 뉴마(Julie Newmar), 리 메리웨더(Lee Meriwether), 또는 어사 키트(Eartha Kitt)뿐임을 강조하고 싶어 한다. 또한, 애덤 웨스트는 그의……진정한 서구인의 몸(말할 때 두 손가락으로 당신의 가슴을 두드려라)을 향상시키기 위해 성형 플라스틱이 필요하지 않았다. 그리고 어찌하여 배트맨은 더 이상 춤을 추지 않는단 말인가? 그 박쥐춤(Bat-tu-see)은 기억하는가?

카울링, 샘(Cowling, Sam)

매사추세츠 대학 애머스트 캠퍼스 철학과 박사 과정 학생이다. 형이상학과 인식론에 대한 박사학위 논문을 쓰지 않을 때에는 『인간 박쥐와 철학』(*Man-Bat and Philosophy*)의 출간을 걱정스럽게 기다리며 시간을 보낸다.

커슈너, 스티븐(Kershnar, Stephen)
뉴욕 주립대학 프레도니아 캠퍼스(State University of New York College at Fredonia) 철학과 교수다. 『처벌, 응징과 고문』(*Desert, Retribution, and Torture*, University Press of America, 2001), 『과거를 위한 정의』(*Justice for the Past*, SUNY Press, 2004) 두 권의 책과 성·폭력·인종주의에 대한 여러 논문을 썼다. 정신과 의사들은 최근 그가 하비 덴트보다 더한 정신병을 앓고 있으며 조커보다 더 흥미롭다는 결론을 내렸다.

패터슨, 브렛 챈들러(Patterson, Brett Chandler)
사우스캐롤라이나에 있는 앤더슨 대학(Anderson University)에서 신학과 윤리학을 가르치고 있다. 스파이더맨 세계에서의 도덕적 책임감, 〈24〉에서의 공리주의 논리, 〈로스트〉(Lost)에 나오는 구원의 이미지를 분석하는 논문들을 썼다(이들 역시 블랙웰 출판사에서 출간되었다). 그는 현재 C. S. 루이스(C. S. Lewis), J. R. R. 톨킨(J. R. R. Tolkien), 진 울프(Gene Wolfe), 올슨 스캇 카드(Orson Scott Card)의 판타지를 분석하는 연구를 하고 있다. 만약 크리스천 베일이 빠지게 된다면 자신이 다음 배트맨 영화에서 브루스 웨인 역을 하기를 바라고 있다.

포리스먼, 갤런(Foresman, Galen)
그린즈버러(Greensboro)에 있는 노스캐롤라이나 대학(University of North Carolina) 철학과 강사이다. 현대 윤리 문제, 미학, 논리학 과목을 가르친다. 틀린 논증에 대한 개인적 원한을 갖고 있으며, 마이클 키튼이 최고의 배트맨이었다고 믿는다.

하워드, 제이슨 J.(Howard, Jason J.)
비테르보 대학(Viterbo University)의 조교수로, 그곳에서 19세기와 20세기 유럽철학과 윤리학을 전공 분야로 삼고 있다. 도덕철학, 어린이를 위한 철학, 사회·정치철학 분야에 대한 논문들을 발표했다. 제이슨은 크리스천 베일의 세번째 배트맨 영화에서 배트맨의 스턴트 대역을 지원했지만 아직 면접 요청이 없다.

하트, 데이비드 M.(Hart, David M.)
시카고에 위치한 드폴 대학(DePaul University)의 철학과 대학원생이다. 그의 연구는 현상학·윤리학·정치학 사이의 교차점에 초점을 맞추고 있으며, 특별히 그 교차점은 마르틴 하이데거·에마뉘엘 레비나스·장-폴 사르트르의 사유에서 생겨난다. 데이비드는 이 책에 참여함으로써 여전히 엄마의 집 공간을 차지하고 있는 긴 배트맨 만화 상자들에 대한 변명에 도움을 주길 원한다.

화이트, 마크 D.(White, Mark D.)

뉴욕 시립대학 스태튼아일랜드 칼리지(College of Staten Island/CUNY) 정치·경제·철학과 부교수이며 거기서 경제학·철학·법학을 융합한 과목을 가르치고 있다. 이 분야에 대한 많은 논문과 책의 일부를 썼다. 예를 들어 이 책이 포함된 시리즈 중에서 메탈리카, 〈사우스파크〉, 〈패밀리 가이〉, 〈디 오피스〉를 다루는 다른 책에 참여했다. 그리고 『경제학과 마음』(*Economics and the Mind*, Routledge, 2007)의 공동 편집자이다. 그는 '빌어먹을 배트맨'(goddamn Batman)이 새 지구의 배트맨에게 엿을 먹이기를(그것도 아주 제대로) 기다리고 있다.

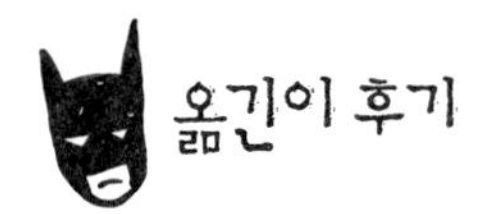

남지민

2년 전에 이 책 번역을 맡게 되었을 때부터 저 나름대로 열심히 일했습니다. 친구들과 같이 일할 수 있어 너무 좋은 기회였고 관심 있는 분야의 책이라서 더더욱 행복했습니다. 번역을 할 때 어떤 단어를 선택해야 원문에서 의도한 뜻과 독자들에게 전달되는 번역문의 뜻이 최대한 같아질 수 있는지 매번 고민했던 것 같습니다. 오랫동안 고민하면서 번역한 책이 드디어 2년 만에 나온다는 사실에 정말 기쁩니다. 저희에게 이런 기회가 가능하게 만들어 주신 출판사 관계자분들과 감수를 맡아 주신 김민훈 선생님께 감사드립니다. 재미있는 만화 혹은 액션 영화라고만 생각하고 넘어갈 수 있는 배트맨 시리즈를 철학적 이론과 연결 지어서 만든 흥미로운 책이기 때문에 많은 분들이 재미있게 읽으실 수 있을 거라 생각합니다. 철학은 단순히 현실과 동떨어진 어려운 학문이 아니라 인간이라면 어쩔 수 없이 직면하게 되는 상황의 요구에 대한 답이라고 생각합니다. 마지막으로 이 책이 나올 수 있도록 도와주신 많은 분들께 다시 한번 감사드리고 이 책을 찾아 주실 독자분들께도 진심으로 감사드립니다.

신희승

이 책 번역을 시작하게 된 계기는 어떻게 보면 뜻하지 않은 기회였습니다. 철학을 공부하던 중 철학 책을 번역해 보자는 제안을 받아 함께 공부하던 친구들과 번역을 시작하게 되었습니다. 개인적으로 〈배트맨〉 영화를 매우 좋아했기에 책을 번역하면서 아주 즐겁게 임할 수 있었습니다. 주인공들의 말과 행동을 철학적으로 해석하는 과정을 통해 새로운 관점으로 사물과 현상을 바라보는 법을 배웠습니다. 물론 힘든 점도 많았습니다. 제게 특히 어려웠던 것은 문장들을 어느 누가 읽어도 이해할 수 있도록 다듬는 것이었습니다. 이런 흔하지 않은 기회를 만들어 주신 김민훈 선생님께 진심으로 감사드리고 이 책이 출판되기까지 너무나 많은 도움을 주신 관계자분들께도 깊은 감사를 드립니다. 또 이 책을 읽어 주신 독자분들께도 감사를 표합니다.

이해림

번역은 제2의 창작이라는 말이 있습니다. 단어의 사전적 의미를 넘어 작가가 표현하려는 의미, 느낌, 뉘앙스 등 모든 것을 담아 완전히 다른 언어로 재탄생시키는 작업이 마치 창작과도 같아 생긴 말인 듯합니다. *Batman and Philosophy*라는 영문 책을 번역하며 제2의 창작이 얼마나 어려운 것인지 절실히 느낄 수 있었습니다. 처음 이 책의 번역을 맡았을 때에는 시간도 충분하고 다른 친구들과 함께하는 작업이라 나름 수월하게 끝날 거라 생각했습니다. 하지만 문장을 분석하고 저자들의 의도대로 번역하는 것은 여간 어려운 일이 아니었고, 단어 하나하나를 해석하는 데도 몇 시간씩 걸려 매우 힘이 들었습니다. 특히 한국어 번역으로 원문의 영어 구절 느낌을 그대로 살릴 수 없을 때에는 어떻게 해야 할지 정말 막막했습니다. 그렇지만 같이 작업하는 친구들과 함께 밤새 연구하고 자료를 찾아보며 부족한 점들을 채우기 위해 끊임없이 노력했고, 그 결과 조금이나마 올바른 번역에 가까워질 수 있었던 것 같습니다. 이번 번역 활동은 영어 실력뿐만 아니라 나 자신의 한계를 시험하고, 더 나아가 책임감도 느끼게 해준 정말 값진 경험이었습니다.

차유진

제가 『배트맨과 철학』의 번역에 참여하게 된 계기는 비교적 간단합니다. 흥미로울 것 같아서. 자칫하면 거북하게 느껴질 수 있는 철학을 배트맨을 이용하여 변화를 주다니! 너무나도 재치 있는 발상이었습니다. 다짐은 희망찼지만 막상 번역을 시작하니 이게 웬걸, 예상치도 못했던 난관들에 부딪히게 되었습니다. 구어체로 쓰인 영어에 대응하는 한글 단어가 마땅하지 않은 경우가 허다했고, 다른 여러 가지 학업과 병행하려니 항상 시간에 쫓겨 원고도 몇 챕터씩 밀리기 일쑤였습니다. 원래 영어로 작성된 책을 한글로 번역해서 사람들에게 읽힐 책이라, 번역 과정에서 단 하나의 실수만 해도 뜻이 완전히 달라질 수 있기 때문에 번역 원고를 읽고 또 읽으며 꼼꼼히 검사를 해야 했지요. 단순히 한국어와 영어만을 잘 구사할 수 있다고 해서 될 일이 아니었고, 하나의 작품을 창조하는 일이었기에 완벽함을 추구함으로써 따르는 스트레스도 컸습니다. 하지만 모든 작품이 그러하듯 비록 과정은 힘들었지만 완성을 하고 나니 뿌듯한 마음이 가장 크게 느껴졌고, 철학에 대해서는 물론이고 글을 쓰는 것에 대해서도 많이 배울 수 있었던 소중한 경험이었습니다.

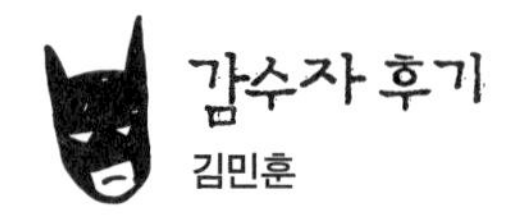

감수자 후기

김민훈

먼저 설명이 필요할 것 같다. 이 책은 와일리Wiley 출판사의 '블랙웰 철학과 대중문화 시리즈'The Blackwell Philosophy and Pop Culture Series 중 하나인 *Batman and Philosophy: The Dark Knight of the Soul*(2008)을 네 명의 고등학생이 번역한 것이다.

감수자는 틈틈이 대학생·대학원생과 원서를 번역하면서 공부하는 작업을 하고 있다. 그런데 우연히 철학을 공부하는 고등학생들을 만나게 되었고 이들과도 같은 작업을 하게 되었는데, 〈배트맨〉 영화의 상영과 더불어 이 책이 먼저 나오게 되었다. 시작한 지는 꽤 되었지만 공부와 번역을 마무리하기까지 벌써 2년이 훌쩍 넘어 버렸다.

감수자가 대학에 다니던 시절에는 이렇게 원서로 공부하고 번역하는 것은 거의 대학생·대학원생들의 몫이었다. 그런 이유로 고등학생들이 옮긴이로 참여하게 된 것은 어학적인 측면에서 보면 큰 발전이라 생각한다.

와일리 출판사의 '블랙웰 철학과 대중문화 시리즈'는 이미 국내에 몇 권이 번역되어 있다. 이 책은 6개의 부로 구성되어 있으며, 각 부는 해당 주제와 관련된 배트맨 만화나 영화를 예로 들어 설명하는 글을 담고 있다. 이렇게 주제별로 해설하는 철학 입문서는 일반적으로 영미권의 책들이 많은데, 이 책은 특이하게 최근 영미 철학계의 관심을 반영하듯이 하이데거의 철학도 몇 장에 걸쳐 소개하고 있다(영미 철학에 전문적인 관심이 있는 독자들에게는 한스요한 글로크의 『분석철학이란 무엇인가』[한상기 옮김, 서광사, 2009]를 추천한다).

거의 원문에 충실하게 감수를 보았다. 우선 이 책은 영미권 독자들을 의식해서인지 대단히 방대한 양의 『배트맨』 만화를 예로 들고 있다. 일본 만화와 국내 만화, 그리고 지금의 웹툰에 익숙한 독자들에게는 DC 코믹스와 마블 코믹스의 세계가 익숙하지 않을지도 모른다. 감수자와 옮긴이들도 배트맨이나 슈퍼맨의 별명이 그렇게 많다는 걸, 그리고 배트맨과 슈퍼맨이 라이벌 관계라는 걸 처음 알았으니까. 그러나 배트맨 만화에 나오는 모든 장비와 용어, 인물에 대한 개별적인 주를 달면 너무 양이 방대해지기 때문에 따로 옮긴이 주를 달지는 않았다.

학술적인 용어는 감수자가 특히 신경을 쓴 부분이다. 감수자이기 때문에 옮긴이 주를 첨부하지는 않았지만 나름 고민을 많이 해서 용어를 정리했다. 예를 들어 이 책에서 하이데거가 말하는 Vorlaufen zum Tode을 번역한 the anticipation of death(죽음의 선구)는 과거 영미권의 하이데거 번역 용어이며 지나치게 심리적인 느낌이 들기 때문에 최근의 번역 용어인 the forerunning into death(죽음으로 미리 달려가 봄)를 반영해서 저자들이 인용한 역어와는 조금 다르게 번역했다. 그렇더라도 각각의 전공자들이 보기에는 여러 부분에서 부족한 점이 보일 것이다.

가능한 한 자연스럽게 읽을 수 있는 우리말로 번역과 감수를 했지만, 미덕virtue과 악덕vice이 대립되는 개념으로 쓰이는 장이 많아서 '미덕적'이라는 조금 부자연스러운 우리말이 쓰인 장이 몇 군데 있다. 독자들의 양해를 부탁드린다.

마지막으로 번역이나 용어상의 부족한 점에 대해선 독자들과 배트맨 만화의 팬들의 충고와 조언이 있다면 다음 판에 반영하도록 하겠다.

그린비의 여러 분들이 많은 도움을 주었다. 늦은 원고를 묵묵히 기다려 주신 주승일 전 팀장님, 박순기 편집장님, 편집부 김재훈씨에게 특별히 감사를 드린다.

찾아보기

【ㄹ·ㅁ】

【ㅂ】

【ㅅ】

【ㅇ】

【ㅈ·ㅊ】

【ㅋ·ㅌ】

【ㅍ·ㅎ】

옮긴이와 감수자 소개

남지민

대원외국어고등학교 국제반 3학년. 어릴 때부터 사람들 앞에서 말하고 발표하는 것을 좋아했다. 아직 아무에게도 공개하지 않은 개인 시집이 있다. 현재 학교에서 철학 동아리를 운영하고 있으며 일 년에 두 번 철학 잡지를 발간하고 있다. 친구들과의 철학 모임에서 어떤 철학적 문제로 친구들과 토론을 하면 재미있을까 항상 고민한다. 이 책의 2, 8, 11, 13, 18장을 번역했다.

신희승

용인외국어고등학교 국제반 3학년. 글 쓰는 것을 좋아해서 어렸을 적부터 심심할 때마다 소설들을 끄적였다. 학교의 밴드 보컬 활동을 하고 있고, 후에 꼭 음악에 대해 깊이 있는 공부를 하고자 하는 열망이 가득하다. 영어를 사용해서 대화하는 것과 영어 책을 읽는 것을 좋아하지만 영단어 외우는 것은 싫어하는 평범한 여학생이다. 이 책의 4, 6, 9, 14, 19장을 번역했다.

이해림

용인외국어고등학교 국제반 3학년에 재학 중이며, 번역팀 중에서 유일한 남자이다. 활달한 성격에 축구 동아리 주장을 맡고 있으며 자선 축구에 참가하는 등 축구를 즐겨 하는 축구 매니아이다. 아직은 다양한 것을 경험하고 도전하고 싶으며, 최근에 들어서는 철학·법·정치 등에 관심이 많다. 이 책의 3, 5, 10, 16, 20장을 번역했다.

차유진

대원외국어고등학교 국제반 3학년이다. 서울에서 태어났고 '비교적' 평범한 삶을 살아왔다. 골똘히 생각하는 것을 즐겨서 철학의 매력에 빠졌다. 크록스 신발을 신고도 무서워 보일 수 있는 히스 레저의 완벽한 조커 연기에 반해 배트맨에 관심을 가지게 되었다. 비틀즈에 대한 남다른 애정을 가지고 있다. 이 책의 1, 7, 12, 15, 17장을 번역했다.

김민훈

한국외국어대학교 영어과를 졸업하고 철학아카데미(원장 이정우) 연구원을 역임했다. 사업과 투자를 하면서 관심 분야의 책을 번역·집필하고 있다. 옮긴 책으로 제프 콜린스의 『하이데거』(김영사, 2008)와 마누엘 데란다의 『인공지능 시대의 전쟁』(그린비, 근간)이 있다.